四川职业技术学院文库 · 百年校庆丛书

智能制造的探索与实践

Zhineng Zhizao De Tansuo Yu Shijian

祝 林　编著

西南交通大学出版社
· 成都 ·

图书在版编目（CIP）数据

智能制造的探索与实践 / 祝林编著. —成都：西南交通大学出版社，2017.11
（四川职业技术学院文库. 百年校庆丛书）
ISBN 978-7-5643-5855-6

Ⅰ. ①智… Ⅱ. ①祝… Ⅲ. ①智能制造系统－制造工业－研究－中国 Ⅳ. ①F426.4

中国版本图书馆 CIP 数据核字（2017）第 264174 号

四川职业技术学院文库 · 百年校庆丛书

智能制造的探索与实践

祝　林　编著

责 任 编 辑	李　伟
助 理 编 辑	李华宇
封 面 设 计	曹天擎
出 版 发 行	西南交通大学出版社 （四川省成都市二环路北一段 111 号 西南交通大学创新大厦 21 楼）
发行部电话	028-87600564　028-87600533
邮 政 编 码	610031
网　　　址	http://www.xnjdcbs.com
印　　　刷	四川煤田地质制图印刷厂
成 品 尺 寸	170 mm × 240 mm
印　　　张	19.75
字　　　数	355 千
版　　　次	2017 年 11 月第 1 版
印　　　次	2017 年 11 月第 1 次
书　　　号	ISBN 978-7-5643-5855-6
定　　　价	85.00 元

前　言

制造业是国民经济和国防建设的重要基础，是立国之本、兴国之器、强国之基。没有强大的制造业，就没有国民经济的可持续发展，更不可能支撑强大的国防事业。

自国际金融危机发生以来，随着以物联网、大数据、云计算为代表的新一代信息通信技术的快速发展，以及与先进制造技术的融合创新发展，全球兴起了以智能制造为代表的新一轮产业变革，智能制造正促使我国制造业发生巨大变化。当前，我国面临全球产业重新整合的机遇期，抓住了智能制造，就抓住了工业化和信息化融合的本质，就有望在新一轮产业竞争中抢占制高点。在经济发展新常态下，要充分认识智能制造的重要性和紧迫性。

智能制造涉及内容十分丰富，领域非常广泛，目前国内外均处在探索阶段。智能制造具有较强综合性，不仅仅是单一技术和装备的突破与应用，而且是制造技术与信息技术的深度融合与创新集成，更是发展模式的创新和转变。随着信息通信技术与先进制造技术的高速发展，我国制造业在信息化水平提升、智能制造技术突破、智能制造装备创新应用等方面已取得了积极成效，在自动化、数字化方面具备了一定的基础，以新型传感器、智能控制系统、工业机器人、自动化成套生产线为代表的智能制造装备产业体系初步形成，一批具有知识产权的重大智能制造装备实现突破。然而，现阶段我国制造业机械化、电气化、自动化、信息化并存，不同地区、不同行业、不同企业发展不平衡，发展智能制造仍然面临关键技术装备受制于人，智能制造标准、软件、网络、信息安全基础薄弱，智能制造新模式推广尚未起步，智能制造成套装备集成应用缓慢等突出问题。相比于工业发达国家，推动我国制造业智能转型，环境更加复杂，形势更加严峻，任务更加艰巨。实施智能制造是一项长期而艰巨的任务，不可能一蹴而就，需要系统推进技术与装备开发、标准体系和工业互联网建设，需要解决好信息安全、软件和系统解决方案的提供，以及知识产权保护等关键问题。

为推进智能制造发展，工业和信息化部于2015年启动了“智能制造试点示范专项行动”。该专项行动坚持立足国情、统筹规划、分类施策、分布实施的方针，以企业为主体、市场为导向、应用为核心，注重发挥企业积极性，注重点面结合，注重协同推进，注重基础与环境培育，通过聚集制造关键环节，持续推进智能制造试点示范。同年，以“流程制造、离散制造、智能装备和产品、智能制造新业态新模式、智能化管理、智能服务”六个方面为重点，在基础条件好且需求迫切的重点地区、行业和企业中，遴选46个智能制造示范实践项目（分布21个省市地区，覆盖38个行业），这46个实践项目通过“先行先试”，在提高生产效率和能源利用率，降低企业运营成本和产品不良品率，缩短产品研制周期方面，取得了初步成效。例如，九江石化、西飞公司、海尔集团、红领集团、陕鼓动力、博创机械等一批企业，探索形成了流程型智能制造、网络协同开发、大规模个性化定制、远程运维服务等可复制的经验和模式，智能制造软/硬件产品安全可控水平明显提升，为推动制造业智能化转型提供了支撑，这些项目目前处于实施智能制造的起步阶段，还需要长期不断地进行探索，还有很大的持续增长空间。

本书具体详实地论述了智能制造的相关理论，在相关行业、企业、研究院所等单位的支持下，对上述46个试点示范项目实施情况进行了梳理、归纳，在了解一些做法和经验的基础上，为相关地区、行业、企业推进数字化、网络化、智能化制造提供一些借鉴和参考；为加快贯彻落实《中国制造2025》总体战略部署，构建新型制造体系，推动制造业数字化、网络化、智能化发展作出一定的贡献；为在“十三五”期间同步实施数字化制造普及、智能化制造示范，重点攻克关键技术装备，夯实智能制造发展基础，培育推广智能制造新模式，推进重点领域智能制造成套装备集成应用，以推进传统制造业智能转型，为构建我国制造业竞争新优势，建设制造强国奠定扎实的基础，培育内生动力，在实践与探索智能制造发展的道路上不断前行。

本书撰写过程中，得到了作者所在单位团队、同事的大力支持，具体写作分工为：第 1 章（祝林）、第 2 章（祝林、李继平）、第 3 章（陈德航、郑旭）、第 4 章（祝林、陈鹏）、第 5 章（祝林、任国强）、第 6 章（吴国明、李小明）。

本书的撰写得到了国内许多同行专家的鼓励、支持与帮助，同时作者参考了许多专家学者的研究成果，在此表示衷心的感谢。

智能制造技术目前仍处于发展阶段，许多理论、方法与技术还在不断地发展与完善，加之作者水平有限，书中难免存在不足之处，恳请各位专家与读者给予批评和指正。

作 者

2017 年 8 月

目 录

1 智能制造总论

智能制造是未来制造业的发展方向，是制造过程智能化、生产模式智能化和经营模式智能化的有机统一。智能制造能够对制造过程中的各个复杂环节（包括用户需求、产品制造和服务等）进行有效管理，从而更高效地制造出符合用户需求的产品。在制造这些产品的过程中，智能化的生产线让产品能够“了解”自己的制造流程，同时深度感知制造过程中的设备状态、制造进度等，协助推进生产过程，如图 1-1 所示。

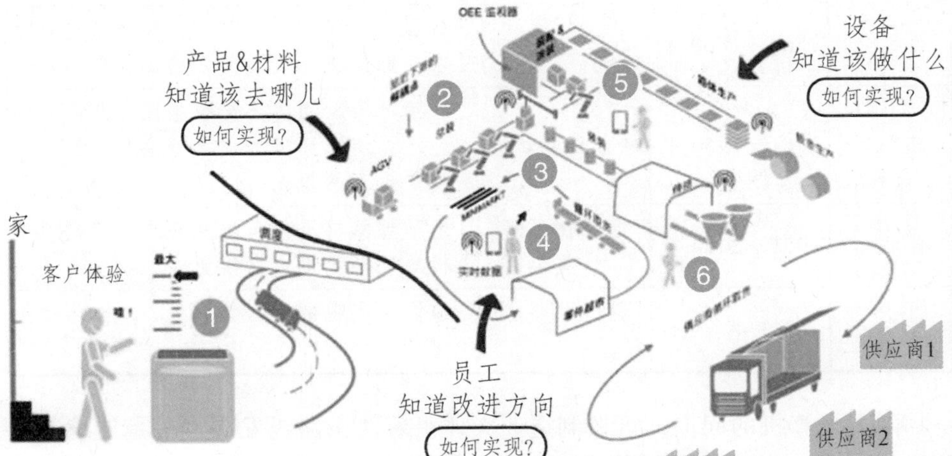

图 1-1　智能化工厂

要实现智能制造，必须让用户、机器和资源相互之间能自然地进行沟通和协作。因而智能制造不仅会成为未来制造业的核心，也将带来传统价值链和商业模式的深刻变革。

1.1 智能制造的时代背景

当前，全球制造业正在发生新革命。随着德国工业 4.0（第四次工业革命）概念的提出，物联网、工业互联网、大数据、云计算等技术的不断创新发展，以及信息技术、通信技术与制造业领域的技术融合，新一轮技术革命正在以前所未有的广度和深度，推动着制造业生产方式和发展模式的变革。

1.1.1 制造业的发展

1．制造业的发展历程

制造业是国民经济的基础工业，是影响国家发展水平的决定因素之一。自瓦特发明蒸汽机以来，制造业已经历了机械化、电气化、自动化三次技术革命，每一次技术革命都有着显著的特点。其发展历程如表 1-1 所示。

表 1-1 制造业发展历程

发展阶段	年份	里程碑	主要成果
机械化	1760—1860 年	水力和蒸汽机	机器生产代替手工劳动，社会经济基础从农业向以机械制造为主的工业转移
电气化	1861—1950 年	电力和电动机	采用电力驱动的大规模生产，产品零部件生产与装配环节的成功分离，开创了产品批量生产的新模式
自动化	1951—2010 年	电子技术和计算机	电子计算机与信息技术的广泛应用，使得机器逐渐代替人类作业
智能化	2011 年至今	网络和智能化	智能化实现制造的智能化、个性化和集成化

随着计算机的问世，机械制造业大体沿着两条路线发展：一是传统制造技术的发展，二是借助计算机和数字控制科学的智能制造技术与系统的发展。20 世纪以来，自动化制造的发展大体是每十年上一个台阶：20 世纪五六十年代的“明星”是硬件数控（Hard NC），70 年代以后则是计算机数据控制（CNC）蓬勃发展，80 年代世界范围的柔性自动化热潮兴起，同时计算机集成制造开始出现，但由于技术局限等原因，并未大规模应用于当时的实际工业生产。

如今，人类社会的制造业已从机械化全面迈向智能化、个性化，“私人定制”式工业生产将成为最新一次技术革命的主要标志。

2．智能制造的产生

20 世纪 80 年代以来，传统制造技术得到了不同程度的发展，但日益先进的计算机控制技术和制造技术，使得传统的设计和管理方法已无法有效解决现代制造系统中存在的很多问题。这促使研究人员、设计人员和管理人员需要不断学习、掌握并研究全新的产品、工艺和系统，然后利用各学科最新研究成果，借助现代的工具和方法，在传统制造技术、计算机技术与科学、人工智能等技术进一步融合的基础上，开发出了一种新型的制造技术与系统，即智能制造技术（Intelligent Manufacturing Technology，IMT）与智能制造系统（Intelligent Manufacturing System，IMS）。

20 世纪 90 年代以后，世界各国竞相大力发展 IMT 和 IMS 的深层次原因有以下几个：

（1）集成化离不开智能化，制造系统是一个复杂的大系统，系统中多年积累的生产经验，生产过程中的人机交互，都必须使用智能装备（如智能机器人等）才能实现。而脱离了智能化，集成化也就不能完美实现。

（2）智能化机器较为灵活。智能化既可应用于系统，也可应用于单机。单机可发展一种智能，也可发展多种智能。无论在系统中或单机上，智能化均可工作，不像集成制造系统那样，必须全系统集成才可工作。

（3）智能化的经济效益较高。相比之下，现有的计算机集成制造系统（Computer Integrated Manufacturing System，CIMS）少则投资数千万元，多则投资数亿元乃至数十亿元，很少有企业能承担得起。而且，CIMS 维护费用高昂，投入运行还得废弃原有的设备，自然难以推广。

（4）人员减少。雇员白领化使得经验丰富的机械工人和技术人员日益缺乏，但产品制造技术却越来越复杂，因而必须使用人工智能和知识工程技术解决现代化企业的产品加工问题。

（5）依靠生产管理和生产自动化提高生产率。人工智能与计算机管理的结合，使之前不懂计算机的人也能通过视觉、对话等智能交互方式进行科学化的生产管理，有效提高了生产率。

3．我国制造业的困局

过去，我国制造业利用低廉的劳动力成本、丰富的原材料供应等优势，成了“世界工厂”。经过三十多年的发展，我国制造业的产能得到了空前提升，我国也成为制造大国。但是近年来，由于工人工资水平上涨、人民币升值等因素的影响，我国制造的成本优势在不断丧失。

与此同时，随着我国经济的发展，我国进入物质富足的时代，人们开始关注商品的质量、性能或品牌，而非价格。商品的定价不再取决于成本，而取决于消费者心理上对其价值的认同。以降低产品质量、用户体验和服务水准来换取价格优势的做法，越来越没有生存空间。不仅如此，在高端产品方面，我国制造仍以代工、加工为主，真正拥有核心技术与自主知识产权的产品不多，处于价值链的底端，利润率较低。

综上所述，我国制造业急需一场革命性的转型升级。

1.1.2 国内外智能制造的国家战略及应用现状

1. 德国工业 4.0

德国“工业 4.0”是由德国产、学、研各界共同制定，以提高德国工业竞争力为主要目的的战略。在全球信息技术领域中，德国强大的机械和装备制造业占据了显著地位。为了支持工业领域新一代革命性技术的研发与创新，德国政府在 2013 年 4 月举办的汉诺威工业博览会上正式推出《德国工业 4.0 战略计划实施建议》。该计划对全球工业未来的发展趋势进行了探索性研究和清晰描述，为德国预测未来 10 ~ 20 年的工业生产方式提供了依据，因此引起了全世界科学界、产业界和工程界的关注。目前，“工业 4.0”已经上升为德国的国家战略，成为德国面向 2020 年高科技战略的十大目标之一。

德国“工业 4.0”将对传统制造业产生深远的影响。德国“工业 4.0”把信息技术与智慧技术进行结合，比传统制造业多了一些新的能力，它可以扩展到配送物流、售后维修等其他领域。在此基础上，德国“工业 4.0”会给传统制造业带来更多的发展机会，把更具个性化的服务带入市场。德国“工业 4.0”战略，本质就是以机械化、自动化和信息化为基础，建立智能化的新型生产模式与产业结构。

德国“工业 4.0”规划，简单可以概括为“一个核心”“两重战略”和“三大集成”。

（1）一个核心。

“工业 4.0”的核心是“智能+网络化”，即通过赛博物理系统，构建智能工厂，实现智能制造的目的。赛博物理系统（CPS）建立在信息和通信技术（ICT）高速发展的基础上：① 通过大量部署各类传感元件实现信息的大量采集；② 将 IT 控件小型化与自主化，然后将其嵌入各类制造设备中，从而实现设备的智能化；③ 依托日新月异的通信技术达到数据的高速与无差错传输；④ 无论后台的控制设备，还是在前端嵌入制造设备的 IT 控件，都可以通过人工开发的软件系统进行数据处理与指令发送，从而达到生产过程的智能化，以及方便人工实时控制的目的。

（2）两重战略。

基于 CPS，“工业 4.0”通过采用双重战略来增强德国制造业的竞争力：一是“领先的供应商战略”，关注生产领域，要求德国的装备制造商必须遵循“工业 4.0”的理念，将先进的技术、完善的解决方案与传统的生产技术相结合，生产出具备“智能”与乐于“交流”的生产设备；二是“领先的市场战略”，强调整个德国国内制造业市场的有效整合，构建遍布德国不同地区，涉及所有行业，涵盖各类大、中、小企业的高速互联网络是实现这一战略的关键。在此基础上，生产工艺可以重新定义与进一步细化，从而实现更为专业化的生产，提高德国制造业的生产效率。

（3）三大集成。

具体实施中需要三大集成的支撑：① 关注产品的生产过程，力求在智能工厂内通过联网建成生产的纵向集成；② 关注产品整个生命周期的不同阶段，包括设计与开发、安排生产计划、管控生产过程以及产品的售后维护等，实现各个阶段之间的信息共享，从而达成工程数字化集成；③ 关注全社会价值网络的实现，从产品的研究、开发与应用拓展至建立标准化策略、提高社会分工合作的有效性、探索新的商业模式以及考虑社会的可持续发展等，从而达成德国制造业的横向集成。

ICT 技术的不断发展，为“三大集成”的可实现性提供了保证。相关的技术包括：

① 机器对机器（Machine to Machine，M2M）技术，用于终端设备之间的数据交换。M2M 技术的发展，使得制造设备之间能够主动地进行通信，配合预先安装在制造设备内部的嵌入式软/硬件系统实现生产过程的智能化。

② 物联网技术的应用范围超越了单纯的机器对机器的互联，将整个社会的人与物连接成一个巨大的网络。按照国际电信联盟（International Telecommunication Union，ITU）的解释，这是一个无处不在与时刻开启的普适网络社会。知名的信息技术研究和分析公司——高德纳咨询公司预计，至 2020 年加入物联网的终端设备将达到 260 亿台，是 2009 年 9 亿台的约 30 倍。

③ 各类应用软件包括实现企业系统化管理的企业资源计划（ERP）、产品生命周期管理（PLM）、供应链管理（SCM）、系统生命周期管理（System Lifecycle Management，SysLM）等。这些系统将在“工业 4.0”中进一步发挥协同作用，成为企业进行智能化生产和管理的利器。

2．美国国家先进制造战略规划

2012 年 2 月 22 日，美国国家科学技术委员会发布《国家先进制造战略规划》，该战略规划基于总统科学技术顾问委员会在 2011 年 6 月发布的《确保美国先进制造领导地位》白皮书，响应了《美国竞争再授权法案》的相关精神，用于指导联邦政府支持先进制造研究开发的各项计划和行动。在该战略规划中，先进制造是指运用和调度信息、自动装置、计算、软件、传感、网络，以及运用基于物理、化学和生物学等众多学科而实现的新材料和新功能，如纳米技术、化学和生物学的一系列活动，包括制造现有产品的新方法和制造由新型先进技术催生的新产品两个方面。先进制造能够提供高质量的就业岗位，是出口的重要来源和技术创新的关键源泉，也为军方、情报界和国土安全机构提供必需品和装备。

该规划分析了美国先进制造业的生产模式和趋势，揭示了联邦政府制定加快先进制造业发展所面临的机遇及维护其健康发展所面临的挑战。通过规划一个强大的创新政策，缩小研发与先进制造业创新应用间的差距，解决技术全生命周期中的问题。

2014 年 10 月 27 日，美国先进制造业联盟指导委员会发布《振兴美国先进制造业》报告 2.0 版，指出加快创新、保证人才输送管道、改善商业环境是振兴美国制造业的三大支柱。特别是在促进创新方面，将在增加美国竞争力的新型制造技术领域增加大量投资。国防部、能源部、农业部及航空航天总局等政府部门将向报告所建议的复合材料、生物材料等先进材料、制造业所需先进传感器及数字制造业方面加大投资，总额超过 3 亿美元。以政府提供先进设备、部门与科研机构/高校联动、设立联合技术测试平台等方式促进创新发展。

从 2011 年 6 月至今，在美国政府一系列措施下逐渐振兴了美国的先进制造业，已经建成了 4 个先进制造业的研究所，还有 4 个在筹建中。政府向社区大学投资近 10 亿美元，为先进制造业培养合格的工人；同时，也扩大对于新兴、交叉性学科应用性研究的投入。政府还采取新的措施对退伍军人进行更合理的分配，包括向先进制造业分配合格的人才。最近五年，美国制造业已经增加了 70 万个就业岗位。

3．日本物联网升级制造模式

伴随德国工业 4.0 时代的到来，传统制造业强国 —— 日本也开始发力。日本选择了机器人作为突破口。日本机器人的实力因在工业领域的普及而受到全球的认可。目前，日本仍然保持工业机器人产量、安装数量世界第一的地位。2012 年，日本机器人产值约为 3 400 亿日元，占全球市场份额的 50%，安装数量（存量）约 30 万台，占全球市场份额的 23%。而且，机器人的主要零部件，包括机器人精密减速机、伺服电动机、重力传感器等，占据 90% 以上的全球市场份额。

日本政府于 2015 年 1 月 23 日公布了《机器人新战略》，首先列举了欧美与中国的技术赶超，互联网企业向传统机器人产业的涉足，给机器人产业环境带来了剧变。这些变化，将使机器人开始应用大数据实现自律化，使机器人之间实现网络化，物联网时代也将随之真正到来。

2015 年 5 月，日本机器人革命促进会正式成立，标志着“日本机器人新战略”迈出了第一步。最初，“日本机器人新战略”主要有两大目的，即“扩大机器人应用领域”与“加快新一代机器人技术研发”。而近年来，德国的工业 4.0、美国的工业互联网等相继涌现，加速了以新一代信息技术为主线的制造创新趋势。日本政府也积极跟进，决定在日本机器人革命促进会下设物联网升级制造模式工作组。2015 年 7 月中旬，物联网升级制造模式工作组召开了第一次大会。除了三菱电机、日立制作所等工业控制设备厂商之外，富士通、NEC 等 IT 企业，三菱重工、川崎重工、IHI、日立造船、丰田汽车、日产汽车、本田汽车等工业企业、贸易集团以及智库等制造业相关的 77 家代表企业参会。此外，还有 15 个商协会等社会组织参与了大会。

物联网升级制造模式工作组的目标主要是，跟踪全球制造业发展趋势的科技情报，通过政府与民营企业的同心同力合作，实现物联网技术对日本制造业的变革。具体而言，主要有如下四点：① 梳理物联网升级新制造模式的示范案例；② 探讨标准化模式，提供参考信息；③ 调研物联网和赛博物理系统在智能工厂中的应用潜力；④ 在政府与德国、美国等有关国际机构协商合作之际，提供参考决策。该工作组以后将每月开展一次活动，形成物联网升级制造模式的通用架构，为未来制造业的国际合作做好准备。

4．中国制造 2025

为了实现由制造大国向制造强国转变，国务院于 2015 年 5 月 8 日公布了强化高端制造业的国家战略规划“中国制造 2025”。“中国制造 2025”要求坚持走中国特色新型工业化道路，以促进制造业创新发展为主题，以提质增效为中心，以加快新一代信息技术与制造业深度融合为主线，以推进智能制造为主攻方向，以满足经济社会发展和国防建设对重大技术装备的需求为目标，强化工业基础能力，提高综合集成水平，完善多层次多类型人才培养体系，促进产业转型升级，培育有中国特色的制造文化，实现制造业由大变强的历史跨越。简而言之，“中国制造 2025”的核心是智能制造。

“中国制造 2025”的战略目标是立足国情，立足现实，力争通过“三步走”实现制造强国的战略目标。第一步：力争用十年时间，迈入制造强国行列。第二步：到 2035 年，我国制造业整体达到世界制造强国阵营中等水平。第三步：中华人民共和国成立一百年时，制造业大国地位更加巩固，综合实力进入世界制造强国前列。制造业主要领域具有创新引领能力和明显竞争优势，建成全球领先的技术体系和产业体系。

“中国制造 2025”将分类开展流程制造、离散制造、智能装备和产品、智能制造新业态新模式、智能化管理、智能服务六大重点行动。

第一，针对生产过程（包括流程制造、离散制造）的智能化，特别是生产方式的现代化、智能化。在以智能工厂为代表的流程制造、以数字化车间为代表的离散制造方面分别进行试点示范项目。其中，在流程制造领域，重点推进石化、化工、冶金、建材、纺织、食品等行业，示范推广智能工厂或数字矿山运用；在离散制造领域，重点推进机械、汽车、航空、船舶、轻工、家用电器及电子信息等行业。

第二，针对产品的智能化，体现在以信息技术深度嵌入为代表的智能装备和产品试点示范。把芯片、传感器、仪表、软件系统等智能化产品嵌入到智能装备中去，使得产品具备动态存储、感知和通信能力，实现产品的可追溯、可识别、可定位。在包括高端芯片、新型传感器、机器人等在内的行业中，进行智能装备和产品的集成应用项目。

第三，针对制造业中的新业态新模式予以智能化，即工业互联网方向。在以个性化定制、网络协同开发、电子商务为代表的智能制造新业态新模式下推行试点示范。比如，在家用电器、汽车等与消费相关的行业，开展个性化定制试点；在钢铁、食品、稀土等行业开展电子商务及产品信息追溯试点示范。

第四，针对管理的智能化。在物流信息化、能源管理智慧化上推进智能化管理试点，从而将信息技术与现代管理理念融入企业管理。

第五，针对服务的智能化。以在线监测、远程诊断、云服务为代表的智能服务试点示范。服务的智能化，既体现为企业如何高效、准确、及时挖掘客户的潜在需求并实时响应，也体现为产品交付后对产品实现线上线下服务，实现产品的全生命周期管理。

上述五个方面，纵向来看，贯穿于制造业生产的全周期；横向来看，基本囊括了中国制造业中的传统和优势项目；综合来看，重大智能装备及与新业态新模式相关的偏服务化制造业将是重点。

5. 智能制造国内外发展差异和启示

对比中德美日四国可以看出，德国基于其强大的工业基础，自下而上积极推动工业 4.0 战略，希望通过新一代信息技术在制造业中的应用，保卫其制造业的优势地位；而美国则基于其领先的互联网创新能力，强调软件、网络和数据，注重互联互通和互操作，自上而下打造工业互联网，期望重新夺回制造业霸主的地位。日本则基于其机器人及主要零部件在全球的实力，依托互联网企业使机器人应用大数据、物联网，使机器人之间实现网络化。

而我国工业正处于由大变强、转型升级的关键时期，不同规模、行业和区域的企业水平差异巨大，应基于我国工业的实际情况，借鉴别国经验，制定出适合我国国情的标准化战略。德国和美国对我国的启示可以归纳为：

（1）各国均瞄准广泛互联的工业网络、贯穿产品全生命周期的信息数据链和具备感知、控制与联网功能的智能装备等重点技术领域。

（2）各国均注重结合本国优势，战略重点略有差异又相互学习借鉴。美国近期的行动更加注重对“硬制造”的部署，德国也更加关注互联网所带来的产业生态系统和新模式。

（3）各国均强调建立创新基础设施，推动统一标准的制定，为智能制造的发展提供保障。

1.1.3 企业智能制造应用现状

近年来，发达国家针对智能制造投入了巨大的研发资金，在一些重要装备与产品制造企业取得了较好的应用，代表性应用如下：

1. 西门子安贝格工厂智能制造应用

西门子安贝格电子制造工厂是目前业界公认最为接近工业 4.0 概念雏形的工厂，堪称高效的数字奇迹。据加特纳行业研究公司（Gartner Industry Research）对该工厂开展的调查显示，安贝格工厂生产定制流程涉及每年 5 万余种产品逾 16 亿个部件，每 100 万件产品中次品只有大约 15 件，庞大生产线的可靠性达到 99.9988%，追溯性更是高达 100%。安贝格工厂参考工业 4.0 标准模型，首次搭建了一个包含横向与纵向信息技术融合的完整框架，涵盖工业 4.0 关键技术要素，还包括产品的生命周期及生产周期，最大限度实现生产全自动化、个性化、弹性化、自我优化和提高生产资源效率、降低生产成本的全新生产方式。

（1）智能整合技术。安贝格工厂通过智能制造将 PLM、制造执行系统

（MES）及工业自动化三项关键性制造技术整合起来，从这些技术中找到最佳结合点并将它们作为完整系统运用，使得企业缩短创新周期，提高运营透明度，通过跨部门共享知识来提高员工个人生产力，并且通过为动态环境提高可预测性，尽量降低风险。

（2）物联网。在安贝格工厂车间里，触摸屏人机界面（HMI）让用户可以向下获取数据，从一段时间的业绩趋势到每条产品线，甚至每一个零部件。此外，还可以对400多个数据自动采集点进行深入的原因分析。安贝格工厂通过物联网获取大量嵌入在设备中的信息，使得实际的制造世界与虚拟的数字制造世界相互交汇，让企业能够借助数字化手段，规划和预测产品的整个生命周期和生产设施。

在安贝格智能工厂的未来设想中，人类、机器和资源能够互相通信，智能产品“知道”它们如何被制造出来的细节，也知道它们的用途。它们将主动对制造流程，回答诸如“我什么时候被制造的”“对我进行处理应该使用哪种参数”“我应该被传送到何处”等问题。

2．美国通用电气公司智能制造应用

美国通用电气公司（GE公司）依托庞大的产业链、产品体系和技术实力，提出了自己的“工业互联网”概念，与美国全面推进的《国家先进制造战略规划》相呼应。GE将工业革命与互联网革命统一为“第三波”创新与变革，其明确的“智能化”理念是新一轮工业与互联网变革中的鲜明主题。

（1）自动化软件。GE智能平台将IT与自动化相融合，从最初单一的可视化控制功能发展到成为企业实施整体实时信息管理战略的基础平台。其最新推出的自动化软件产品Proficy Mobile，基于最先进的移动智能终端应用，可为用户实现在全球任何地方、24 h都可实时获得工厂过程的数据和关键设备的数据，并对设备进行操作。

（2）生产智能化。针对流程工业、离散制造、大型设备制造三大领域，GE开发了具有针对性的专用MES产品，并将其作为构建智能工厂的核心，连接底层自动化控制系统和上层管理系统。通过构建的智能工厂，GE可以清楚地掌握产销流程、提高生产过程的可控性、减少生产线人工干预、合理安排生产进度等，实现生产制造每个阶段的高度智能化。

（3）工业数据智能化。GE智能平台发布了基于云的工业数据库产品——Proficy Historian HD，满足用户对“大数据”无限增长的需求，并将用户不同设备的数据库部署成一个整体数据库，实现远程的数据诊断，以及为企业数据挖掘、数据分析打造基础。通过Internet采集应用于全球各地产品的生产运行数据，GE 可以实时监控设备的运行状况，并可实现预维护，为用户节省投资的同时更大大降低故障率。

3. 空客集团智能制造应用

空客集团紧跟智能制造的时代步伐，提出了“未来工厂”建设构想，目标是能够以创纪录的水平加快其产品生产率。在“未来工厂”建设中，空客集团积极研究在工厂采用机器人技术、虚拟现实技术、数字化技术、3D 打印技术等最新先进制造技术成果。目前，部分技术已经开始在空客集团各子公司获得应用。

（1）装配线自动化 ——“即插即用”机器人。空客公司已经使用了轻量化的单臂机器人，能够自主沿着飞机内部移动，在机身内部实现支架的流水线安装。空客公司计划安装具有多自由度的协作机器人，进行喷涂复杂装饰、旋翼轮毂等主要零件等多项工作。采用机器人后，可以对从绿色表面准备到外漆固化的精整喷涂工作流程进行优化，实现更小的能源消耗，还能节省周期时间。

（2）车间级数字化 —— 实现从仿真到“技术—现实“。空客公司针对 A350 XWB 全生命周期管理，构建了虚拟环境，该虚拟环境的注册用户达 3 万人，空客公司内部及其供应链上的工程师约 10 000 人，每天通过该虚拟环境获取详细、最新的项目信息。作为 A350 XWB 设计研发的一部分，空客公司使用逼真人机工程分析（Realistic Human Ergonomic Analysis，RHEA）工具，使得操作人员能够进入虚拟环境，与 A350 XWB 全尺寸 3D 模型进行交互。

（3）3D 打印技术 —— 飞机装配过程中所需零件的及时制造。空客集团已经开始使用 3D 打印技术用于制造模具、样件及用于飞行测试的零部件，还制造了商用飞机的零部件。由空客防务与空间公司生产的首件经过飞行测试的 3D 打印零部件 —— 钛合金支架，已经搭载 Atlantic Bird7 通信卫星进入太空。

（4）集成化生产 —— 统筹兼顾整个工业化生产系统。目前，在空客直升机公司拉库尔讷沃工厂每年能生产约 2 000 个主旋翼，主旋翼的大部分制造工序在不同车间完成，零件在运输过程中发生断裂或损伤的风险很高，也会导致大量时间被浪费。而正在建设的勒布尔歇工厂将设计成一个大车间，充分吸收拉库尔讷沃工厂的先进制造技术成果，工厂采用柔性化车间布置，最大可能地实现模块化，可以根据需要对车间布置进行相应调整，这样更容易适应未来产品的变化。

1.2 智能制造的内涵和特点

1.2.1 制造与智能

智能制造（Intelligent Manufacturing，IM）通常泛指智能制造技术和智能制造系统，是人工智能技术和制造技术相结合后的产物。因此，要理解智能制造的内涵，必须先了解制造的内涵和人工智能技术。

制造是把原材料变成有用物品的过程，它包括产品技术、材料选择、加工生产、质量保证、管理和营销等一系列有内在联系的运作和活动。这是对制造的广义理解。对制造的狭义理解是从原材料到成品的生产过程中的部分工作内容，包括毛坯制造、零件加工、产品装配、检验、包装等具体环节。对制造概念广义和狭义的理解使“制造系统”成为一个相对的概念，小的如柔性制造单元（Flexible Manufacturing Cell，FMC）、柔性制造系统（Flexible Manufacturing System，FMS），大至车间、企业乃至以某一企业为中心包括其供需链而形成的系统，都可称之为“制造系统”。从包括的要素而言，制造系统是人、设备、物料流/信息流/资金流、制造模式的一个组合体。

人工智能（Artificial Intelligence，AI）是智能机器所执行的与人类智能有关的功能，如判断、推理、证明、识别、感知、理解、涉及、思考、规划、学习和问题求解等思维活动。人工智能具有一些基本特点，包括对外部世界的感知能力、记忆和思维能力、学习和自适应能力、行为决策能力、执行控制能力等。一般来说，人工智能分为计算智能、感知智能和认知智能三个阶段。第一阶段为计算智能，即快速计算和记忆存储能力。第二阶段为感知智能，即视觉、听觉、触觉等感知能力。第三阶段为认知智能，即能理解、会思考。认知智能是目前机器与人差距最大的地方，让机器学会推理和决策异常艰难。

将人工智能技术和制造技术相结合，实现智能制造，通常有如下好处：

（1）智能机器的计算智能高于人类，在一些有固定数学优化模型、需要大量计算、但无须进行知识推理的地方，如设计结果的工程分析、高级计划排产、模式识别等，与人根据经验来判断相比，机器能更快地给出更优的方案，因此，智能优化技术有助于提高设计与生产效率，降低成本，并提高能源利用率。

（2）智能机器对制造工况的主动感知和自动控制能力高于人类，以数控加工过程为例，“机床/工件/刀具”系统的振动、温度变化对产品质量有重要影响，需要自适应调整工艺参数，但人类显然难以及时感知和分析这些变化。因此，应用智能传感与控制技术，实现“感知—分析—决策—执行”的闭环控制，能显著提高制造质量。同样，一个企业的制造过程中，存在很多动态的、变化的环境，所以在系统中的某些要素（设备配置、检测机构、物料输送和存储系统等）必须能动态地、自动地响应系统变化，这也依赖于制造系统的自主智能决策。

（3）随着工业互联网等技术应用的普及，制造系统正在由资源驱动型向信息驱动型转变。制造企业能拥有的产品全生命周期数据可能是非常丰富的，通过基于大数据的智能分析方法，将有助于创新或优化企业的研发、生产、运营、营销和管理过程，为企业带来更快的响应速度、更高的效率和更深远的洞察力。工业大数据的典型应用包括产品创新、产品故障诊断与预测、企业供需链优化和产品精准营销等诸多方面。

由此可见，无论是在微观层面，还是宏观层面，智能制造技术都能给制造企业带来切实的好处。我国从制造大国迈向制造强国的过程中制造业面临5个转变：产品从跟踪向自主创新转变；从传统模式向数字化、网络化、智能化转变；从粗放型向质量效益型转变；从高污染、高耗能向绿色制造转变；从生产型向“生产+服务”型转变。在这些转变过程中，智能制造是重要手段。在“中国制造2025”中，智能制造是制造业创新驱动、转型升级的制高点、突破口和主攻方向。

1.2.2 智能制造概念的产生与发展

国际上智能制造的研究始于20世纪七八十年代，智能制造领域的首本研究专著于1988年出版，它探讨了智能制造的内涵与前景，定义其目的是“通过集成知识工程、制造软件系统、机器人视觉和机器人控制来对制造技工们的技能与专家知识进行建模，以使智能机器能够在没有人工干预的情况下进行小批量生产”。1989年，Kusiak出版专著*Intelligent Manufacturing Systems*，并于次年创办智能制造领域著名的国际学术期刊*Journal of Intelligent Manufacturing*。

20世纪90年代初，日本提出了“智能制造系统IMS”国际合作研究计划，其目的是把日本工厂的专业技术与欧盟的精密工程技术、美国的系统技术充分地结合起来，开发出能使人和智能装备都不受生产操作和国界限制，且能彼此合作的高新技术生产系统，美国于1992年执行新技术政策，大力支持包括信息技术、新的制造工艺和智能制造技术在内的关键重大技术。欧盟于 1994 年启动新研发项目，在其中的信息技术、分子生物学和先进制造技术中均突出了智能制造技术的地位。这段时期，由于人工智能进展缓慢，智能制造技术未能在企业中广泛应用。

21 世纪以来，在经历一段时间的沉寂后，智能制造又蓬勃发展起来。美国以智能制造新技术引领“再工业化”，2011 年 6 月，启动包括工业机器人在内的“先进制造伙伴计划”；2012 年 2 月，出台《国家先进制造战略规划》，提出建设智能制造技术平台以加快智能制造的技术创新；2012 年 3 月，建立全美制造业创新网络，其中智能制造的框架和方法、数字化工厂、3D 打印等均被列为优先发展的重点领域。德国通过政府、弗劳恩霍夫研究所和各市州政府合作投资于数控机床、制造和工程自动化行业的智能制造研究。2011 年，日本发布了第四期科技发展基本计划，在该计划中主要部署了多功能电子设备、信息通信技术、测量技术、精密加工、嵌入式系统等重点研发方向；同时，加强智能网络、高速数据传输、云计划等智能制造支撑技术领域的研究。

2012 年，美国通用公司提出“工业互联网（Industrial Internet）”，通过它将智能设备、人和数据连接出来，并以智能的方式分析这些交换的数据，从而能帮助人们和设备做出更智慧的决策。AT&T、思科、通用电气、IBM 和英特尔随后在美国波士顿成立工业互联网联盟，以期望打破技术壁垒，促进物理世界和数字世界的融合，目前，该联盟的成员已经超过 200 个。

在 2013 年 4 月的汉诺威工业博览会上，德国政府宣布启动“工业 4.0（Industry 4.0）”国家级战略规划，意图在新一轮工业革命中抢占先机，奠定德国工业在国际上的领先地位。“工业 4.0”通过利用赛博物理系统（Cyber-Physical Systems，CPS），实现由集中式控制向分散式增强型控制的基本模式转变，其目标是建立高度灵活的个性化和数字化的产品与服务的生产模式，推动现有制造业向智能化方向转型。

在中国，“智能制造”的研究问题于 1988 年首次在国家自然科学基金委（NSFC）提出，并于 1993 年设立 NSFC 重大项目“智能制造系统关键技术”，之后相关的理论研究一直在进行，但大规模的应用摸索研究并未开展。2010 年，《国务院关于加快培育和发展战略性新兴产业的决定》中首次将“智能制造及装备”列为高端制造装备中的重点发展领域。之后，智能制造技术被国家“十二五”规划、国家中长期发展规划优先发展和支持的重点领域，并制定了《智能制造装备产业“十二五”发展规划》和《智能制造科技发展“十二五”专项规划》。2015 年，国务院正式发布《中国制造 2025》，在“战略任务和重点”一节中，明确提出“加快推动新一代信息技术与制造技术融合发展，把智能制造作为两化深度融合的主攻方向；着力发展智能装备和智能产品，推进生产过程智能化；培育新型生产方式，全面提升企业研发，生产、管理和服务的智能化水平。”

纵观智能制造概念与技术的发展，经历了兴起和缓慢推进阶段，直到2013年以来爆发式发展。究其原因有很多：其一，近几年来，世界各国都将“智能制造”作为重振和发展制造业战略的重要抓手；其二，随着以互联网、物联网和大数据为代表的信息技术的快速发展，智能制造的范畴有了较大扩展，以CPS、大数据分析为主要特征的“智能制造”已经成为制造企业转型升级的巨大推动力。

1.2.3 智能制造的定义

关于“智能制造”一词的定义非常多，下面列举了其中一些定义：

（1）1991年，日、美和欧洲国家共同发起实施的“智能制造国际合作研究计划”中定义“智能制造系统是一种在整个制造过程中贯穿智能活动，并将这种智能活动与智能机器有机融合，将整个制造过程从订货、产品设计、生产到市场销售等各个环节以柔性方式集成起来的能发挥最大生产力的先进生产系统”。

（2）百度百科中“智能制造”一词采用了路甬祥报告中的定义，“一种由智能机器人和人类专家共同组成的人机一体化智能系统，它在制造过程中能进行智能活动，诸如分析、推理、判断、构思和决策等。通过人与智能机器的合作共事，去扩大、延伸和部分地取代人类专家在制造过程中的脑力劳动。它把制造自动化的概念更新、扩展到柔性化、智能化和高度集成化”。

（3）2011年6月，美国智能制造（Smart Manufacturing Leadership Coalition，SMLC）发布了《实施21世纪智能制造》报告。定义智能制造是先进智能系统强化应用，新产品制造快速，产品需求动态响应，以及工业生产和供应链网络实时优化的制造。智能制造的核心技术是网络化传感器、数据互操作性、多尺度动态建模与仿真、智能自动化，以及可扩展的多层次的网络安全。

（4）在我国《智能制造科技发展“十二五”专项规划中》，定义智能制造是“面向产品全生命周期，实现泛在感知条件下的信息化制造，是在现代传感技术、网络技术、自动化技术、拟人化智能技术等先进技术的基础上，通过智能化的感知、人机交互、决策和执行技术，实现设计过程智能化、制造过程智能化和制造装备智能化等。智能制造系统最终要从以人为主要决策核心的人机和谐系统向以机器为主题的自主运行转变”。

（5）在我国《2015年智能制造试点示范专项行动实施方案》中，定义智能制造是“基于新一代信息技术，贯穿设计、生产、管理、服务等制造活动各个关节，具有信息深度自感知、智慧优化自决策、精准控制自执行等功能的先进制造过程、系统与模式的总称，具有以智能工程为载体、以关键制造环节智能化为核心、以端到端数据流为基础、以网络互联为支撑等特征，可有效缩短产品研制周期，降低运营成本，提高生产效率，提升成品质量，降低资源能源消耗”。

（6）2015年12月，《国家智能制造标准体系建设指南（2015年版）》提出了智能制造系统架构模型，该模型从生命周期、系统层级和智能功能三个维度来阐述智能制造的内涵，所构建的智能制造标准体系结构包括基础共性标准、关键技术标准和重点行业标准三大部分，其中，关键技术标准包括智能装备、智能工厂、智能服务、工业软件和大数据、工业互联网5个部分。

从上述定义可以看出，随着各种制造新模式的产生和新一代信息技术的快速发展，智能制造的内涵在不断变化，人工智能的成分在弱化，而信息技术、网络互联等概念在强化，同时，智能制造的范围在扩大，横向上从传统制造环节延伸到产品全生命周期，纵向上从制造装备延伸到制造车间、制造企业甚至企业的生态系统。

关于智能制造的理解存在一定的分歧，比如，在国家973项目“高品质复杂零件智能制造基础研究”中，认为智能制造的“科学理念集中体现在智能工艺和智能装备上，是复杂工况下高性能产品制造的有效手段”，这可视为对智能制造的狭义理解。虽然“工业4.0”“工业互联网”和“中国制造2025”都没有给出智能制造的定义，但“工业4.0”中强调智能生产（Smart Production）和智能工厂（Smart Factory），“工业互联网”强调智能设备（Intelligent Devices）、智能系统（Intelligent Systems）和智能决策（Intelligent Decisioning）三要素的整合，“中国制造2025”把智能制造作为两化深度融合的主攻方向。因此，也有一种观点认为这些战略规划就是在讲“智能制造”，这实际上过于泛化了，不利于理解智能制造的本质特征。

本书从智能制造的本质特征出发，尝试给出智能制造较为普适的定义，即“面向产品的全生命周期，以新一代信息技术为基础，以制造系统为载体，在其关键环节或过程，具有一定自主性的感知、学习、分析、决策、通信与协调控制能力，能动态地适应制造环境的变化，从而实现某些优化目标”。关于该定义的解释如下：

（1）智能制造面向产品全生命周期而非狭义的加工生产环节，产品是智能制造的目标对象。

（2）智能制造以新一代信息技术为基础，包括物联网、大数据、云计算等，是泛在感知条件下的信息化制造。

（3）智能制造的载体是制造系统，制造系统从微观到宏观有不同的层次，如制造装备、制造单元、制造车间、制造企业和企业生态系统等。制造系统的构成包括产品、制造资源（机器、生产线、人等）、各种过程活动（设计、制造、管理、服务等）及运行与管理模式。

（4）智能制造技术的应用是针对制造系统的关键环节或过程，而不一定是全部。

（5）“智能”的制造系统，必须具备一定自主性的感知、学习、分析、决策、通信与协调控制能力，这是其区别于“自动化制造系统”和“数字化制造系统”的根本地方，同时，“能动态地适应制造环境的变化”也非常重要，一个只具有优化计算能力的系统和一个智能的系统是不同的。

（6）构建“智能”的制造系统，必然是为了实现某些优化目标。这些优化目标非常多，如增强用户体验友好性、提高装备运行可靠性、提高设计和制造效率、提升产品质量、缩短产品制造周期、拓展价值链空间等。应当注意，不同的制造系统层次、制造系统的不同环节和过程、不同的行业和企业，其优化目标及其重要性都是不同的，难以一一枚举，必须具体情况具体分析。

1.2.4 智能制造的主要特点

智能制造集自动化、柔性化、集成化和智能化于一身，具有实时感知、优化决策、动态执行三个方面的优点。具体地看，智能制造在实际应用中具有以下特征：

1．自组织能力

智能制造中的各组成单元能够根据工作任务需要，集结成一种超柔性最佳结构，并按照最优方式运行。其柔性不仅表现在运行方式上，也表现在结构组成上。例如，在当前任务完成后，该结构将自行解散，以便在下一任务中能够组成新的结构。

2．自律能力

智能制造具有搜集与理解环境信息及自身信息并进行分析判断和规划自身行为的能力。强有力的知识库和基于知识的模型是自律能力的基础。智能制造系统能监测周围环境和自身作业状况并进行信息处理，根据处理结果自行调整控制策略，以采用最佳运行方案，从而使整个制造系统具备抗干扰、自适应和容错等能力。

3. 自学习和自维护能力

智能制造以原有的专家知识为基础，在实践中不断进行学习，完善系统知识库，并剔除其中不适用的知识，使知识库趋于合理化。与此同时，它还能对系统故障进行自我诊断、排除和修复，从而能够自我优化并适应各种复杂环境。

4. 整个制造环境的智能集成

智能制造在强调各子系统智能化的同时，更注重整个制造环境的智能集成，这是它与面向制造过程中特定应用的“智能化孤岛”的根本区别。智能制造将各个子系统集成为一个整体，实现系统整体的智能化。

5. 人机一体化

智能制造不单强调人工智能，而且是一种人机一体化的智能模式，是一种混合智能。人机一体化一方面突出了人在制造环境中的核心地位，同时在智能机器的配合下，更好地发挥了人的潜能，使人机之间表现出一种平等共事、相互“理解”、相互协作的关系，使两者在不同的层次上各显其能，相辅相成。因此，在智能制造中，高素质、高智能的人将发挥更好的作用，机器智能和人的智能将真正地集成在一起。

6. 虚拟现实

虚拟现实是实现高水平人机一体化的关键技术之一，人机结合的新一代智能界面，使得可用虚拟手段智能地表现现实，它是智能制造的一个显著特征。

1.2.5 智能制造的目标

“智能制造”概念刚提出时，其预期目标是比较狭义的，即“使智能机器在没有人工干预的情况下进行小批量生产”，随着智能制造内涵的扩大，智能制造的目标已变得非常宏大。比如，“工业 4.0”指出了 8 个方面的建设目标，即满足用户个性化需求，提高生产的灵活性，实现决策优化，提高资源生产率和利用效率，通过新的服务创造价值机会，应对工作场所人口的变化，实现工作和生活的平衡，确保高工资仍然具有竞争力。“中国制造 2025”指出实施智能制造可给制造业带来“两提升、三降低”“两提升”是指生产效率大幅提升，资源综合利用率的大幅度提升；“三降低”是指研制周期的大幅度缩短，运营成本的大幅度下降，产品不良品率的大幅度下降。

下面结合不同行业的产品特点和需求，从 4 个方面对智能制造的目标特征归纳阐述。

1．满足客户的个性化定制需求

在家电、3C 等行业，产品的个性化来源于客户多样化与动态变化的定制需求，企业必须具备提供个性化产品能力，才能在激烈的市场竞争中生存下来。智能制造技术可以从多方面为个性化产品的快速推出提供支持，比如，通过智能设计手段缩短产品的研制周期，通过智能制造装备（如智能柔性生产线、机器人、3D 打印设备等）提高生产的柔性，从而适应单间小批生产模式等。这样，企业在一次性生产且产量很低（批量为 1）的情况下也能获利。以海尔为例，2015 年 3 月，首台用户定制空调成功下线，这离不开背后智能工厂的支持。

2．实现复杂零件的高品质制造

在航空、航天、船舶、汽车等行业，存在许多结构复杂，加工质量要求非常高的零件。以航空发动机的机匣为例，它是典型的薄壳环形复杂零件，最大直径可达 3 m，其外表面分布有安装发动机附件的凸台、加强筋、减重型槽及花边等复杂结构，壁厚变化强烈。用传统方法加工时，加工变形难以控制，质量一致性难以保证，变形量的超差将导致发动机在服役时发生振动，严重时甚至会造成灾难性事故。对于这类复杂零件，采用智能制造技术，在线监测加工过程中力-热-变形场的分布特点，实时掌握加工中工况的实变规律，并针对工况变化即时决策，使制造装备自律运行，可以显著地提升零件的制造质量。

3．保证高效率的同时，实现可持续制造

可持续发展定义为："能满足当代人的需要，有不对后代人满足其需要的能力构成危害的发展。"可持续制造是可持续发展对制造业的必然要求。从环境方面考虑，可持续制造首先要考虑的因素是能源和原材料消耗。这是因为制造业能耗占全球能量消耗的 33%，CO_2 排放量占 38%。当前许多制造企业通常优先考虑效率、成本和质量，对降低能耗认识不够。然而实际情况是不仅化工、钢铁、锻造等流程行业，而且在汽车、电力装备等离散制造行业，对节能降耗都有迫切的需求。以离散机械加工行业为例，我国机床保有量为世界第一，约 800 多万台。若每台机床额定功率平均按 5 ~ 10 kW 计算，我国机床装备总的额定功率为 4 000 万 ~ 8 000 万千瓦，相当于三峡电站总装机容量 2 250 万千瓦的 1.8～3.6 倍。智能制造技术能够有力地支持高效可持续制造，首先，通过能耗和效率的综合智能优化，获得最佳的生产方案并进行能源的综合调度，提高能源的利用效率；其次，通过制造生态环境的一些改变，如改变生产的地域和组织方式，与电网开展深度合作等，可以进一步从大系统层面实现节能降耗。

4．提升产品价值，拓展价值链

产品的价值体现在“研发—制造—服务”的产品全生命周期的每一个环节，根据“微笑曲线”理论，制造过程的利润空间通常比较低，而研发与服务阶段的利润往往更高，通过智能制造技术，有助于企业拓展价值空间。其一，通过产品智能化升级和产品智能设计技术，实现产品创新，提升产品价值；其二，通过产品个性化定制，产品使用过程的在线实时监测、远程故障诊断等智能服务手段，创造产品新价值，拓展价值链。

1.2.6 数字制造与智能制造的联系与区别

1．数字制造与智能制造的联系

数字制造与智能制造是两项密切关联又各具内涵的技术。数字制造是实现智能制造的基础与手段，而智能制造是数字制造的提升。

（1）数字制造是智能制造的基础。数字制造采用数字化的手段对制造过程、制造系统与制造装备中复杂的物理现象和信息演变过程进行定量描述、精确计算、可视模拟与精确控制。数字制造是数字技术与制造技术不断融合和应用的结果。数据库技术、产品建模技术、曲面造型技术、模拟仿真技术等数字技术与产品设计、产品加工、产品装配、制造管理与制造服务技术等制造技术融合，就形成了产品数据管理、虚拟制造、快速成型、计算机辅助检测、数字控制等各种形式的数字制造技术，这些技术也是智能制造的基础技术。以机床为例，计算机与机床结合产生的数控机床，实现了程序化控制，这是数字化时代的产物。智能机床则需要动态传感器随时感知其工作状况、环境参数，需要控制软件实现加工工艺过程的智能控制与优化，即传感器、数控机床、智能控制三者共同构成智能机床。

（2）智能制造是数字制造的提升。将数字制造技术与智能技术相结合，通过领域交叉、学科交叉、层次交叉、方法交叉等方式，形成了各种各样的智能制造技术。例如，从制造信息处理技术发展到制造知识处理技术、从数值仿真技术发展到虚拟现实数字样机技术、从快速原型技术发展到三维打印技术、从在线测量技术发展到工况感知技术、从数字控制技术发展到智能控制技术、从柔性制造技术发展到精益生产技术、从数字装备技术发展到智能装备技术，实现从数字化到智能化的技术提升。

2. 数字制造与智能制造的区别

智能制造与数字制造有着本质的区别：

（1）数字制造处理的对象是数据，而智能制造处理的对象是知识。

（2）数字制造过程以信息处理为核心，而智能制造过程以智能学习与推理为核心。

（3）数字制造建模的数学方法是经典数学（微积分）方法，智能制造建模的数学方法是智能计算方法。

（4）数字制造系统的性能在使用中是不断退化的，而智能制造系统具有自优化功能，其性能在使用中可以不断优化。

（5）数字制造系统在环境异常或使用错误时无法正常工作，而智能制造系统则具有容错功能。

以机床加工为例，数控机床按照程序规定的命令执行，若加工过程中出现振动、主轴发热等问题，机床自身是无法控制的。而智能机床则可以随时监测刀具是否出现磨损、主轴是否发热过多、振动是否加剧等，并可随时干预加工过程，改变运行参数，降低转速，减少进给速度，停止运转等，以达到保护机床或保证加工质量的效果。

1.2.7 智能制造标准化参考模型

智能制造对制造业的影响主要表现在三个方面，分别是智能制造系统、智能制造装备和智能制造服务，涵盖了产品从生产加工到操作控制再到客户服务的整个过程。

智能制造的本质是实现贯穿三个维度的全方位集成，包括企业设备层、控制层、管理层等不同层面的纵向集成，跨企业价值网络的横向集成，以及产品全生命周期的端到端集成。标准化是确保实现全方位集成的关键途径，结合智能制造的技术架构和产业结构，可以从系统架构、价值链和 PLM 等三个维度构建智能制造标准化参考模型，帮助我们认识和理解智能制造标准化的对象、边界、各部分的层级关系和内在联系。智能制造标准化参考模型如图 1-2 所示。

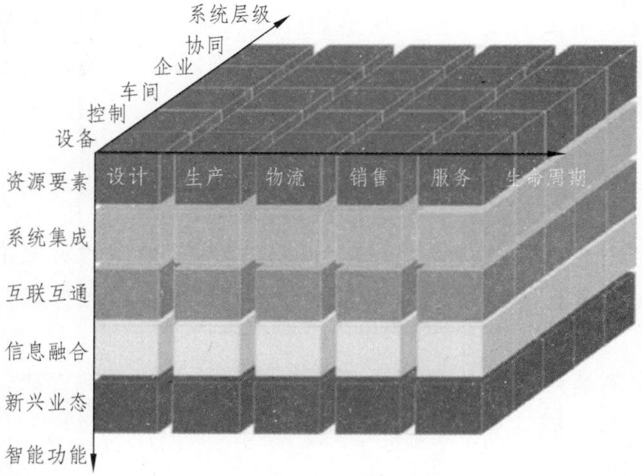

图 1-2 智能制造标准化参考模型

1. 生命周期

生命周期是由设计、生产、物流、销售、服务等一系列相互联系的价值创造活动组成的链式集合。生命周期中各项活动相互关联、相互影响。不同行业的生命周期构成不尽相同。

2. 系统层级

系统层级自下而上共五层，分别为设备层、控制层、车间层、企业层和协同层。智能制造的系统层级体现了装备的智能化、互联网协议（IP）化及网络的扁平化趋势，具体包括：

（1）设备层级包括传感器、仪器仪表、条码、射频识别（Radio Frequency Identification，RFID）、机器、机械和装置等，是企业进行生产活动的物质技术基础。

（2）控制层级包括可编程逻辑控制器（PLC）、数据采集与监视控制系统（SCADA）、分布式控制系统（DCS）和现场总线控制系统（FCS）等。

（3）车间层级实现面向工厂/车间的生产管理，包括制造企业生产过程执行系统（MES）等。

（4）企业层级实现面向企业的经营管理，包括企业资源计划系统（ERP）、产品生命周期管理系统（PLM）、供应链管理系统（SCM）和客户关系管理系统（CRM）等。

（5）协同层级由产业链上不同企业通过互联网络共享信息来实现协同研发、智能生产、精准物流和智能服务等。

3. 智能功能

智能功能包括资源要素、系统集成、互联互通、信息融合和新兴业态等五层，具体如下：

（1）资源要素包括设计施工图纸、产品工艺文件、原材料、制造设备、生产车间和工厂等物理实体，也包括电力、燃气等能源。此外，人员也可视为资源的一个组成部分。

（2）系统集成是指通过二维码、射频识别（RFID）、软件等信息技术集成原材料、零部件、能源、设备等各种制造资源，由小到大实现从智能装备到智能生产单元、智能生产线、数字化车间、智能工厂，乃至智能制造系统的集成。

（3）互联互通是指通过有线、无线等通信技术，实现机器之间、机器与控制系统之间、企业之间的互联互通。

（4）信息融合是指在系统集成和通信的基础上，利用云计算、大数据等新一代信息技术，在保障信息安全的前提下，实现信息协同共享。

（5）新兴业态包括个性化定制、远程运维和工业云等服务型制造模式。

1.2.8 智能制造标准体系框架

智能制造标准体系结构包括 A 基础共性、B 关键技术、C 重点行业三个部分，主要反映标准体系各部分的组成关系。智能制造标准体系结构如图 1-3 所示。

具体而言，A 基础共性标准包括基础、安全、管理、检测评价和可靠性等五大类，位于智能制造标准体系结构的最底层，其研制的基础共性标准支撑着标准体系结构上层虚线框内 B 关键技术标准和 C 重点行业标准；BA 智能装备标准位于智能制造标准体系结构的 B 关键技术标准的最底层，与智能制造实际生产联系最为紧密；在 BA 智能装备标准之上的是 BB 智能工厂标准，是对智能制造装备、软件、数据的综合集成，该标准领域在智能制造标准体系结构中起着承上启下的作用；BC 智能服务标准位于 B 关键技术标准的顶层，涉及对智能制造新模式和新业态的标准研究；BD 工业软件和大数据标准与 BE 工业互联网标准分别位于智能制造标准体系结构的 B 关键技术标准的最左侧和最右侧，贯穿 B 关键技术标准的其他 3 个领域（BA、BB、BC），打通物理世界和信息世界，推动生产型制造向服务型制造转型；C 重点行业标准位于智能制造标准体系结构的最顶层，面向行业具体需求，对 A 基础共性标准和 B 关键技术标准进行细化和落地，指导各行业推进智能制造。

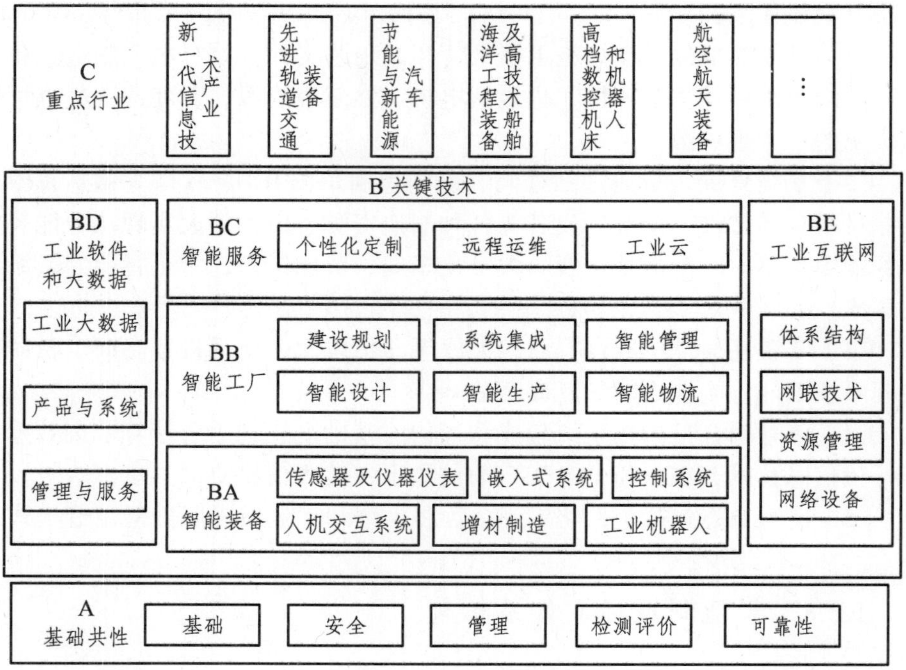

图 1-3 智能制造标准体系结构

1.3 智能制造的技术基础

要实现智能制造，必须在产品设计制造服役全过程实现信息的智能传感与测量、智能计算与分析、智能决策与控制，涉及 CPS、工业物联网、云计算技术、工业大数据、工业机器人技术、3D 打印技术、RFID 技术、虚拟制造和人工智能技术等技术基础。

1.3.1 赛博物理系统

赛博物理系统（Cyber-Physical System，CPS），也称为“虚拟网络—实体物理”生产系统，其目标是使物理系统具有计算、通信、精确控制、远程合作和自治等能力，通过互联网组成各种相应自治控制系统和信息服务系统，完成现实社会与虚拟空间的有机协调。与物联网相比，CPS 更强调循环反馈，要求系统能够在感知物理世界之后通过通信与计算再对物理世界起到反馈控制作用。在这样的系统中，一个工件就能算出自己需要哪些服务。通过数字化逐步升级现有生产设施，这样生产系统可以实现全新的体系结构。这意味着这一概念不仅可在全新的工厂得以实现，而且能在现有工厂的升级过程中得到改造。

CPS 是一个综合计算、网络和物理环境的多维复杂系统，通过 3C 技术的有机融合与深度协作，实现制造的实时感知、动态控制和信息服务。CPS 实现计算、通信与物理系统的一体化设计，可使系统更加可靠、高效、实时协同，具有重要而广泛的应用前景。CPS 系统把计算与通信深深地嵌入实物过程，使之与实物过程密切互动，从而给实物系统添加新的能力。

1.3.2 工业物联网

物联网（The Internet of Things，IT）可以实现物品间的全面感知、可靠传输和智能处理，利用事先在物品或设施中嵌入的传感器与现代化数据采集设备，将客观世界中的物品信息最大限度地数据化，再利用物品识别技术与通信技术将数据化的物品信息连入互联网，形成一个物品与物品相互连接的巨大的分布式网络，然后再把这些信息传递到后台服务器上进行整理、加工、分析和处理，最后利用分析与处理的结果对客观世界中的物品进行管理和相应控制。

物联网技术实现了客观世界中的物物相连，它是继计算机、互联网之后，蓬勃兴起的世界信息技术的又一次革命，是人类社会以信息技术应用为核心的技术延展。物联网与传统产业的全面融合，将成为全球新一轮社会经济发展的主导力量。

1.3.3 云计算技术

云计算（Cloud Computing）由分布式计算、并行处理、网格计算发展而来，是一种新兴的商业计算模型。目前，云计算仍然缺乏普遍一致的定义。国际商业机器公司（IBM）于 2007 年年底宣布了云计算计划，在其技术白皮书 *Cloud Computing* 中的云计算定义为：“云计算一词用来同时描述一个系统平台或者一种类型的应用程序。一个云计算的平台按需进行动态地部署

（Provision）、配置（Configuration）、重新配置（Reconfigure）以及取消服务（Deprovision）等。在云计算平台中的服务器可以是物理的服务器或者虚拟的服务器。高级的计算云通常包含一些其他的计算资源，如存储区域网络（SANs）、网络设备、防火墙及其他安全设备等。云计算在描述应用方面，描述了一种可以通过互联网 Internet 进行访问的可扩展的应用程序。'云应用'使用大规模的数据中心及功能强劲的服务器来运行网络应用程序与网络服务。任何一个用户可以通过合适的互联网接入设备及一个标准的浏览器就能够访问一个云计算应用程序。"

云计算将互联网上的应用服务及在数据中心提供这些服务的软硬件设施进行统一的管理和协同合作。云计算将 IT 相关的能力以服务的方式提供给用户，允许用户在不了解提供服务的技术、没有相关知识及设备操作能力的情况下，通过 Internet 获取需要的服务，具有高可靠性、高扩展性、高可用性、支持虚拟技术、廉价及服务多样性的特点。

1.3.4 工业大数据技术

大数据（Big Data）一般指体量特别大，数据类别特别大的数据集，并且无法用传统数据库工具对其内容进行抓取、管理和处理。大数据具有 5 个主要的技术特点，可以总结为"5V 特征"。

（1）数据量（Volumes）大。计量单位从 TB 级别上升到 PB、EB、ZB、YB 及以上级别。

（2）数据类别（Variety）大。数据来自多种数据源，数据种类和格式日渐丰富，既包含生产日志、图片、声音，又包含动画、视频、位置等信息，已冲破了以前所限定的结构化数据范畴，囊括了半结构化和非结构化数据。

（3）数据处理速度（Velocity）快。在数据量非常庞大的情况下，也能够做到数据的实时处理。

（4）价值密度（Value）低。随着物联网的广泛应用，信息感知无处不在，信息海量，但存在大量不相关信息，因此，需要对未来趋势与模式做可预测分析，利用机器学习、人工智能等进行深度复杂分析。

（5）数据真实性（Veracity）高。随着社交数据、企业内容、交易与应用数据等新数据源的兴起，传统数据源的局限被打破，企业愈发需要有效的信息之力，以确保其真实性及安全性。

大数据是工业 4.0 时代的重要特征，目前，数字化、网络化和智能化等现代化制造与管理理念已经在工业界普及开来，工业自动化和信息化程度得到前所未有的提升。而工业产品遍布全球各个角落，这些产品从设计制造到使用维护再到回收利用，整个生命周期都涉及海量的数据，这些数据就是工业大数据。

机器学习和数据挖掘是大数据的关键技术。机器学习最初的研究动机是让计算机系统具有人的学习能力，以便实现人工智能，目前被广泛采用的机器学习的定义是“利用经验来改善计算机系统自身的性能”。事实上，由于“经验”在计算机系统中主要是以数据的形式存在的，因此，机器学习需要设法对数据进行分析，这就使得它逐渐成为智能数据分析技术的创新源之一，并且为此受到越来越多的关注。数据挖掘和知识发现通常被相提并论，并在许多场合被认为是可以相互替代的术语。对数据挖掘有多种文字不同但含义接近的定义，如“识别出巨量数据中有效的、新颖的、潜在有用的、最终可理解的模式的非平凡过程”。顾名思义，数据挖掘就是试图从海量数据中找出有用的知识。数据挖掘可以视为机器学习和数据库的交叉，它主要利用机器学习提供的技术来分析大数据和管理大数据。

1.3.5 工业机器人技术

机器人是一种由主体结构、控制器、指挥系统和监测传感器组成的，能够模拟人的某些行为、能够自行控制、能够重复编程、能在二维空间内完成一定工作的机电一体化的生产设备。机器人技术是综合了计算机、控制论、机构学、信息传感技术、人工智能、仿生学等多学科而形成的高新技术，集精密化、柔性化、智能化、软件应用开发等先进制造技术于一体，是工业自动化水平的最高体现。

工业机器人经过近六十年的迅速发展，随着对产品加工精度要求的提高，关键工艺生产环节逐步由工业机器人代替工人操作，再加上各国对工人工作环境的严格要求，高危、有毒等恶劣条件的工作逐渐由机器人进行替代作业，从而增加了对工业机器人的市场需求。在工业发达国家中，工业机器人及自动化生产线成套装备已成为高端装备的重要组成部分及未来的发展趋势，工业机器人已经广泛应用于汽车及汽车零部件制造业、机械加工行业、电子电气行业、橡胶及塑料工业、食品工业、物流、制造业等领域。

机器人的性能正向高速度、高精度、高可靠性、低价格、便于操作和维修方面发展；而机器人的机械结构向着模块化、可重构化发展。在国外，已经有模块化装配机器人产品问世。工业机器人的控制系统向基于 PC 的开放型控制器方向发展，便于标准化和网络化。

1.3.6 3D 打印技术

3D 打印技术以数字模型文件为基础，运用粉末状金属或塑料等可黏合材料，基于离散材料逐层叠加的成形原理，通过有序控制将材料逐层堆积，从而制造出实体产品。

3D 打印是“增材制造”的主要实现形式。传统数控制造一般是在原材料基础上，使用切割、磨削、腐蚀、熔融等办法，去除多余部分，得到零部件，再以拼装、焊接等方法组合成最终产品。与传统的“去材加工”相比，3D 打印技术不需要刀具、模具，所需工装、夹具较少；能够大幅度缩短生产准备周期，从而加速制造过程；能够制造出传统工艺方法难以加工，甚至无法加工的结构，从而实现自由制造；能够精确制造出复杂零件，从而有效提高材料的利用率，而且产品的结构越为复杂，其制造优势也越为显著。3D 打印技术几乎可以制造任意复杂程度的形状和结构；既可以制造单一材料的产品，又能够实现异质材料零件制造；允许跨越多个尺度（从微观结构到零件级的宏观结构）设计并制造具有复杂形状的特征；可以在一次加工过程中完成功能结构的制造，从而简化甚至省略装配过程。

3D 打印技术为其设计、过程建模和控制、材料和机器、生物医学应用、能源和可持续发展应用、社区发展、教育等各方面均带来了巨大的机遇与挑战。

1.3.7 射频识别技术

射频识别（Radio Frequency Identification，RFID）技术又称为无线射频识别，是一种无线通信技术，可以通过无线电信号识别特定目标并读写相关数据，识别系统与特定目标之间无须进行机械或光学接触。常用的无线射频有低频（125 ~ 134.2 kHz）、高频（13.56 MHz）和超高频（860 ~ 928 MHz，全球各标准不一）三种。RFID 读写器分为移动式和固定式两种。RFID 通过将小型的无线设备贴在物件表面，并采用 RFID 阅读器自动进行远距离读取，提供了一种精确、自动、快速地记录和收集目标的工具，其应用领域及效果见表 1-2。

表 1-2 RFID 应用领域及效果

应用领域	效　果
供应链管理	通过自动化数据收集和数据传输，降低劳动力成本
	减少发货错误、库存迷失和重复数据读取
	减少盗窃和物品丢失
	利用远程进行产品维护、保修和调用警报
在制品制造	减少返修，保证制造精度
	提高生产率，加快零部件的定位和正确检索
	降低生产成本，消除手动条形码读取
	实现自动化零件集成跟踪
	连续的零件库存通道减少了生产线中断
资产管理	提供快速公司资产识别
	确保传输点的安全跟踪
	减少盗窃和物品丢失
安全访问控制	确保个人、机密信息的安全，方便访问
	提供移动、动态更新的数据存储库
	减少盗窃、欺诈，减轻风险
消费应用	提高个人安全
	确保个人事务数据安全，方便访问
	增加用户获得商品和服务的便利
	降低欺诈和风险

RFID 技术已成为制造型企业业务流程精益化的关键之一，可以有效减少企业的生产库存，提高生产率和质量，从而提高制造企业的竞争力。早在 2000 年，空客公司就认识到这种技术优势，应用 RFID 技术与各大航空公司进行工具租赁业务。到 2006 年，空客有 15 个项目的赢利都得益于 RFID 技术。之后，空客公司决定在全公司范围内使用零件序列化的自动识别技术（包括 RFID），增加飞机全生命周期的可视化，被称为价值链可视化（VCV）计划，空客公司则称之为“空客业务雷达”。RFID 技术成为简化业务流程、降低库存和提高经营活动效率与质量的强大武器，大大提高了企业竞争优势。

1.3.8 实时定位和机器视觉技术

在实际生产制造现场，需要对多种材料、零件、工具、设备等资产进行实时跟踪管理；在制造的某个阶段，材料、零件、工具等需要及时到位和撤离；在生产过程中，需要监视制品的位置行踪，以及材料、零件、工具的存放位置等。这样，在生产系统中需要建立一个实时定位网络系统，以完成生产全程中角色的实时位置跟踪，这就是实时定位系统（Real Time Location System，RTLS）。

RTLS 是一种基于信号的无线电定位手段，可以采用主动式，或者被动感应式。其中，主动式分为 AOA（到达角度定位）及 TDOA（到达时间差定位）、TOA（到达时间）、TW-TOF（双向飞行时间）、NFER（近场电磁测距）等。未来世界是一个无处不在的感知世界，物联网的兴起将掀起定位技术革新的又一波新高潮，实时定位已经成为一种应用趋势。

机器视觉系统是指通过机器视觉产品（即图像摄取装置，分 CMOS 和 CCD 两种）将被摄取目标转换成图像信号，传送给专用的图像处理系统，根据像素分布和亮度、颜色等信息，转变成数字化信号；图像系统对这些信号进行各种运算来抽取目标的特征，进而根据判别的结果来控制现场的设备动作。它是计算机学科的一个重要分支，它合了光学、机械、电子、计算机软硬件等方面的技术，涉及计算机、图像处理、模式识别、人工智能、信号处理、光机电一体化等多个领域，是用于生产、装配或包装的有价值的机制。它在检测缺陷和防止缺陷产品被配送到消费者的功能方面具有不可估量的价值。

机器视觉系统的特点是提高生产的柔性和自动化程度。在一些不适合人工作业的危险工作环境或人工视觉难以满足要求的场合，常用机器视觉来替代人工视觉；同时在大批量工业生产过程中，用人工视觉检查产品质量效率低且精度不高，用机器视觉检测方法可以大大提高生产效率和生产的自动化程度。而且机器视觉易于实现信息集成，是实现计算机集成制造的基础技术。可以在较快的生产线上对产品进行测量、引导、检测和识别，并能保质保量地完成生产任务。

1.3.9 虚拟制造技术

虚拟制造技术（Virtual Manufacturing Technology，VMT）是以虚拟现实和仿真技术为基础，对产品的设计、生产过程统一建模，在计算机上实现产品从设计、加工和装配、检验、使用整个生命周期的模拟和仿真，以增强制造过程各级的决策与控制能力。

虚拟制造的基本思想是在产品制造过程的上游——设计阶段就进行对产品制造全过程的虚拟集成，将全阶段可能出现的问题解决在这一阶段，通过设计的最优化达到产品的一次性制造成功。

虚拟制造是利用信息技术、仿真技术和计算机技术对现实制造活动中的人物、信息及制造过程进行全面仿真，以预先发现制造过程中的问题，在产品实际生产前就预防措施，从而达到产品一次性制造成功，以达到降低成本、缩短产品开发周期和增强产品竞争力的目的。

虚拟制造是基于虚拟现实技术来实现的。它是在一个统一的模型之下对设计和制造等过程集成,将与产品制造相关的各种过程与技术集成在三维的、动态的仿真真实过程的实体数字模型之上，其目的是在产品设计阶段，借助建模与仿真技术及时地、并行地模拟出产品未来制造过程乃至产品全生命周期中各种对产品设计的影响、预测、检测、评价产品性能和产品可制造性等，从而更有效地、经济地、柔性地进行生产，使得生产周期和成本最低，产品设计质量最优，生产效率最高。

它是多学科、多领域知识的综合，其产生的虚拟产品和虚拟制造系统，要在计算机上以直觉、生动精确的方式体现出来，它拥有产品和相关制造过程的全部信息，包括虚拟设计、制造和控制产生的数据、相关知识和模型信息。

1.3.10 人工智能技术

人工智能（Artificial Intelligence，AI）是研究用于模拟、延伸和扩展人的智能的理论、方法、技术及应用系统的一门技术，目标是让机器像（单一）个体一样思考和学习，从而理解世界。

自从 1956 年斯坦福大学 John McCarthy 教授（图灵奖获得者）、麻省理工学院 MarvinLee Minsky 教授（图灵奖获得者）、贝尔实验室的 Claude Elwood Shannon、国际商业机器公司（IBM）的 Nathaniel Rochester 四位学者在美国达特蒙斯大学首次提出了“人工智能”这一术语以来，人工智能迅速发展成为一门广受关注的交叉和前沿学科，沿着“从符号主义走向连接主义”和“从逻辑走向知识”两个方向蓬勃发展，在象棋博弈、机器证明和专家系统等方面取得了丰硕成果，并应用于机器人、语言识别、图像识别和自然语言处理等。

近年来，随着深度学习算法、脑机接口技术进步，使得人工智能基本理论和方法的研究开始出现新的变化，特别是以 2016 年谷歌围棋人工智能 AlphaGo 以 4：1 战胜韩国棋手李世石为标志，人工智能再次成为大众关注的热点。Alpha Go 技术本质是大数据+深度学习，AlphaGo 通过大量的训练数据(包括以往的棋谱和自我对局)，训练了一个价值神经网络用以评估局面上的大量选点，又训练了一个策略神经网络负责走子，在蒙特卡洛树搜索中同时使用这两个网络。

1.4 智能制造的关键环节

智能制造涉及产品全生命周期中各环节的制造活动，包括了智能设计、智能加工、智能装配、智能服务四大关键环节，如图 1-4 所示。

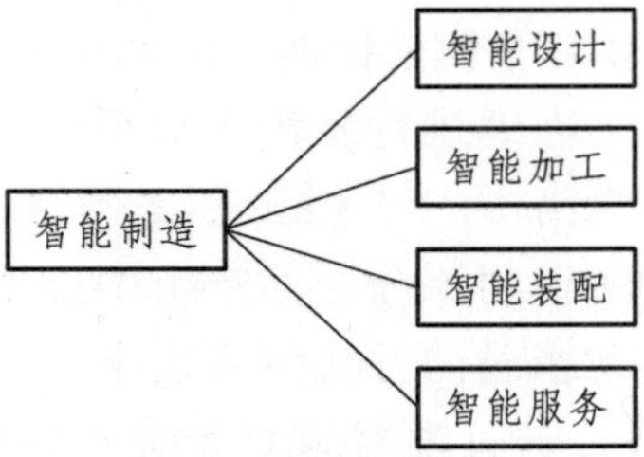

图 1-4 智能制造的关键环节

1.4.1 智能设计

智能设计指应用现代信息技术，采用计算机模拟人类的思维活动，提高计算机的智能水平，从而使计算机能够更多、更好地承担设计过程中的各种复杂任务，成为设计人员的重要辅助工具。

智能设计相比于以往的设计技术具有如下特点：

（1）以设计方法学为指导，对设计本质、过程设计思维特征及其方法学的深入研究是智能设计模拟人工设计的基本依据。

（2）以人工智能技术为实现手段，借助专家系统技术在知识处理上的强大功能，结合人工神经网络和机器学习技术，较好地支持设计过程自动化。

（3）以建模仿真为重要内容，支持设计者通过模拟仿真直观形象地对数字化的设计模型进行设计优化、功能验证、性能测试、制造仿真与使用仿真。

（4）面向集成智能化，不但支持设计的全过程，而且考虑到与计算机辅助制造（CAM）的集成，提供统一的数据模型和数据交换接口。

（5）提供强大的人机交互功能，使设计师对智能设计过程的干预，即与人工智能融合成为可能。

智能设计的关键技术包括设计知识表示、设计概念的符号化演绎与传递、设计意图的模糊交互、设计理性知识检索和大数据时代的设计知识智能挖掘等。

（1）设计知识表示。设计过程是一个非常复杂的过程，它涉及多种类型知识的应用，因此单一知识表示方式不足以有效表达各种设计知识，如何建立有效的知识表示模型和有效的知识表示方式，始终是设计类专家系统成功的关键。

（2）设计概念的符号化演绎与传递。从概念设计、方案设计开始就以符号作为设计师表达创新思维的工具，在计算机中通过不同层次、不同类型、不同系列符号的表达、运算、操作、映射，实现设计概念的继承与传递。

（3）设计意图的模糊交互。设计意图在产品设计阶段，特别在概念设计阶段，具有模糊性和抽象性的特点，通过模糊设计意图的交互、描述与映射方法，实现从模糊技术需求到确定性技术参数、从抽象设计概念到具体设计方案的设计意图交互。

（4）设计理性知识检索。基于本体推理获取尽可能多的语义信息，支持基于自然语言的语义检索，并通过本体辅助索引将所获取的语义信息用于提高设计理性知识的检索效果，具有更好的查全率和查准率。

（5）大数据时代的设计知识智能挖掘。针对设计知识大数据容量大、产生速率高、知识类型异构、准确性低的特点，从高维、海量、异构、非结构化设计资源中挖掘、搜索对设计者完成设计有价值的信息。

1.4.2 智能加工

智能加工借助先进的检测、加工设备及仿真手段，实现对加工过程的建模、仿真、预测和对加工系统的监测与控制；同时集成现有加工知识，使加工系统能够根据实时工况自动优选加工参数，调整自身状态，获得最优的加工性能与最佳的加工质效。

智能加工的关键技术包括以下几方面：

1. 加工过程仿真与智能优化

针对不同零件的加工工艺、切削参数、进给速度等加工过程中影响零件加工质量的各种参数，通过基于加工过程模型的仿真，进行参数的预测和优化选取，生成优化的加工过程控制指令。加工过程的仿真与优化涉及数控系统伺服特性的分析、机床结构及其特性分析、动态切削过程的分析，以及在此基础上进行的切削参数优化和加工质量预测等。

（1）机床系统建模通过机床主轴系统和刀具结构的建模与优化设计，可提高机床的运行精度，降低定位与运行误差，同时可进行误差的预测与补偿。

（2）切削过程仿真借助各种先进的仿真手段，对加工过程中的切削形成机理、力热分布、表面形貌及刀具磨损进行仿真和研究。通过仿真选择优化的切削参数，提高表面的加工质量。

（3）加工过程优化借助预先建立的仿真模型与优化方法，或者已有的经验知识，对复杂加工工况及加工过程中的切削参数、机床运动进行优化。

（4）加工质量预测采用可视化方法对切削加工过程中形成的表面纹理及加工质量进行预测，为切削参数的优化选取提供支持，从而进一步提高工件表面的加工质量。

从目前的研究发展来看，仿真正在朝着基于时变和物理模型的方向发展，通过仿真可以得到理论意义上的最优结果。由于加工过程中出现的材料、机床、系统状态等方面的突发性情况，必须对加工过程进行实时监控，并进行误差补偿和现场控制。

2．制造过程智能监控与误差补偿

利用各种传感器、远程监控与故障诊断技术，对加工过程中的振动、切削温度、刀具磨损、加工变形及设备的运行状态与健康状况等进行监测；根据预先建立的系统控制模型，实时调整加工参数，将监测数据反馈给控制系统进行数据的分析与误差补偿，如图 1-5 所示。

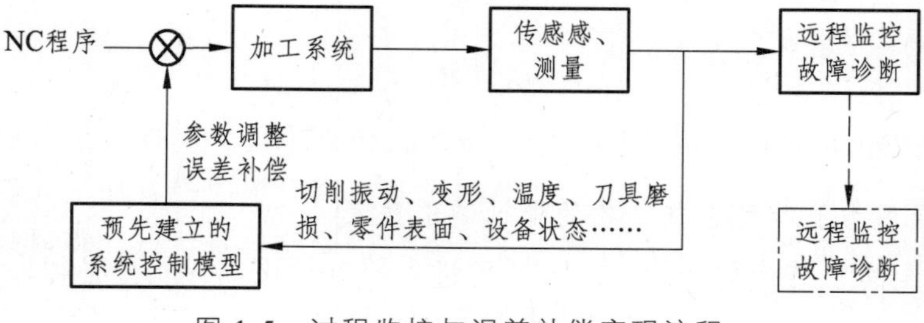

图 1-5　过程监控与误差补偿实现流程

在加工过程中，可借助各种传感器、声音和视频系统对加工过程中的力、振动、噪声、温度、工件表面质量等进行实时监测，根据监测信号和预先建立的多个模型判定加工状态、刀具磨损情况、机床工作状态与加工质量，进而进行切削参数的自动优化与误差补偿。同时，可将设备的健康状态信息通过通信系统传送至车间管理层（维护部门、采购部门等），根据健康状态进行及时维护，保障加工质量，减少停工时间。

3．基于机器视觉的加工质量智能检测

机器视觉检测技术是基于机器视觉技术、光学测量原理形成的一种新型检测技术，它以光学为基础，融合电子学、计算机技术、激光技术、图像处理技术、信息处理等现代科学技术为一体，组成光、电、计算机综合的加工质量智能检测技术。机器视觉检测技术在检测加工零件时，把图像当作检测和传递信息的手段或载体加以利用，其目的是从图像中提取有用的信号。利用光电成像系统采集被控目标的图像，如可见光图像、射线图像和红外图像等，然后经计算机或专用的图像处理模块进行数字化处理，提取图像的像素分布、亮度和颜色等信息，通过智能算法来进行加工质量的判断。

1.4.3 智能装配

数字化智能装配系统具有装配单元自动化、装配过程数字化、信息传递网络化、过程控制智能化、质量监控精确化等特点，以达到产品装配质量的高可靠性和全生命周期可追溯性。

智能装配的关键技术主要包括以下几方面：

1．人机结合的虚拟装配技术

基于 CPS 的模块化产品模型建立装配过程的工艺模型和生产模型，在虚拟现实环境中对装配全过程进行仿真，虚拟展示现实生活中的各种过程、物件等，从感官和视觉上尽量贴近真实，在人机工效分析基础上对装配全过程进行优化，保证装配全过程顺利实施。其特点是可以按照人们的意愿任意变化，这种人机结合的新一代智能界面，是智能装配的一个显著特征。

2．专用智能装配工艺装备的设计制造技术

对精度高、结构复杂的产品，装配过程的自动化、智能化必须借助定制的专用智能化工艺装备来实现。首先要全面实现装配过程的机械化和自动化，大量采用智能机器人或设备替代人的重复性操作。在此基础上，通过嵌入式系统实现系统与设备、设备与设备、设备与人之间的互联互通，为实现智能化装配奠定基础。

3．装配过程在线检测与监控技术

建立可覆盖装配全过程的数字化测量与监控网络，通过传感器、RFID、

MES、泛在物联工业网络等实时感知、监控、分析、判断装配状态，实现装配过程的描述、监控、跟踪和反馈。

4. 智能装配制造执行技术

智能装配中的 MES 是集智能设计、智能预测、智能调度、智能诊断和智能决策于一体的智能化应用管理体系。为此，需要应用 MES 对装配知识的管理技术，人工智能算法与 MES 的融合技术，MES 对生产行为的实时化、精细化管理技术，生产管控指标体系的实时重构技术等。

1.4.4 智能服务

智能服务在集成现有多方面的信息技术及其应用基础上，以用户需求为中心，实现自动辨识用户的显性和隐性需求，并且主动、高效、安全、绿色地满足其需求。其中，主动即主动识别用户需求，从而主动提供服务；高效是指用户获得服务的响应时间最短，体现智能服务的高效率；安全是智能服务的基础；绿色是指节能环保，以较低的消耗获得较高的效果。

主动、高效、安全和绿色这四个目标体现了智能服务与物联网系统的本质区别。要实现智能服务的这四个目标，固然离不开以云计算、物联网等技术为基础，对海量数据进行深度挖掘和商业智能分析，进而自动为用户提供精准、高效的服务。更重要的是，智能服务是站在用户的角度，更加贴近用户的具体需求和现实场景，从而能够为用户带来全新的服务和产品。

在智能服务中，信息感应与服务反应不再是简单的“传感—传输—应用”技术组合与堆砌，而是面向一个服务系统的，具备与对象进行信息交互、需求判断与功能选择的联动系统，这是与面向技术系统应用的物联网架构相区分的要点。

1.5 从数字制造到智能制造发展的技术途径

从数字制造到智能制造，是制造业发展的必然趋势。如何在数字制造的基础上，从数字制造向智能制造发展，是智能制造发展面临的关键问题。本节结合我国企业国情，提出了我国从数字制造到智能制造发展的三大模式和具体技术途径。

1.5.1 从数字制造到智能制造的三大模式

（1）在通过数字制造实现数字工厂的基础上，实现智能工厂，进而实现智能制造。

在通过数字制造实现数字工厂的基础上，基于物联网和服务互联网加强产品制造过程的信息管理和服务，提高生产过程的可控性，并利用云计算、大数据等新一代信息技术实现企业经营、管理与决策的智能优化，实现智能工厂，进而实现智能制造，如图 1-6 所示。

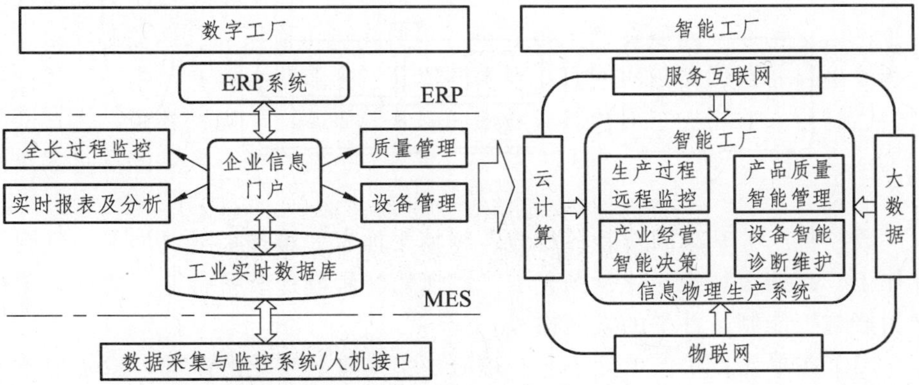

图 1-6 从数字工厂到智能工厂

通过数字工厂到智能工厂的发展模式实现智能制造，应具备以下条件：

① 工厂总体设计、工程设计、工艺流程及布局均已建立了较完善的系统模型，并进行了模拟仿真，设计相关的数据进入企业核心数据库。

② 配置符合设计要求的数据采集系统和先进控制系统、关键生产环节，实现基于模型的先进控制和在线优化。

③ 建立实时数据库平台，并与过程控制、生产管理系统实现互通集成，工厂生产实现基于工业互联网的信息共享及优化管理。

④ 建立 MES，并与 ERP 集成，生产计划、调度均建立模型，实现生产模型化分析决策、过程的量化管理、成本和质量的动态跟踪。

⑤ 建立 ERP，在 SCM 中实现原材料和产成品配送的管理与优化。利用云计算、大数据等新一代信息技术，在保障信息安全的前提下，实现企业经营、管理和决策的智能优化。

通过持续改进，实现运行过程动态优化，制造信息和管理信息全程透明、共享，采用大数据、云计算实现企业智能管理与决策，全面提升企业的资源配置优化、操作自动化、实时在线优化、生产管理精细化和智能决策科学化水平。

（2）数字制造与智能制造并举。

实现信息化、数字化，并且实现实时传感、知识推理、智能控制、自主决策，进而实现智能制造、数字制造与智能制造并举，在通过发展和应用数字制造先进技术实现制造信息化、数字化的同时，发展和应用智能制造技术，实现制造装备的实时传感、知识推理、智能控制、自主决策，如图 1-7 所示。

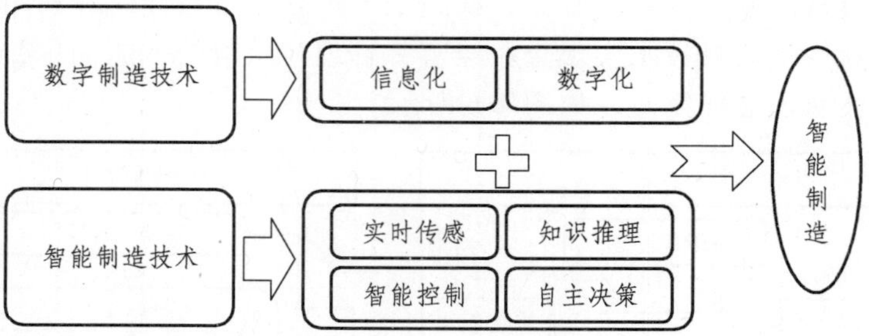

图 1-7 数字制造与智能制造并举的发展途径

数控机床等基础制造装备行业，超精密加工、难加工材料加工、巨型零件加工、高能束加工、化学抛光加工等所需特种制造装备行业，适合采用数字制造与智能制造并举的发展途径。

（3）在单元技术、单元工艺、单元加工实现数字化的基础上，实现单元制造智能化。

逐步实现整机智能化制造，进而实现智能制造在单元技术、单元工艺、单元加工实现数字化的基础上，实现单元制造智能化，一个单元、一个单元地逐步实现整机智能化制造，由点到面对多个单点进行整合，进而实现企业智能制造，如图 1-8 所示。

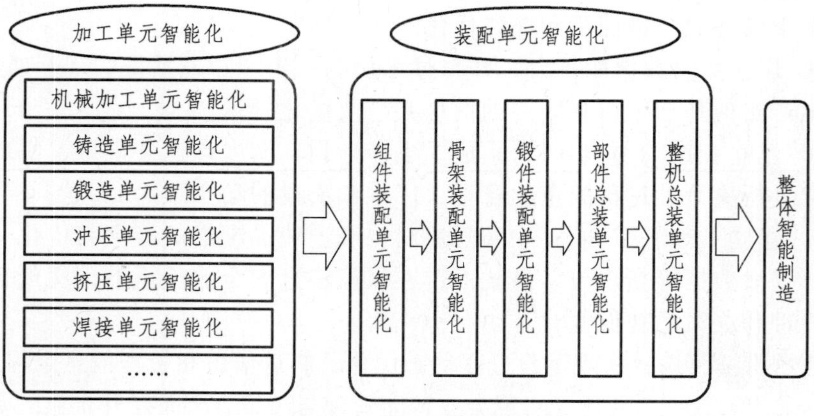

图 1-8 制造单元智能化的发展途径

对于高度复杂、超大型尺寸产品的制造行业，如大型舰船、大型商用飞机等，产品制造单元数量众多，且需分布式协同制造，适合采用将制造单元逐个智能化的途径实现整机的智能制造。

1.5.2 从数字制造到智能制造的具体途径

（1）从智能设计到智能加工、智能装配、智能服务，进而实现智能制造

从智能设计到智能加工、智能装配、智能管理、智能服务，实现制造过程各环节的智能化，进而实现智能制造，如图 1-9 所示。

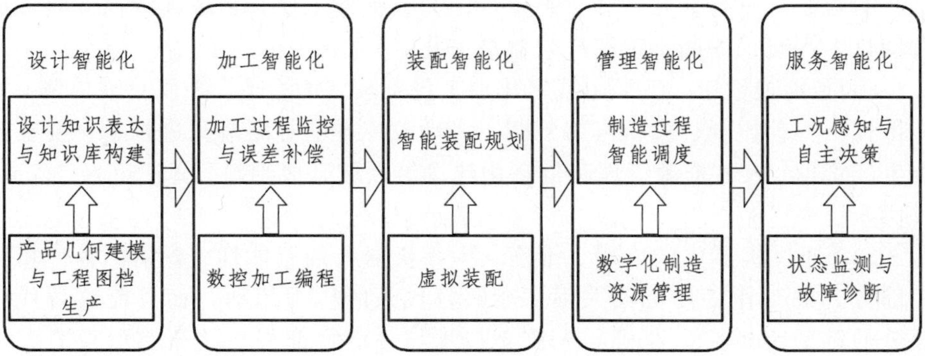

图 1-9 制造环节智能化

（2）通过机器换人，实现流水作业智能化，实现制造过程物质流、信息流、能量流和资金流的智能化。

通过机器换人，利用机械手、自动化控制设备或流水线自动化推动企业技术改造向机器化、自动化、集成化、生态化、智能化发展，实现制造过程物质流、信息流、能量流和资金流的智能化。

机器换人应遵循精益法则，以精益管理为原点从顶层设计开始，打造精益模式下的自动化导入。机器换人包括四个步骤，如图 1-10 所示。

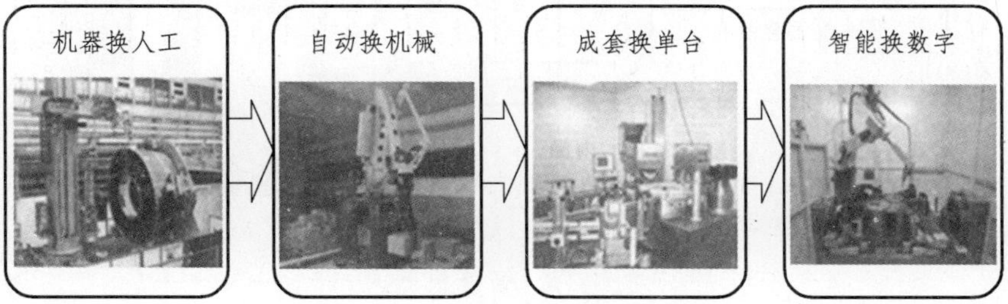

图 1-10 机器换人四大步骤

① 机器换人工。对于生产过程中单一、琐碎的重复性作业及危险度高、强度大、重污染等工序，可引进相应的机械设备，既能缓解用工压力，更可降低用工及管理成本，保障安全环保生产。

② 自动换机械。虽然大部分企业已经或多或少引进了普通的机床和简单的机械设备用于生产作业，在生产过程中仍需要大量的人工干预，存在人员过多浪费和不能产生同等价值的缺点。在此种情况下，引进自动化设备替换普通装备，并通过自动化实现一人多机作业，有序高效生产。

③ 成套换单台。在生产加工过程中，单节点的瓶颈工序进行作业改善，可以消除影响，但会导致局部高效、总体失衡，引发工序的不平衡和生产线工艺的脱节。只有新开发和重组生产工艺，平衡工序，形成连续高效集成的自动化生产线，才能实现综合效益最大化。

④ 智能换数字。已采用数字化加工设备较多的企业，采用自动检测、智能仿真、流程控制、模拟人工判断、自动故障排除等高端先进技术，并在精益生产管理、人才资源管理和信息化建设等领域升级创新，真正迈入“智造”时代。

（3）通过机器人的应用、推广，提高机器人的智能性，模仿、替代相当一部分人的工作，使机器人不仅能够替代人的体力劳动，而且能够替代一部分的脑力劳动在工业机器人核心技术与关键零部件自主研制取得突破性进展的基础上，提高工业机器人的智能化水平，使机器人的操控越来越简单，不需要人示教，甚至不需要高级技术人员来操作即可完成，如图 1-11 所示。

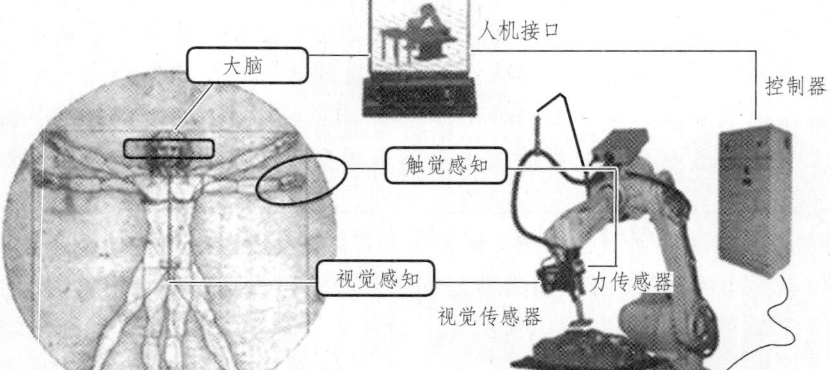

图 1-11　智能机器人

1.6 本章小结

本章首先阐述了智能制造技术的时代背景，指出了智能制造的概念的产生与发展过程，分析了智能制造的主要特点和目标，以及当前制造技术的重点发展方向；分析了智能制造的标准化参考模型和标准体系框架，并将数字制造与智能制造进行了对比分析，指出数字制造是实现智能制造的基础与手段，而智能制造是数字制造的提升。接下来分别针对赛博物理系统、工业物联网、云计算技术、工业大数据、工业机器人技术、3D 打印技术、RFID 技术、虚拟制造和人工智能技术这几项智能制造的技术基础展开讨论，并分析了德国、美国、日本和中国在智能制造方面的国家战略及企业的应用现状。最后，结合我国企业国情，提出了从数字制造到智能制造的三大模式及具体途径，为我国企业实现智能制造指出了一条具体可行的发展路线。

2

智能制造系统

智能制造系统通过生命周期、系统层级和智能功能三个维度构建完成，从系统的功能角度，智能制造系统可以看作若干复杂相关子系统的一个整体集成，包括 PLM 系统、MES、过程控制系统、ERP 及将各子系统无缝衔接起来的 CPS 等。

2.1　智能制造系统架构

如图 2-1 所示，智能制造系统的整体架构可分为五层。上文所说的几种子系统，贯穿在这五层中，帮助企业实现各个层次的最优管理。

各层的具体构成如下：

1．生产基础自动化系统层

主要包括生产现场设备及其控制系统。其中生产现场设备主要包括传感器、智能仪表、可编程逻辑控制器 PLC、机器人、机床、检测设备、物流设备等。控制系统主要包括适用于流程制造的过程控制系统、适用于离散制造的单元控制系统和适用于运动控制的数据采集与监控系统。

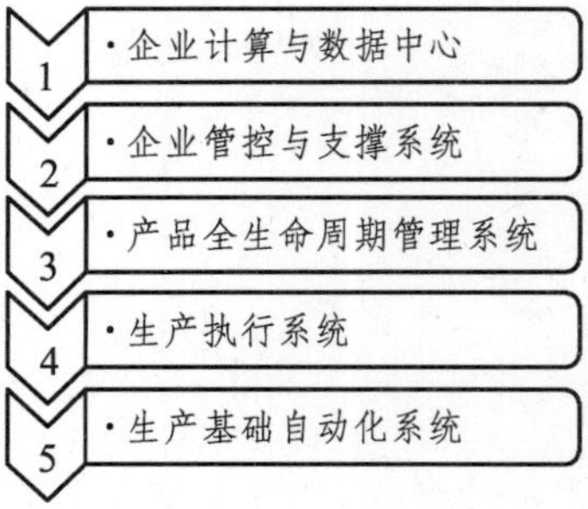

图 2-1　智能制造系统架构

2．制造执行系统层

包括不同的子系统功能模块（计算机软件模块），典型的子系统有制造数据管理系统、计划排程管理系统、生产调度管理系统、库存管理系统、质量管理系统、人力资源管理系统、设备管理系统、工具工装管理系统、采购管理系统、成本管理系统、项目看板管理系统、生产过程控制系统、底层数据集成分析系统、上层数据集成分解系统等。

3．PLM 系统层

主要分为研发设计、生产和服务三个环节。研发设计环节主要包括产品设计、工艺仿真和生产仿真。应用仿真模拟现场形成效果反馈，促使产品改进设计，在研发设计环节产生的数字化产品原型是生产环节的输入要素之一；生产环节涵盖了上述生产基础自动化系统层与 MES 层的内容；服务环节主要通过网络进行实时监测、远程诊断和远程维护，并对监测数据进行大数据分析，形成和服务有关的决策、指导、诊断和维护工作。

4．企业管控与支撑系统层

包括不同的子系统功能模块，典型的子系统有战略管理、投资管理、财务管理、人力资源管理、资产管理、物资管理、销售管理、健康安全与环保管理等。

5．企业计算与数据中心层

包括网络、数据中心设备、数据存储和管理系统、应用软件等，提供企业实现智能制造所需的计算资源、数据服务及具体的应用功能，并具备可视化的应用界面。企业为识别用户需求而建设的各类平台，包括面向用户的电子商务平台、产品研发设计平台、MES 运行平台、服务平台等。这些平台都需要以该层为基础，方能实现各类应用软件的有序交互工作，从而实现全体子系统信息共享。

2.2 PLM 系统

2.2.1 PLM 概述

产品全生命周期理论是美国哈佛大学雷蒙德 · 弗农（Ragmond Vernon）在其《产品周期中的国际投资与国际贸易》一文中首次提出来的，产品生命周期（product life cycle，PLC），是指产品的市场寿命，即一种新产品从进入市场开始，直到最终退出市场为止所经历的市场生命循环过程。产品只有经过研究开发、试销，然后进入市场，它的市场生命周期才算开始。产品退出市场，则标志着生命周期的结束。弗农认为：产品的生命是指产品的营销生命，产品同人的生命一样要经历形成、成长、成熟、衰退这样的周期。就产品而言，也就是要经历一个开发、引进、成长、成熟、衰退的阶段。一种产品进入市场后，它的销售量和利润都会随时间推移而改变，呈现一个由少到多、由多到少的过程，就如同人的生命一样，由诞生、成长到成熟，最终走向衰亡，这就是产品的生命周期现象。

PLM 是一种先进的企业信息化思想，是企业在激烈的市场竞争中增加收入、降低成本、加快产品上市的最有效的手段之一。CIMdata 认为 PLM 是一种企业信息化的商业战略；Aberdeen 认为 PLM 是覆盖了从产品诞生到消亡的产品生命周期全过程的、开放的、互操作的一整套应用方案；Collaborative visions 认为 PLM 是一种极具潜力的商业 IT 战略；AMR 认为 PLM 是一种技术辅助策略；EDS 认为 PLM 是一种以产品为核心的商业战略。业界认为 PLM 是一种应用于单一地点的企业内部、分散在多个地点的企业内容，以及在产品研发领域具有协作关系的企业之间的，支持产品全生命周期的信息的创建、管理、分发和应用的一系列应用解决方案。

PLM 是当代企业面向客户和市场，快速重组产品每个生命周期中的组织结构、业务过程和资源配置，从而使企业实现整体利益最大化的先进管理理念。PLM 是在经济、知识、市场和制造全球化环境下，将企业的扩展、经营和管理与产品的全生命周期紧密联系在一起的一种战略性方法。先进制造与管理技术认为，把以一个核心企业为主，根据企业产品的供应链需求而组成的一种超越单个企业边界的，包括供应商、合作伙伴、销售商和用户在内的跨地域和跨企业的经营组织称为扩展企业。目前，客户和供应商的参与已经相当普遍，任何企业必须扩展，传统封闭孤立的企业已无法生存。

PLM 将先进的管理理念和一流的信息技术有机地融入到现代企业的工业和商业运作中，从而使企业在数字经济时代能够有效地调整经营手段和管理方式，以发挥企业前所未有的竞争优势。所谓 PLM 就是指从人对产品的需求开始，到产品淘汰报废的全部生命历程。其中包括产品需求分析、产品计划、概念设计、产品设计、数字化仿真、工艺准备、工艺规划、生产测试和质量控制、销售与分销、使用与维修及报废与回收等主要阶段。贯穿产品全生命周期价值链，企业的各个部门（可以是独立的企业）形成了一个完整、有机的整体。为了实现利益最大化，作为这个整体上的各部门之间需要紧密地协同运作，同时，这些部门的组合方式也在不断地发生变化。

PLM 与产品数据管理（product data management，PDM）技术有着密切的联系，PLM 是 PDM 的继承与发展。PLM 完全包含 PDM 的全部内容，PDM 功能是 PLM 系统中的一个子集，都以产品（P）为管理核心，以数据、过程和资源为管理信息三大要素。PDM 技术已经有几十年的发展历程，其技术及相关产品的发展经历了 3 个阶段，即专用 PDM 阶段、专业 PDM 阶段和分布式标准化 PDM 阶段。20 世纪 80 年代初随着 CAD 在企业中的广泛应用，对于电子数据和文档的存储及获取新方法的需求变得越来越迫切，诞生专用 PDM，以解决大量电子数据的存储和管理问题。20 世纪 90 年代初出现专业 PDM 系统，可以完成对产品工程设计领域的产品数据的管理能力、对产品结构与配置的管理、对电子数据的发布和工程更改的控制以及基于成组技术的零件分类管理与查询等，同时软件的集成能力和开放程度也有较大的提高。20 世纪 90 年代末分布式系统和 PDM 技术的标准化标志着了新一代 PDM 时代的到来。PDM 侧重产品开发阶段数据的管理，侧重企业内部数据的管理，侧重以文档为中心的研发流程管理，侧重于实现与 ERP 等系统的对接式集成；而 PLM 侧重产品全生命周期数据的管理，侧重跨供应链的所有信息的管理，力争实现多功能、多部门、多学科、多外协供应商之间的紧密协同，侧重于实现与 ERP 等系统的深层次集成。它们是数字化环境里的管理工具，是信息传递与沟通的桥梁，是制造信息系统的集成平台。

PLMS 是支持企业实施 PLM 技术的计算机软件系统。PLMS 的技术定位是为上述分立的系统提供统一的支撑平台,以支持企业业务过程的协同运作。从逻辑上看,PLMS 为不同的企业应用系统提供统一的基础信息表示和操作,是连接企业各个业务部门的信息平台与纽带，PLMS 支持扩展企业资源的动态集成、配置、维护和管理。企业应用系统（如 CAX，ERP，SCM，CRM，eBusiness 等）都依赖于 PLMS，并通过 PLMS 进行连接和集成。企业所有业务数据都遵照统一的信息与过程模型被集成到 PLMS 中；扩展企业的所有部门都能够通过 PLMS 获得信息服务。完整的 PLM 系统功能构架如图 2-2 所示。

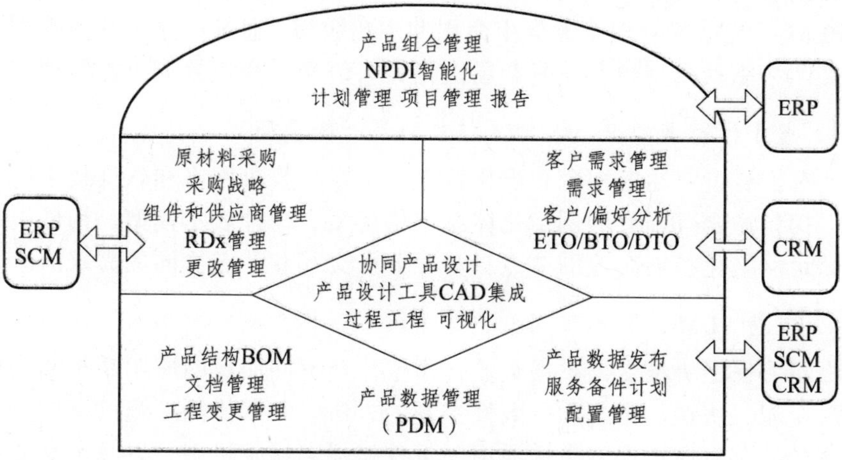

图 2-2 PLM 系统功能构架

2.2.2 PLM 系统关键技术

PLM 系统关键技术包括面向产品全生命周期的企业运作参考模型、产品信息建模、支持产品协同设计与制造过程建模、产品多视图数据管理与产品结构管理等核心业务问题及与 PLM 系统实现密切相关的计算机技术（如体系结构、运行模式、集成技术、协同技术、工作流技术等）。

1．面向 PLM 的企业运作参考模型

实施 PLM 技术，需要企业进行业务过程重组。面向 PLM 的企业运作参考模型是研究开发、实施与推广 PLM 系统的重要基础。制造业如何改进企业运作过程来适应 PLM 技术的实施是问题的关键所在。

2．支持 PLM 的产品信息建模方法

结合对象管理组织（OMG）中模型驱动框架（MDA）所提出的统一建模语言（UML）、元对象机制（MOF）和公共仓库模型（CWM）三个标准，研究支持产品全生命周期的统一的产品信息表达、访问和处理方法。

研究元信息方法，从数据、模型和元模型等多个层次上构造产品信息模型。解决产品模型在低层次上的异构问题，在元模型层构造统一的产品定义信息模型并建立不同阶段产品定义信息的关联。

3．产品多视图管理技术和语义网络驱动模型

从空间上通过产品多视图解决产品定义不同阶段的信息建模和个性化操作问题，从时间上通过语义视图网络解决产品族进化过程中的变更控制和知识管理问题。

PLM 系统需要管理企业全生命周期中的数据，通过产品多视图管理技术和语义网络驱动模型将存在复杂层次化关联语义的企业数据组织管理起来。

4．基于因特网的 PLMS 体系结构与运行模型研究

针对扩展企业动态构造和演化特点，结合计算机网络和软件技术的发展趋势，探讨适合 PLM 的网络化体系结构模型，构件表示模型、构件交互模型，满足网络化扩展企业的节点自治、节点交互和节点协同的需求。

5．支持 PLM 的协同工程

协同工程是一种支持扩展企业合作伙伴及不同层次的应用系统间的信息共享、交流、协调、集成和一致性控制的方法。实现协同工程的支撑技术包括贯穿产品全生命周期的事件通道、事件捕捉和触发机制，以及产品变更信

息的捕捉、定制、分发、通知、存储和管理技术。

2.2.3 PLM 系统的体系结构

1. PLM 功能结构

PLM 系统在功能上划分为 3 个集中式管理服务构件集和 1 个资源集成与信息服务平台。3 个构件集包括信息服务构件集、资源管理构件集和过程监控构件集。这 3 个服务构件集分别从信息、资源和过程 3 个方面为扩展企业提供 PLM 所涉及全部核心功能和应用功能，而资源集成与信息服务平台为以上 3 个构建集提供信息集成的网络平台。

（1）信息服务构件集。为扩展企业提供基础信息服务，如模型服务、视图管理和知识管理等，同时还提供一些基本的领域应用信息服务，如电子仓库、目录服务、零件分类服务、产品结构等。除此之外，信息服务构件集还为资源管理构件集、过程监控构件集提供系统信息和过程信息服务，为资源部署与信息网格平台提供资源连接和汇集方面的信息服务。

（2）资源管理构件集。为扩展企业提供一个资源集成环境，并对所有被集成到资源部署与信息网格平台上的资源进行管理。主要功能包括资源部署、资源配置、资源定制、动态联盟和系统安全等功能。

（3）过程监控构件集。为扩展企业提供协同工作的环境，监控资源的运行过程和状态。主要功能包括生命周期管理、工作流管理、变更控制、项目管理等。

（4）资源集成与信息服务平台。在三个服务构件集的基础上，基于 xML 的信息网格协议（如 SOAP，WSDL，UDDI 等）包装、发布、组织和管理扩展企业的资源和信息，实现扩展企业资源的动态部署、连接和信息交换。扩展企业资源和信息沿时间和空间两个方向展开，构成一个逻辑上的网格。扩展企业的资源和信息部署在网格结点上，网格结点之间的连线表示扩展企业资源之间的相互关系。资源部署与信息服务平台的作用主要包括两个方面：一方面，通过在标准的信息网格协议的基础上，采用松耦合的方式，动态地建立和维护核心企业与各协同企业间面向产品价值链的资源和信息关联关系；另一方面，部署在网格平台上的各个结点也是企业提供信息服务的入口。

2. PLM 软件体系结构

PLM 系统的软件体系结构设计需要能够支持在异构环境下基于容器的构件化设计，且具有跨平台能力，而 RML/J2EE 平台作为 PLM 系统技术支撑平台目前为多数系统所采用。支持 J2EE 的商业平台较多，如 BEA 的 webb，IBM 的 Websphere 等，技术也相对成熟，并且 J2EE 平台和 CORBA 能通过 RML/IIOP 进行互联，这也为支持扩展企业应用系统的集成提供了基础。

WebLogic 是最新一代的 Web 应用服务器，完全遵循最新的 J2EE 标准，100%的 Java 实现，不仅具备 EJB（企业 Java Beans），RMI（远程方法调用），JMS（基于 Java 的可靠消息传输），JDBC（数据库访问），SERVLETS/JSP（动态页面生成），事件发布和订阅，零客户管理，SSL，X.509，ACL 安全控制和文件服务等功能，更支持 wML 和 xML 等最新的 Internet 应用技术。Web Logic Server 是业界公认最开放、性能最好、功能最强大的电子商务运行平台，也是市场上占据第一位的 Java 应用服务器。除此之外，Weblogic Server 还能够支持基于 CORBA 和 DCOM 的分布式构件的集成，能够成为为扩展企业提供完整解决方案的应用服务器平台。经过比较，作者拟选用 BEA 公司的 WebLogic Server 作为 PLM 系统的运行环境。

基于 J2EE 的 PLM 系统网络结构及软件体系结构与传统的客户/服务器（C/S）模型和基于 Web 的浏览器/服务器（B/S）模型不同，它是一种包括客户层、中间层和企业信息层的多层结构。中间层建立在 J2EE 平台上，企业信息层建立在基于 CORBA 的基础信息平台上。中间层被分为表示逻辑层和业务逻辑层，这种分层方法可以将企业业务逻辑与客户视图分开，极大地增强了企业应用系统的扩展性、健壮性和可维护性，使得开发者能迅速改变原有的企业应用逻辑，并将新的应用系统插入到该平台中，从而使得企业能适应迅速发展的业务环境。

（1）表示逻辑层。表示逻辑层负责产生 PLM 系统的用户视图，并为浏览器客户提供相应的页面显示、定制和用户交互。表示层包括各种显示模块，如权限和用户视图、产品文档数据视图、产品配置视图等。表示层并不实现企业的实际业务逻辑，只是作为用户和业务之间的纽带，为用户生成用户视图和交互界面。企业业务逻辑的实现是在业务逻辑层完成的。

（2）业务逻辑层。在业务逻辑层，通过开发各种分布式软件构件来实现 PLM 系统在业务逻辑上的需求，这些构件覆盖了 PLM 系统各个功能层次上的全部功能设计。J2EE 平台本身提供支持基于构件分布式计算所需要的各种公共对象服务，并通过构件容器的帮助建立和协调各构件之间运行时的相互关系。

（3）企业信息层。企业信息层包括数据库系统、扩展企业信息系统，如 CAD，CAPP，MRPⅡ/ERP，SCM，CRM 等。PLM 系统与扩展企业其他信息系统的集成既可以在数据级，也可以在应用级。应用级的系统集成可以先通过 CORBA 进行包装，然后再通过 RMI/IIOP 协议在 J2EE 构件和 CORBA 构件之间进行通信，以实现信息和功能的集成。

3．PLM 系统的总体层次结构

PLM 系统在软件总体设计上分为 6 个层次，它们是通信层、对象层、基础层、核心层、应用层和方案层，如图 2-3 所示。

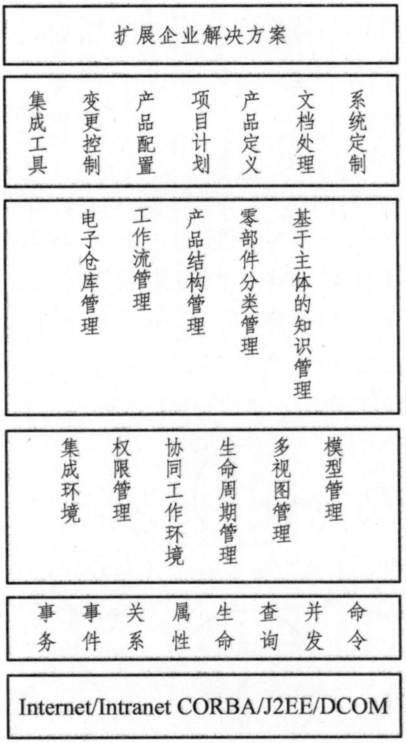

图 2-3 PLMS 的总体层次结构图

通信层和对象层的作用是为 PLM 系统提供一个在网络环境下的面向对象的分布式计算基础环境。中间 3 个层次包括基础层、核心层和应用层，是 PLM 系统实现的主要内容。

基础层是建立在对象分布式计算平台之上，以规范化的构件服务接口形式为 PLMS 的其他功能构件提供基础信息服务，是实现 PLMS 的关键。它包括模型管理、生命周期管理、多视图管理、协同工作环境和扩展企业组织、权限与安全管理等功能模块。

核心层包括支持产品全生命周期各阶段对数据和过程的基本操作功能，其功能模块以构件 API 的形式向上层提供服务，也可以直接服务于最终用户。

它包括电子仓库管理、工作流程管理、基于主题的知识管理框架、零件分类管理和产品结构管理等功能模块。

应用层是为支持扩展企业构建与特定业务需求相关的解决方案而提供的一组应用工具集。它包括系统定制工具、二次开发工具、面向全生命周期的变更管理、项目与计划管理、面向全生命周期的配置管理、分类编码管理和协同设计工具等。

方案层支持扩展企业构建与特定产品需求相关的解决方案。

2.2.4 PLM 系统功能

PLM 系统是智能制造系统的一个重要组成部分。它对产品从需求提出至被淘汰的整个过程进行严格的流程控制管理，是对 PLM 中全部组织、管理行为的综合与优化，它以不断增加个体消费需求为导向，贯穿产品的设计、生产、发展、配送直到最后的回收环节，并包括所有相关服务。主要功能包括产品需求管理、产品论证管理、产品绩效管理、产品关停并转管理、产品360°分析视图、流程引擎及工作台，如图 2-4 所示。

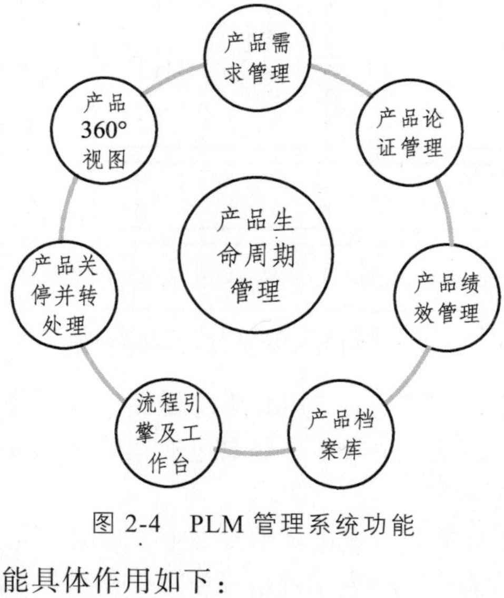

图 2-4 PLM 管理系统功能

PLM 的各项功能具体作用如下：

（1）产品需求管理。

设计前期，做好对客户需求的存档归类分析，使产品设计更为合理。

（2）产品论证管理。

上线测试产品设计，对于测试不通过的整改再设计，再行测试通过后方可运营。同时按照规范，就资费方案的各个环节与各种变形进行多重叠加综合测试，及时反馈资费设计与实际结果的对比情况，发现设计问题，从而提高设计的准确性，降低市场风险，在整个过程中保证产品的资费准确。

（3）产品绩效分析。

在运营后对产品进行跟踪，实时了解产品状态，预测产品趋势，定位产品所处生命阶段。对于无效益产品可及时关停或合并，提高企业效益。

（4）产品关停并转管理。

即产品下线，可以视为该产品的生命结束，但任何一个实例产品的生产运营数据都有其参考价值，可为以后的产品设计提供参考。

（5）产品档案库。

保存所有已生产产品数据的档案，为后期其他产品的设计上线提供参考。

（6）360°视图。

产品资费分析的一种，可以给用户提供最好的产品及资费解决方案，同时精准提供最合理的产品推荐，从而提高用户满意度。

（7）流程引擎及工作台。

整个流程的开关系统，以上流程均需流程引擎来控制。

PLM 系统的核心是数据，以及对数据进行可视化展示和建模仿真的技术。

1．三维可视化管理

三维可视化技术是指利用创建图形、图像或动画，实现信息的直观交流与沟通的技术和方法。它能够以三维立体化的人机交互界面呈现工厂生产组织，并可随意按照人的意愿，改变其方向、位置、大小等，将整个工厂从里到外全部展示给操作人员，如图 2-5 所示。三维可视化既是一种解释工具，也是一种成果表达工具，它能够基于数据体的透明属性，采用“走进去”的方式快速完成分析。

图 2-5 可视化加工工厂

通过基于网络的信息处理技术，实现资产运行监视、操作与控制、综合信息分析与智能告警、运行管理和辅助应用等功能整合一体的监控管理，大幅提高企业的资产运营能力。具体来说可以实现以下功能：

（1）可视化企业资产布局全景。

三维可视化动态设备管理平台可以对企业智能工厂地形地貌、建筑、车间结构、设施设备等进行三维建模，直观、真实、精确地展示各种设施、设备形状及生产工艺的组织关系，设施、设备的分布和拓扑情况。使用户在计算机上就可以浏览整个企业现场，如同身临其境。同时，系统将装置模型与实时报告、档案信息等基础数据绑定在一起，实现设备在三维场景中的快速定位与基础信息查询。

（2）可视化的安装管理。

三维可视化动态设备管理平台可以对在建工程、设备安装等进行三维建模，并把三维场景与计划及实际进度时间相结合，用不同颜色表现每一阶段的安装建设过程。

（3）可视化设备台账管理。

三维可视化动态设备管理平台可以建立设备台账及资产数据库，并和三维设备绑定，实现设备台账的可视化及模型和属性数据的互查、双向检索定位，从而实现三维可视化的资产管理，使用户能够快速找到相应的设备，以及查看设备对应的现场位置、所处环境、关联设备、设备参数等真实情况。

（4）可视化智能维护管理。

三维可视化动态设备管理平台可以对企业重点设备或生产设施进行在线信息采集、报警、控制等管理。还可以动态地收集和管理相应的数据，保证及时发现设施缺陷或安全隐患。

由此可见，三维可视化技术可以为产品的整个生命周期提供全程的三维可视化管理服务。三维可视化管理可以通过产品生产流程中产生的数据、信息和知识进行可视化集中式管理，为生产运行及设备管理提供一个可视化、高效率的信息沟通和协同合作的环境,并为全生命周期的管理提供基础保障,使得新员工更加容易掌握该工作。

三维可视化技术应用于项目全生命周期管理，拥有不可比拟的优势，具体体现在如下几个方面：

（1）迅速快捷的信号传递。

（2）能够将需要管理的对象及其位置一目了然地呈现出来。

（3）能够很容易地得知问题所在。

（4）可以在远处就能辨认是否存在异常。

（5）操作简单、方便，可以形象、直观地将潜在问题呈现出来。

（6）有助于维护作业环境的整洁，营造员工与客户满意的场所。

（7）客观、公正、透明化，有助于统一认识。

2．虚拟仿真技术

虚拟仿真技术又称虚拟现实技术或模拟技术，是用虚拟系统模仿真实系统的技术。它是在多媒体技术、计算机仿真技术与网络通信技术等信息技术迅猛发展的基础上，将仿真技术与虚拟现实技术相结合的产物，是一种更高级的仿真技术。

在产品设计时运用虚拟仿真技术，可以给生产者提供三维模型，还可以在虚拟工厂中对自动化设计进行分析和优化。这样不仅节约原材料和资源，还能节省大量时间成本。不管什么样的原型机都可通过虚拟方式进行优化，且无需再实际制造一个，如图 2-6 所示。

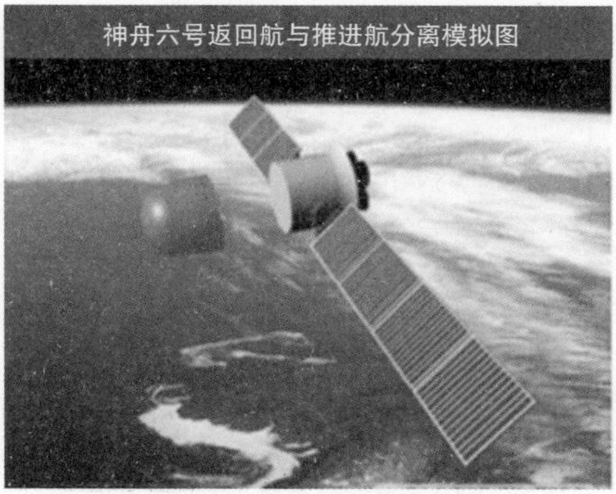

图 2-6 仿真模拟示意图

在规划生产时同样需要虚拟仿真技术，借助这一技术可以虚拟每台机床的开发过程，甚至还可以实现整套设备的仿真，这将创建一种全新的视角，帮助企业研发产品和改进设备。德国 Index 公司的生产系统正是使用了西门子的仿真软件，效果十分令人惊叹，现实世界通常要花几天时间才可以看到机床能否正常使用，但仿真技术大大节省了机床调试的时间。虚拟机床不仅帮助培训了人员，保护了核心资产，还把运转、操作的生产率提升了 10%。

虚拟仿真技术具有以下 4 个基本特性：

（1）沉浸性。

虚拟仿真系统中，使用者可获得视觉、听觉、嗅觉、触觉、运动感觉等多种知觉，从而获得身临其境的感受。未来的虚拟仿真系统将具备提供人类所有感知信息的功能。

（2）交互性。

虚拟仿真系统中，环境可以作用于人，人也可以对环境进行控制，且人是以近乎自然的行为（自身的语言、肢体的动作等）进行控制的。虚拟环境还能够对人的操作予以实时的反应，例如，当飞行员按下导弹发射按钮时，会看见虚拟的导弹发射出去并跟踪虚拟的目标，当导弹碰到目标时会发生爆炸，还能够看到爆炸的碎片和火光。

（3）虚幻性。

即系统中的环境是虚幻的，是由人利用计算机等工具模拟出来的。既可以模拟客观世界中以前存在过的或是现在真实存在的环境，也可模拟出客观世界中当前没有但将来可能出现的环境，还可模拟客观世界中不会存在的、仅仅属于人们幻想的环境。

（4）逼真性。

虚拟仿真系统的逼真性表现在两个方面：首先，虚拟环境给人的各种感觉与所模拟的客观世界非常相像，一切感觉都很逼真，如同在真实世界一样；其次，当人以自然的行为作用于虚拟环境时，环境做出的反应也符合客观世界的有关规律。例如，当给虚幻物体一个作用力，该物体的运动就会符合力学定律，会沿着力的方向产生相应的加速度；当它遇到障碍物时，会被阻挡。

虚拟仿真技术在工业中的应用很多，由于虚拟现实仿真平台具有强大的物理实时计算功能，能够真实模拟场景中各种力的特性，并提供了多种动力学交互手段，能支持多种高速运算的碰撞替代体。因此，虚拟仿真系统可以将许多之前仅停留于想法的创意方案完美地呈现于眼前。

3. 数据管理

SAP 高级副总裁科曼（Clas Neumalln）曾指出：企业的数据分析就像汽车的后视镜，开车没有后视镜就没有安全感，但更重要的是车前挡风玻璃——对实时数据的精准分析。这句话同样适用于数据与智能制造的关系。

智能制造系统需要管理的数据如下：

（1）产品数据。

为实现产品全生命周期的管理，也为满足个性化的产品需求，产品的各种数据会被记录、传输、处理。首先，内嵌入产品的传感器会获得更多的实时产品数据，使得产品管理能够贯穿产品的需求、设计、生产、营销、售后乃至淘汰报废的全部生命历程；其次，企业和消费者的互动过程及交易行为也将产生大量数据，这些数据能帮助消费者参与到产品需求分析、产品设计及柔性加工等创新活动中。

（2）运营数据。

传感器的广泛应用，使工业生产过程中的传感、连接无处不在，因而产生大量数据，这些数据能够帮助企业在研发、生产、运营、营销和管理方式上开展创新。首先，产生于生产线、生产设备的数据可用于对设备本身的实时监控：其次，采集和分析采购、仓储、销售、配送等供应链环节上的数据，能够为企业决策提供有效的指导，在大幅提升运营效率的同时降低运营成本；最后，实时分析销售数据与供应链数据的变化，可以动态地调整优化生产节奏及库存规模。

（3）价值链数据。

工业大数据技术的快速发展和广泛应用，使价值链上各环节的数据和信息被深入挖掘与分析，从而为企业管理者和参与者提供审视价值链的全新视角，让企业有机会将价值链上的更多环节转化为企业的战略优势。

（4）外部数据。

大数据分析技术在宏观经济分析与行业市场调研中的应用越来越广泛，已成为企业提升管理决策及市场应变能力的重要手段。少数领先的企业已着手为各个层级员工提供相应信息、技能和工具，引导员工更好、更及时地做出有效决策。

无论是产品数据、运营数据、价值链数据还是外部数据，如果只是将它们收集起来而不作任何分析，那么数据就失去了它的价值。对实时数据进行精准分析，是智能制造时代的生产体系区别于传统工业生产体系的本质特征。在智能制造的时代，制造型企业的数据将呈现爆炸式增长，所有的生产装备、感知设备、应用互联终端，包括生产者本身都在源源不断地产生数据，这些数据经过高效的实时分析，将渗透到企业运营、价值链乃至产品的整个生命周期，铸就智能制造和制造业革命的基石。

2.3 制造执行系统

MES（制造执行系统）是构建软硬件一体化系统的重要环节，是一套面向制造企业车间执行层的生产信息化管理系统，采用 MES 可以有效地增强企业的核心竞争力。

2.3.1 制造执行系统概述

1．生产管理理论的发展过程

在制造企业的产品生产过程中，其最主要的问题之一是车间生产管理和控制问题，这个问题一直是国内外车间管理的重点。立足于计算机在生产管理过程中大规模应用的角度，把生产管理和控制理论的发展过程分为两个阶段，即计算机大规模应用到生产管理过程之前的传统生产管理理论和计算机大规模应用到生产管理过程之后的现代生产管理理论。

在计算机大规模应用到车间生产管理之前（大约 20 世纪 60 年代之前），随着生产技术的发展，生产管理技术也应运而生并且得以发展，这一过程以英国的工业革命为标志的现代工业为开始。在此期间，具有典型意义的有：英国经济学家亚当·斯密于 1776 年在《富国论》一书中强调了劳动分工和专业化的优越性。由于是实行劳动分工，使得每个人的工作范围缩小、工作熟练程度提高，致使工作速度提高。而专业化的实施，使生产过程中工具的变换、原材料使用的变更减少，形成工作的简化，生产管理的作用明显体现出来。1911 年被后人称之为“科学管理之父”的美国泰罗在生产管理上作出了突出的贡献。他倡导管理是一门科学。通过实践，他提出了生产管理的一些有效方法，如设置专门的计划部门与其他业务分离；认真开展时间研究和定额管理；在操作方法和工具使用上实行标准化；管理人员明确规定的工作程序；生产实践工作按照职能划分为组长负责，称之为“职能组长职”等。1911 年，美国的吉尔布雷斯夫妇对生产动作及产生疲劳问题进行了研究，首创了分解动作研究，为提高劳动生产效率做出了贡献；同时还强调加强对人的管理，发挥其在生产和作业管理中的地位和作用。以致后来，梅约的霍桑实验，把心理学、人类学的研究深入到生产管理中去。作为生产管理中具有生产方式里程碑意义的是 1913 年的美国福特汽车公司的 T 型汽车生产移动式装配流水线，这种大规模生产方式使生产效率大大提高，成本显著降低，成为 20 世纪企业采用的代表性生产方式。除上述典型理论之外，还有大量其他的生产管理理论，如 1927 年爱尔顿·梅约（美国）的霍桑研究对行为科学的发展理论、1934 年 L.H.C.皮蒂特（英国）的工作抽样理论、1940 年运筹学小组（英国）的解决复杂问题应用的运筹学方法理论、1947 年 G.B.但泽（美国）的线性规划的单纯型法理论等。

随着科学技术的进步、生产力水平的提高，市场需求日益多样化，大批量生产已经不能适应市场的需求，加之计算机的广泛应用，生产管理从观念到生产方式的采用都发生了重大的变革，这一切都导致了现代生产管理理论的出现，它以计算机技术在生产管理领域的大规模应用为起点。具有代表性的现代生产管理理论，如物料需求计划（Material Requirements planning，MRP）、制造资源计划（Manufacture Resource planning，MRPII）、企业资源计划（Enterprise Resource Planning，ERP）、准时制生产方式（Just In Time，JIT）、最优生产技术（Optimized Production Technique，OPT）、约束理论（Theory Of Constraints，TOC）、面向负荷的生产控制（Load-Oirented Manufacturing Control，LOMC）、计算机集成制造系统（Computer integrated Manufacture System，CIMS）、敏捷制造（Agile Manufacturing，AM）等相继出现。

（1）MRP/MRPⅡ/ERP。

制造企业中，生产管理经常面临这样的几个问题：生产所需的原材料不能准时供应或供应数量不足；零部件生产不配套，半成品（在制品）和外购件库存积压严重；产品生产周期过长，劳动生产率下降；资金积压严重，周转期长；市场和客户多变、快速的要求使企业的经营、计划系统难以适应等。针对这些问题，人们首先提出了订货点法，订货点法主要根据历史的记录或经验来推测未来生产需求。显然，订货点法难以适应物料需求随时间变化的情况，因为它没有按照各种物料实际需要的准确时间来确定订货与生产日期，所以应用面很窄。为了解决订货点法的不足，在 20 世纪 60 年代，由美国 BIM 公司的 D.r Jose Ph.AOrilc 材首先提出了 MRP 理论，MRP 的基本思想是，围绕物料转化来组织制造资源，实现按需求准时生产。通过产品出产的时间和数量计划，根据工序顺序反推出所有零部件的投入产出时间和数量，进而确定对制造资源（机器设备、场地、工具、工装、人力、资金等）所需要的时间和数量，由此围绕物料的转化组织制造资源，实现准时生产。20 世纪 80 年代初期，一个结构完整的生产资源规划及执行控制系统，即所谓的闭环 MRP 诞生了。它以整体生产的观点，利用计划一执行一评估与反馈的管理逻辑，有效地对各项生产资源进行规划与控制。在闭环 MRP 的基础上，把企业的各种活动加以统一考虑，就发展成为整体的制造资源计划（MRPⅡ）。在 MRPⅡ中，一切制造资源，包括人工、物料、设备、能源、市场、资金、技术、空间、时间等，都被考虑进来。制造资源计划是一种以物料需求计划为核心的企业生产管理计划系统。20 世纪 90 年代以来，随着信息技术尤其是计算机网络技术的迅猛发展，统一的世界市场正在形成，在日益激烈的竞争压力下，面对国际化的销售与采购市场及逐步形成的全球供应链环境，现代企业的生产经营管理模式也不断发展。MRPⅡ管理系统经过扩充与进一步完善从而发展成为 ERP。美国 Garterr Gou PIcn.咨询公司最早提出了 ERP 的概念。与 MRPⅡ相比，ERP 更加适应全球化的市场竞争环境，功能更为强大，所管理的企业资源更多，覆盖面更广。它是站在全球市场环境下，从企业全局角度对经营与生产进行计划，是制造企业的综合的集成经营系统。因此，从理论体系上来看，MRP，MRPⅡ和ERP一脉相承，其核心的闭环思想保持不变，采用MRPⅡ，ERP生产方式的生产是“推动式”生产，在目前的企业生产管理中ERP系统占有很大的市场。

（2）JIT。

准时制生产方式（Just In Time，JIT）起源于日本丰田汽车公司。其基本思想是“只在需要的时候，生产需要的数量”。IJT生产方式力图通过“彻底排除浪费”来实现最大利润目标，为了排除浪费，IJT 相应地产生了适时、适量生产，弹性配置作业人数及保证质量等基本方法。IJT 的核心是适时、适量生产。JIT采用“看板”（Kanban）系统，看板系统采取的是一种“拉动式”的生产控制方法。在现实生产中，产品最终装配可看作是一个“拉动”系统，在进行装配时，按照当前的需要对前一道工序提出要求，发出工作指令，每道工序都按照后工序的需要生产，这样就实现了所谓的无库存生产，即不进行暂时不需要的物料的生产。IJT 在国外的实际应用中也取得了很大的成功，但是目前中国企业实现IJT模式生产缺乏很多的基础条件。

（3）OPT/TOC。

最优生产技术是20世纪70年代末以色列物理学家D.r E. Gofdratt首创的。OPT的基本思想主要包含两个方面：一方面追求物流的平衡，即要求实现物流的同步化，以求生产周期最短，在制品最少；另一方面分清主次，将精力集中在对企业生产瓶颈环节的控制上，而其他非瓶颈环节的生产安排取决于瓶颈环节。OPT的计划与控制是通过鼓—缓冲—绳法(Drub-Buffer-Rope，DBR）方法来进行的。OPT在管理思想上独树一帜，并且在生产实践中取得了明显的经济效益，其方法被西方的许多大公司如通用汽车公司、通用电器公司等采用，并获得了很大的成功，但由于它的主要技术和具体的算法规则目前是保密的，因此，无法知道其技术上的核心内容，只能从它公开宣传的OPT思想来了解。约束理论TOC是OPT技术的发展和延续，其目的是找出各种条件下生产的内在规律，寻求一种分析生产经营问题的科学逻辑思维方式和解决问题的有效方法。TOC强调必须把企业看成是一个系统，从整体效益出发来考虑和处理问题。

（4）LOMC。

德国Hannover大学的Bechte和Wiendall等人在20世纪80年代依据存量控制的基本思想，在分析生产系统的工作地点通过时间和在制品库存的关系的基础上，提出“漏斗模型”，进而形成了面向负荷的生产控制方法。LOMC

适合应用于多品种中小批量生产系统的计划与控制，其目标同前面的生产控制方法没有本质的不同，也是尽可能限制和平衡在制品库存，使订单（生产任务）迅速而及时地通过系统，并且还可以兼顾工作中心的高利用率。但是它的方法是独特的，它是基于统计观点并采用了一种叫做“漏斗模型”的工具。LOMC 认为，一个企业、一个车间、一台机床等都可以看作一个“漏斗”，“漏斗”的输入可以是来自用户的订单或上一道工序转来的工件等；“漏斗”的输出是整个企业、车间、机床完工的任务量。利用“漏斗模型”，可以对一个工作中心的负荷、在制品库存以及平均通过时间和产出量之间的相互关系进行动态分析，得出相应的数量关系，进而建立以工作中心控制为核心的生产作业计划与控制系统。在制品库存主要取决于加工任务的投料方法，这样就可以通过控制“漏斗”的输入，调整在制品数量和平均通过时间，同时控制在制品的输出，保证生产能均衡地进行。

（5）混合生产管理系统。

各种生产管理理论和技术的繁荣和发展，也推动了大量混合生产管理系统的出现，如 spearman 等通过研究 MRPⅡ，JIT 和 OPT 理论，于 1990 年提出了 CONWIP（CONstan work in Process），CONWIP 系统在关键工序上采用拉动式系统，在其他工序上采用推动式系统。如果把生产线按关键工序分成若干段，每段可以作为一个 CONWIP 系统，因此形成一系列串联的 CONWIP 系统，当 CONWIP 系统只含有一个工作中心时，它与 Kanban 系统是等同的。

（6）车间生产调度算法研究。

生产管理中的另一个重要研究方向是生产调度问题的研究，人们提出了各种各样的调度算法，并在生产调度中得到应用，特别是优化计算方法和人工智能方法。随着计算机技术的飞速发展，一些新的优化方法得到了迅速发展，如数学规划、人工神经网络、模拟退火法、遗传算法、禁忌搜索算法和启发式图搜索算法等。这些算法具有不同的特点，在各种条件下的使用和适应性能也各不相同，但任何一种算法都不是万能的，不能很好地解决车间生产中出现的多种多样问题。

总之，近一个世纪以来，生产管理理论的研究得到了很大的发展，各种理论和方法应运而生，为企业生产管理提供了很多有效的管理工具和方法，生产管理理论的总体是朝着量化、优化和系统化的方向发展。

2. MES 的产生

尽管 ERP、IJT、OPT 等理论和方法及基于这些理论的生产管理系统在实际的企业管理中得到很多成功的应用，为企业的生产管理提供了有效的解决方法和工具。但是，由于车间生产管理强调生产计划的执行及生产现场数据的采集和回馈，而 ERP、IJT 等强调企业的计划性。因此，在车间生产管理和控制上，ERP，JIT 等就显得力不从心。

其原因如下：

按照 MRPⅡ/ERP 方式组织生产，存在 4 个明显的问题：① 不确定的产品结构的引入；② 陈旧的工时定额数据；③ 不合实际时提前期定义；④ 缺乏来自生产现场的反馈而导致计划的不准确。因此，在实际应用过程中，存在在制品的库存量过多，造成管理混乱和资金占用过多的问题。JIT 强调零库存生产，实行 JIT 生产模式必须满足以下条件：生产计划平稳、减少调整准备时间、提高工人素质、生产车间重新布局、准时采购、消除原材料和外构件的库存、加强质量管理、消除废品。目前，我国企业实现 JIT 生产模式缺乏很多的基础条件；OPT 技术在面向订单生产的情况下，对于多品种、小批量生产方式的生产计划制定有很大的指导意义,但是它也有相当的局限性，只能用在一些工序较少的生产场合。

目前 MRPⅡ/ERP 软件，如 SAP 的 R/3 System、利玛信息技术公司的 CAPMS 等，这些管理软件属于企业的上层生产计划管理系统，其中有些软件是从财务管理和物料管理角度开发的，在对车间级制造执行过程的管理上基本不能或不能完善地解决生产调度过程中出现的复杂多变问题，软件的适应性比较差。例如，目前的大多数 MRPII/ERP 商品软件只能做到零部件级生产计划，而没有做到工序级生产计划，个别商品软件虽然做到工序级生产计划，但由于系统的生产日历是以日为最小时段，其计划的精度只能精确到日，生产计划还是比较粗糙，在实际的应用中，难以充分利用企业的所有资源和能力，造成生产时紧时松，原料、工装或辅料等短缺。

20 世纪 80 年代后期，全球市场竞争更加激烈，上层计划管理系统（MRPII/ERP 等）受市场影响越来越大，计划的适应性问题愈来愈突出，明显感到计划跟不上变化，面对客户对交货期的苛刻要求，面对更多产品的改型和订单的不断调整，企业的决策者逐渐认识到计划的制定和执行要依赖于市场和实际的作业执行状态，而不能单纯以物料和库存回报来控制生产。

因此，解决生产计划的适应性及增加底层生产过程的信息流动，提高计划的实时性和灵活性，已经成为一个重要的研究课题。为解决这个问题，20 世纪 90 年代，美国先进制造研究机构（Advanced Manufacturing Research，AMR）提出了“制造执行系统”概念，并将 MES 定位于重点解决车间生产管理问题。1992 年，一些有识之士发起并成立了国际性组织 ——MES 国际联合会（Manufacturing Execution System Association，MESA），它是以宣传

MES思想和产品为宗旨的贸易联合会,并帮助其成员组织在企业界推广 MES 制定了一系列研究、分析和开发计划。自 MES 国际联合会成立以来，该组织相继发布了 7 份 MES 白皮书，与此同时，国际上一些著名软件厂商和企业界纷纷响应并加入这一组织。

随着 MES 理论的发展，大量的 MES 软件被开发出来，并且广泛地应用于车间生产管理，如美国 Consilium 公司面向半导体和电子行业相继开发了 Workstream（MESI）和 FAB300（MESⅡ）；美国 Honeywell 公司面向制药行业开发的 POMS-MES，美国的 Intllution 公司面向多种行业开发的 FIX for Windows，并在日本三菱汽车获得很大成功；日本的横河电机公司面向石油相关企业开发的终端自动化系统 Exatas；广州今朝科技有限公司开发的 MES（Today MES）。

2.3.2 MES 的定位和功能

美国先进制造研究机构 AMR 将 MES 定义为“位于上层的计划管理系统与底层的工业控制之间的面向车间层的 ERP”，它为操作人员/管理人员提供计划的执行、跟踪及所有资源（人、设备、物料、客户需求等）的当前状态等信息。MES 国际联合会对 MES 的定义如下：MES 能够通过信息传递对从订单下达到产品完成的整个生产过程进行优化管理。当工厂发生实时事件时，MES 能够对此及时地作出反应和报告，并用当前的准确数据对它们进行分析和处理。这种对状态变化的迅速响应使 MES 能够减少企业内部没有附加值的活动，有效地指导工厂的生产运作过程，从而使其既能提高工厂及时交货能力，改善物料的流通性能，又能提高生产回报率。MES 还通过双向的直接通讯在企业内部和整个产品供应链中提供有关产品生产行为的关键任务信息。

1. MES 在生产管理中的系统定位

AMR 于 20 世纪 90 年代提出的企业集成模型，如图 2-7 所示，清楚地描述了 MES 在企业系统中的位置。MES 的定位符合 CIMS 的递阶控制思想。

计划层（ERP）：强调企业的计划性。它以客户订单和市场需求为计划源头，充分利用企业内的各种资源，降低库存，提高企业效益。ERP 等从生产管理的角度来看，属于企业的计划层。

执行层（MES）：强调计划的执行和控制。通过 MES 把 ERP 与企业的生产现场控制有机地集成起来。

控制层（Control）：强调设备的控制。包括 DCS（Distributed Control System，Des），PLC（Programmable Logic Controllers，PLC），NC/DNC（Distributed Numerical Control，DNC），SCADA（Supervisory Control and Data Acquisition，SCADA）及其他的控制产品制造过程的计算机控制方法。

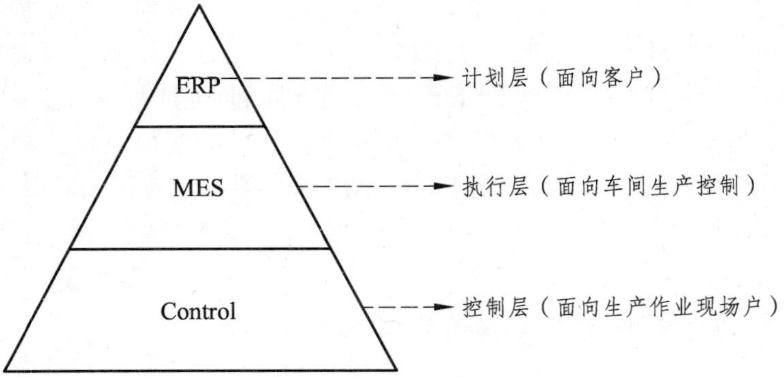

图 2-7 AMR 的三层企业集成模型

从企业集成模型可以看出，MES 在计划管理层与底层控制之间架起了一座桥梁，填补了两者之间的空隙。近年来，一些 ERP 软件试图将其车间管理的功能向下延拓，而一些底层控制软件如 DCS 软件、各种底层组态软件等尝试向上延伸功能，尽管增加了一些功能模块，但是其收效不大。MRPⅡ/ERP 软件缺少足够的底层控制信息，无法实现与控制系统紧密相连；DCS、各种组态软件等控制软件又缺乏足够的上层控制信息，不能实现对生产的管理与控制。因此，上述情况造成了企业内部的信息传递瓶颈，不能对瞬息万变的市场变化做出快速响应。其主要原因是虽然重视了计划管理和底层控制，却忽视了车间执行功能，如图 2-8 所示。因此重视制造执行过程对企业来说，可以起到事半功倍的效果。MES 是面向车间生产过程的“实时”生产和调度，一方面 MES 可以将来自 MRPⅡ/ERP 软件的生产管理信息细化、分解，形成操作指令传递给底层控制；另一方面 MES 可以实时监控底层设备的运行状态，采集设备、仪表的状态数据，经过分析、计算与处理，触发新的事件，从而方便、可靠地将控制系统与信息系统联系在一起。

目前的国内外市场上，支持工厂综合自动化的软件主要分为支持面向企业的生产管理软件和面向底层设备的生产过程控制软件两大类，而在工厂管理和制造活动控制中，留下了几乎没有软件产品覆盖的真空地带，MES 的提出，填补了这个真空地带。

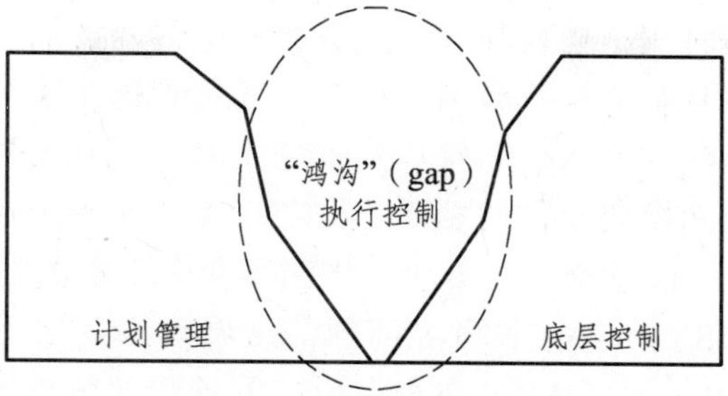

图 2-8 传统的企业管理与控制之间的鸿沟

随着市场经济的发展和完善，企业的制造车间逐步向分厂制转变，其角色也由传统的企业成本中心向利润中心转变，因此，位于车间级并起着控制执行过程作用的 MES 具有十分重要的作用，它填补了图 2-8 中所示的计划管理层和底层控制之间的“鸿沟”。

MES 是面向制造过程的，它必然与其他的制造管理系统共享和交互信息，这些系统包括供应链管理（SCM）、计划管理（ERP）、销售和客户服务管理（SSM）、产品及产品二艺管理（P/PE）、财务和成本管理（FCM）及生产底层控制管理（Controls）等管理系统。图 2-9 反映了 MES 与企业其他管理系统之间的关系。

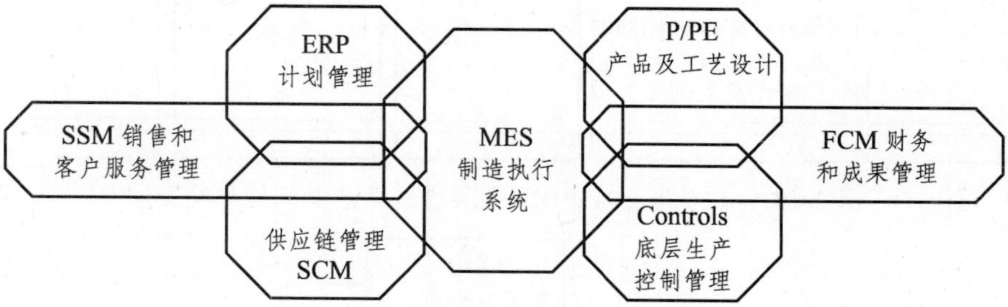

图 2-9 MES 系统定位模型

作为车间生产管理系统核心的 MES 可看作是一个通信工具，它为企业各种其他应用系统提供现场的数据信息。MES 向上层 ERP/SCM 提交周期盘点次数、生产能力、材料消耗、劳动力和生产线运行性能、在制品（Work in Process，WIP）的存放位置和状态、实际订单执行等涉及生产运行的数据；向底层控制系统发布生产指令控制及有关的生产线运行的各种参数等；生产工艺管理可以通过 MES 的产品产出和质量数据进行优化。另一方面，MES 也要从其他的系统中获取自身需要的数据，这些数据保证了 MES 在工厂中的正常运行。例如，MRPⅡ/ERP 的计划数据是 MES 进行生产调度的依据；供应链通过外来物料的采购和供应时间控制着生产计划的制订和某些零件在工厂中的生产活动时间；销售和客户服务模块提供的产品配置和报价为实际生产订单信息提供基本的参考数据；生产工艺管理提供实际生产的工艺文件和各种配方及操作参数；从控制模块传来的实时生产状态数据被 MES 用于实际生产性能评估和操作条件的判断。总之，MES 接受企业管理系统的各种信息，充分利用这些信息资源，实现优化调度和合理资源配置。图 2-10 反映了 ERP 份 DM/MES/Controls 三者之间的信息流动和交互，MSE 国际联合会在 MSE 白皮书中也给出了 MES 在企业生产管理中的数据流图和所处地位，如图 2-11 所示。

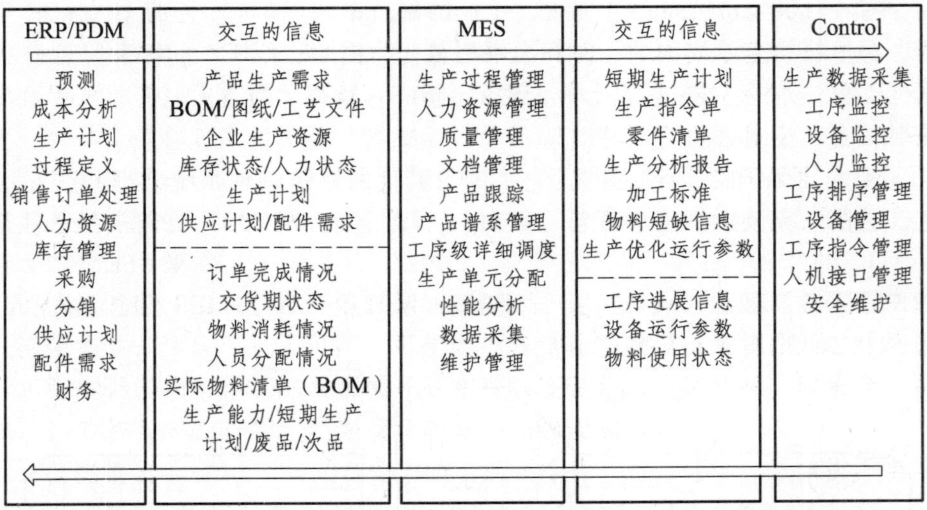

图 2-10 MES 与 ERP/PDM/低层控制系统之间信息交互

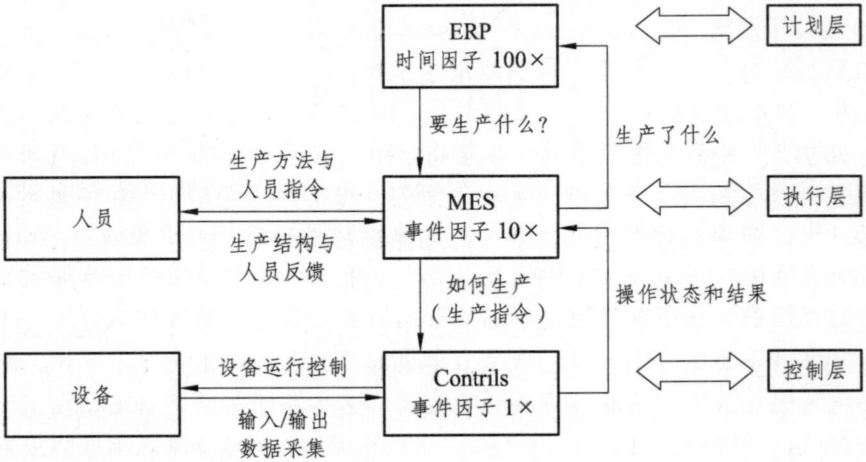

图 2-11 在企业数据流图中的 MES

2．MES 主要功能

MES 在工厂综合自动化系统中起着承上启下的作用，它在 ERP 系统产生的生产计划指导下，收集底层控制系统的与生产相关的实时数据，安排短期的生产作业的计划调度、监控、资源调配和生产过程的优化工作。MES 国际联合会给出的 MES 的功能如图 2-12 所示。

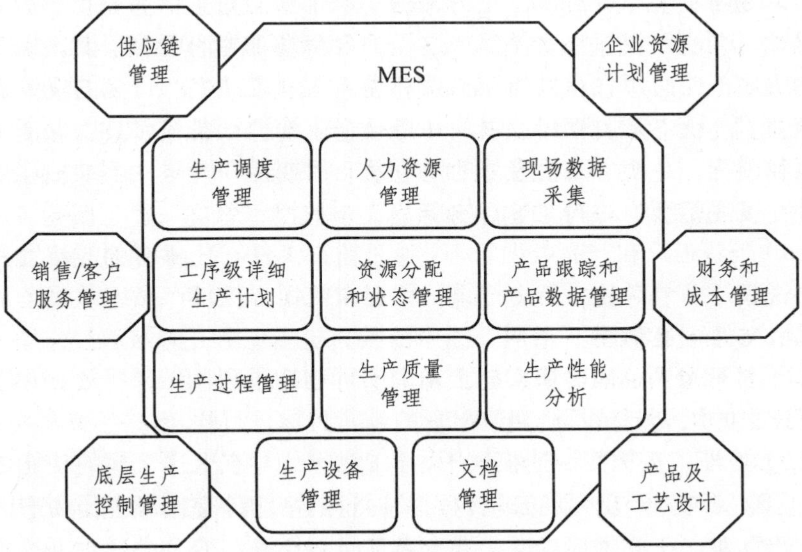

图 2-12　MES 系统功能图

（1）资源分配和状态管理：对资源状态及分配信息进行管理，包括机床、辅助工具（如刀具、夹具、量具等）、物料、劳动者等其他生产能力实体，以及开始进行加工时必须具备的文档（工艺文件、数控设备的数控加工程序等）和资源详细历史数据，对资源的管理还包括为满足生产计划的要求而对资源所作的预留和调度。

（2）工序级详细生产计划：负责生成工序级操作计划，即详细计划，提供基于指定生产单元相关的优先级、属性、特征、方法等的作业排序功能。其目的就是要安排一个合理的序列，以最大限度地压缩生产过程中的辅助时间，这个计划是基于有限能力的生产执行计划。

（3）生产调度管理：以作业、订单、批量以及工作订单等形式管理和控制生产单元中的物料流和信息流。生产调度能够调整车间规定的生产作业计划，对返修品和废品进行处理，用缓冲管理的方法控制每一点的在制品数量。

（4）文档管理：管理与生产单元相关包括图纸、配方、工艺文件、工程变更等的记录/单据。该部分还完成包括对存储的生产历史数据进行维护的操作。

（5）现场数据采集：负责采集生产现场中的各种必要的实时更新的数据信息。这些现场数据可以从车间手工输入或由各种自动方式获得。

（6）人力资源管理：提供实时更新的员工状态信息数据。人力资源管理可以与设备的资源管理模块相互作用来决定最终的优化分配。

（7）生产质量管理：把从制造现场收集到的数据进行实时分析以控制产品质量，并确定生产中需要注意的问题。

（8）生产过程管理：监控生产过程，自动修正生产中的错误，提高加工效率和质量，并向用户提供纠正错误和提高在制产品生产行为的决策支持。

（9）生产设备维护管理：跟踪和指导企业维护设备和刀具以保证制造过程的顺利进行，并产生除报警外的阶段性、周期性和预防性的维护计划，也提供对直接需要维护的问题进行响应。

（10）产品跟踪和产品数据管理：通过监视工件在任意时刻的位置和工艺状态来获取每一个产品的历史记录，该记录向用户提供产品组及每个最终产品使用情况的可追溯性。

（11）性能分析：能提供实时更新的实际制造过程的结果报告，并将这些结果与过去的历史记录及所期望出现的经营目标进行比较。

（12）另外，在敏捷制造模式下，MES 除了具有上述常规的功能之外，还应该具有实现生产单元动态重构以及通过网络对外交流和合作的功能。即外协生产管理：在敏捷制造模式下，当车间的任务不能完成时，可直接通过网络在网上寻求合作伙伴，实现跨车间乃至跨厂的资源组合，实现企业之间加工设备及资源的共享，构成一个虚拟车间；另一方面，车间也可直接接受其他车间或企业的生产任务，作为其他虚拟企业/虚拟车间的一部分。

2.3.3 MES 的发展现状和发展趋势

1．MES 的发展和技术现状

MES 软件经过十几年的发展已经取得一定的成果，传统的 MES（Traditional MES，T-MES）基本从零星车间级应用发展起来，并逐渐向具有一定集成能力的复杂大系统发展。T-MES 可以分为两大类：专用的 MES 系统（Point MES）和集成的 MES 系统（Integrated MES）。专用的 MES 是指为解决某个特定领域问题，如车间维护、生产调度或 SCADA 等开发的自成一体的应用系统。集成的 MES 则是针对特定行业如航空、装配、半导体、食品等行业而设计，在功能上已经实现了与上层事务处理和底层实时控制系统的集成，但此类系统是针对特定的行业，缺少通用性和广泛的集成能力。例如，前面提到的美国 Consilium 公司的 Work stream（MES Ⅰ）和 FAB300（MES Ⅱ）是面向半导体和电子行业，美国 Honeywell 公司的 POMS MES 是面向制药行业。

由于企业可能会从不同的软件供应商购买适合自己的 MES 模块，或将现有系统（Legacy system）集成为 MES 功能的一部分，其结果导致许多 MES 系统实际上是一个大杂烩。每个系统都有各自的处理逻辑、数据库、数据模型和通信机制。又因为 MES 系统的应用常常是要满足关键任务的要求，系统就很难随技术的更新而进行升级。目前，为了实现与外部系统的集成，往往采用 API 技术、OLAP 技术和相应的通信机制，这些技术在某种意义上说，也是 MES 功能的核心部分。其中，外部应用系统的调用和插入使用 API 的方式；应用电子数据交换（Electronic Data Interchange，EDI）技术实现 MES 和外部环境进行数据交换。当前 MES 广泛采用的技术模型如图 2-13 所示。

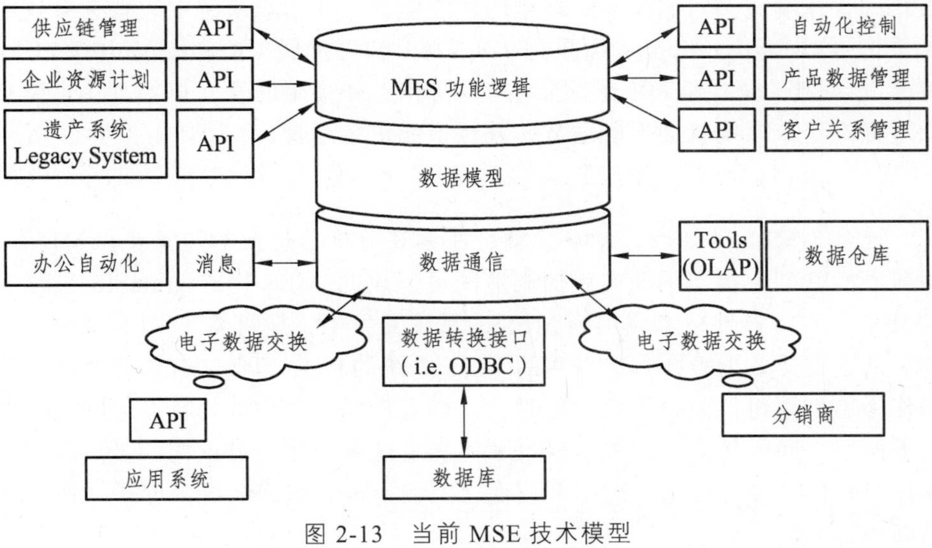

图 2-13 当前 MSE 技术模型

由于 T-MES 的特点决定了 T-MES 具有下列缺点：

（1）通用性差。目前市场上的-TMES 系统，无论其功能多么复杂，均是针对特定行业、特定领域的问题开发的。由于没有一定的技术规范来指导，针对不同行业的 MES 在功能上基本无法借鉴和使用，因而使得系统的开发周期长、投资大，限制了 MES 市场的快速发展。

（2）可集成性弱。从技术发展角度和用户需求来看，软件结构本身应能与其他应用系统集成，做到相辅相成，相得益彰。这样不仅提高企业的遗产系统的生命周期，降低对信息系统的投入，同时，也为用户选择较为合适的各种软件提供了更大的空间。目前，某些具有集成功能的 MES 虽能实现与上层事务处理和下层控制系统的集成，但也仅仅局限于某个特定的系统或功能范围内，使得用户在选择 MES 产品时受到很大的制约，限制了 MES 软件产品的推广。

（3）缺乏互操作性。互操作性是衡量系统敏捷性的一个重要标志。企业采用的数据库、操作系统是异构的，在分布式生产环境下，需要从不同的 MES 系统中裁剪不同的功能，以满足某个特定任务的需要，实现互操作。目前-TMES 基本上没有此类功能。

（4）重构能力差。重构能力是指系统具有随业务过程的变化进行功能配置和动态改变的能力。不同的行业、不同的企业其生产组织模式不尽相同，信息系统必须具有可重构能力，即根据不同的需求搭建相应的系统。

（5）敏捷性差。敏捷性是所有先进制造模式的核心。在生产中表现为对市场的快速响应和对实际生产环境的应变能力，在信息系统中表现为系统的可重构（Reconfigration）、可重用（Reuse）和可扩展（Reextensibility）（3R 特性）。对于 T-MES，由于系统结构本身特点和采用的开发技术，一个微小的过程改变，系统就会无所适从，甚至不能正常运转。

2. MES 的发展和技术趋势

针对 T-MES 的缺点，AMRC 研究小组在分析信息技术的发展和 MES 应用前景的基础上提出了面向敏捷制造的可集成的 MES（Integratable MES，I-MES），它将构件技术应用到 MES 的系统开发中，是两类 T-MES 系统的结合。从表现形式上看，具有专用的 MES 系统的特点，即 I-MES 中的部分功能作为可重用组件单独销售，同时，又具有集成的 MES 的特点，即能实现上下两层之间的集成。此外，I-MES 还能实现客户化、可重构、可扩展和互操作等特性，能方便地实现不同厂商之间的集成和遗产系统的保护，以及即插即用等功能。

可集成 MES 通过将面向对象技术、消息机制和构件技术应用到系统开发中，充分结合两类 T-MES 的优点而发展起来的。通过采用高效的软件基础框架既大大增强了系统的集成性和适应性，又能满足关键事务的处理。NIIIP/SMART（National Industrial Information Infrastructure Protocols，Solutions for Manufacturing Execution System）协会为整个 MES 应用领域提出了一个基于分布式对象的信息交换模型，如图 2-14 所示，该模型代表了 MES 软件的技术发展趋势。

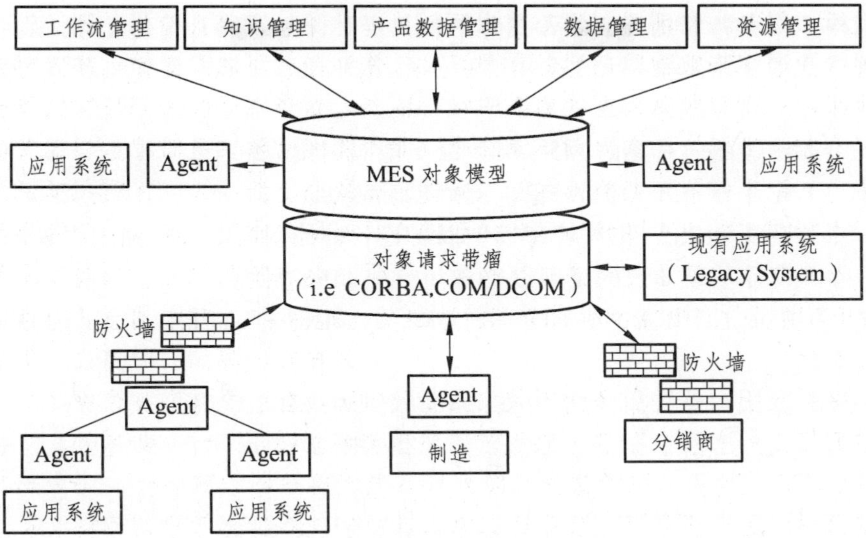

图 2-14 未来 MES 的软件技术模型

从图 2-14 的模型中可看出，在面向对象的应用中，每个对象都使用自身具有的功能和方法来操作数据，分别完成系统的各种功能。而其他功能如工作流管理、产品数据管理、知识管理等都从功能逻辑中分离出来。通过对象请求代理（ORB）（如 CORBA，COM/DCOM，Java Bean）可使不同软件商的对象相互交换信息和进行互操作。NIIIP/SMART 所描述的 MES 技术模型非常适合未来 MES 的商业应用特征，一个分布式对象框架可以让各种数据和功能逻辑在使用时变得更加紧密。而且，通过使用小巧简练的对象，可使系统模型在不破坏相互关系的情况下方便地进行客户化定义。这些特征使实施的 MES 费用较低同时又具有良好的适应性和柔性。随着计算机技术的发展，越来越多的 MES、ERP、控制系统、产品数据管理、SCM 和 CRM 都是以构件对象的方式来编写代码的。只要它们遵守统一的 ORB，不管它们是哪个开发商提供的，都可以进行无缝地集成。现有的应用系统只要按正确的方法进行封装也同样能实现系统的即插即用。通过引入智能代理（Agent）可以有效地实现分布式 MES 的协同工作，满足虚拟企业中 MES 应用的要求，从而实现敏捷制造模式对信息系统的要求，即系统的可重构、可重用和可扩展特性。

显然建立制造业信息系统的体系结构是问题的关键，也是最基础的事情。体系结构的好坏直接关系到整个系统的敏捷性能。目前比较有影响的有基于 CORBA 的 NIIIP/SMART 体系结构和基于 COM/DCOM 的 Windows DNA 体系结构。两者各有优势，前者在跨平台及实时任务处理上具有优势，后者则有着广泛的应用基础。无论采用哪种体系结构，MES 都需要解决以下关键问题：

（1）设计面向对象的 MES 模型以支持应用集成。

（2）设计分布式 MES 对象以支持实时活动。

（3）设计 MES 工作流管理模型以支持各种控制策略，加强过程管理。

94）设计基于知识的规则以支持和管理 MES 系统。

（5）集成 COBRA（或 COM/DCOM，JvaaBean）/TEP 以实现与 PDM 的无缝集成。

（6）设计 MES 智能代理以支持虚拟企业中 MES 应用。

3．国内外 MES 发展情况和软件介绍

MES 在国外尤其是美国和日本得到了广泛而深入的研究和应用。MES 国际联合会分别于 1993 年和 1996 年对实施 MES 系统的企业进行了两次问卷调查，主要调查实施 MES 给企业带来的好处，调查结果表明，MES 缩短制造周期 45%左右，降低在制品 25%或更多，缩短生产提前期 35%左右，等等。正是由于 MES 在车间生产管理中的特殊作用，MES 软件产品得到了长足的发展，1995 年 AMR 的统计调查报告显示，MES 软件在 1993 年的市场份额达到 1.5 亿美元，在 1994—1995 年 MES 软件的市场份额以每年 30%的速度增长，并预计在随后的十年里 MES 软件的市场份额将会以每年 30%或更高的速度增长。正是由于 MES 在车间生产管理中的特殊作用，国际上著名的软件厂商和企业界纷纷响应并加入 MES 国际联合会，并推出自己的 MES 产品，例如，国际上著名的 ERP 软件供应商 SAP 公司在其产品 SAP-R/3 系统中整合了 MES 功能。

国内研究 MES 理论只是从四五年前开始的，其研究深度和广度落后于欧美西方国家，MES 在企业中的应用也只是从两三年前开始的。国内外在 MES 的研究和应用上的差距可以通过 2001 年度全球企业管理应用软件厂商百强排名中看出，在全球百强企业管理应用软件厂商中，从事于 MES 软件开发的厂商占了 23 席，接近 1/4 的比例。由此可见，MES 在车间生产管理中的重要性及 MES 软件产品所蕴含的巨大商业价值，同时在这 23 个席位中并无一家国内企业；国内不多的 MES 软件多数处于刚刚起步阶段，而且一般是科研院校或者研究机构并不完善的实验性产品。

无论是国外的还是国内的 MES 软件，都是业界应用较为广泛的 MES 软件产品，但是从这些软件的宣传资料和应用情况来看，这些软件产品或多或少存在以下不足之处：在软件体系结构上大多采用当前的 MES 技术模型，没有体现构件化 MES 软件的体系结构，因此也难以实现集成化的 MES；在产品基础数据管理上，这些软件还停留在基本的 BOM 管理上面，不能实现 BOM 数据的转换，因此难以实现科学的产品基础数据管理；在物料管理上面，由于没有科学地解决物料工艺状态的描述问题，很难实现精确的物料管理和物料跟踪，同时也影响生产计划的编制和执行；在外协生产管理方面，这些软件几乎没有关注过，因此无法实现对车间外协产品的制造执行过程评价、决策和管理。总之，这些 MES 软件在软件的实用性、集成性、重构性、重用性和扩展性等方面具有较大的弱点。

2.3.4 MES 的基本逻辑

MES 的基本逻辑是：一个有效的 MES 必须能够满足如下要求：

（1）制订的生产作业计划应最大程度地符合生产实际，实现这一点要建立在大量历史的数据分析的基础上，从中发现统计规律，使其对未来生产环境的预测尽可能准确。

（2）能够实现车间工序级生产调度，这是 MES 与 MRPⅡ，ERP 系统的根本区别，而且能够根据生产环境的变化迅速调整原先的生产作业计划，使车间发生的任何变化都在可控制的范围内。

（3）保证产品基础数据的准确性。任何管理都依赖于准确的数据，在车间管理中，产品数据更加复杂，在很多企业中产品数据管理还比较混乱，管理的难度性更大。MES 要能够适应这种情况，特别是在产品数据转换上要准确和高效。

（4）对生产进度安排和资源利用的优化。由于车间系统的复杂性，靠人工去优化是不可想象的，必须采用一些优化算法和智能推理方法。

（5）处理好 MES 的系统边界问题。这个问题涉及 MES 与车间生产管理的外部环境之间的关系，总体上讲，MES 的外部环境包含两个部分，一是 MES 与企业其他应用系统，如 MRPⅡ ERP，PDM 等系统的集成和协作问题；二是当车间不能完成预定的生产计划或者某些产品的生产成本过高或某些产品的生产质量难于控制时，MES 需要将部分产品的生产转移到合作企业，即 MES 的外协生产管理问题，在 MES 的外协产品生产管理过程中，MES 应该解决如何评价外部合作企业以及如何整合外部企业的生产资源来统一安排车间生产。

上述问题都是在车间管理领域多年来没有得到很好解决的，因此，有必要对他们进一步展开理论方面的研究，用以指导 MES 的设计和开发。

2.3.5 车间生产管理中的角色和用例

生产车间作为完成产品制造过程的关键环节，涉及产品生产过程中的方方面面，即从最初的原材料入库检验、生产加工、库存管理、在制品管理、设备管理、产品数据管理、外协生产管理、零部件生产进度控制及成本管理等，到最终完成产品的制造过程并通过销售部门最终把产品投放市场。车间管理人员和车间生产工人在生产过程中扮演各种不同的角色，担任各种不同的任务，按照 MES 理论，并结合实际调研所获得的信息，本文把 MES 中涉及的角色及角色担任的任务划分为下面几类角色：

（1）MRPⅡ/ERP 系统：该系统向 MES 提供车间级生产计划，车间级生产计划属于经过 MRP 计算之后的相关物料需求计划，同时在车间级生产计划中，提供了零部件的需求数量、开工时间、完工时间和生产优先级等信息。车间级生产计划是 MES 系统的输入数据。

（2）PDM 系统：PDM 系统向 MES 系统提供产品及其零部件的工程信息数据，主要包括产品的设计 BOM（Bill of Material，BOM）和产品的工艺 BOM，这些数据在 MES 系统内部经过 xBOM 转换后形成具有重要作用的 MES 系统的基础数据。

（3）车间生产主管：泛指车间主任、车间生产总调度等车间高层管理人员，其主要担任的任务为制定车间管理方面的一些重大决策方案，并向上层计划 MRPII/ERP 系统汇报本车间的生产状况，包括车间生产进度、产品质量及物料准备情况等信息。

（4）车间计划员：接收 MRPⅡ/ERP 系统的车间级生产作业计划；接收本车间承担外协生产订单及订单的任务分解（MRP 计算）；制定本月车间生产作业计划；查看车间生产进度。

（5）调度员：接收车间计划员制订的本月车间生产作业计划；借助一定的调度理论、方法和经验制订车间生产调度方案；并向车间各个生产工段的调度人员下达调度指令；监视车间生产情况。

（6）工段调度员：接收和管理本工段的生产调度指令；向本工段设备或生产工人下达每日生产工作票；同时在不改变车间全局生产计划和进度的情况下，在较小范围内调整本工段的生产调度计划。

（7）工人：接收工段调度员下发的每日生产工作票，按照工作票指定生产任务完成产品的实际生产和制造过程；在完成生产任务后，请求质检员检验生产质量，同时向调度员和工段调度员上报完工信息。

（8）质检员：检验和判定产品的质量及确定产品的质量等级等信息。

（9）物料管理员：在制品管理（Work in Product，WIP）；车间物料库存的出入库管理；向车间调度员汇报本车间的物料库存信息，以便车间调度员更好地制订车间生产调度方案。

（10）设备管理员：设备基本信息维护；设备的备品/备件管理。

（11）统计员：产品及零部件的生产工时统计；产品及零部件的成本统计；车间生产过程的历史数据分析，并根据历史数据分析的结果更新 MES 相关基础数据。

（12）系统管理员：车间各种角色的权限分配及 MES 系统维护等。

2.3.6 MES 的体系结构

根据车间生产管理系统的需求分析和车间生产管理角色及用例分析，结合 MES 功能模型，本文建立以下的 MES 体系结构，如图 2-15 所示。

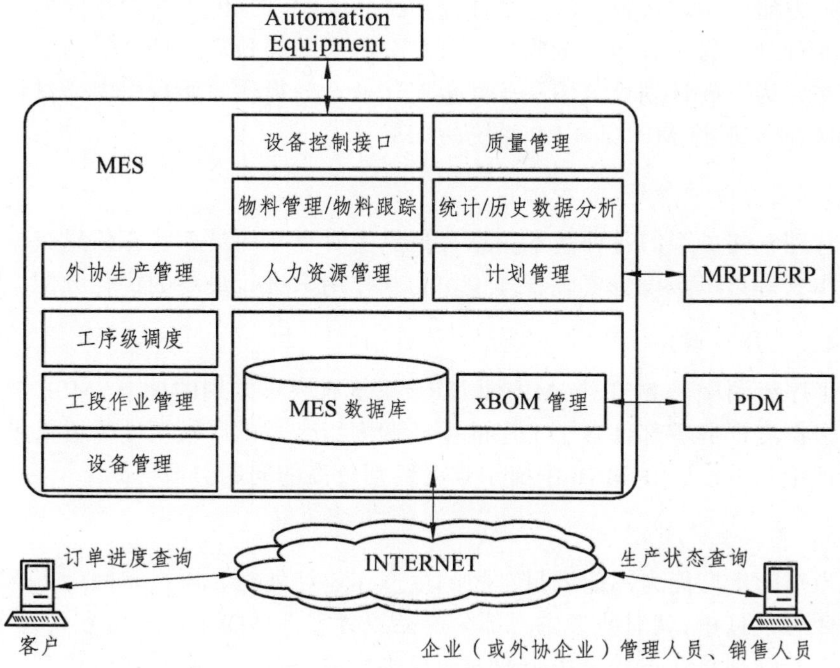

图 2-15 MES 体系结构图

从图 2-15MES 体系结构图中可以看出，MES 系统由以下 10 个部分组成，分别是：xBOM管理、计划管理、人力资源管理、工序级调度、外协生产管理、物料管理及物料跟踪、统计及历史数据分析、质量管理、设备管理和工段作业管理，下面对 MES 总体框架中的各个组成部分及其实现的功能作简单说明。

1. xBOM管理

PDM作为产品工程信息的管理平台，不仅仅是产品 CAD 设计的信息平台，目前 CAPP 系统也把 PDM 系统作为产品工艺设计的平台，并且日益成为一种趋势。MES把PDM系统视为其重要的集成信息来源，MES需要从PDM系统中提取产品的原始设计 BOM 数据，包括产品的设计 BOM 和工艺 BOM 文件，并通过xBOM管理，把产品的设计BOM数据转换成支持MES系统的各种BOM数据，包括产品的制造BOM、工艺BOM、质量BOM等，从而快速、准确地建立MES系统中的产品基础数据。通过xBOM管理，MES实现与PDM系统的集成和MES内部产品数据管理问题。

2. 计划系统

一方面，实现从企业的上层计划系统 MRPⅡ/ERP 中获取车间的本月生产作业计划；另一方面，接收外协订单分解后的物料需求计划。两个方面结合起来，为车间计划人员编制车间生产作业计划提供原始数据。通过计划系统，MES实现与MRPⅡ/ERP系统的集成。

3. 人力资源管理

管理车间员工的各种基本信息，提供实时更新的员工状态信息数据。人力资源管理可以与设备资源管理模块相互作用来进行最终的优化分配。

4. 工序级调度

工序级调度是MSE与MRPⅡ/ERP系统有根本差别的地方，MSE要通过工序级调度形成零部件各个工序的生产调度指令。工序级调度需要借助各种调度理论和方法，在MSE中属于难度级别较高的问题。

5. 外协生产管理

当车间生产能力不能满足车间的生产作业计划时，生产车间为了保证按时完成客户订单，就需要考虑把部分产品或者零部件的生产外协到其他企业，外协生产管理将在选择合作企业方面提供决策支持，并跟踪在合作企业中外协产品或者零部件的生产进度和产品质量，即把外协生产任务的管理纳入到MES系统中来。

另一方面，车间可能作为其他企业的外协生产加工单位，接受其他企业或者客户的直接订单，订单系统管理这些订单，车间计划人员根据订单情况，可能需要作物料需求计划（MRP 计算），物料需求计划的结果是形成编制车间生产作业计划的原始数据。

6．物料管理/物料跟踪

管理车间物料基本信息，记录物料库存出入库情况，管理 WIP 信息。在物料管理中，最为复杂的是物料跟踪技术，所谓的物料跟踪技术就是随时跟踪物料工艺状态、数量、质量和存放位置等信息，向车间调度人员和客户报告产品的生产进度等信息。

7．统计/历史数据分析

统计系统在 MES 中有重要地位，它随时向车间管理人员提供产品及其零部件的生产数量统计、生产状态报告、生产工时统计、成本统计、质量统计等信息，以便于车间管理人员更好地掌握产品的生产进度、控制产品生产质量和产品生产成本。

MES 系统中需要完整准确的产品基础数据支持，如在 xBOM 管理中建立了大量的产品基础数据，然而这些数据，如零部件工时定额、零部件采购成本，设备使用效率等，不可能完全与实际情况相符，因此，需要在大量历史数据统计分析的基础上不断地完善和提高 MES 基础数据的准确性，而准确的 MES 基础数据又会提高车间生产计划和调度指令的准确性和正确性。

8．质量管理

把从制造现场收集到数据进行实时分析从而控制产品生产质量，并提出车间生产过程中需要注意的问题。

9．设备管理

跟踪和指导企业维护设备和刀具以保证制造过程的顺利进行，并产生除报警外的阶段性、周期性和预防性的维护计划，也提供对直接需要维护的问题进行响应。

10．工段作业管理

执行车间生产调度指令，并在不影响车间或企业全局生产进度的前提下，对局部生产计划作适当调整；完成生产作业现场的数据采集；监控生产过程，随时向车间计划员和调度员汇报工段生产作业进度等信息，以便能够修正生产过程中的错误，提高加工效率和质量。

在上面的 MSE 10 个部分中，有些功能如物料管理、设备管理和人力资源管理等在企业的其他应用系统中已经具备，如 MRPⅡ/ERP 系统中包括 MSE 的物料管理、设备管理和人力资源管理的全部或部分功能，MSE 可以从 MRIPⅡ/ERP 系统中继承这些系统或者干脆将这些功能纳入自己的范畴。

2.3.7 MES 关键技术

在本文提出 MES 理论体系结构的 10 个组成部分中,其核心组成部分是：xBOM 管理和物料管理/物料跟踪，车间工序级调度以及外协生产管理，为了满足车间生产管理的需求，MES 必须很好地解决上面的 4 个问题，为此本文认为以下 5 项技术是 MES 系统中的关键技术和问题：

1. 面向产品全生命周期的 xBOM 研究

由于 MES 是面向车间生产管理的，MES 大量涉及产品的 BOM、零部件的工艺信息、制造过程的质量管理信息及制造成本的控制信息等。具体来说，在车间生产过程中，MES 使用制造 BOM 产生物料配套表，供库房检验物料的有效性及发放物料；监控生产过程的物料短缺情况及使用情况；帮助确定物料在车间的存放货位及方法；进行成本累计和成本控制。另一方面，MES 使用制造 BOM 和产品的工艺文件安排生产作业计划并按照工艺要求实施质量控制。因此，产品 BOM 数据在 MES 中起着重要作用。

由于产品的生命周期愈来愈短，客户的个性化需求日益强烈等原因，使得产品的设计数据和生产工艺发生经常性更改和变化，造成生产现场随时充斥着众多不同的制造订单、不同的产品、不同的在制品和零部件，并随时面临经常性的工程设计变更的困惑。因此，车间生产管理系统需要拥有获取产品设计数据的有效途径，并保证 MES 中产品基础数据与产品的设计数据相比，具有正确性、一致性和完整性。

另外，产品的设计过程和产品的制造过程是密不可分和互相影响的。良好的产品设计会降低产品制造的成本，提高产品的生产效率和生产质量；反过来，制造产品的过程中也是检验产品设计的过程，为产品的设计提供来自生产现场的经验和反馈信息，供产品设计人员参考以提高产品的设计水平。因此,MES 与企业的产品设计系统之间既有顺序关序,也有并行协同的关系。

近年来，产品数据管理（PDM）技术已经成为产品设计过程和设计数据管理的趋势，大量 CAD/CAPP 系统都是在 PDM 平台上建立起来，如在著名的 PTC 公司的 Pro/E 身后便是 Pro/Intralink 产品数据管理系统。

面向产品全生命周期的 xBOM 研究便是在 PDM 的基础上,通过 BOM 转换计算，从产品的设计数据（设计 BOM/工艺 BOM）中，产生支持 MES 的制造 BOM、工艺 BOM、成本 BOM 等产品的相关基础数据，并在此基础上，把 BOM 的转换技术扩充到产品的全生命周期，使得在产品的全生命周期中，在企业的各个使用部门都能够借助 BOM 的转换技术获得正确、一致和完整的产品基础数据。另一方面，面向产品全生命周期的 xBOM 研究还将借助工作流技术建立 BOM 转换模型，以支持 BOM 转换过程各种控制策略，加强产品数据转换过程管理，同时也为产品的设计过程和制造过程乃至产品全生命周期的各个过程提供一个协同工作的桥梁。

总之，在面向产品全生命周期的 xBOM 研究当中将体现 MES 与 PDM 集成及工作流管理技术的应用。

2．物料的工艺状态描述

工厂从原材料购进入库起，直到成品库的成品发送为止，这一全过程的物流活动称为物料流动。物料流动和生产流程同步。原材料、半成品按照工艺流程在各个加工点之间不停顿地移动、流转，形成了物料流动。物料流动过程也体现了生产调度指令，正是由于生产调度指令作用于物料，才导致了物料的流动。伴随着物料的流动，物料的物理形态、工艺状态、存放位置等也在发生着改变。因此，物料管理和物料跟踪必然成为 MES 中的一个核心问题。

在物料管理和物料跟踪中，需要随时管理物料的各种相关信息，总体上来看，物料的相关信息可以分为两类：一是物料的静态信息，如物料的编码、物料名称、物料的 ABC 码、物料重量等信息；二是物料的动态信息，如物料的工艺状态信息、物料的存放位置、物料的成本等信息。物料的静态信息一般不随物料的加工状态而发生改变；然而伴随着物料的加工生产和物料的流动，物料的动态信息随时发生改变。因此，在物料管理和物料跟踪中，最重要的是管理物料的动态信息。

在物料的动态信息中，物料的存放位置信息随着物料的出入库和在制品在设备上的移动而发生改变，物料的存放位置信息与物料的存放库位或存放地点相关，而物料的存放库位或存放地点是客观的，因此，物料的存放位置信息易于维护；然而，随着物料的加工，物料的工艺状态信息发生改变，在制品的成本增加，其中在制品的成本变化又完全与在制品物料的工艺状态相对应。另外在实际的机械制造行业中，物料的加工很可能不依照产品的工艺文件中所规定的顺序来进行，同时产品的工艺路线往往也不是固定不变的，这些都增加了描述物料工艺状态信息的难度。

基于上面的分析，可以得出：物料管理和物料跟踪中的关键技术是物料工艺状态信息的描述。

3．车间工序级调度

MES与MRPⅡ/ERP之间的关键差别之一是MES要实现车间工序级生产调度，而MRPⅡ/ERP一般只作零部件级物料需求计划。

实现工序级生产调度比编制零部件级物料需求计划要困难得多，这主要是在于生产调度问题本身就是一个困扰人们很多年的复杂难题，至今也未出现一种完善、高效、适应性强的调度算法和理论。另外，实际的车间业务过程比较复杂，生产环境相关的各种因素经常发生变化，各种不确定性的事件经常发生等，也使得车间生产调度问题更加复杂。因此，车间工序级调度必然成为MES的关键问题。

车间调度问题的研究大体上可以从两个方面入手，一是车间生产调度问题的描述，二是寻找和设计有效的调度算法。

4．外协生产中合作企业选择

在敏捷制造模式下，当车间的生产任务不能完成时，可以通过网络或者其他途径寻找协作伙伴，实现跨车间乃至跨企业的资源组合，实现企业之间的加工设备、人力资源等资源的共享，构成一个虚拟生产车间；另外一方面，车间也可能接受其他车间或企业的生产任务，成为其他虚拟车间的组成部分。

关于MES的外协生产管理有三个方面的问题：外协生产任务的确定、最优合作企业的评价和决策及外协产品的制造过程组织和管理问题。就确定外协生产任务而言，要么是车间的生产能力不足以完成的生产任务，要么是车间生产成本高的产品；一旦确定了外协生产任务，为了按照预定的生产计划完成外协产品的生产或者为了降低生产成本，就必须对承担外协生产任务的企业或车间进行评价，并从众多的合作企业中选择出最优的合作企业；当合作企业确定后，车间将把其他企业或车间的资源纳入自己的范围，可以按照本车间范围的资源的同样处理模式组织和管理外协产品的生产。

基于上面的分析，可以看出：在MES的外协生产管理和建立虚拟车间过程中，核心的问题是如何选择外协产品生产的合作企业问题。

5．MES软件的设计和开发研究

MES作为车间生产管理的理论和方法，必须在MES软件中体现，由于车间生产管理要面向生产车间，而各个企业的生产车间，甚至一个企业内部的各个生产车间，所生产的产品各不相同，企业管理模式和企业文化也有很大的差别。本文将从 MES 软件的重用性、重构性及可集成性角度出发，探讨如何构建 MES 软件的体系结构，使得 MES 软件能够在不同的企业和车间快速实现 MES 管理思想和理念。

2.4 赛博物理系统

赛博物理系统（Cyber Physical System，CPS）是由美国国家自然科学基金委员会（National Science Foundation，NSF）在 2005 年提出的，旨在提高美国科技综合实力，并自 2006 年起，将列为国家重点发展科研项目并大力资助相关研讨会。CPS 是物联网的升级和发展，CPS 中所有的网络节点、计算、通信模块和人自身都是系统中的一分子，如图 2-16 所示。

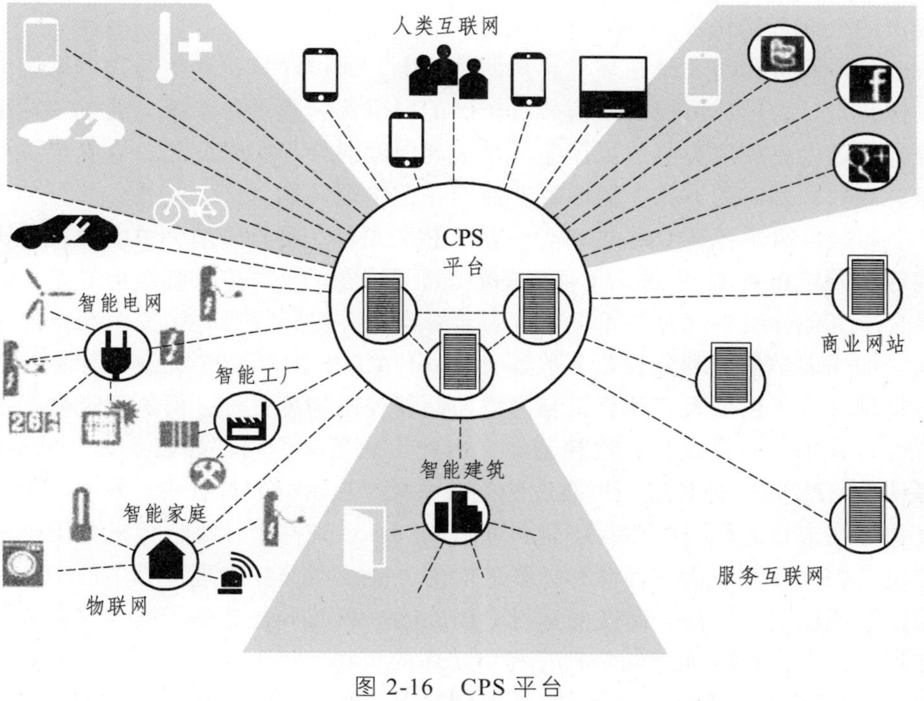

图 2-16 CPS 平台

智能制造系统中的各子系统正是借助 CPS，才能摆脱信息孤岛的状态，实现系统之间的连接和沟通。CPS 能够经由通信网络，对局部物理世界发生的感知和操纵进行可靠、实时、高效的观察与控制，从而实现大规模实体控制和全局优化控制，实现资源的协调分配与动态组织。

2.4.1 赛博物理系统定义

赛博物理系统是将虚拟世界与物理资源紧密结合与协调的产物。它强调物理世界与感知世界的交互，能自主感知物理世界状态、自主连接信息与物理世界对象、形成控制策略，实现虚拟信息世界和实际物理世界的互联、互感及高度协同。

CPS 是融合了计算（Computation）、通信（Communication）与控制（Control）技术（又叫作 3C 技术）的智能化系统，它从实体空间的对象、环境、活动中进行大数据的采集、存储、建模、分析、挖掘、评估、预测、优化、协同，并与对象的设计、测试和运行性能表征深度有机融合，是实时交互、相互耦合、相互更新的网络空间（包括机理空间、环境空间及群体空间），进而通过自感知、自记忆、自认知、白决策、自重构和智能支持，促进工业资产的全面智能化。

具体而言，CPS 是在环境感知的基础上，通过计算、通信与物理系统的一体化设计，形成可控、可信、可扩展的网络化物理设备系统，通过计算进程与物理设备相互影响的反馈循环来实现深度融合与实时交互，以安全、可靠、高效和实时的方式，监测或者控制一个物理实体。

各国科研学者从 CPS 的理论方法，相关组件，运行环境，系统设计与实现等不同层面对 CPS 进入了深入的研究，但是由于 CPS 系统结构复杂，其融合了其他学科的多种技术，因此，至今学术界对仍没有一个完全统一的定义。加州大学伯克利分校著名学者 Edward A.Lee 认为 CPS 集成了计算过程与物理过程，由嵌入式计算机与网络控制器控制物理过程，而物理过程在运行的过程中不断反馈信息给控制器，由此形成了一个闭环控制系统。Baheti 等认为 CPS 是一种具有高可靠度的复杂系统，在运行的过程中，系统的组件及物理在未知的环境中相互协调、通信。Sastry 则基于计算机信息处理理论提出，CPS 具有通信，存储和计算的能力，能实时监控物理世界中的个体，保证系统稳定、安全、高效的运行。Branicky 和 Krogh 等基于嵌入式系统设计理论，认为 CPS 能感知物理过程中实体的生物特性并按需求进行计算，因此,本质上它是一个机器人系统。国内研究学者何积丰院士和马文方指出 CPS 具有感知环境能力，结合计算过程、网络过程及控制过程，可以实现系统自身的可感、可控及可扩展。

下面是从不同角度对 CPS 的阐述：

（1）在本质上，CPS 是以人、机、物的融合为目标的计算技术，从而实现人的控制在时间、空间等方面的延伸，因此，人们又将 CPS 称为“人—机—物”融合系统。

（2）在微观上，CPS 通过在物理系统中嵌入计算与通信内核，实现计算进程（Computation Processes）与物理进程（Physical Processes）的一体化。计算进程与物理进程通过反馈循环（Feedback Loops）方式相互影响，实现嵌入式计算机与网络对物理进程可靠、实时和高效的监测、协调与控制。

（3）在宏观上，CPS 是由运行在不同时间和空间范围的、分布式的、异构的系统组成的动态混合系统，包括感知、决策和控制等各种不同类型的资源和可编程组件。各个子系统之间通过有线或无线通信技术，依托网络基础设施相互协调工作，实现对物理与工程系统的实时感知、远程协调、精确与动态控制和信息服务。

综合以上分析，可以认为 CPS 是一种基于嵌入式技术与人工智能技术的智能化信息处理系统。它应主要由控制中心、网络及物理实体组成，其抽象结构图如图 2-17 所示。控制中心的计算单元与物理实体在网络环境下进行通信，组件自我控制等，所以，CPS 是一个多维混杂异构系统。功能方面，CPS 主要集中于性能优化，其中涉及海量异构数据融合，基于不可靠信息的可靠通信，资源合理地动态分配，各组件有机协调实现系统自寻优等。因此，CPS 是一个自感知、自决策、自治的人工智能系统，能沟通基于计算的虚拟离散世界与基于时间的物理世界。

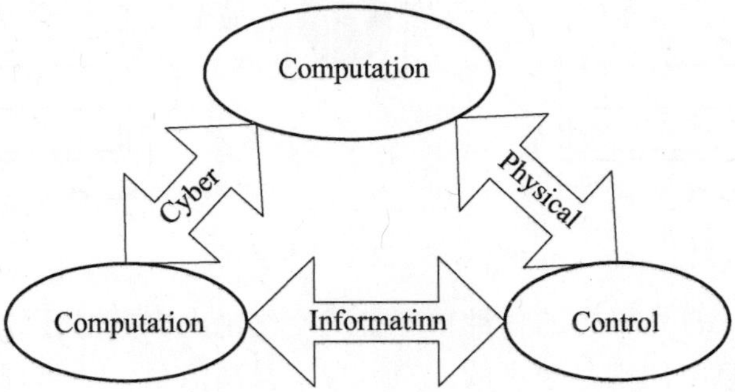

图 2-17 CPS 抽象结构图

2.4.2 赛博物理系统结构体系

CPS 体系结构的一般形式如图 2-18 所示，它由决策层、网络层和物理层组成。决策层通过语义逻辑计算，实现用户、感知和控制系统之间的逻辑耦合；网络层通过网络传输计算，连接 CPS 在不同空间与时间的子系统；物理层体现的是感知与控制计算，是 CPS 与物理世界的接口。

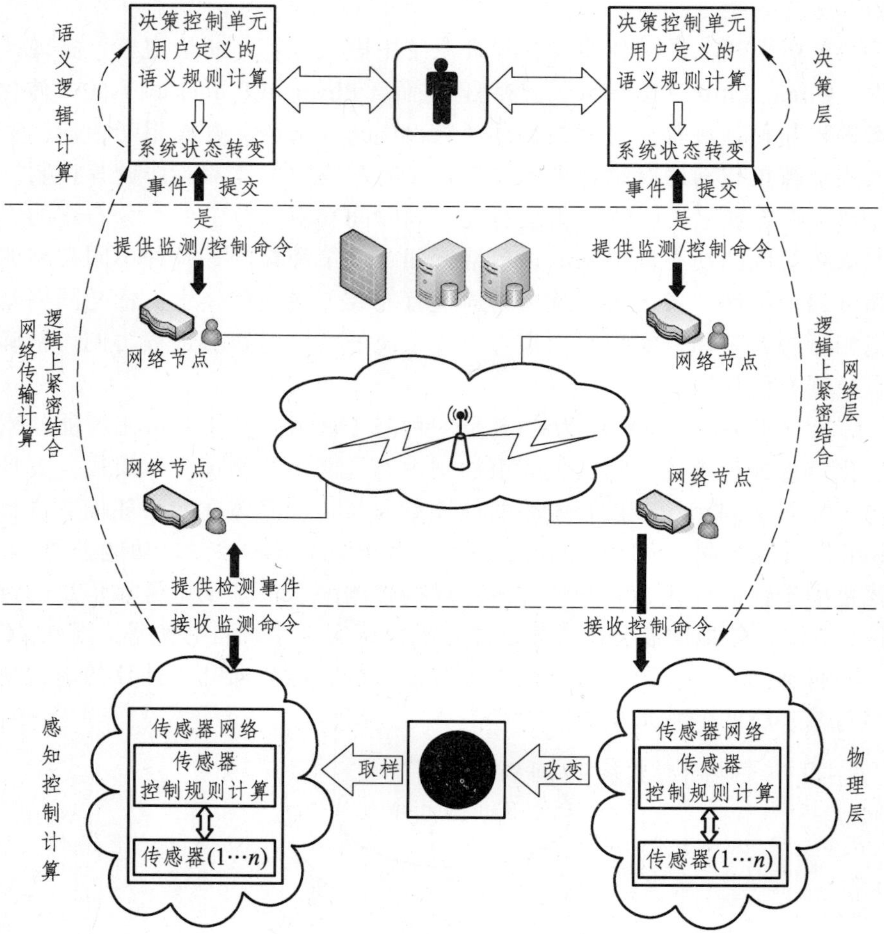

图 2-18　CPS 结构体系

众所周知，自然界中的各种物理量的变化绝大多数是连续的，或者说是模拟的，而信息空间则是数字的，充斥着大量离散量。从物理空间到信息空间的信息流动，首先必须通过各种类型的传感器将各种物理量转变成模拟量，再通过模拟数字转化器变成数字量，从而为信息空间所接受。因此，从这个意义上说，传感器网络也可视为 CPS 中的一个重要的组成部分。

在现实环境中，大量的传感器以无线通信方式自组织成网络，协同完成对物理环境或物理对象的监测感知，传感器网络对感知数据做进一步地数据融合处理，并将得到的信息通过网络基础设施传递给决策控制单元，决策控制单元与执行器通过网络分别实现协同决策与协同控制。

CPS 的基本组件包括传感器（Sensor）、执行器（Actuator）和决策控制单元（Decision-making Control Unit）。其中，传感器和执行器是一种嵌入式设备，传感器能够监测、感知外界的信号、物理条件（如光、热）或化学组成（如烟雾）；执行器能够接收控制指令，并对受控对象施加控制作用；决策控制单元是一种逻辑控制设备，能够根据用户定义的语义规则生成控制逻辑。基本组件结合反馈循环控制机制如图 2-19 所示。

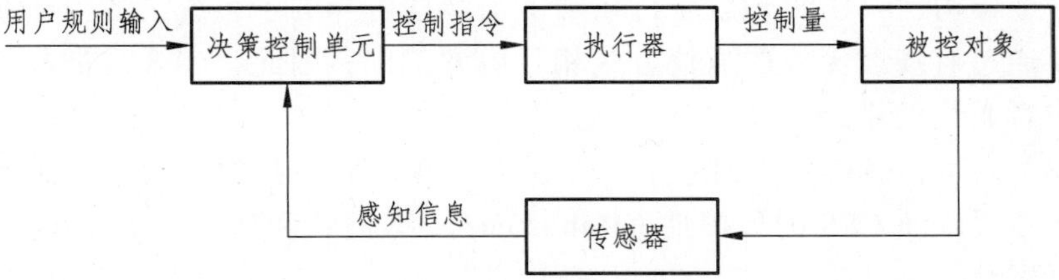

图 2-19 CPS 反馈环

CPS 是运行在不同时间和空间范围的闭环（多闭环）系统，且感知、决策和控制执行子系统大多不在同一位置。逻辑上紧密耦合的基本功能单元依存于拥有强大计算资源和数据库的网络基础设施，如 Intemet、数据库、知识库服务器及其他类型数据传输网络等，能够实现本地或者远程监测，并影响物理环境。

2.4.3 赛博物理系统的特征

CPS 具有与传统的实时嵌入式系统以及监控与数据采集系统（Supervisory Control And Data Acquisition Systems，SCADA）不同的特殊性质。

（1）全局虚拟性、局部物理性：局部物理世界发生的感知和操纵，可以跨越整个虚拟网络，并被安全、可靠、实时地观察和控制。

（2）深度嵌入性：嵌入式传感器与执行器使计算深深嵌入到每一个物理组件，甚至可能嵌入进物质里，从而使物理设备具备计算、通信、精确控制、远程协调和自治等功能，更使计算变得普通，成为物理世界的一部分。

（3）事件驱动性：物理环境和对象状态的变化构成“CPS 事件”：触发事件→感知→决策→控制→事件的闭环过程，最终改变物理对象状态。

（4）以数据为中心：CPS 各个层级的组件与子系统都围绕数据融合向上层提供服务，数据沿着从物理世界接口到用户的路径一路不断提升抽象级，用户最终得到全面的、精确的事件信息。

（5）时间关键性：物理世界的时间是不可逆转的，因而 CPS 的应用对时间有着严格的要求,信息获取和提交的实时性会影响用户的判断与决策精度，尤其是在重要基础设施领域。

（6）安全关键性：CPS 的系统规模与复杂性对信息系统安全提出了更高的要求，尤其重要的是需要理解与防范恶意攻击带来的严重威胁，以及 CPS 用户的隐私被暴露等问题。

（7）异构性：CPS 包含了许多功能与结构各异的子系统，各个子系统之间需要通过有线或无线的通信方式相互协调工作，因此，CPS 也被称为混合系统或者系统的系统。

（8）高可信赖性：物理世界不是完全可预测和可控的，对于意想不到的情况，必须保证 CPS 的鲁棒性（Robustness，即健壮和强壮性），同时还须保证其可靠性、高效率、可扩展性和适应性。

（9）高度自主性：组件与子系统都具备自组织、自配置、自维护、自优化和自保护能力，可以支持 CPS 完成自感知、自决策和自控制。

（10）领域相关性：在诸如汽车、石油化工、航空航天、制造业、民用基础设施等工程应用领域，CPS 的研究不仅着眼于自身，也着眼于这些系统的容错、安全、集中控制和社会等方面对它们的设计产生的影响。

2.4.4 赛博物理系统技术的应用

到目前为止，尽管 CPS 存在诸多需要解决的理论和技术难题，但是它已经在国家电网、智能交通和环境监控等诸多领域得到了应用，并且产生了积极的经济价值，体现了其技术上的优势。

2008 年，美国国家自然科学基金会召开的赛博物理系统峰会特别提出了赛博物理系统在 3 个领域广阔的应用前景.

分布式能源系统。传统电网采用垂直、中心控制物理架构，为了克服传统电网中电力生产及电力传输等过程中的诸多不足，分布式能源系统对传统电网采取诸多改进措施：加入大量分布式电力生产源，电力储存设备及可控制负载（诸如可充电混合电动汽车）。对于分布式能源系统，无线网络传感和控制可以更有效、更可靠、更灵活地改善网络性能，提高电网的效率。当然，分布式能源系统的巨大潜力如果希望得到完全开发，需要重新考虑能源系统的物理架构、控制方法及通信方式，突破现有电网架构、控制和无线网络通信等方面存在的理论上和技术上的局限。

（2）新一代交通系统。目前的交通网络存在严重的拥挤，结果是降低了运行的效率，增加了燃油的消耗量。并且严重的拥挤需要政府增加更多的道路资源，需要巨大的经济投资。然而，对于现存的交通基础设施，如果可以提高其运行效率则是改善交通拥挤的一个非常有效的途径。因此，结合计算技术和网络技术的新一代交通系统已受到广泛的研究并正得到应用，与现有交通系统相比，新一代交通系统具有明显的进步：具有更大的运输能力，更少的交通拥挤、油料消耗和废气排放，系统更安全，更可靠。考虑到新一代交通系统具有典型的 CPS 特征，其效率的完全发挥将需要充分运用 CPS 理论和设计方法等方面的研究成果。

（3）健康医疗系统。健康医疗系统的改善可使全民受益，因此是一项非常有意义的事情。为了更好地改善健康医疗系统，需要考虑在线安全医疗设备系统建设，远程医疗诊断和治疗，以及随之需要的医疗设施的改革。CPS 理论可为健康医疗系统实现上述功能，在改善现有医疗系统方面发挥重要作用。通过 CPS 技术能够更有效地利用稀缺医疗资源。

此外，CPS 可在分布式机器人、军事系统、智能建筑、智能桥梁建设、汽车、移动通信设备等领域发挥作用，CPS 技术作为 21 世纪工业的技术基础，可为这些领域的产品开发、技术上的改进提供诸多机会。CPS 应用领域如表 2-1 所示。

表 2-1 CPS 应用领域

应用领域	潜在机会
交通运输	① 飞行器飞得更快，更远，耗能更少；② 飞行控制系统的设计，更有效地利用空间航线资源；③ 汽车功能更强，更安全，耗能更少
国　防	① 功能更强的防御系统；② 自治车辆的网络化编队
能源和工业自动化	① 新的可再生能源的开发；② 家庭、办公室、办公大楼和车辆等运行效率更高，操作更方便
健康和生物医疗	① 家庭保健服务；② 功能更强的生物医疗设备；③ 新一代人造器官；④ 拥有更高自动化水平和扩展功能的网络化生物医疗系统
农业	① 节能技术的开发；② 设备自动化程度更高；③ 生物工程闭环加工；④ 资源与环境的最优化利用；⑤ 食品更安全
国家基础设施	① 高速公路容量更大，运行更安全；② 国家电网更可靠，效率更高

2.4.5 赛博物理系统研究进展

计算机的出现促使人们开始了将计算机集成到物理系统中的研究历程。最初的研究是将计算机作为控制器，提高物理对象控制的灵活性，改善物理对象的性能。其中控制学科领域集中研究计算机控制系统，而计算机学科则致力于开发计算速度更快、存储容量更大的计算设备。不管是计算机科学研究计算设备的设计和开发，还是控制科学研究各种物理动态系统的计算机控制，其前提是将系统抽象为某个模型，然后进行分析。由于这两个学科的研究对象和研究方法不一致，导致研究结果不兼容。比如，计算机学科研究计算的时候往往忽略时间这个因素，这样导致计算单元在与物理系统集成的过程中由于实时性的缺乏而产生许多难以解决的问题。这种困难促使了计算机学科对嵌入式系统研究的重视，研究计算单元如何满足物理系统的实时性要求。另一方面，网络应用的普及，控制科学也日益意识到通过网络传输的数据信息存在各种各样的通信特征，如存在信息包丢失，不确定网路延时等，如果希望一个复杂的物理系统能满足控制性能要求，这些对控制系统性能的影响因素则无法置之不管。因此，21 世纪以来网络控制系统的研究风生水起。

上述研究对计算机科学、控制科学和通信科学之间的融合做出了一定的贡献，然而，随着各种计算设备及网络的进一步发展，许多系统具有计算单元和物理对象分布式布置，网络进行通信和控制等 CPS 特征。采用上述研究成果对这类系统进行分析和设计时存在不可逾越的困难。通信网络的带宽、延时、丢包率的大小、计算单元的能力、计算单元的调度方式、物理系统的架构及动态特性等各种因素都可能影响系统的动态性能，并且这些因素对系统性能的影响是相互联系的。CPS 的研究已经引起了许多国家的重视，并得到这些国家政府的大力支持和资助。

（1）美国。

美国国家自然科学基金会在 CPS 的研究中充当了世界领导者的角色。早在 2005 年，美国国家自然科学基金会就资助了当年高可信医疗设备软件与系统（High Confidence Medical Device Software and Systems，HCMDSS）研讨会，会上提到高可信的医疗设备具有 CPS 的典型特征。2006 年，美国国家自然科学基金会主持召开了第一届赛博物理系统研讨会（NSF workshop on Cyber-Physical Systems），指出 CPS 研究的目的是为出现的计算机、通信网络和物理单元高度集成的系统的开发寻找新的理论基础和实现技术，使得信息、计算、通信和控制融于一体的新一代集成系统能够高可靠、高效率地工作，具有高性能。与此同时，召开了其他一些有关 CPS 的研讨会。CPS 的研究开始受到美国政府的重视。2007 年 8 月，美国总统直属科技顾问委员会 PCAST 在关于网络信息技术的报告中提出，需要重新重视网络信息技术的研究和发展，并且第一次官方地提出研究 CPS 理论、开发 CPS 设计技术是保持美国信息技术（IT）行业世界领先地位的重要措施，官方的支持很大程度上刺激了对 CPS 的进一步研究工作。在此之后，CPS 指导小组组织专家总结了 CPS 的当前研究情况及给出了研究的指导方向。2008 年，美国国家自然科学基金会召开了 CPS 峰会，并且为 CPS 的研究提供研究资金进行重点资助（NSF program solicitation on Cyber-Physical Systems），鼓励相关领域研究者为 CPS 理论研究和技术开发作出贡献。

（2）欧洲。

在欧洲，启动了嵌入式智能与系统先进研究与技术（Advanced Research and Technology for Embedded Intelligence and Systems，ARTEMIS）项目，该项目预计在 2007—2013 年期间投入 70 亿欧元展开智能电子系统方面的研究工作，该项目期望到 2016 年欧盟在智能电子系统研究和技术开发方面能够成为世界的领导者。CPS 作为智能电子系统的一个重要发展方向，自然受到了 ARTEMIS 项目的支持和重视。另外，欧盟还成立了欧洲智能系统集成技术平台（the European Technology Platform on Smart Systems Integration，EPOSS）。目的在于增进科技研发和促进经济发展，使欧洲产业在全球市场上取得优势。欧洲智能系统集成平台每年举行的年会为学术界和工业界对智能系统集成的发展提供了交流平台。2010 年的年会（European conference & exhibition on integration issues of miniaturized systems-MEMS，MOEMS，ICs and electronic components）于当年 3 月在意大利举行，并且明确提出：智能系统集成是一个多元件集成而得到的系统，系统可以从外界物理对象中得到信息，电子地操控该物理对象，跟物理对象进行通信从而得到信息和数据，然后对物理对象施加反馈信息，可以发现此类系统明显具有 CPS 特征。

（3）此外，诸如日本、韩国和中国等国家也展开了 CPS 的相关研究工作。

在韩国，韩国软件振兴院（korea IT industry promotion agency）为韩国情报通信部下属的非营利事业单位，其宗旨为促进韩国 IT 产业的发展。它一直以来密切关注新一代嵌入式系统的发展，资助了 2008 年在大邱举行的大邱国际嵌入式系统会议（Daegu international embedded conference，KAIST），该会议的目的是研讨下一代具有网络化特性的嵌入式系统，提出了需要开展 CPS 的研究。韩国科学技术院（korea advanced institute of science and technology，KAIST）已经于 2008 年在大学里尝试开展 CPS 的课程教学工作。

在日本，虽然还没有官方正式地推动 CPS 项目，但是其每年举行的嵌入式技术会议（embedded technology）均密切关注 CPS 的发展，并且该年会还受到了日本全国广泛的关注。其中 2008 年的年会有 26 646 个注册者，最终有 10 000 人参加了该会议。2009 年的会议在日本横滨举行，继续关注计算设备，通信网络方面的新进展及这些新技术与物理对象集成的研究工作。

我国也较早关注了 CPS 的研究工作，在 2007 年发布的控制科学与工程学科发展研究报告中提到，系统运作的网络化、功能的多样化、系统的复杂化是国内外自动化研究和发展的主要趋势，特别指出 CPS 的控制越来越引起控制界的关注。2008 年 7 月，在北京举办了首届国际 CPS 研讨会（the first international workshop on Cyber-Physical Systems），与此同时联合召开的国际分布式计算系统会议（28th IEEE international conference on distributed computing systems，ICDCS2008）也非常关注 CPS 的研究进展。2009 年，网络化集成控制技术论坛专题讨论了网络化集成控制技术的研究进展及其工业应用。

作为 21 世纪工业的技术基础，CPS 的研究和开发得到了工业界的充分关注。诸如美国国家仪器、微软、日本电气、霍尼韦尔等大型国际 IT 公司正积极参与 CPS 的研究和开发工作，希望在新一代的工业化技术革新的浪潮中能够保持其技术的先进性，以期望未来仍然可以维持其市场领先者的角色。如美国国家仪器、微软、日本电气、霍尼韦尔等公司参与了美国国家自然科学基金会主持的 CPS 峰会，欧姆龙、西门子、HMS 等公司参加了 2009 年网络化集成控制技术论坛并展示了最新开发的相关工业技术。

2.4.6 赛博物理系统面临的挑战

CPS 涉及计算机科学、通信科学和控制科学等多个学科知识，其研究开发的成功需要计算机科学、通信科学和控制科学等多学科间的相互协作。CPS 的设计必须在统一的设计框架下考虑测量噪声、执行精度、环境扰动、计算过程中的错误和通信过程中存在的延时和丢包等多方面的因素。然而，目前还没有一个能够处理计算机系统、通信网络系统和物理动态系统的统一理论框架。简单来讲，计算机工程师和科学家们并不知道如何将稳定性等物理系统指标，转化为计算机设计中的功耗等指标。控制理论和信号处理理论将计算机抽象为不会出错的计算设备，这种简单的抽象忽略了计算的许多重要的方面：由于缓冲和能量管理而导致的大时变，由于计算的复杂性导致更高的软件错误率等。控制理论和信号处理理论对通信的抽象也过于简单，控制理论假定信息在不同环节中的传递是零丢失、零时延的，这在无线、低功耗网络中无法实现。虽然最近数据丢包、时滞系统等系统的控制问题到了控制界的重视并且得到了诸多结果，但是这些研究结果是从控制模型的角度分析得到，其能否与计算机和通信有效集成，进而设计有效的 CPS 系统还没有得到肯定。

发展 CPS 的首要壁垒是指导理论的缺乏，建立 CPS 理论已经成了相关学科领域的重要而急切的研究课题。另外 CPS 的设计方法和设计工具的开发等问题也需要努力解决。在 CPS 的研究上面临着巨大的挑战，具体可总结为以下几个方面。

1．系统合成

计算机系统、网络系统和物理系统本质上是不同的，CPS 的开发需要重新考虑异质子系统的合成问题，需要考虑 CPS 中物理和计算的特性对系统设计的影响。对异质系统采用新的视角进行研究和分析才能够允许创造大规模网络化集成系统。对此种异质系统合成存在许多理论上需要研究的问题，首要问题是研究过程中的模型提取。计算模型提取需要包含物理概念，如时间和能量。而对物理动态的模型提取需要包含实现平台的不确定性，诸如网络延时、有限字节长度、舍入误差等。这些提取的改变可以使得拥有物理特性的计算与能够处理实现不确定性的物理的综合不再是一个难题；其次，需要为描述物理过程和计算逻辑的异质模型及模型语言的合成发展新的设计方法。需要发展新的数学框架，以使得方法论不仅仅在数学上是精确地可描述的，并且对于系统开发者和相应设计工具的开发者来说是清楚的，易理解的和实用的；需要开发新的 CPS 开放架构，这些架构允许建立国家级或者全球级的 CPS 能力，这些架构应该是动态的，以便更好地适应操作条件的改变；需要依据不可靠的子系统建立可靠的 CPS 的理论和方法。

2．分布式传感、计算和控制

对于传统的控制系统而言，传感、计算、控制决策的制定及执行都是即时完成的，但在网络化的 CPS 中，反应时间却可能对系统的控制性能产生影响，比如控制决策的执行延时太长，将可能使系统产生严重的问题。并且 CPS 本质上具有分布式特征，不能依赖于以往的单闭环反馈控制理论来解决如此系统的分布式控制、传感、计算等问题。如何从一个分布式的环境中收集到充足的信息？ 如何对分布式控制对象施加有效的控制？ 如何合理利用分布式计算单元，合理地给这些分布式计算单元分配任务？ 分布式传感、分布式计算和控制的过程中，信息的传递通过网络通信来实现，为了更好地利用这些网络资源，如何采取必要的通信控制算法以便能够使得通信的效率最高？

这些都是需要解决的关键问题。比如，为了完成某个控制任务，什么信息需要采集？ 什么时候需要采集信息？ 何处计算单元应该负责计算的任务？ 信息传递的路径选择？ 何处执行器完成执行功能？ 在一个分布式环境中，还要考虑系统的鲁棒性、自适应性和自组织性等重要特性。比如，某个传感器单元、某个计算单元、某个通信线路的故障会不会对系统的性能产生严重的影响。在一个分布式环境中，局部的系统演化要能够最小程度上影响全局系统的演化，确保局部对全部的资源需求及局部系统对整个系统运行性能的影响达到最小。

3. 网络通信可预测性、可靠性及安全性

通信网络拥有有限的通信带宽，存在传输过程中的数据包丢失及时变时延，这些缺点使得传统控制策略难以应用于 CPS。为了有效地对 CPS 施加控制以期望得到最优的系统性能，需要对系统控制策略和无线网络设计进行联合研究，在设计无线通信网络时需要考虑到其满足分布式传感、计算和控制对信息的要求。为了支持实时、闭环传感和控制，CPS 中的通信网络设计将明显不同于传统无线传感器网路（其一般采用开环传感），确保信息通信质量的可控及可预测是极其重要的。为了达到该目的，存在许多有待解决的问题，如无线通信网络需要支持 CPS 控制策略的设计；动态、不可预测的控制决策会实时改变对信息通信需求，因而需要信息通信结构和信息调度的实时调整；不同的控制策略要求不同的信息通信质量；CPS 的不确定环境特征对可预测信息通信网络服务质量（QoS）设计也是一个很大的挑战。CPS 中的许多异质单元的存在也给网络通信中的信息安全设计和控制带来了更多的困难。比如计算单元与物理对象的交互可能暴露通信的信息，从而使通过物理对象对 CPS 的通信网络进行攻击成为可能。

4. 设计开发工具

当新的 CPS 应用领域出现时，必须能够快速利用已经存在的工具基础去帮助设计那些系统。然而，原有的计算机辅助设计工具并不适合采用 CPS 技术构建大规模异质系统，因此必须研究 CPS 的设计开发工具。CPS 设计开发工具的研发面临许多挑战。CPS 是异质集成系统，由多个不同属性的物理子系统、计算子系统和通信网络子系统组成。这种异质性导致设计的复杂性增加，给自动化设计工具的开发带来了困难。由于 CPS 中存在诸多异质性的子系统，设计工具需要兼顾这些系统的各自的特性，因此导致设计工具的专业化程度会降低，降低设计工具的效率，增加设计的成本，也给设计工具的市场化开发带来了困难。

CPS 的研究将给 21 世纪的工业带来革命性的发展，但是也可以看到，由于计算机学科、控制学科和通信学科研究理论和方法上的异质性而导致了 CPS 各个组成部分之间的无缝集成成为了需要解决的难题，带来了挑战。另一方面，CPS 广阔的应用前景及能够给生活和工业带来的诸多好处使得许多国家、企业、科研单位纷纷加入到 CPS 研究的队伍中来。社会经济发展的需要，国家之间对科技的竞争都将使得 CPS 成为当前及未来数年的研究热点。

2.4.7 CPS 与智能制造

CPS 对智能制造系统具有非常重要的意义。

1．让地球互联

CPS 的意义在于将物理设备联网，特别是连接到互联网上，使得物理设备具有计算、通信、精确控制、远程协调和自治等五大功能。

本质上说，CPS 是一个具备控制属性的网络，但它又有别于现有的控制系统。20 世纪 40 年代，美国麻省理工学院发明了数控技术，如今，基于嵌入式计算系统的工业控制系统遍地开花，工业自动化早已成熟，日常生活中所使用的各种家电都具有控制功能。但是，这些控制系统基本上属于封闭系统，即使其中一些工控应用网络具有联网和通信的功能，这种网络一般也仅限于工业控制总线，网络内部各个独立的子系统或者说设备则难以通过开放总线或者互联网进行互联，而且它们的通信功能普遍较弱，但 CPS 则把通信放在与计算、控制同等的地位上。在 CPS 所强调的分布式应用系统中，物理设备之间的协调是离不开通信的。CPS 对网络内部设备的远程协调能力、自制能力、所控制对象的种类和数量，特别是网络规模上都远远超过现有的工控网络。

理论上，CPS 可使整个世界互联起来，就如同互联网在人与人之间建立互动一样，CPS 也将深化人与物理世界的互动。

2．涵盖物联网

CPS 的出现，使得物联网的定义和概念明确起来，物联网就是主要应用在物流领域的技术，物与物之间的互联无非就“各报家门”，知道对方“何许人也”这么简单，而相对于将物与物相连的物联网技术，CPS 要求接入网络的设备具备更加精确和复杂的计算能力。如果从计算性能的角度出发，把一些高端的 CPS 的客户机、服务器比作“身材健硕”的，那么物联网的同类应用则可视为“瘦小羸弱”的，因为物联网中的通信大都发生在物品与服务器之间，物品本身不具备控制和自治能力，也无法进行彼此之间的协同。海量运算是很多 CPS 接入设备的主要特征，以基于 CPS 的智能交通系统为例，满足 CPS 要求的汽车电子系统通常需要进行海量运算，而目前已经十分复杂的汽车电子系统根本无法胜任这一要求。

在 CPS 中，物理设备指的是自然界的一切客体，既包括冷冰冰的设备，也有活生生的生物。现有互联网的边界是各种终端设备，人们与互联网通过这些终端来进行信息交换。而在 CPS 中，人可以成为 CPS 网络的“接入设备”，这种信息的交互可能是通过芯片与人的神经系统直接互联实现的。尽管物联网技术也能做到把无线电射频芯片嵌入人体，但其本质上还是通过无线电射频芯片与读写器进行通信，人并没有真正参与其中。然而在 CPS 中，人的感知十分重要。

以智能交通系统为例，可以做出这样的假设：当智能交通系统感知到高速行驶的汽车与将穿越马路的行人之间存在发生碰撞的可能时，系统或许会以更直接的方法——通过“脑机接口”（Brain-machine Interface，BCI）让人不经大脑思考就来个“立定”，避开事故的发生，而非通常的做法——由系统发出指令让汽车急刹车，或者告诉行人“让步”。

总而言之，CPS 可以促使虚拟网络与实体物理系统相整合。在制造业中，它促使企业建立全球网络，把产品设计、制造、仓储、生产设备融入 CPS 中。使信息得以在这些相互独立的制造要素间自动交换、接受动作指令、进行无人控制。CPS 能够引领制造业不断向着设备、数据、服务无缝连接的方向发展，起着推动制造业智能化的重要作用。

2.5 西门子的智能制造系统

假如你是一家家电企业工厂的负责人，同时收到生产 500 台冰箱和 500 台洗衣机的订单，你将如何安排生产计划，是先生产 500 台冰箱（或洗衣机），还是将冰箱和洗衣机交替混合生产？生产的理想状态应该是小批量、多批次，这样可使生产均匀连续，减少原材料的消耗，库存代售品数量最优，现金流更顺畅。智能制造的目标，就是在智能制造系统的基础上完成多品种、个性化、小批量的高质量生产，而非工业化的大生产。

德国安贝格的西门子电子工厂（德文缩写：EWA），是未来智能制造工厂的雏形，乍看之下如医院手术室一般干净整洁的 EWA 生产车间里，身着蓝色工服的员工走在蓝白相间的 PVC 大理石地板上,灰蓝色的机柜整齐地排成一行，显示器上，数据洪流就像瀑布一样倾泻而下。一场工业领域的“数字化革命”正在悄然进行。

2.5.1 制造中的自动化

EWA 是西门子 PLC“数字化智能制造”的典范，如图 2-20 所示，在智能制造系统下，可以实现产品设计、生产的规划和高效执行，以最小的资源消耗获得最高的生产效率。智能生产环境中，每个产品都有自己的代码，如同人的身份证，代码中包含着制造信息，产品可以根据代码来控制自身的生产流程。实现了产品与生产设备及机器之间的相互“通信”。

图 2-20 EWA 生产车间

在智能制造系统下，EWA 员工的工作也发生了天翻地覆的变化：尽管生产过程中的变化因素不计其数，供应链错综复杂，新的生产流程却得到不断优化；在员工数量、生产面积几乎没有变化的情况下，EWA 的产能提高了 8 倍，产品质量比 25 年前更提高了 40 倍。EWA 的负责人表示:“数字化智能制造系统生产的产品合格率高达 99.9988%，世界上还没有同类工厂达到如此高的合格率。”EWA 每年要生产种类达 1 000 多种、数量达 1 200 万件的 Simatic 产品，如果按照每年有 230 个工作日来计算，EWA 平均每秒制造 1 件产品。

通过“智能算法”,可以把过去需要人工完成的大部分工作固化在机器中，使计算机和机器设备能完成生产环节中 75%的工作量，剩下的部分才由人工完成。如图 2-21 所示，工人只需要在生产开始阶段把裸电路板放到生产线上，此后的生产环节都将由机器自动完成。

图 2-21 自动化生产线

2.5.2 制造中的仿真与数据管理

产品的研发是数字化智能制造的起点，设计和制造在同一个数据平台中改变了传统制造的生产模式，有利于设计部门和生产部门协同工作，消除工作时间差，让生产各方配合更加默契。而且，由于产品设计研发阶段的数据可在工厂各部门系统中实时传递和更新，避免了因沟通不畅而产生的误差，有效提高了 EWA 中的生产效率。

EWA 采用了西门子软件公司开发的设计软件 UG，该软件能够应用于产品从设计到制造的每个环节，并集成了多种学科仿真功能，可以提供全方位的零件设计制造解决方案。设计工程师能够运用 UG 软件的设计功能设计产品，运用装配功能进行组装，运用仿真功能测试产品性能，而无需制造出样品，节省了大量的时间和精力。当然，这也对工程师们提出了更高的要求，他们必须更深入地掌握产品制造设备的属性，才能使编写的仿真模拟程序更加精准。

UG 软件设计出来的产品都会有自己的数据信息，一方面，这些数据信息通过计算机辅助制造系统（CAM）不间断地向生产线传递，使生产线能为即将到来的生产做好准备；另一方面，数据信息会被存放到 EWA 的数据中心——Treamcenter 共享数据库中，使质检、采购和物流等部门得以共享这些数据。根据这些数据信息，质量部门可以对产品进行精准的质量检验，保证了产品的质量；采购部门可以更加准确地采购原材料零部件，降低了库存量；物流部门可以高效地定位产品，保证发货的准确及时。

Teamcenter 共享数据库可以在产品数据更新的同时，让不同部门的数据得以同步更新，避免了传统制造企业由于数据平台的不同而造成的信息传递壁垒，使得 EWA 各个部门的工作更加高效、简单。

2.5.3 制造中的 MES

全集成自动化解决方案在产品生产过程中的应用，实现了数字化和生产的完美结合：可编程逻辑控制器（PLC）控制生产过程，自动化引导车对产品进行传递运输，计算机视觉系统对产品质量进行识别检测，这一切使得产品一次通过率在99%以上。

每天，EWA 的 MES 会把生成的电子任务工单显示在装配工人的计算机上，数据交换间隔小于 1 s，装配人员可以实时看到最新版本，避免了装配误差，并可以细致入微地看到每件产品的生命周期。

Simatic IT 平台在 MES 中充当生产计划调度者的角色，采用虚拟化技术统一下达生产订单，在与 ERP 系统高度集成后，还可以进行生产计划、物料管理等数据的传递。Simatic IT 平台还集成了设备管理、品质管理、信息管理、物料追溯管理和生产维护管理等多种功能，保证了管理与生产的协同。

如图 2-22 所示，当一个待装配的产品被引导车运送过来时，传感器会扫描产品上的代码信息，并将代码信息传递给 MES，装配工人面前的电脑显示屏上就会显示该产品的相关信息，当相应的零件盒到位后，提示灯亮起，装配工人就可以根据指示灯及对应的产品信息装配产品，保证了产品装配的准确。在同一条生产线上，可以进行不同种类产品的生产和装配，实现了产品的“柔性”制造。

当产品装配完毕后，工人按下工作台上的按钮，相关传感器就会扫描产品代码，记录产品在本工位上的操作信息，同时，Simatic IT 根据该数据下达指令，运送车根据指令把该产品运送到下一道工序中。

图 2-22 计算机显示屏上的产品信息

进入下一道工序之前，产品必须经过严格的质量检验，确保本工序产品的质量，1 000 多台扫描仪实时记录每一道生产工序，如测试结果、贴装数据、焊接温度等详细的产品信息数据，相对应的约 5 000 万条生产过程信息将被存储在 Simatic IT 生产 MES 中。如图 2-23，EWA 采用特殊的质量检测方法——计算机视觉检测，通过相机对产品进行拍照，将照片与 Teamcenter 数据库中的正确图像进行对比分析，因此，一点点微小的瑕疵也逃不过检测系统。

图 2-23 计算机视觉检测

经过多道工序的装配和检测，再经过包装和装箱，合格的成品通过升降梯和传送带运送到立体仓库或者物流中心。这样，通过智能 MES，一个完整的生产环节得以在自动化设备上高效快速地完成，节省了大量的人力和时间。

2.5.4 制造中的物流系统

在 EWA 的物流环节，西门子的 MES、ERP、Simatic IT 平台及西门子的仓库管理系统都发挥着重要的作用。比如，自动化生产线上的传感器对引导车上的产品代码进行扫描之后，软件系统会根据得到的数据，判断此装配工序需要的物料和零件，工人只要按动按钮，物料库的物料就会通过流水线传输到指定的位置，这一过程不需要人工干预，实现了原材料、产品和相关信息的有效流动，避免了因信息传递不及时，造成错误生产或重复生产。

在物料的中转环节，生产过程中的各工序只会在收到相应的指令后，按照产品实际需要的数量进行生产，保证了工厂在适当的时间和地点生产出高质量的产品。EWA 布局紧凑的高货架立体仓库中存放着近 3 万个物料，但物料的存取并不需要叉车搬运，而是通过“堆取料机”用数字定位的方式进行取存。由于仓库中的布局不需要给叉车留出距离和空间，因此设计更合理，空间利用更充分。

在西门子的 EWA 工厂，并不是简单的机械代替人力劳动，而是既实现了自动化生产，又实现了生产的自动调节和自动控制，是建立在数字化生产基础上的自动化。

2.6 本章小结

本章分析了 PLM 系统的概念，指出了 PLM 系统的关键技术和体系结构及系统功能。PLM 管理可以实现产品开发和生产领域的无缝对接，涵盖整个制造过程的信息化、自动化、数字化领域。使可视化管理的对象一目了然，拥有不可比拟的优势。虚拟仿真技术包含了集成化、虚拟化与网络化的众多特征，充分满足了现代仿真技术的发展需求，虚拟仿真技术具有沉浸性、交互性、虚幻性和逼真性四个基本特性。阐述了 MES 的产生和发展过程，MES 的定位和功能。MES 将会不断增强企业自身的核心竞争力，是一套对生产现场进行综合管理的集成系统，也是一个信息枢纽，具有承上启下的作用，强调信息的实时性。CPS 是与 3C 技术深度有机融合的智能系统，实现了计算资源与物理资源的紧密结合与协调。CPS 的体系结构由决策层、网络层和物理层组成。最后以西门子的智能制造系统为例更进一步说明了西门子的智能制造系统构成及功能。

3

智能制造装备与服务

3.1　智能制造装备

智能制造装备是制造业的基础硬件，也是智能制造标准体系中至关重要的一环。智能制造装备产业肩负着引领和带动制造业向中高端发展的重要使命，是今后较长时期优化产业布局的重中之重，是支撑经济迈上新台阶的一个先导性产业。通过大力发展智能制造装备产业，实现各种制造过程的自动化、智能化、精细化、绿色化，不仅有利于带动整体制造业上台阶，更是为加快制造业转型升级，提升生产效率、技术水平和产品质量，满足多元化需求，降低能源消耗提供强力保障。

3.1.1　智能制造装备的定义

目前，世界其他国家包括国际组织还没有提出“智能制造装备”这个概念，但有相对应的产业归属范畴，其基本归属于 2007 版北美产业分类标准（NAICS）中的“导航、测量、医学和控制仪器制造（3345）”“金属加工机械制造（3335）”“电气设备及组成制造（335）”等，相当于欧盟 2007 版产业分类体系中的“测量、测试、导航仪器和设备制造（26.51）”“光学仪器及摄影器材制造（26.70）”“电气设备制造（27）”等，和日本 2007 版产业分类体系中的“金属加工机械及设备制造（266）”“各种生产机器及机械零部件制造（269）[其中，机器人（2694）]等。

“智能制造装备”的概念是我国首创的，是国务院于 2010 年在《关于加快培育和发展战略性新兴产业的决定》重点任务中第一次提出，但这时还只是一种“抛砖引玉”，作为一个重点产业名称表述而已，没有作进一步具体解释。2012 年工业和信息化部出台的《智能制造装备产业“十二五”发展规划》中，第一次明确了智能制造装备定义，认为它是“具有感知、决策、执行功能的各类制造装备的统称”，其涵盖范围包括核心智能测控装置、部件和重大智能制造成套装备、机器人，以及广泛应用于工农业、电力、节能环保、资源开采、国防军工等重点领高端装备。2014年，国家发改委等部门出台的《关于印发智能制造装备创新发展工程实施方案的通知》（后文简称《通知》）认为，智能制造装备是在融合拟人化智能技术网络技术、现代传感技术、自动化技术等先进技术的基础上，通过智能化的感知、人机交互、决策和执行技术，实现设计过程、制造过程的智能化，是使制造业实现智能制造所必须的具有对制造活动信息感知、决策、执行等功能的各类部件、装置和装备及其成套系统的统称。这个定义与国务院出台的“十二五”规划基本一致，但在范围有所扩大，不仅包括了装备，还有相关的成套系统也纳入其中。从该《通知》确定的重点任务看，这个“成套系统”主要指的能够综合运用物联网、人工智能、信息处理、自动化制造等技术，实现制造过程精确管控、实时可视、集成优化、周期化管理和可追溯的先进制造系统等。

总之，智能制造装备是具有预测、感知、分析、推理、决策、控制等功能的各类制造装备的统称，是在装备数控化基础上提出的一种更先进、更能提高生产效率和制造精度的装备类型。它能够自行感知、分析运行环境，自行规划、控制作业，自行诊断和修复故障，主动分析自身性能优劣、进行自我维护，并能够参与网络集成和网络协调。智能制造装备的定义如图3-1所示。

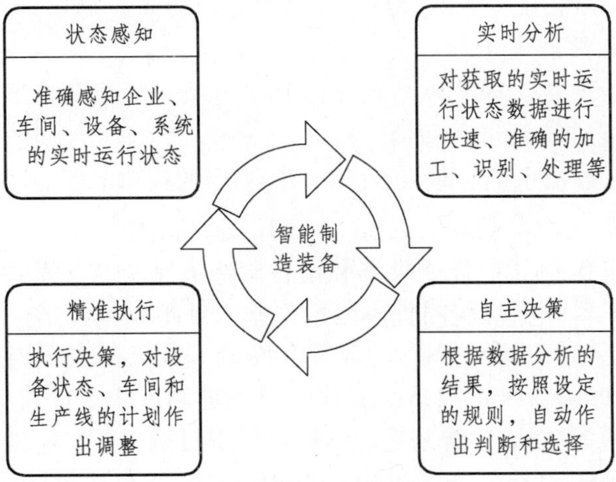

图3-1 智能制造装备

智能制造装备产业涵盖了关键智能基础共性技术（如传感器等关键器件、零部件等）、测控装置和部件（如智能仪表、高档自控系统、数控系统等）及智能制造成套装备（高档数控机床、节能环保装备、智能专用设备、工业机器人、重大基础装备、煤炭和冶金机械）等几大领域。由此可见，智能制造装备是高端装备的核心，是制造装备的前沿和制造业的基础，已成为当今工业先进国家的竞争目标。作为高端装备制造业的重点发展方向和信息化与工业化深度融合的重要体现，发展智能制造装备产业对于加快制造业转型升级，提升生产效率、技术水平和产品质量，降低能源资源消耗，实现制造过程的智能化和绿色化发展具有重要意义。

3.1.2 智能制造装备发展现状

1. 美国

美国是国际智能制造思想的发源地之一，美国政府高度重视智能制造的发展，并且已经把它作为21世纪占领世界制造技术领先地位的基石。从20世纪90年代开始，美国国家科学基金（NSF）就着重资助有关智能制造的诸项研究，项目覆盖了智能制造的绝大部分，包括制造过程中的智能决策、基于多施主（Multiagent）的智能协作求解、智能并行设计、物流传输的智能自动化等。2005年，美国国家标准与技术研究所（NIST）提出了“聪明加工系统（Smart Machining System，SMS）”研究计划。

聪明加工系统的实质是智能化，该系统的主要目标和研究内容包括：

（1）系统动态优化。即将相关工艺过程和设备知识加以集成后进行建模，进行系统的动态性能优化。

（2）设备特征化。即开发特征化的测量方法、模型和标准，并在运行状态下对机床性能进行测量和通信。

（3）下一代数控系统。即与STEP-NC兼容的接口和数据格式，使基于模型的机器控制能够无缝运行。

（4）状态监控和可靠性。即开发测量、传感和分析方法。

（5）在加工过程中直接测量刀具磨损和工件精度的方法。

2011年，美国总统奥巴马宣布实施包括工业机器人在内的“Advanced Manufacturing Partnership Plan，AMPP”（先进制造联盟计划），立即得到同日发布的“实现21世纪智能制造”新报告的积极响应。在这份由美国智能制造领导联盟（Smart Manufacturing Leadership Coalition，SMLC）公布的报告中，不但描绘了该领域未来的发展蓝图，而且确定了十大优先行动目标，意图通过采用21世纪的数字信息技术和自动化技术，加快对20世纪的工厂进行现代化改造过程，以改变以往的制造方式，借此获得经济、效率和竞争力方面的多重效益。

2．日本

日本于1990年首先提出为期10年的智能制造系统（IMS）的国际合作计划，并与美国、加拿大、澳大利亚、瑞士和欧洲自由贸易协定国在1991年开展了联合研究，其目的是为了克服柔性制造系统（FMS）、计算机集成制造系统（CIMS）的局限性，把日本工厂和车间的专业技术与欧盟的精密工程技术、美国的系统技术充分地结合起来，开发出能使人和智能设备都不受生产操作和国界限制，且能彼此合作的高技术生产系统。

3．欧盟

欧盟于2010年启动了第七框架计划（FP7）的制造云项目，特别是制造业强国的德国，继实施智能工厂（Smart factory）之后，又启动了一个投入达2亿欧元的工业4.0（Industry 4.0）项目。德国政府2010年制定的《高技术战略2020》计划行动中，意图以未来项目“工业4.0”奠定德国在关键工业技术上的国际领先地位，并在2013年4月举行的汉诺威工业博览会上正式将此计划推出。“工业4.0”概念最初是在德国工程院、弗劳恩霍夫协会、西门子公司等德国学术界和产业界的建议和推动下形成，目前其已上升为国家级战略。

4．中国

我国自2009年5月《装备制造业调整和振兴规划》出台以来，国家对智能制造装备产业的政策支持力度不断加大，2012年国家有关部委更集中出台了一系列规划和专项政策，使得我国智能制造装备产业的发展轮廓得到进一步地明晰。工业与信息化部发布了《高端装备制造业“十二五”发展规划》，同时发布了《智能制造装备产业“十二五”发展规划》子规划，明确提出到2020年将我国智能制造装备产业培育成为具有国际竞争力的先导产业。科学技术部也发布了《智能制造科技发展“十二五”专项规划》；国家发展改革委员会、财政部、工业与信息化部三部委组织实施了智能制造装备发展专项；工业与信息化部制定和发布了《智能制造装备产业“十二五”发展路线图》，该路线图明确把智能制造装备作为高端装备制造业的发展重点领域，以实现制造过程智能化为目标，以突破九大关键智能基础共性技术为支撑，促进在国民经济六大重点领域的示范应用推广。2016年12月08日工业和信息化部、财政部联合制定了《智能制造发展规划（2016—2020年）》，作为指导“十三五”时期全国智能制造发展的纲领性文件，将发展智能制造作为长期坚持的战略任务，分类分层指导，分行业、分步骤持续推进，同步实施数字化制造普及、智能化制造示范引领，以构建新型制造体系为目标，以实施智能制造工程为重要抓手，着力提升关键技术装备安全可控能力，着力增强软件、标准等基础支撑能力，着力提升集成应用水平，打造我国制造业竞争新优势、建设制造强国奠定扎实的基础，它将统筹国内智能制造发展，加快形成全面推进制造业智能转型的工作格局。

3.1.3 智能制造装备产业重点发展领域及应用领域

1. 重点发展领域

根据国家战略性新兴产业发展规划，为促进制造业转型升级和国家战略发展要求，在智能制造领域提出了五大重点发展领域。主要包括智能控制系统、精密和智能仪器仪表与试验设备、高档数控机床与基础制造装备、自动化成套生产线、智能专用装备的发展等。

另外，《智能制造装备产业“十二五”发展路线图》明确提出了，为实现制造过程的智能化发展，要重点突破九大关键智能基础共性技术，重点提升八类重大智能制造装备集成创新发展。

九大关键智能基础共性技术，包括：

（1）新型传感技术；

（2）模块化、嵌入式控制系统设计；

（3）先进控制与优化技术；

（4）系统协同技术；

（5）故障诊断与健康维护技术；

（6）高可靠实时通信网络技术；

（7）功能安全技术；

（8）特种工艺与精密制造技术；

（9）识别技术。

八项核心智能测控装置与部件，包括：

（1）新型传感器及其系统；

（2）智能控制系统现场总线；

（3）智能仪表；

（4）精密仪器；

（5）工业机器人与专用机器人；

（6）精密传动装置；

（7）伺服控制机构；

（8）液气密元件及系统。

八类重大智能制造成套装备，包括：

（1）石油石化智能成套设备集成；

（2）冶金智能成套设备集成；

（3）智能化成形和加工成套设备集成；

（4）自动化物流成套设备集成；

（5）建材制造成套设备集成；

（6）智能化食品制造生产线集成；

（7）智能化纺织成套装备集成；

（8）智能化印刷装备集成。

2. 应用领域

智能制造装备的应用已慢慢渗入到不同行业（见图 3-2），对于传统制造业的转型升级具有重要的支撑作用，有利于实现智能化生产、绿色化生产、精义化生产和自动化生产。另外，智能制造装备的广泛应用，大大提高了生产效率，减少对人力的依赖。在一些高危行业的应用，减少了对人力的伤害。六大重点应用示范推广领域，包括：

（1）电力领域；

（2）节能环保领域；

（3）农业装备领域；

（4）资源开采领域；

（5）国防军工领域；

（6）基础设施建设领域。

智能制造装备在电力领域的应用，有助于实现燃烧优化、设备预测维护功能。例如，在太阳能、智能电网两大电力领域的应用。在太阳能领域的运用，实现了对太阳能追日的控制功能。在智能电网中，实现用电管理、用户互动、电能质量改进、设备智能维护功能。

在节能环保领域，重点推进在粉尘处理、脏水处理、废弃物分选等装备上了应用，实现废弃物的回收再利用率，实现除尘和污水处理的自动化。

在农业装备领域，农业生产逐渐实现大片作业，对大型的播种、施肥、收割设备提出了要求。在相当一些省份，农业生产占据重要的地位，智能化设备的应用，大大提高了生产效率，节约了劳动力。重点推进大型耕作设备、播种设备、施肥设备、联合收割设备，实现作业过程的智能控制和管理。

资源开采过程对于人员的安全有较大的威胁，并且资源的高精准定位也对智能装备的应用提出了要求。智能装备在资源开采过程的应用，可以实现安全环境预警、精准人员定位等功能，如在天然气和石油开采的应用。在天然气开采中，可以实现数据采集和监控、管道泄漏监控等功能；在石油设备中，通过井口关键参数检测、数据处理等功能实现准确定位功能。

机器人、智能仪表、新型传感器等在航空、船舰、军工等国防军工领域得到了应用，对提高我们的国防实力奠定了坚实的基础。

在基础设施建设领域，智能装备在大型施工设施设备上的应用，如起重机、挖掘机等，实现远程诊断、监测等功能，以及大型装备的自动化操作；在机场、码头货物密集输送带，实现机场行李和货物的自动装卸、输送全过程的智能控制和管理，既可以提高工作效率，减少劳动力，又可以避免在货物搬运过程中工作人员的伤亡。

智能制造装备已经开始在各领域进行推广运动，也将会展开更大范围的普及运用。

3.1.4 我国智能制造装备产业发展背景、前景和问题

1. 产业发展背景

在“中国制造 2025”和“互联网+”的背景要求下，大力发展智能制造装备产业是支撑我国制造业转型升级、科技创新的关键环节。产业升级、劳动力成本的提升等都对智能装备的发展提出了要求，一系列的扶持政策，也为智能装备的发展铺设了道路。

（1）产业升级是智能装备行业发展的长期动力。

改革开放以来，我国经济增长重要动力主要来源于工业的发展，特别是制造业的快速增长。目前工业增长对 GDP 增长的贡献率达到 44.7%，可以预见未来整个工业的增长在 GDP 中的比重仍将保持在 40%～50%。制造依旧是经济增长的主要支撑力量。但在经济高速增长的背后，制造业发展仍然存在很多隐患，企业长期沿袭着粗放型的发展模式，凭借着国家资源的硬实力，依靠低自然资源成本、低资金成本、低劳动成本、低环境成本，同时高投入、高消耗、高污染来获得经济效益，“世界的加工厂”这种发展模式亟需改进。从全球经济角度来看，过去中国制造业的发展承接了全球产业链的转移，而金融危机之后，发生了转变。在此之前，产业转移往往是从发达国家向发展中国家转移。现在，中国改变了以往产业转移目的地的局面，我国一些劳动密集型中小型企业，开始向中南亚等劳动力和资源更加低廉的地区转移。我

国境内也出现向中西部转移的局面。在“再工业化”战略的影响下，一部分高端制造业也出现了回流现象。

我国的“世界加工厂”发展模式正逐渐被证明无路可走，中国制造业亟需寻找新的支点。在制造业转型的过程中，智能装备的发展不可忽视，制造业升级需要智能装备帮助一般制造业从繁重的人力劳动中解脱，降低生产成本，更多的投入到研发和服务中去，建立新的发展模式。在未来相对较长的一段时间里，智能装备将围绕产业升级得到进一步发展。

（2）人力成本上涨和人口老龄化促使智能装备行业崛起。

造成这次产业转移新动向的原因很多，其中最主要的一条就是中国劳动力成本上涨明显，过去的优势正逐渐消失。长期以来我国农业大国的人口结构为工业部门提供了“无限供应的劳动力”，以制造业和建筑业为代表的工业企业只需支付很低水平的工资，即能够获得使企业扩大的足够的劳动力。这种方式让中国在过去 30 年间经济飞速发展。从 2004—2005 年开始，随着东南沿海“用工荒”的出现，这一发展模式开始受到挑战。从统计来看，五年期间，我国制造行业劳动力平均工资逐年上涨，增长率达 14.5%。同时我国的社会福利制度逐渐完善，各地的最低工资标准也在逐年的上升，我国正走入经济学中的刘易斯拐点。从 2004—2005 年开始，我国农村居民人均纯工资性收入增速从不到 10%一跃上升至接近 20%,并一直保持在这一水平。2009 年受经济危机影响，增速略有放缓，但随即迅速反弹，达到了 2011 年 22% 的增长。这表明我国农村劳动力无限供应的时期已成过去，劳动力市场的薪酬水平重心上移，工业企业在未来的扩张中不可避免要受到人力成本上升的影响。

我们认为人力成本上升将倒逼劳动生产率提高。目前，我国的劳动生产率明显比美国、日本等国家低，大约是美国的 4.38%，日本的 4.37%；我国的制造业增加值率比美国低 23%，比日本低 22%，比德国低 11%，仅为 26%。另外，从投入产出比来看，发达国家可以获得同等甚至高于投入的新价值，而我国只可获得 0.56 个单位得新创造价值。美国制造业全国劳动生产率是每人每年 18 万美元，我国制造业劳动生产率每人每年尚不到 20 万人民币。如此大的差距将倒逼我国劳动生产率的提高，可以预见生产率的提高需要依靠先进的技术发展，这将直接为智能装备行业提供广阔空间。

根据国家统计局发布的 2012 年统计公报数据，2012 年末我国 15 ~ 59 岁劳动年龄人口为 9.37 亿人，比上年末减少 345 万人，占总人口的 69.2%，比上年末下降 0.6 个百分点。与此同时，老年人口比重继续攀升。根据世界银行的预测，我国 15 ~ 64 岁的人口总数将从 2020 年开始下降，相应的 65 岁及以上的人口数将迅速上升。人口老龄化的趋势愈发明显，这将加剧人力成本的上升，从而间接地使智能设备发展加速。

（3）政策导向扶持高端装备发展。

面对我国制造业的困境，政府公布了一系列的政策措施。2006 年，国家出台《国务院关于加快振兴装备制造业的若干意见》，确立了以科技进步为支撑、大力提高装备制造企业自主创新能力的发展方向。针对发展重大工程自动化控制系统和关键精密测试仪器，满足重点建设工程及其他重大（成套）技术装备高度自动化和智能化的需求，制定了振兴措施并明确了工作方向。2012 年，我国《智能制造装备产业"十二五" 发展规划》中规划了未来的市场前景。规划中强调，到 2020 年，建立完善的智能制造装备产业体系，产业销售收入超过 30 000 亿元，比 2015 年高 20 000 亿元，实现装备的智能化，并实现资源能源的低消耗，污染物的低排放。

（4）智能制造装备产业规模比重不断扩大。

智能制造装备产业属于高端装备制造业重点发展领域。现阶段，我国装备制造业经过改革开放 30 年的发展，已经形成了门类齐全、相当规模和技术水平的产业体系。未来高端装备制造产业的发展将成为国民经济的新热点。2011 年，高端装备制造业领域产值规模达 10 862 亿元，到"十二五"末将增长到 26 060 亿元，年复合增长率预计达 24%以上。

从高端装备制造业重点领域的产值构成来看，近年来，智能制造装备产业、轨道交通装备产业发展比较突出。2011 年，智能制造装备产业占高端装备制造业重点领域总产值的 36.1%，其次是轨道交通装备产业的 26.2%，航空装备的 17.7%，卫星及应用的 13.3%，海洋工程装备的 6.6%。

2．产业发展前景

智能制造装备是高端装备制造业发展的重点方向之一。翻阅国内各大城市的发展规划，不难发现智能制造装备产业在我国受到越来越多的关注。除了各地的产业发展布局，智能制造装备产业本身也呈现"万马奔腾"态势。

《中国制造 2025》提出，到 2020 年，智能制造装备产业要形成完整的产业体系，实现装备的智能化及制造过程的自动化，部分产品取得原始创新突破，成为具有国际竞争力的先导产业，基本满足国民经济重点领域和国防建设的需求。

在智能制造装备领域，要重点推进高档数控机床与基础制造装备，自动化成套生产线，智能控制系统，精密和智能仪器仪表与实验设备，关键基础零部件、元器件及通用部件，智能专用装备的发展，实现生产过程自动化、智能化、精密化、绿色化，带动工业整体水平的提高。

特别是机器人产业市场需求快速增长，2012 年，美国《华盛顿邮报》曾指出，世界上现在有 3 种以指数倍增方式快速发展的技术 ——人工智能、机器人以及数字制造，它们将重塑制造业的竞争面貌。工业机器人具有稳定性高、生产速率快等技术优势，越来越多的企业开始使用工业机器人替代人工作业。和全球工业机器人市场一样，目前我国的工业机器人主要有搬运、焊接和装配三类，主要应用在汽车及零部件、电子电器和化工等领域。随着我国智能制造装备的发展，工业机器人在其他工业行业中也得到快速推广，如电子、橡胶塑料、军工、航空制造、食品工业、医药设备等领域。“十二五”规划是中国工业机器人产业发展的关键转折点。目前，中国正在服役的机器人已占全球总量的 9%左右，市场需求也呈现井喷式发展。业内人士认为，中国市场的机器人需求总量有望超过万亿。

业内人士认为，未来 30 年是新中国成立以来的“第三个 30 年”，是中国绕过“中等收入陷阱”，并“由大变强”的关键时期。未来一段时期，中国将形成以智能制造装备产业为主导、多种先进制造业互相支撑的产业新格局，智能制造及智能化设备的行业前景乐观，智能制造装备将成为推进我国装备制造业迈向“高精尖”的最主要力量。

3．我国智能制造装备产业现存问题

（1）核心智能部件与整机发展不同步。

目前，核心智能测控装置与部件产业基础薄弱，高档和特种传感器、智能仪器仪表、自动控制系统、高档数控系统、机器人市场份额不足 5%，大型工程机械所需 30 MPa 以上液压件全需进口，大型转载机进口部件占整机价值量的 50%～60%。另外，由于具有前期投入大、见效周期长的特点，使地方政府对核心智能部件相关领域的研发投入和政策支持不足，导致其发展严重滞后于整机。

（2）产业整体技术创新能力与国外差距较大。

目前，国内对智能制造装备产业的发展侧重技术追踪和技术引进，而由于基础研究能力不足和对引进技术的消化吸收力度不够，导致产业整体技术水平与世界先进水平有较大差距。例如，国内仪器仪表行业创新人才队伍从业人员的比重不足 10%，与工业发达国家的 20%相比有较大差距。

（3）重要基础技术和关键零部件对外依存度高。

构成智能制造装备或实现制造过程智能化的重要基础技术和关键零部件

主要依赖进口。例如，新型传感器等感知和在线分析技术、典型控制系统与工业网络技术、高性能液压件与气动元件、高速精密轴承、大功率变频技术等；伺服电机、精密减速器、伺服驱动器、控制器等关键核心部件技术难题尚未攻克；精密工作母机设计制造基础技术、百万吨乙烯等大型石化的设计技术和工艺包等均未实现国产化。

（4）部分领域存在产能过剩隐患。

目前，我国智能制造装备产业重点细分行业缺少能提升国内企业对市场的信心、限制海外企业过度扩张的国家层面的战略规划与产业规范。以工业机器人为例，全国范围内包括上海、江苏、浙江、辽宁、广东等10余个省市均已将工业机器人产业作为当地重点发展对象，并相继布局了工业机器人项目，这势必会导致工业机器人呈现井喷式发展，从而造成质低价廉的恶性竞争，如果不加强顶层设计和行业规范，很有可能出现类似光伏、风电等产业产能严重过剩的情况。

（5）缺乏统计口径和产业标准。

产业主管部门及专家对智能制造装备的概念、内涵及重点领域的界定还处于模糊阶段，与国外学者和专家对智能制造装备的理解相比，我国尚处于起步阶段。同时，产业分类目录尚未建立，缺乏统一规范的统计口径，基础共性标准、关键技术标准、产品标准和重点应用标准亟待研究制定。例如，工业机器人等重点领域的标准和质量认证机构急需建立，以提升自主技术标准的国际话语权。

（6）重点领域人才队伍尚未建成。

目前，我国智能制造装备产业急需雄厚的人才后备力量。首先，高端数控机床、工业机器人等智能制造装备重点领域急需专业人才和统筹装备制造经济管理的管理人才，其次，我国对海外高层次人才和国外智力的引进工作力度不够，高端人才引进政策不够灵活且落实不到位；再次，高等院校、科研院所和企业对充分掌握机械、自动化、信息计划等复合人才的培养投入不足；最后，我国尚未建立校企联合培养人才的长效机制。

3.1.5 智能制造装备产业相关研究

关于智能制造装备产业的相关研究主要集中在其发展现状、趋势等方面。有关智能制造装备发展现状及趋势的研究主要有以下学者。

2012年，虞文武、蒋庆斌等对常州市机器人及智能装备领域的专利权、商标权和软件著作权进行了检索和统计，给出了常州市机器人及智能装备知识产权主要的权利人和发明人及技术分布的主要领域。

2013 年，孙柏林在具体介绍传统装备制造业存在缺陷的基础上，详尽分析了智能制造装备优点，制造装备必将实现智能化，未来制造业的发展将不再对人过度依赖。各国都致力于智能制造装备的发展，也将成为世界各国竞争的焦点。

2014 年，傅建中首先分析了美国、日本、欧盟、中国智能制造装备发展现状，并重点对智能制造装备的内涵及其发展重点进行分析，并得出结论，认为德国的“工业 4.0”和美国的工业互联网装备将是智能制造装备未来的发展方向。

2014 年，何光军指出在接下来的一段时间，我国智能制造装备产业应坚持的原则，在产业跨越发展的重要战略机遇期，着力于满足传统产业改造提升和战略性新兴产业快速发展的需求，融合集成先进制造、信息和智能控制等技术，实现制造业的绿色化、自动化和智能化。

关于如何促进智能制造装备发展，各学者也提出了建设性的意见。

2011 年，赵阳华指出我国智能制造装备产业取得了巨大的成就，但是还存在自主创新能力薄弱等问题,提出营造智能制造装备产业发展的市场环境、加大财政金融对智能制造装备产业支持力度等政策建议。

2014 年，左世全提出建立智能制造基础理论体系、制定智能制造中长期发展战略等推动我国智能制造发展的战略与对策。

2014 年，竺坚针对安徽省智能制造产业的发展提出，省政府应发挥牵头作用，成立专门的领导小组，协调各部门开展定期的工作汇报，保证信息的互通，各司其职，合力推进；设立智能制造重大专项，支持智能制造研发及应用平台建设等对策建议。

对于智能制造装备技术的掌握是一个产业引领经济发展的关键，因此，学界对核心技术及技术发展趋势进行了相关的研究。

2000 年，贾春玉指出智能制造技术是制造技术、自动化技术、系统工程与人工智能等学科互相渗透、互相交织而形成的一门综合技术。

2004 年，鞠全勇围绕制造技术的发展过程，就智能制造技术的发展趋势进行了展望。

2013 年，黄健、万勇指出实现人机共融的制造业发展模式，是制造技术飞跃发展的关键。

2014 年，马铸指出随着信息技术与先进制造技术的高速发展，“数字化智能制造”为核心的新工业革命浪潮已经到来。

3.2 智能制造装备技术

智能制造装备技术，即是制造装备能进行诸如分析、推理、判断、构思和决策等多种智能活动，并可与其他智能装备进行信息共享的技术。智能制造装备技术是先进制造技术、信息技术和智能技术的集成和深度融合。

从功能上讲，智能制造装备技术包括装备运行与环境感知、识别技术，性能预测与智能维护技术，智能工艺规划与编程技术，智能数控技术，如图 3-2 所示。

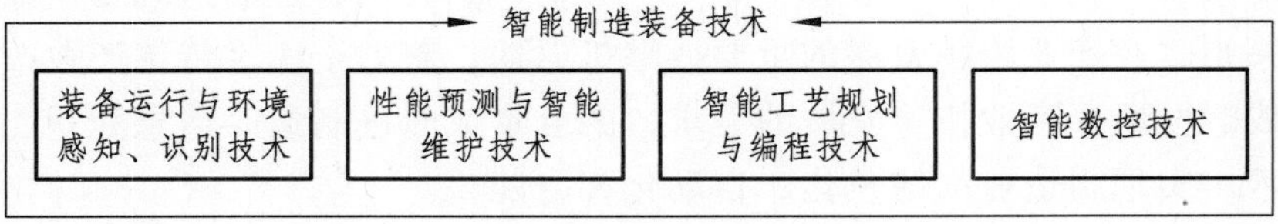

图 3-2 智能制造装备技术

3.2.1 装备运行与环境感知、识别技术

传感器是智能制造装备中的基础部件，可以感知或者说采集环境中的图形、声音、光线，以及生产节点上的流量、位置、温度、压力等数据。传感器是测量仪器走向模块化的结果，虽然技术含量很高但一般售价较低，需要和其他部件配套使用。

智能制造装备在作业时，离不开由相应传感器组成的或者由多种传感器结合而成的感知系统。感知系统主要由环境感知模块、分析模块、控制模块等部分组成，它将先进的通信技术、信息传感技术、计算机控制技术结合来分析处理数据。环境感知模块可以是机器视觉识别系统、雷达系统、超声波传感器或红外线传感器等，也可以是这几者的组合。随着新材料的运用和制造成本的降低，传感器在电气、机械和物理方面的性能越发突出，灵敏性也变得更好。未来随着制造工艺的提高，传感器会朝着小型化、集成化、网络化和智能化方向进一步发展。

智能制造装备运用传感器技术识别周边环境（如加工精度、温度、切削力、热变形、应力应变、图像信息）的功能，能够大幅改善其对周围环境的适应能力，降低能源消耗，提高作业效率，是智能制造装备的主要发展方向。

3.2.2 性能预测与智能维护技术

1．性能预测

对设备性能的预测分析及对故障时间的估算，如对设备实际健康状况的评估、对设备的表现或衰退轨迹的描述、对设备或任何组件何时失效及怎样失效的预测等，能够减少不确定性的影响并为用户提供预先的缓和措施及解决对策，减少生产运营中产能与效率的损失。而具备可进行上述预测建模工作的智能软件的制造系统，称为预测制造系统。

一个精心设计开发的预测制造系统具有以下优点：

（1）降低成本。通过对生产资产实际情况的了解，维护工作可以在更合适的条件下实施，而不是在故障发生后才更换损坏的部件，或过早将完好的部件进行不必要的更换，即做到及时维护。另外，历史健康信息也可以由系统反馈到机器设备的设计部门，从而形成闭环的生命周期更新设计。

（2）提高运营效率。当预测到设备很可能失效时，系统可以使生产和维修主管更合理地安排相关活动，从而最大限度地提高设备的可用性和正常运行时间。

（3）提高产品质量。将近乎实时的设备状态监测数据与过程控制系统相结合，可以在设备或系统状况随时间变化的同时保持产品质量的稳定。

2．智能维护技术研究

智能维护是采用性能衰退分析和预测方法，结合现代电子信息技术，使设备达到近乎零故障性能的一种新型维护技术。智能维护技术是设备状态监测与诊断维护技术、计算机网络技术、信息处理技术、嵌入式计算机技术、数据库技术和人工智能技术的有机结合，其主要研究领域包括以下几个方面：

（1）远程维护系统架构和网络技术研究。利用网络技术，实现信息（包括数据、语音和图像）的多向畅通传输，根据远程诊断数据，保证网络各节点（诊断维护中心、用户、制造厂和诊断专家）正常传输信息，综合考虑网络设备的价格和保障信息传输的带宽等因素，从硬件、软件和集成等方面研究系统的实现及应用方案，这是实现远程维护的基础。

（2）网络诊断维护标准、规范的研究。网络诊断维护的核心是技术资源的共享，要实现这一目的，必须研究制定通用的标准和规范，并与国际标准和规范接轨，包括监测方案、监测输出参数的定义、有关参数的限值、测试数据存储格式、数据表达形式、传输协议、诊断维护分析方法等。

（3）多通道同步高速信号采集技术与高可靠性监测技术的研究。其主要包括如何针对设备不同的工作状态和不同的监测信号，采用 DSP（数字信号处理）实现多种方式的多通道同步高速信号采集、处理与故障特征提取的研究；基于 VXI 总线（一种 VXIbus 器件之间的开放通信标准）的数据采集监测系统的研究，以提高可靠性、实时性和多功能为目标，提高现有系统的性能和技术水平。

（4）嵌入式网络接入技术的研究。以高性能嵌入式微处理器和嵌入式操作系统（EOS）为核心，对 10M/100M 内置以太网接口、可监测设备状态、嵌入式数据网络化传输终端进行开发研究，以此为基础，建设嵌入式 Web Server（网页服务器）并实现基于网络的系统维护功能，让用户可通过 Web（网页）形式查看设备状态数据。

（5）基于图形化编程语言的远程监测软件研究。研究开发能够支持网络化数据通信接口、快速描述监测系统环境、定义数据传输及处理过程的图形化编程软件工具，以便根据不同监测对象快速构建监测诊断软件平台。

（6）智能分析诊断技术的研究。其主要包括基于神经网络、模糊理论等智能信息处理方法和基因算法，对设备故障的智能诊断技术及多种智能诊断方法相融合技术的研究；对基于模糊的和确定性的知识进行综合推理的专家系统的研究；对基于小波分析、分形理论等方法的信号分析、故障特征提取技术的研究。

（7）基于 Web 的网络诊断知识库、数据库和案例库的研究。针对不同应用对象，研究制定故障诊断规则，筛选监测诊断数据和故障案例，建立基于1Web 的网络诊断知识库、数据库和案例库。

（8）多参数综合诊断技术的研究。采用多参数信息融合技术，研究故障对设备有关状态参数（振动、油液和热力参数）影响的机理、特征和规律；以信息融合的多参数设备故障综合诊断技术为基础，研究制定相应的诊断规则，并开发相应的网络化运行软件。

（9）专家会诊环境的研究。研究开发具有开放接口的远程设备故障诊断分析工具包，提供频谱、细化谱、倒谱等常规分析，以及小波、经验模态分解（EMD）等先进分析工具；研究电子白板、BBS（网络论坛）、Net meeting（网络会议）等技术与应用方案，采用设备状态数据 Web 发布技术与诊断专家网络群件系统技术，实现专家会诊环境，支持集成数据、语音和视频的信息交流。

3.2.3 智能工艺规划与编程技术

智能工艺是将产品设计数据转换为产品制造数据的一种技术，也是对零件从毛坯到成品的制造方法进行规划的技术。智能工艺以计算机软硬件技术为环境支撑，借助计算机的数值计算、逻辑判断和推理功能，确定零件机械加工的工艺过程。智能工艺是连接设计与制造之间的桥梁，它的质量和效率直接影响企业制造资源的配置与优化、产品质量与成本、生产组织效率等，因而对实现智能生产起着重要的作用。

1．智能工艺概念

智能工艺就是计算机辅助工艺（Computer Aided Process Planning，CAPP），是指在人和计算机组成的系统中，根据产品设计阶段给的信息，通过人机交互或自动的方式，确定产品的加工方法和工艺过程。智能工艺计算机程序人机界面如图 3-3 所示。

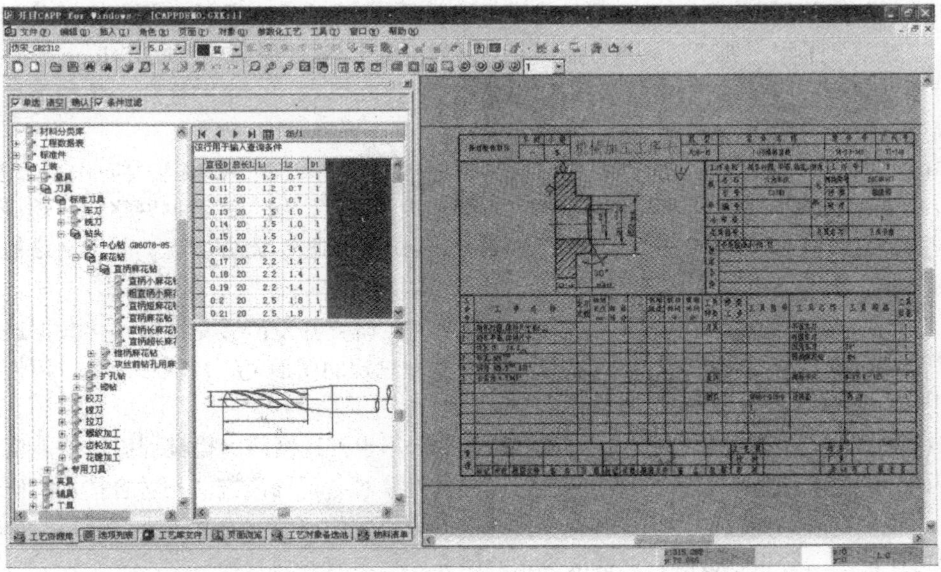

图 3-3 智能工艺计算机程序人机界面

2．智能工艺组成

智能工艺系统由加工过程动态仿真、工艺过程设计模块、零件信息输入模块、控制模块、输出模块、工序决策模块、工步设计决策模块和 NC 加工指令生成模块构成，如图 3-4 所示。

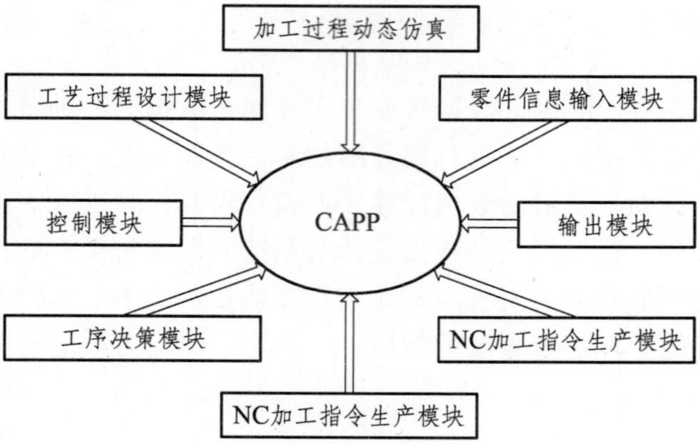

图 3-4 智能工艺系统组成

各模块的功能如下：

（1）控制模块：协调各模块的运行，实现人机之间的信息交流，控制零件信息的获取方式。

（2）零件信息输入模块：通过直接读取 CAD 系统或人机交互的方式，输入零件的结构与技术要求。

（3）工艺过程设计模块：对加工工艺流程进行整体规划，生成工艺过程卡，供加工与生产管理部门使用。

（4）工序决策模块：对以下方面进行决策，即加工方法、加工设备及刀夹量具的选择，工序、工步安排与排序，刀具加工轨迹的规划，工序尺寸的计算，时间与成本的计算等。

（5）工步设计决策模块：设计工步内容，确定切削用量，提供生成 NC 加工控制指令所需的刀位文件。

（6）NC（Numedcfl Control，数字化控制）加工指令生成模块：依据工步设计决策模块提供的文件，调用 NC 指令代码系统，生成 NC 加工控制指令。

（7）输出模块：以工艺卡片形式输出产品工艺过程信息，如工艺流程图、工序卡，输出 CAM 数控编程所需的工艺参数文件、刀具模拟轨迹、NC 加工指令，并在集成环境下共享数据。

（8）加工过程动态仿真模块：对所生成的加工过程进行模拟，检查工艺的正确性。

3．智能工艺决策专家系统

智能工艺决策专家系统是一种在特定领域内具有专家水平的计算机程序

系统，它将人类专家的知识和经验以知识库的形式存入计算机，同时模拟人类专家解决问题的推理方式和思维过程，从而运用这些知识和经验对现实中的问题作出判断与决策。

智能工艺决策专家系统由人机接口、解释机构、知识库、数据库、推理机和知识获取机构六部分共同组成，如图 3-5 所示。其中，知识库用来存储各领域的知识，是专家系统的核心；推理机控制并执行对问题的求解，它根据已知事实，利用知识库中的知识按一定推理方法和搜索策略进行推理，得到问题的答案或证实某一结论。

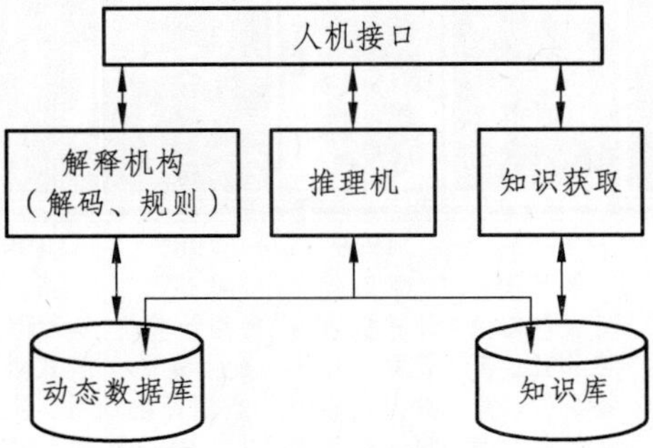

图 3-5 智能工艺决策专家系统构成

智能工艺决策专家系统具有以下特点：

（1）以“逻辑推理+知识”为核心，致力于实现工艺知识的表达和处理机制，以及决策过程的自动化。

（2）采用人工智能原理与技术。

（3）能够解决复杂而专门的问题。

（4）突出知识的价值。

（5）具有良好的适应性和开放性。

（6）系统决策取决于逻辑合理性，以及系统所拥有的知识的数量和质量。

（7）系统决策的效率取决于系统是否拥有合适的启发式信息。

3.2.4 智能数控技术

数控技术即数字化控制技术，是一种采用计算机对机械加工过程中的各种控制信息进行数字化运算和处理，并通过高性能的驱动单元，实现机械执行构件自动化控制的技术。而智能数控技术，是指数控系统或部件能够通过对自身功能结构的自整定（设备不断修正某些预先设定的值，以在短时间内达到最佳工作状态的功能）改变运行状态，从而自主适应外界环境参数变化的技术。

1．智能数控技术的发展

数控技术和装备是制造业信息化的重要组成部分。自 20 世纪 50 年代诞生以来，数控技术经历了电子管元器件数控、晶体管数控、集成电路数控、计算机数控、微型计算机数控、基于 PLC 的开放式数控等多个发展阶段，并将继续朝着智能数控的方向发展，如图 3-6 所示。

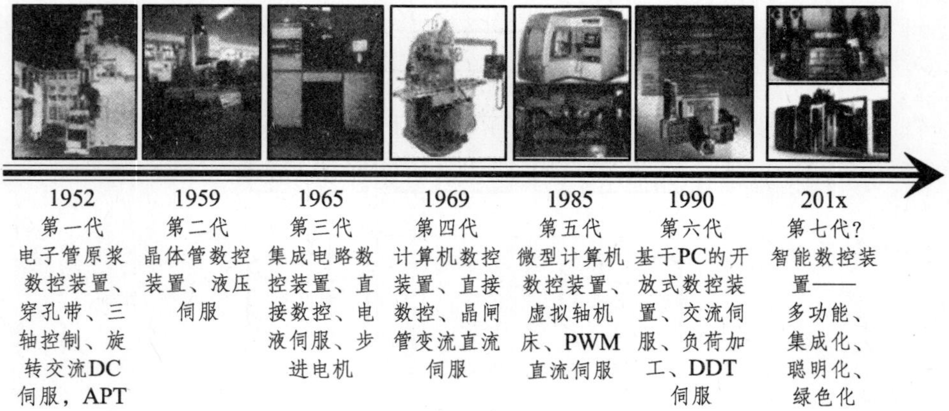

图 3-6　数控技术发展历程

由图 3-6 可以看出，20 世纪 90 年代以后，数控技术越来越趋于集成化和网络化，逐渐发展为智能数控技术。举例来说，随着电子信息技术的发展，CPU（中央处理器）的控制与处理能力得到大幅提升，因此，数控装备如数控机床的动态与静态特性得到显著的提升，而智能数控加工技术也向高性能、柔性化和实时性方向发展。

智能制造时代层出不穷的新情况，诸如加工困难的新型材料、越来越复杂的机器零部件结构、越来越高的工艺质量标准及绿色制造的要求等，都使智能数控技术面临着全新的挑战。

2．智能数控技术的组成

智能数控技术是智能数控装备、智能数控加工技术及智能数控系统的统称。

（1）智能数控机床。

智能数控机床是最具代表性的智能数控装备。智能数控机床技术包括智能主轴单元技术、智能进给驱动单元技术及智能机床结构设计技术。

智能主轴单元包含多种传感器，如温度传感器、振动传感器、加速度传感器、非接触式电涡流传感器、测力传感器、轴向位移测量传感器、径向力测量应变计、对内外全温度测量仪等，使得加工主轴具有精准的应力、应变数据。如图 3-7 所示的智能主轴单元，包含了比较常见的几种传感器。

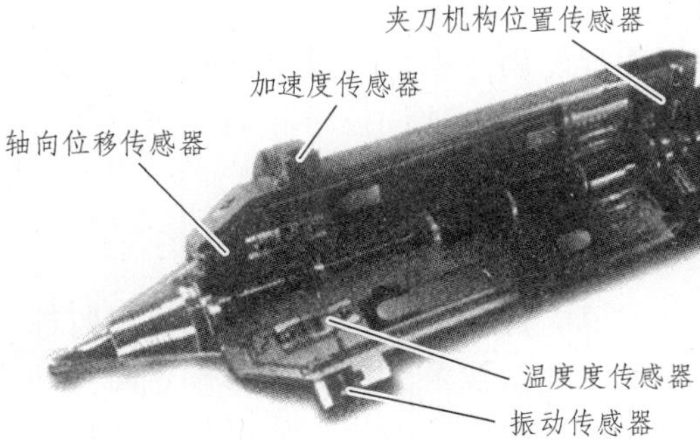

图 3-7 智能主轴单元

智能进给驱动单元确定了直线电机和旋转丝杠驱动的合适范围及主轴的运动轨迹，可以通过机械谐振来主动控制进给单元，如图 3-8 所示。

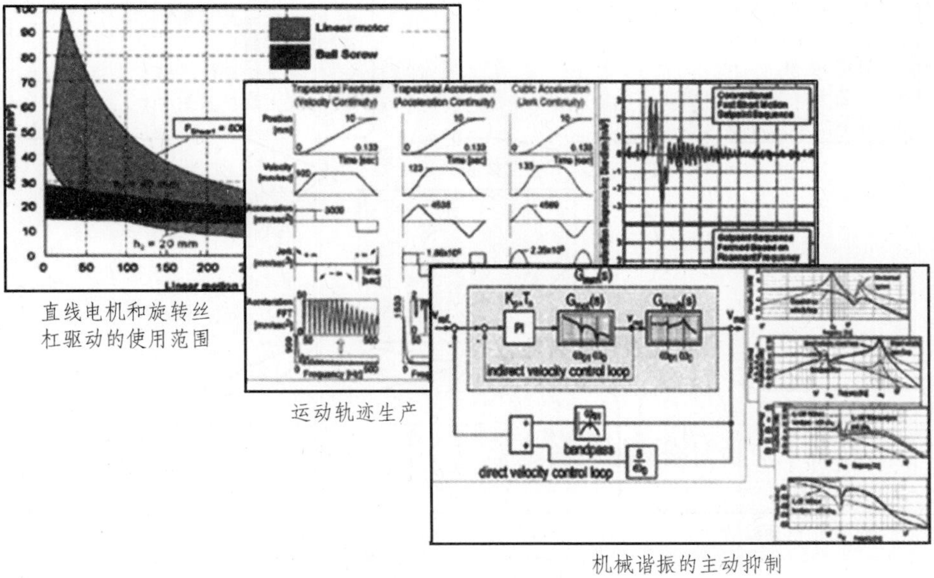

图 3-8 进给驱动单元技术

智能数控机床了解制造的整个过程，能够监控、诊断和修正生产过程中出现的各类偏差并提供最优生产方案。换句话说，智能机床能够收集、发出信息并进行自主思考和决策,因而能够自动适应柔性和高效生产系统的要求，是重要的智能制造装备之一。

（2）智能数控加工技术。

智能数控加工技术包括自动化编程软件与技术、数控加工工艺分析技术和加工过程及参数化优化技术。

（3）智能数控系统。

智能数控系统是实现智能制造系统的重要基础单元，由各种功能模块构成。智能数控系统包括硬件平台、软件技术和伺服协议等。智能数控系统具有多功能化、集成化、智能化和绿色化等特征。

3．智能数控技术的特点

智能数控技术集合了智能化加工技术、智能化状态监控与维护技术、智能化驱动技术、智能化误差补偿技术、智能化操作界面与网络技术等若干关键技术，具备多功能化、集成化、智能化、环保化的优势特征，必将成为智能制造不可或缺的“左膀右臂”。以智能数控机床为例，智能数控技术的特点如图 3-9 所示。

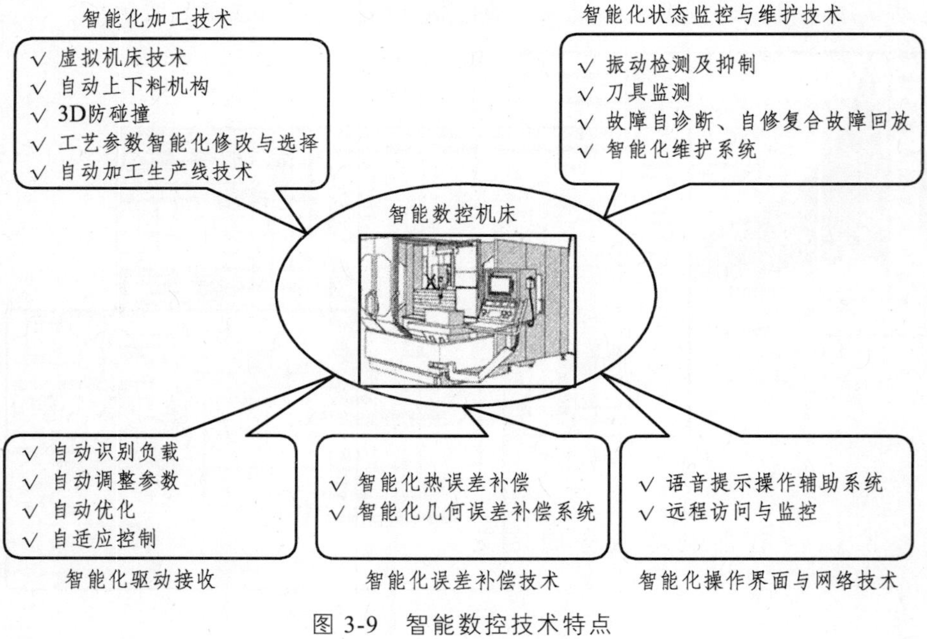

图 3-9　智能数控技术特点

3.3　智能制造服务

作为智能制造的延伸，智能服务是服务型制造的重要模式之一。随着计算机和通信技术的迅猛发展，制造业也由传统的手工制造，逐渐迈入了以新型传感器、智能控制系统、工业机器人、自动化成套设备为代表的智能制造时代，智能制造服务因而越发受到重视。近年来，随着人工成本的提高及科技的快速发展，产品服务所产生的利润已经远远超过了制造产品本身。

以德国 200 家装备制造企业的统计样本为例，新产品设计、制造、销售环节的利润率不到 4%，而产品培训、备品备件、故障修理、维护、咨询、金融服务等产生的利润率高达 70%，尤其是用于产品维修的备品备件，利润率高达 18%。由此可见，产品非实体部分的价值已经远超产品本身。

通过融合产品和服务，引导客户全程参与产品研发等方式，智能制造服务能够实现制造价值链的价值增值，并对分散的制造资源进行整合，从而提高企业的核心竞争力。

工业 4.0 作为第四代工业革命的愿景，其主要特征包括高度柔性制造环境下的大规模定制，以及工业流程的自我配置、优化与诊断。智能产品从出厂之际开始到使用过程中如滚雪球般产生越来越多的数据,这些海量数据（大数据）实际上构成了 21 世纪最重要的原材料。这些大数据被不断地分析、解释、关联与补充，以便将其提炼为智能数据，而智能数据则用来控制、支撑与强化智能产品与服务，以及成为生成新型商业模式的基础知识。

通过智能服务，可以使智能制造过程围绕客户需求展开和延伸，更贴近客户需求，对于实现复杂装备按需定制的智能设计制造具有重要意义。通过智能服务，可以获取装备运行的工况参数，借助于智能服务工具，基于监控数据提供智能服务决策，使装备更可靠运行。在大数据支持下，智能服务根据不同客户的特定需求提供特定服务，比如对于个体消费者来说，他们可以在网上自由组合和匹配汽车服务而不需非得购买一辆汽车。智能服务提供商也能够越来越准确地预测用户的需求。零售公司能够更准确地预测 200 多万种商品中每一种商品未来几周或几个月内的销售量，保障了公司在销售旺季拥有足够的库存。

3.3.1 智能制造服务的定义

2015 年 3 月，德国国家科学与工程院发布的《智能服务世界》报告给出了智能服务的概念：智能服务是智能产品、实体服务和数字化服务相结合的不同类型服务组合，是工业 4.0 制造的智能产品（出厂后）组成的价值链，该服务可以作为一种柔性的“按需服务”来销售。也就是说智能制造服务是指面向产品的全生命周期，依托于产品创造高附加值的服务。举例来说，智能物流、产品跟踪追溯、远程服务管理、预测性维护等都是智能制造服务的具体表现。

智能制造服务结合信息技术，能够从根本上改变传统制造业产品研发、制造、运输、销售和售后服务等环节的运营模式。不仅如此，由智能制造服务环节得到的反馈数据，还可以优化制造行业的全部业务和作业流程，实现生产力可持续增长与经济效益稳步提高的目标。

企业可以通过捕捉客户的原始信息，在后台积累丰富的数据，以此构建需求结构模型，并进行数据挖掘和商业智能分析，除了可以分析客户的习惯、喜好等显性需求外，还能进一步挖掘与客户时空、身份、工作生活状态关联的隐形需求，从而主动为客户提供精准、高效的服务。可见，智能制造服务实现的是一种按需和主动的智能，不仅要传递、反馈数据，更要系统地进行多维度、多层次的感知，以及主动、深入的辨识。

智能制造服务是智能制造的核心内容之一，越来越多的制造型企业已经意识到从生产型制造向生产服务型制造转型的重要性。服务的智能化既体现在企业如何高效、准确、及时地挖掘客户潜在需求并实时响应，也体现为产品交付后，企业怎样对产品实施线上、线下服务，并实现产品的全生命周期管理。

在服务智能化的推进过程中，有两股力量相向而行，一股力量是传统制造企业不断拓展服务业务，另一股力量则是互联网企业从消费互联网进入产业互联网，并实现人和设备、设备和设备、服务和服务、人和服务的广泛连接。这两股力量的胜利会师，将不断激发智能制造服务领域的技术创新、理念创新、业态创新和模式创新。

3.3.2 智能服务已有成功的典型案例

航空发动机是飞机的“心脏”，是飞行安全、飞行性能和维修费用的主要影响因素。发达国家一直重视航空发动机的监测与诊断，美国 F135 和俄罗斯 117S 等第五代先进发动机均装备机载监测与诊断系统；美国 GE 公司将健康维护与发动机捆绑销售。据统计，波音 B737 系列的发动机运转时可采集到的数据量保守统计约为 100 万亿字节，全世界平均每天有 93 000 次航班起落，2016 年全年旅客人数还将增加 8 亿。为满足航空业越来越极致精细、准确的要求，空客公司从 2014 年开始投入资金，与甲骨文公司共同建立基于 Hadoop 技术的大数据处理系统及飞行模拟数据分析软件，并随之成立了“数据处理与试飞集成中心”。该中心负责收集并分析来自事先安装在飞行样机上的传感器在试飞过程中产生的各种数据，包括从发动机的温度到机翼或起落架的载荷极限，并为航空公司提供智能服务。以 A350 为例，共分析了近 60 万个参数，每天可收集到的数据已超过 2 万亿字节。航空发动机大数据与智能监控的研究，是智能服务的典型应用，对于提高飞行安全性与经济性具有重要意义。

美国辛辛那提大学智能维护系统 NSFI/UCRO 中心 Jay lee 等人集中于工业大数据分析和物理网络系统（CPS）现有的发展趋势，探讨了在制造业中应用 CPS 的体系结构 ——5C，通过 5C CPS 结构实现智能机器设计。CPS 结构包括 5 个水平，即 5C 架构，这个结构为工业应用上 CPS 的发展提供了方向。CPS 结构由两个主要部分组成：一是先进的连接确保从物理空间流向网络空间的实时数据以及网络空间的反馈；二是构建网络空间的管能数据分析。5C 结构提供了一个如何从数据采集到价值创造构建 CPS 系统的工作流程。5C 结构包括智能连接、数据到信息的转换、网络、认知和配置水平。

美国安柏瑞德航空大学系统工程系 Radu f. Babieeanu 等人概述了近年来基于制造领域的技术发展，还提出了 M-CPS 的发展建模准则。M-CPS 模型包括物理世界和网络世界在这两个世界中有一层网络物理设备，如传感器和驱动器、局域网及应用程序和网络安全软件等。在适当的配置和必需的重复时，网络物理设备层能够通过传感器提供状态控制及通过驱动器提供对制造操作任何阶段的调整。

德国凯泽斯劳滕大学制造技术和生产系统研究所 Gulsum mert 等人通过机床制造商的案例，研究了如何提高机床的能效。机床有多个组件，通过机器数据可以反映出各个组件的能效不同，但大多数的制造商并不清楚使用过程中的实际能量需求。冷却润滑系统、机器冷却和液压是最耗能的系统部件，组件由主轴、轴线、外部设备和电子设备 4 个主类构成、主类的每一个组件按照能量需求的高度分为 3 类：低能量需求、中能量需求和高能量需求，外部设备的组件全都是高能量需求的组件。机床能效的影响因素，通常有 3 个主要因素：机器类型、技术/工艺和环境。

在服务相关的机床能效分析中，只考虑了能量效率，没有考虑资源效率，也没有考虑生产机床和提供服务的能耗，其中生命周期会考虑能耗。分析客户角度的机床生命周期；确定所选机床的能效，效率会分布在每个组件；确定现有的和潜在的服务，以此增加机床的能效；最后，将不同服务的影响从低到高进行评估。

西班牙 Eneko Gomez-Acedo 等人提出了一种热变形补偿的设计方法，在普通的车间环境下，有助于大型机器的制造工艺实现更高的精确度。热变形是限制机床定位精度的主要因素之一。选择一个参数化的状态空间作为模型架构，提供多重输入和输出性能并考虑先前机器热状态的密集公式，模型输入是主轴转速、主电动机变速箱和室内空气的温度，输出是在工作范围内机床中心点沿不同位置三条轴线的热漂移的评估。选择大型机床在车间工作的热行为的数学模型时，应考虑以下几点，具有多个输入端的模型，具有多个输出端的模型，与时间相关的模型，从已知的方程获益的模型。

意大利特伦托大学工业工程学系 Carlos Maximiliano Giorgio Bort 等人利用评价感知控制器（EPC）进行铣削时，工件的生产率和表面质量有很大的提升。首先提出了一个基于最优控制理论对铣削的主轴转速和进给速度的工艺参数快速优化的系统。考虑到刀具的磨损、刀具偏转和生产率（材料去除率），在机床动力学和切削过程的基础上定义了一个适当的目标函数，来抑制/减缓振动的发生。然后对于机器参数的初始设置和工艺参数在过程行为中的适应，可以计算出给定路径和工件材料的控制最佳序列。根据简化的一级动力学，该模型的功能包括对自激、强迫振动（主要目标）、刀具磨损、刀具偏转、主轴力和功率以及进给轴的响应。该过程模型利用了商业 CSG（构造实体几何）库，提供了刀具-工件相交的方法和结构，能计算材料切除率（Material Removal Rate，MRR）、切深和切削力模型获得的啮合弧。最后利用这种实时铣削模型在三轴铣床上进行切割试验测试，结果显示生产效率和表面质量有了显著的增加。

德国汉堡大学生产工程研究所 Jens Peter Wulfsberg 等人提出了模块化、集成函数的设计及智能机械接口，该接口基于六点安装和一个确保高精度的可切换永久磁铁系统，各种机床模块可以快速地耦合到功能单元，无需工具和进一步调整。

加拿大康考迪亚大学电子和计算机工程学院 F. Baghernezhad 等人提出了新的故障检测和隔离/识别方案（FDI），将局部线性模型（LLB）作为模糊神经技术，径向基函数作为神经网络，来识别和表示移动机器人的模型。

美国桥港大学计算机科学与工程学系 Marwah M.Almasri 等人提出了移动机器人系统的线跟踪和防撞技术，依赖于低成本的红外线传感器，能够容易地应用于实时控制，仿真设置可以实现机器人巡线、障碍物探测、防撞，成功地完成了非常拥挤的曲线和避免了路径上的任何障碍。

西班牙埃斯特雷马杜拉大学理工学院计算机通信技术研究所 Alejandro Hidalgo-Paniagua 等人采用一种新的多目标进化算法——变邻域搜索（MOVNS）来解决机器人的路径规划问题。

罗马尼亚科学院固体力学研究所 Vladareanu 等人提出了三维虚拟环境中

的机器人通用的智能平台 VIPRO，将其和现有的组件一起集成于 TT，在危险或具有挑战性的环境和高水平的实时仿真时，对机器人的行为有一个正确的评价，能够正确地模拟机器人之间及机器人和环境之间的相互作用。

马来西亚工艺大学机械工程学院系统动力与控制研究所 Amin Noshadi 等人提出了类高度非线性的 3-RRR 平面并联机器人的鲁棒定位的新型智能控制方案，当系统被不同类型的强制谐波激励的形式干扰时，使机械手准确地跟踪规定的笛卡儿轨迹。

印度学者 P. K. Das 等人通过修正参数和差异扰动速度算法，运用混合化的改进经典 Q 学习（Q-learning）和改进的粒子群算法，确定了杂波环境下多机器人的路径优化轨迹。

昆山科技大学电气工程学院 Yeong-Chan Chang 提出了一个智能自适应/鲁棒跟踪控制方案，对于全部有界的状态和闭环系统，以及由于跟踪误差的未建模扰动衰减到任何一个预先制定的水平上的影响，实现了一个 H 无穷跟踪控制。

台湾云林科技大学电气工程学院 Chun C. Lai 等人将 RGB－D 映射和神经网络训练结合起来，实现了室内定位系统。

Chen 等人提出了一种基于指令域电子数据分析的数控机床工作流程的 CPS 建模方法，并进行了多项智能加工应用的研究。

Zhou 等人提出了大数据驱动能量管理的综合研究。首先讨论了能量大数据的来源和特点，然后提出了大数据驱动的智能能量管理的过程模型，最后以智能电网为研究背景，提供了智能能量管理大数据分析的系统评价。

德国亚琛工业大学 Robert Schmitt 等人提出了一种确保测量可追溯性的方法，通过重复校准发现刀具结构的热效应与测量不确定性直接相关。日本 Makoto Fujishima 等人提出了一种用于机床的传感器技术，可以从传感器中获取大量的数据，了解正在加工零件的情况，以此来提高切削效率。日本京都大学 Soichi Ibaraki 等人通过利用安装在主轴上的接触式触发探测器对试验片的在机测量（OMM）来校准旋转轴的定位误差。Jiang 等人提出了一个五轴机床所有位置误差的在机测量，通过用激光位移传感器（LDS）取代切削工具来测量相应径向槽已加工表面的误差，提高了五轴机床定位误差测量方法的效率和准确度。Huang 等人基于光纤光栅传感器技术，提出了一种测量重型机床的实时温度场的新方法，可以用于分析热行为和提高重型机床的精度。

通过制造大数据与智能监控系统的研究，改变传统制造以信息分立为特征的弧岛模式，形成设计—制造—运行全链条融会互通的智能制造新业态，在产品定制化、数据可视化、经验知识化、机器信息化与生产智能化等方面实现跨越，最终集成若干个大数据驱动的创新设计中心、大数据驱动的智能制造中心、重大装备智能监控与运维中心的行业生态圈，推进由“中国制造”向“中国智造”转型升级，促进我国制造业进入国际先进行列。

3.3.3 智能制造服务的未来发展

近些年来，人们的生活已经慢慢被智能产品所充斥，如智能手机、智能手表、智能眼镜，以及物联网下的智能家居等。智能制造的巨大浪潮与产业互联网的融合正在酝酿着崭新的商业模式，以期带来用户需求的颠覆与生活方式的变革。在未来，智能制造服务等新型行业必会得到广泛关注与发展。

美国 GE 公司在 2012 年 11 月发布了《工业互联网：打破智慧与机器的边界》的报告，确定了未来装备制造业智能制造服务转型的路线图，将“智能化设备”“基于大数据的智能分析”和“人在回路的智能决策”作为工业互联网的关键要素，并将为工业设备提供面向全生命周期的产业链信息管理服务，帮助用户更高效、更节能、更持久地使用这些设备。装备制造业服务系统的设计构架如图 3-10 所示。

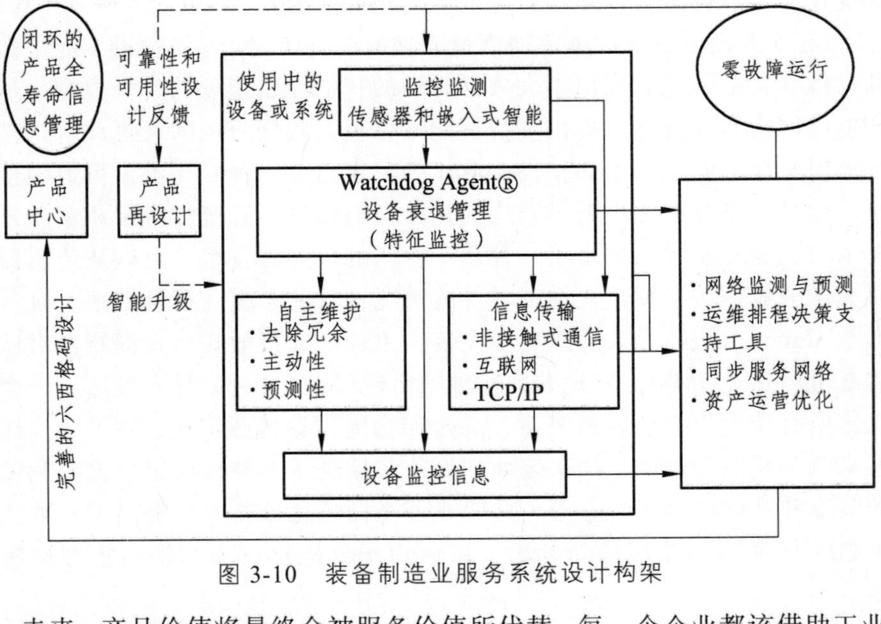

图 3-10 装备制造业服务系统设计构架

未来，产品价值将最终会被服务价值所代替，每一个企业都该借助工业互联网的兴起和它日益完善的功能，在优化提升效率获取可观收益之后，创新服务模式，并且不断探索，为服务模式的创新奠定坚实的实践经验和数据基础。

对传统制造业企业来说，实现智能制造服务可从三个方向入手：一是依托制造业拓展生产性服务业，并整合原有业务，形成新的业务增长点；二是从销售产品向提供服务及成套解决方案发展；三是创建公共服务平台、企业间协作平台和SCM平台等，为制造业专业服务的发展提供支撑。

智能制造服务可以包含以下几类：

（1）产品个性化定制、全生命周期管理、网络精准营销与在线支持服务等。

（2）系统集成总承包服务与整体解决方案等。

（3）面向行业的社会化、专业化服务。

（4）具有金融机构形式的相关服务。

（5）大型制造设备、生产线等融资租赁服务。

（6）数据评估、分析与预测服务。

智能服务的主要特征：一是以用户为中心，跨企业、跨部门；二是数据驱动；三是以用户为中心，跨企业，跨部门；四是极度敏捷，主要体现在发布周期越来越短；五是数据、算法增加了附加值；六是横向商业模式对收益不再有正面效应；七是市场领导者需要具有算法、平台、市场与数字生态系统越来越多的要素。

总之，在智能服务世界，未来会采用“即插即用”的方式，所有的机器、系统、工厂均可非常容易地与互联网数字平台形成有效对接，以此实现平台集成，用户在任何位置均可访问现场数据。上述数字平台适用于机械制造商、用户和服务提供商，并以此构成新数字生态体系的基础设施。作为数字平台运营管理商，以及平台软件、关键模块（软件）、智能服务架构等研发设计与供应商，德国甚至欧洲已成为成功的智能服务出口区。欧洲一体化数字市场可以确保新型智能服务高效的市场介入及快速响应，这为中小微企业创造了众多商机。中小微企业可以成为领先的整体智能服务提供商，也可以成为个性化模块以及智能服务平台架构的开发商。在智能工厂里，车间员工不仅仅是机器操作员，也是创造型领导者与决策者。同时，数字技术又创造新的岗位，而智能服务则可以帮助智能人才有效管理复杂的新环境。

3.4 智能制造服务技术

智能制造服务是世界范围内信息化与工业化深度融合的大势所趋，并逐渐成为衡量一个国家和地区科技创新和高端制造业水平的标志。而要实现完整的生产系统智能制造服务，关键是突破智能制造服务的基础共性技术，主要包括服务状态感知技术、网络安全技术和协同服务技术。

3.4.1 服务状态感知技术

服务状态感知技术是智能制造服务的关键环节，产品追溯管理、预测性维护等服务都是以产品的状态感知为基础的。服务状态感知技术包括识别技术和实时定位系统。

1．识别技术

识别技术主要包括 RFID 技术、基于深度三维图像识别技术及物体缺陷自动识别技术。基于三维图像物体识别技术可以识别出图像中有什么类型的物体，并给出物体在图像中所反映的位置和方向，是对三维世界的感知理解。结合了人工智能科学、计算机科学和信息科学之后，三维物体识别技术成为智能制造服务系统中识别物体几何情况的关键技术。

2．实时定位系统

实时定位系统可以对多种材料、零件、工具、设备等资产进行实时跟踪管理，例如，生产过程中需要监视在制品的位置行踪，以及材料、零件、工具的存放位置等。这样，在智能制造服务系统中就需要建立一个实时定位网络系统，以实现目标在生产全程中的实时位置跟踪。

3.4.2 信息安全技术

数字化技术之所以能够推动制造业的发展，很大程度上得益于计算机网络技术的广泛应用，但这也对制造工厂的网络安全构成了威胁，如图 3-11 所示。

在制造企业内部，工人越来越依赖于计算机网络、自动化机器和无处不在的传感器，而技术人员的工作就是把数字数据转换成物理部件和组件。制造过程的数字化技术支撑着产品设计、制造和服务的全过程，必须加以保护。不仅如此，在智能制造体系中，制造业企业从顾客需求开始，到接受产品订单、寻求合作生产、采购原材料或零部件、产品协同设计到生产组装，整个流程都通过互联网连接起来，网络安全问题将更加突出。

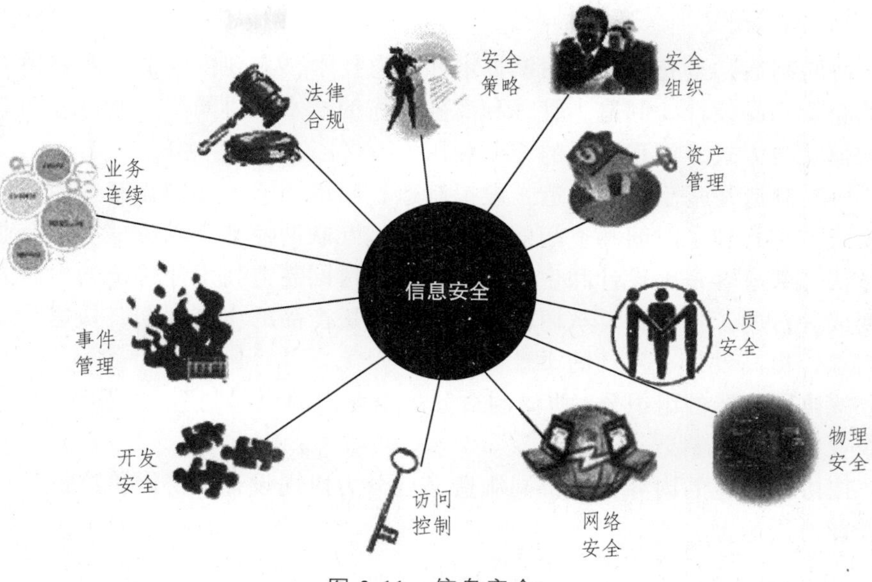

图 3-11 信息安全

这其中涉及的智能互联装备、工业控制系统、移动应用服务商、政府机构、零售企业、金融机构等都有可能被网络犯罪分子攻击，从而造成个人隐私泄露、支付信息泄露或者系统瘫痪等问题，带来重大的损失。在这种情形下，互联网应用于制造业等传统行业，在产生更多新机遇的同时，也带来了严重的安全隐患。

想要解决网络安全问题，需要从两个方面入手：

（1）确保服务器的自主可控。服务器作为国家政治、经济、信息安全的核心，其自主化是确保行业信息化应用安全的关键，也是构筑中国信息安全长城不可或缺的基石。只有确保服务器的自主可控，满足金融、电信、能源等对服务器安全性、可扩展性及可靠性有严苛标准行业的数据中心和远程企业环境的应用要求，才能建立安全可靠的信息产业体系。

（2）确保 IT 核心设备安全可靠。目前，我国 IT 核心产品仍严重依赖国外企业，信息化核心技术和设备受制于人。只有实现核心电子器件、高端通用芯片及基础软件产品的国产化，确保核心设备安全可靠，才能不断把 IT 安全保障体系做大做强。

3.4.3 协同服务技术

要了解协同服务技术，首先要了解什么是协同制造。

1．协同制造

协同制造，是充分利用网络技术和信息技术，实现供应链内及跨供应链间的企业产品设计、制造、管理和商务合作的技术。协同制造通过改变业务经营模式与方式，实现资源的充分利用。

协同制造是基于敏捷制造、虚拟制造、网络制造、前期化制造的现代制造模式，它打破了时间和空间的约束，通过互联网使整个供应链上的企业、合作伙伴共享客户、设计和生产经营信息。协同制造技术使传统的生产方式转变成并行的工作方式，从而最大限度地缩短产品的生产周期，快速响应客户需求，提高设计、生产的柔性。

按协同制造的组织分，协同制造分为企业内的协同制造（又称纵向集成）和企业间的协同制造。

按协同制造的内容分，协同制造又可分为协同设计、协同供应链、协同生产和协同服务。

2．协同服务

协同服务是协同制造的重要内容之一。协同服务包括设备协作、资源共享、技术转移、成果推广和委托加工等模式的协作交互，通过调动不同企业的人才、技术、设备、信息和成果等优势资源，实现集群内企业的协同创新、技术交流和资源共享。

协同服务最大限度地减少了地域对智能制造服务的影响。通过企业内和企业间的协同服务，顾客、供应商和企业都参与到产品设计中，大大提高了产品的设计水平和可制造性，有利于降低生产经营成本，提高质量和客户满意度。

3.5 数控机床云资源设计智能服务实例

以数控机床为例，现有的设计缺乏数据库和知识库的支持，难以实现性能的高精度设计，利用模块资源库和结合面特性资源库支撑的数控机床设计服务创新平台将传统的数控机床零部件制造延伸到机床设计仿真，再延伸到机床设计服务，不断提升数控机床的自主创新设计能力。设计大数据主要包括以下十个方面。

1．机床结合面特性大数据

根据不同类型结合面的接触表面面积、载荷分布、载荷大小，结合面介质信息，获得固定栓接结合面、导轨结合面、刀柄结合面、丝杠结合面、轴承结合面的结合面刚度、结合面阻尼、结合面等效模型、结合面建模方案大数据。机床结合面特性大数据包括结合面特性数据和结合面特性案例两方面。

结合面特性数据是针对不同的结合面类型，记录的对应结合面特征条件及结合面刚度、阻尼的数据。考虑机床结合面中所涉及的结合面类型，采用结合面定性条件全覆盖、定量条件尺度覆盖的方式，构建机床结合面特性数据库，通过不断增加结合面数据条目信息，实现结合面数据的准确查询和精确的插值拟合计算。固定栓接结合面：根据固定结合面的材料、加工方式、结合面介质、结合面面积、表面正压力，确定对应条件下的法向静刚度、切向静刚度、法向动刚度、切向动刚度、法向动阻尼、切向动阻尼等数据。导轨结合面：根据导轨结构形式、导轨型号、安装预压形式、导轨载荷，确定对应条件下的法向静刚度、切向静刚度、法向动刚度、切向动刚度、法向动阻尼、切向动阻尼等数据。刀柄结合面：根据刀柄类型、主轴材料、锥面硬度、锥面精度、结合面介质、拉刀力，确定对应条件下的径向静刚度、轴向静刚度、径向动刚度、轴向动刚度、径向动阻尼、轴向动阻尼等数据。丝杠结合面：根据丝杠直径、丝杠导程、螺母个数、丝杠预紧方式，确定对应条件下的静刚度、法向动刚度、法向动阻尼等数据。轴承结合面：根据轴承类型、轴承型号、轴承轴向力和径向力，确定对应条件下的径向静刚度、轴向静刚度、径向动刚度、轴向动刚度、径向动阻尼、轴向动阻尼等数据。结合面热阻：根据结合面材料、结合面接触面积、结合面单位面积正压力，确定对应的结合面接触热阻数据。

结合面特性案例是典型的结合面建模方法及分析过程案例。案例主要流程如下：

（1）建立几何模型，通过结合面特性识别、模型简化等方式建立结合面等效模型；

（2）定义模型材料属性包括弹性模量、泊松比、密度等；

（3）确定模型边界条件，包括载荷、约束，惯性力等；

（4）网格划分；

（5）设定结合面具体条件，包括接触类型，表面状态、预紧力等信息；

（6）根据需要确定分析类型及分析输出结果。

2．机床模块库设计大数据

将数控机床设计分析所用的模型模块进行整合规划，根据模块类型不同，对模块进行编码，建立对应模块的事务特性表。

机床模块库设计大数据主要包括机床的标准件模块、外购件模块和专用件模块等。机床标准件模块是机床中已经标准化的通用零部件，包括螺母、螺柱、自攻螺钉、铆钉、焊钉挡圈、垫圈、法兰、销、弹簧和螺栓等。机床外购件模块是机床设计中通过选型选配方式确定的机床零部件，由机床外协厂家加工制造，主要分为传动类模块、功能部件模块、管及管接头模块、密封件模块、电器类模块、液压气动润滑类模块和轴承类模块等。专用件模块是机床中需要重点设计分析的主机部件，包括机床床身、立柱、工作台和主轴箱等，各个机床的主机部件模块细部结构各不相同。

3．机床产业链协作设计大数据

机床产业链协作设计大数据考虑机床主机厂与各外协加工厂、上下游企业之间的交流与数据传递；为机床主机厂家提供外协厂家的产品具体参数、选配方式流程等信息，以利于机床外购部件的快速选型配置；为机床外协厂家提供机床主机厂家的设计需求信息，供外协厂家有针对性地进行产品开发工作，提高产品竞争力。

机床产业链协作设计大数据包括机床零件样本资源和机床设计信息资源。机床零件样本资源以各机床零部件企业提供的机床零部件样本手册为基础，构建零部件样本手册资源池，实现零部件样本的便捷查询，在零部件样本手册资源池的基础上，实现零部件样本选型功能，根据机床零部件选型需求，即可获得所需的零部件具体信息。机床设计信息资源以机床互联网资源为基础，提供机床相关的互联网网站导航功能，加强机床行业的交流互联，具体包括机床企业导航，提供国内外数控机床制造厂商信息；机床行业协会导航，包括中国机床工具工业协会等多个机床工业协会信息；机床零部件企业导航，提供国内外数控机床零部件生产企业信息；机床专业网站导航，提供多个热门的机床信息网站。

4．机床设计规范大数据

机床设计规范大数据考虑当前机床的设计需求、设计难点、设计条件等因素，在传统机床设计方法的基础上，通过机床数字化设计方法理论及现代设计工具，制定一系列针对数控机床整机、主轴部件、支撑部件、进给系统等的设计、分析规范，提高机床行业大数据驱动的正向设计能力。机床的设计分析规范依据设计对象进行分类，主要包括数控机床整机动、静特性分析系列规范，数控机床整机热特性分析系列规范，数控机床主轴设计系列规范，数控机床直线进给系统设计系列规范，数控机床回转进给设计系列规范，数控机床支撑件设计系列规范等。

5. 机床设计标准大数据

机床设计标准以当前的国家标准和行业标准为基础，收集各机床企业实际设计所用的手册信息进行电子化工作，以利于机床企业进行手册的内容查询、对比、勘误。具体包括机床设计手册：机床设计手册（86 版）、简明机床夹具设计手册等；机械设计手册：简明机械设计手册、机械设计手册（零件结构设计工艺性）、机械设计手册（疲劳强度设计）、机械设计手册（成大先版单行本）等；液压设计手册：液压气动系统设计手册、液压传动与控制手册等；电气手册：电子电路大全、电气技术禁忌手册、电气照明设计手册、机床电路图大全等。

6. 机床材料与仿真设计大数据

考虑到机床设计过程中机床样机试制的高额费用和资源消耗，拟建立统一的机床物理实验数据库，通过科学规划的若干机床物理实验，获得机床材料和结构方面的实验数据信息，结合有限元理论，构建机床材料仿真模型，达到减少机床样式试制次数的目的。机床的材料仿真模型根据尺度不同，主要分为机床整机材料仿真模型、机床主轴材料仿真模型、机床支撑件材料仿真模型、机床进给系统材料仿真模型、机床结合面材料仿真模型等。

7. 机床经验规则设计大数据

收集机床设计中存在的大量经验公式、经验取值和经验设计方法，构建机床经验设计规则资源库大数据，将机床的经验规则作为机床规范设计的补充内容，满足机床设计上对设计精度、设计效率和设计可靠性的平衡要求。

8. 机床设计实例大数据

在机床设计中，对机床的设计过程进行详细记录，构建机床的设计实例资源库，提高机床设计中的数据积累完整性。机床设计实例是从机床设计需求分析开始，经过机床整机方案设计、机床详细部件设计与分析、机床整机分析、机床方案设计评价与改进的设计全过程，最终获得机床设计结果的全部信息数据，包括机床设计各阶段参数数据，机床设计各阶段结构模型，机床设计各阶段所参考的类比对象、设计知识、计算过程、分析内容等。

9. 机床设计知识融合大数据

将各类分散、异构的机床设计资源进一步规划组合，以设计知识元的形式对设计资源行重构，构建机床设计知识融合资源库，将被动的设计资源查询，转化为主动的设计资源关进联推送模式，在机床设计的具体阶段，主动提供设计内容相关的知识点、零件样本、模型模块、设计案例等信息，提高机床设计资源利用率。

10. 机床知识管理大数据

绿色制造模式需要利用大数据使 PLM 环境影响信息透明，协同进行产品制造和使用过程监督，并使产品零部件重用普遍化。制造技术与新材料技术、新能源技术和信息技术的深度融合，变得越来越复杂。企业难以全面掌握所需的所有技术，必须借助外部力量才能完成产品的研发、制造、管理、维护和回收等活动。利用设计大数据，建立设计标准协同平台，记录设计标准制定过程全程；支持大众发布、评价标准和相关知识，形成标准知识网络，不仅了解设计标准与其他知识的关系，还可以评价标准建议者的水平和贡献，并进行排名，根据排名确定标准最终的制定者；协同跟踪和评价标准的使用情况，帮助不断完善设计标准。

数控机床设计大数据包括机床设计规范、机床设计手册、机床零部件选型工具、机床结合面应用工具等各类数控机床设计资源服务，方便地进行设计手册查找、外购件选型、机床模型调用、零部件设计计算等原本分散于不同渠道的设计工作内容，大大提升设计效率。

3.6 本章小结

本章阐述了智能制造装备的概念、发展现状和产业重点发展领域及应用领域，智能制造装备就是具有感知、分析、推理、决策、控制等功能的制造装备，它是先进制造技术、信息技术和智能技术的集成和深度融合。具有广阔的发展前景。智能维护是采用性能衰退分析和预测方法，结合现代电子信息技术，使设备达到近乎零故障性能的一种新型维护技术。智能工艺是将产品设计数据转换为产品制造数据的一种技术，也是对零件从毛坯到成品的制造方法进行规划的技术。智能数控机床技术包括智能主轴单元技术、智能进给驱动单元技术及智能机床结构设计技术。智能制造服务实现的是一种按需和主动的智能，不仅要传递、反馈数据，更要系统地进行多维度、多层次的感知，以及主动、深入的辨识。智能制造服务是世界范围内信息化与工业化深度融合的大势所趋，并逐渐成为衡量一个国家和地区科技创新和高端制造业水平的标志。而要实现完整的生产系统智能制造服务，关键是突破智能制造服务的基础共性技术，主要包括服务状态感知技术、网络安全技术和协同服务技术。最后以智能数控机床为例分析了其云资源设计智能服务的情况。

4

智能制造核心技术

智能制造（Intelligent Manufacturing，IM）是指由智能机器和人类专家共同组成的人机一体化智能系统，它在制造过程中能进行智能活动，诸如分析、推理、判断、构思和决策等，通过人与人、人与机器、机器与机器之间的协同，去扩大、延伸和部分地取代人类专家在制造过程中的脑力劳动。新一轮工业革命的核心是智能制造。德国工业 4.0、美国工业互联网和中国制造 2025，这三大国家战略虽在表述上不一样，但本质上异曲同工，同在智能制造。新一轮工业革命的本质是未来全球新工业革命的标准之争，各个国家都在构建自己的智能制造体系，而其背后是技术体系、标准体系、产业体系。未来智能制造领域最值得关注的核心技术，即赛博物理系统、工业物联网、云计算技术、工业大数据、工业机器人技术、3D 打印技术、RFID 技术、实时定位技术、机器视觉技术、虚拟制造和人工智能技术等。

4.1　工业物联网

4.1.1　物联网概念

物联网（Internet of Things）指的是将传感器、移动终端、可编程控制器等智能化设备经通信网络连接集成，实现互联互通，并根据应用需求进行数据采集和分析，对设备进行管理和控制的系统。

工业物联网是物联网技术在制造企业或智能工厂中的应用，它指通过传感器技术、标识识别技术、图像视频技术、定位技术等感知技术，实时感知企业或工厂中需要监控、连接和互动的装备，并构建企业办公室的信息化系统，打通办公信息化系统与生产现场设备的直接联系。

工业物联网从下至上由三个层次构成，包括感知控制层、网络层和应用层。生产指标由企业信息化系统通过网络层自动下达至机器的执行系统；生产结果由感知控制层自动采集并通过网络层上传至应用层（一般是企业信息化系统），并在生产现场实现智能化的自动监控和报警；还可在云制造平台上对大数据进行分析挖掘，提高生产制造的智能化水平。

建设物联网是当今科学技术发展与应用需求相适应而衍生的系统工程。物联网的应用领域日益广泛，已经在提高生产效率、保障生产安全、节能减排、保护生态和便捷生活等许多方面发挥作用。满足人类多种多样的需求是设计物联网的立足点，为人类提供多元化的服务是建设物联网的根本目的。

4.1.2 工业物联网的技术优势

物联网集成了 RFID、传感器、无线网络、中间件、云计算等新技术，其发展会极大地促进各行业的信息化进程，实现物与物、人与物的自动化信息交互与处理。物联网技术在制造业中的应用优势可归纳为以下几点：

1. 产品智能化

产品中加入大量电子技术元素，实现产品功能的智能化。例如，通过在产品中植入 RFID 芯片，记录产品的静态信息，如出厂日期、编号、产品类型等；通过在产品中植入智能传感器，可记录设备运行数据，如检测设备的运行状态等，并通过网络传送至后台信息系统中。

2. 实时售后服务

通过无线网络，获取全球范围内产品运行的状态信息，经过后台信息化系统的分析、处理、反馈，实施在线售后服务，提高服务水平。

3. 过程监控与管理

工厂可以通过以太网或现场总线，采集生产设备的运行状态数据，实施生产控制和设备维护，包括供需转换、工时统计、部件管理、产品状况质量在线监测和设备状况监测与节能等。

4. 物流管理

在工厂内外的物流设备中植入 RFID，实现对物品位置、数量、交接的管理和控制，提高物流流通效率，对特殊储藏要求的货品实施在线监测与防伪，实现了信息在真实世界和虚拟空间之间的智能化流动。

4.1.3 工业物联网的应用

具有环境感知能力的各类终端、基于泛在技术的计算模式、移动通信等不断融入到工业生产的各个环节，大幅提高制造效率、改善产品质量、降低产品成本和资源消耗，将传统工业提升到智能工业的新阶段。从当前技术发展和应用前景来看，物联网在工业领域的应用主要集中在以下几个方面：

1. 制造业 SCM

物联网应用于企业原材料采购、库存、销售等领域，通过完善和优化 SCM 体系，提高了供应链效率，降低了成本。空中客车通过在供应链体系中应用传感网络技术，构建了全球制造业中规模最大、效率最高的供应链体系。

2. 生产过程工艺优化

物联网技术的应用提高了生产线过程检测、实时参数采集、生产设备监控、材料消耗监测的能力和水平，生产过程的智能监控、智能控制、智能诊断、智能决策、智能维护水平不断提高。钢铁企业应用各种传感器和通信网络，在生产过程中实现对加工产品的宽度、厚度、温度实时监控，提高产品质量，优化生产流程。

3. 产品设备监控管理

各种传感技术与制造技术融合实现了对产品设备操作使用记录、设备故障诊断的远程监控。GE Oil&Gas 集团在全球建立了 13 个面向不同产品的 I-Center（综合服务中心），通过传感器和网络对设备进行在线监测和实时监控，并提供设备维护和故障诊断的解决方案。

4. 环保监测及能源管理

物联网与环保设备的融合实现了对工业生产过程中产生的各种污染源及污染治理各环节关键指标的实时监控。在重点排污企业排污口安装无线传感设备，不仅可以实时监测企业排污数据，而且可以远程关闭排污口，防止突发性环境污染事故发生。电信运营商已开始推广基于物联网的污染治理实时监测解决方案。

5. 工业安全生产管理

把感应器嵌入和装配到矿山设备、油气管道、矿工设备中，可以感知危险环境中工作人员、设备机器、周边环境等方面的安全状态信息，将现有的网络监管平台提升为系统、开放、多元的综合网络监管平台，实现实时感知、准确辨识、快捷响应及有效控制。

4.1.4 工业物联网面临的关键技术

从整体上来看，我国物联网还处于起步阶段，物联网在工业领域的大规模应用还面临一些关键技术问题。概括起来主要有以下几个方面：

1. 工业用传感器

工业用传感器是一种检测装置，能够测量或感知特定物体的状态和变化，并转化为可传输、可处理、可存储的电子信号或其他形式信息，是实现工业自动检测和自动控制的首要环节。在现代工业生产尤其是自动化生产过程中，要用各种传感器来监视和控制生产过程中的各个参数，使设备工作在正常状态或最佳状态，并使产品达到最好的质量。

2. 工业无线网络技术

工业无线网络是一种由大量随机分布的、具有实时感知和自组织能力的传感器节点组成的网状（Mesh）网络，综合了传感器技术、嵌入式计算技术、现代网络及无线通信技术、分布式信息处理技术等，具有低耗自组、泛在协同、异构互连的特点。工业无线网络技术是降低工业测控系统成本、扩大工业测控系统应用范围的热点技术，也是未来几年工业自动化产品新的增长点。

3. 工业过程建模

没有模型就不可能实施先进有效的控制，传统的集中式、封闭式仿真系统结构已不能满足现代工业发展的需要。工业过程建模是系统设计、分析、仿真和先进控制必不可少的基础。

此外，还包括工业集成服务代理总线技术、工业语义中间件平台等关键技术问题。

4.1.5 物联网的智能制造产业发展趋势

物联网与智能制造技术相结合，对智能制造产业的发展产生了深远的影响。基于物联网的智能制造产业发展趋势有以下几个方面：

1. 制造过程向全球化的协同创新发展

随着企业逐渐实现跨国的产品开发、营销和服务，对信息系统提出了支持多语种、多工厂、多个企业实体的开发与管理需求，以及全球协作开发的需求。工业发达国家的许多企业将信息化技术综合集成，并广泛应用于研发、管理、财务运作、营销、服务等核心业务，实现了产品研制、采购、销售等在全球范围内的协作，在全球范围进行资源的优化配置。

2．生产和研发向精益化的方向发展

通过整合各种产品生产、服务反馈的数据，企业把物理世界与数字世界充分关联起来，为企业提供一种企业级的产品数字化样机开发环境，使产品的质量与可靠性有了系统的保障。同时，高度的信息共享，使企业可以通过优化业务流程和资源配置，强化运行细节管理和过程管理，追求持续改进，推动企业不断适应内外环境变化，提高核心竞争力和创造效益的能力，达到精益管理，从而提高制造业生产力。

3．制造设计从高能耗向低能高效转变

将物联网的应用与“绿色、环保、节能、低碳经济”的发展理念紧密结合，充分利用物联网技术，实现更精细、更简单、更高效的管理，帮助企业创造更大的经济效益和社会效益，实现智能制造绿色设计和绿色制造的行业要求。

4.2 云计算技术

4.2.1 云计算概述

2006 年谷歌推出了“Google 101 计划”，并正式提出“云”的概念和理论。云是互联网的一种比喻说法。之所以称为“云”，是因为它在某些方面具有现实中云的特征：云一般都较大；它的规模可以动态伸缩，它的边界是模糊的；云在空中飘忽不定，无法也无需确定它的具体位置，但它确实存在于某处。

云计算是什么呢？目前对它的定义五花八门，美国国家标准与技术研究院对云计算的定义为：云计算是一种按使用量付费的模式，这种模式提供可用的、便捷的、按需的网络访问，进入可配置的计算资源共享池（资源包括网络、服务器、存储、应用软件、服务等），这些资源能够被快速提供，只需投入很少的管理工作，或与服务供应商进行很少的交互。我们通俗的理解，云计算的核心思想，是将大量用网络连接的计算资源统一管理和调度云存储，构成一个计算资源池向用户按需服务。

云存储是在云计算概念上延伸和发展出来的一个新的概念，是指通过集群应用、网格技术或分布式文件系统等功能，将网络中大量各种不同类型的存储设备通过应用软件集合起来协同工作，共同对外提供数据存储和业务访问功能的一个系统。

当云计算系统运算和处理的核心是大量数据的存储和管理时，云计算系统中就需要配置大量的存储设备，那么云计算系统就转变成为一个云存储系统，所以云存储是一个以数据存储和管理为核心的云计算系统。云存储不是存储，而是服务，就如同云状的广域网和互联网一样，云存储对使用者来讲，不是指某一个具体的设备，而是指一个由许许多多个存储设备和服务器所构成的集合体。使用者使用云存储，并不是使用某一个存储设备云存储，而是使用整个云存储系统带来的一种数据访问服务。

4.2.2 云计算特点

从研究现状上看，云计算具有以下特点：

1．超大规模

“云”具有相当的规模，Google 云计算已经拥有 100 多万台服务器，Amazon、IBM、微软和等公司的“云”均拥有几十万台服务器。“云”能赋予用户前所未有的计算能力。

2．虚拟化

云计算支持用户在任意位置、使用各种终端获取服务。所请求的资源来自“云”，而不是固定的有形的实体。

3．高可靠性

“云”使用了数据多副本容错、计算节点同构可互换等措施来保障服务的高可靠性，使用云计算比使用本地计算机更加可靠。

4．通用性

云计算不针对特定的应用，在“云”的支撑下可以构造出千变万化的应用，同一片“云”可以同时支撑不同的应用运行。

5．高可伸缩性

“云”的规模可以动态伸缩，满足应用和用户规模增长的需要。

6．按需服务和廉价性

“云”是一个庞大的资源池，用户按需购买。“云”的公用性和通用性使资源的利用率大幅提升；“云”设施可以建在电力资源丰富的地区，从而大幅降低能源成本。因此，“云”具有前所未有的性能价格比。

4.2.3 云计算的架构

云计算分为服务和管理两大部分，如图 4-1 所示。

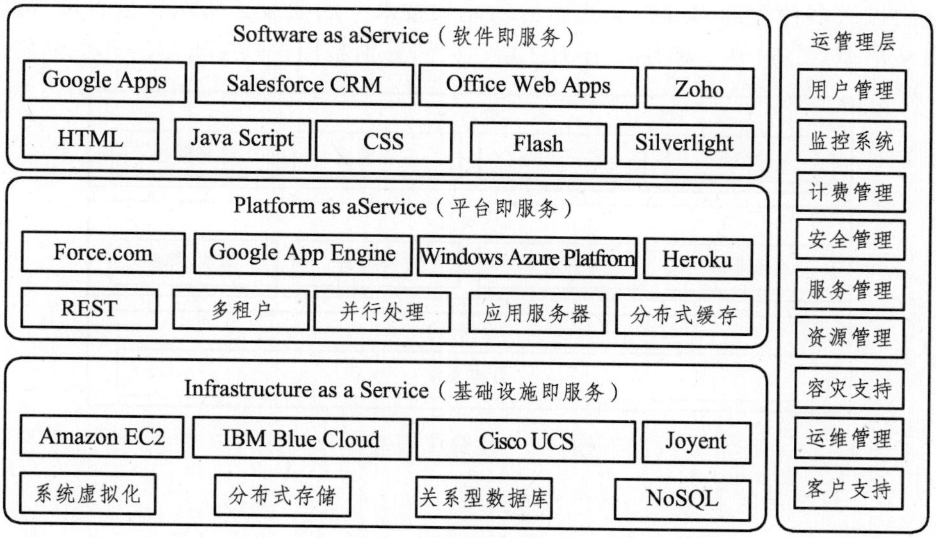

图 4-1 云计算的架构

服务方面，主要以向用户提供各种基于云的服务为主，共包含三个层次：

（1）SaaS（Software as a Service，软件即服务）：这层的作用是将应用以主要基于 Web 的方式提供给客户。

（2）PaaS（Platform as a Service，平台即服务）：这层的作用是将一个应用的开发和部署平台作为服务提供给用户。

（3）IaaS（Infrastructure as a Service，基础架构即服务）：这层的作用是将各种底层的计算（如虚拟机）和存储等资源作为服务提供给用户。

从用户角度而言，这三层服务之间关系是独立的，因为它们提供的服务是完全不同的，而且面对的用户也不尽相同。但从技术角度而言，云服务这三层之间有一定的依赖关系。比如一个 SaaS 层的产品和服务不仅需要用到 SaaS 层本身的技术，而且还依赖 PaaS 层所提供的开发和部署平台，或者直接部署于 IaaS 层所提供的计算资源上，还有 PaaS 层的产品和服务也很有可能构建于 IaaS 层服务之上。

管理方面，主要以云的管理层为主，其功能是确保整个云计算中心能够安全和稳定地运行，并能被有效地管理。

4.2.4 云管理层

云管理层是云最核心的部分。云管理层也是前面 3 层云服务的基础，为它们提供多种管理和维护等方面的功能和技术。如图 4-2 所示，云管理层共有 9 个模块，这 9 个模块可分为 3 层，它们分别是用户层、机制层和检测层。

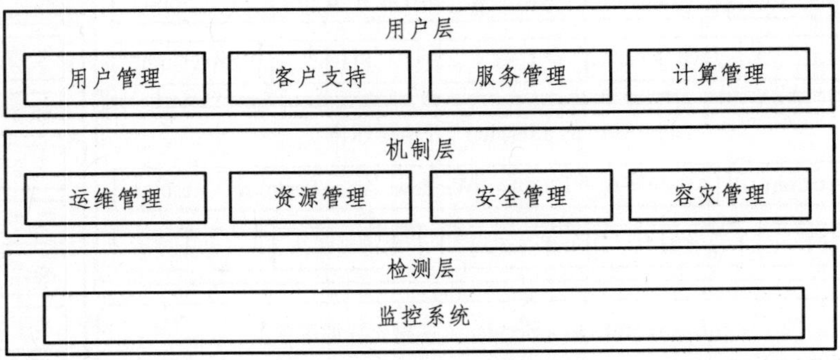

图 4-2 云管理的架构

1．用户层

顾名思义，这层主要面向使用云的用户,并通过多种功能来更好地为用户服务，共包含 4 个模块：用户管理、客户支持、计费管理和服务管理。各模块的具体功能如表 4-1 所示。

表 4-1 用户层模块

用户层模块	功能说明
用户管理	云方面的用户管理主要有 3 种功能，其一是账号管理，包括对用户身份及访问权限进行有效的管理，还包括对用户组的管理；其二是单点登录，在多个应用系统中，用户只需要登录一次就可以访问所有相互信任的应用系统，这个机制可以极大地方便用户在云服务之间进行切换；其三是配置管理，对与用户相关的配置信息进行记录、管理和跟踪，配置信息包括虚拟机的部署、配置和应用的设置信息等
客户支持	好的用户体验对于云而言非常关键，所以帮助用户解决疑难问题的客户支持十分必要，需要建设一整套完善的客户支持系统，确保问题能按其严重程度或者优先级来依次进行解决，而不是一视同仁，以提升客户支持的效率和效果

续表

用户层模块	功能说明
计费管理	利用底层监控系统所采集的数据来对每个用户所使用的资源（如所消耗 CPU 的时间和网络带宽等）和服务（如调用某个付费 API 的次数）进行统计，以准确地向用户索取费用，并提供完善和详细的报表
服务管理	大多数云都在一定程度上遵守 SOA（Service-Oriented Architecture，面向服务的架构）的设计规范。SOA 的意思是将应用不同的功能拆分为多个服务，并通过定义良好的接口和契约来将这些服务连接起来。这样做的好处是能使整个系统松耦合，从而使整个系统能够通过不断演化来更好地为客户服务。一个普通的云也同样由许许多多的服务组成，如部署虚拟机的服务、启动或者关闭虚拟机的服务等，而管理好这些服务对于云而言是非常关键的

2. 机制层

这层主要提供各种用于管理云的机制。通过这些机制，能让云计算中心内部的管理更自动化、更安全和更环保。和用户层一样，该层也包括 4 个模块：运维管理、资源管理、安全管理和容灾支持。各模块具体功能如表 4-2 所示。

表 4-2 机制层模块

机制层模块	功能说明
运维管理	云的运行是否出色，往往取决于其运维系统的强健和自动化程度。而和运维管理相关的功能包括 3 个方面：首先是自动维护，运维操作应尽可能专业化和自动化，从而降低云计算中心的运维成本；其次是能源管理，它包括自动关闭闲置资源、根据负载来调节 CPU 的频率以降低功耗、提供数据中心整体功耗的统计图与机房温度的分布图等来提升能源的管理，并相应地降低浪费；最后是事件监控，它通过监控数据中心发生的各项事件，以确保在云中发生的任何异常都会被管理系统捕捉到
资源管理	资源管理模块与对物理节点（如服务器、存储设备和网络设备等）的管理相关，涉及以下 3 个功能：其一是资源池，通过使用资源池这种资源抽象方法，能将具有庞大数量的物理资源集中到一个虚拟池中，以便于管理；其二是自动部署，就是将资源从创建到使用的整个流程自动化；其三是资源调度，它不仅能更好地利用系统资源，而且能自动调整云中资源来帮助运行于其上的应用更好应对突发流量，从而起到负载均衡的作用
安全管理	安全管理是对数、应用和账号等 IT 资源进行全面保护，使其免受犯罪分子和恶意安全管理程序的侵害，并保证云基础设施及其提供的资源能被合法地访问和使用

续表

机制层模块	功能说明
容灾支持	在容灾方面，主要涉及两个级别：其一是数面中心级别，如果数据中心的外部环境出现了类似断电、火灾、地震或者网络中断等严重的事故，有可导致整个数据中心不可用，这就需要在异地建立一个备份数据中心以保证整个云服务持续运行，该备份数据中心会与主数据中心进行同步，主数据中心发生问题时，备份数据中心会自动接管在主数据中心中运行的服务；其二是物理节点级别，系统需要检测每个物理节点的运行情况，如果一个物理节点出现问题，系统会试图恢复它或者将其屏蔽，以确保相关云服务正常运行

3. 检测层

检测层主要监控云计算中心的方方面面，并采集相关数据，以供用户层和机制层使用。全面监控云计算的运行主要涉及 3 个层面：其一是物理资源层面，主要监控物理资源的运行状况，如 CPU 使用率、内存利用率和网络带宽利用率等；其二是虚拟资源层面，主要监控虚拟机的 CPU 使用率和内存利用率等；其三是应用层面，主要记录应用每次请求的响应时间（Response Time）和吞吐量（Throughput），以判断它们是否满足预先设定的 SLA（Service Irevel Agreement，服务级别协议）。

4.2.5 云计算的 4 种模式

为适应用户不同的需求，云计算演变为不同的模式。在 NIST（National Institute ofStandards and Technology，美国国家标准技术研究院）的名为“The NIST Definition of CloudCompuring”的关于云计算概念的著名文档中，共定义了云的 4 种模式，它们分别是：公有云、私有云、混合云和行业云。

1. 公有云

公有云是目前最流行的云计算模式。它是一种对公众开放的云服务，能支持数目庞大的请求，而且成本较低。公有云由云供应商运行，为最终用户提供各种各样的 IT 资源。云供应商负责从应用程序、软件运行环境到物理基础设施等 IT 资源的安全、管理、部署和维护。

在使用 IT 资源时，用户只需为其所使用的资源付费，无需任何前期投入。但在公有云中，用户不清楚与其共享和使用资源的还有其他哪些用户，整个平台是如何实现的，甚至无法控制实际的物理设施，所以云服务提供商必须能保证其所提供的服务是安全可靠的。

许多 IT 巨头都推出了它们自己的公有云服务，包括 Amazon 的 AWS、微软的 Windows Azure Platform、Google 的 Google Apps 与 Google App Engine 等，一些过去著名的 VPS 和 IDC 厂商也推出了它们自己的公有云服务，比如 Rackspace 的 Rackspace Cloud 和国内世纪互联的 CloudEx 云快线等。

2．私有云

对许多大中型企业而言，在短时间内很难大规模地采用公有云技术，所以引出了私有云这一模式。私有云主要为企业内部提供云服务，并不对外开放。它在企业的防火墙内工作，企业 IT 人员能对其数据、安全性和服务质量进行有效的控制。与传统的企业数据中心相比，私有云可以支持动态灵活的基础设施（可由企业 IT 机构，也可由云提供商进行构建），降低 IT 架构的复杂度，使各种 IT 资源得以整合和标准化。

在私有云界，主要有两大联盟：其一是 IBM 与其合作伙伴，主要推广的解决方案有 IBM Blue Cloud 和 IBM CloudBurst；其二是由 VMware、Cisco 和 EMC 组成的 VCE 联盟，它们主推的是 Cisco IJCS 和 vBlock。在实际的例子方面，已经建设成功的私有云有采用 IBM Blue Cloud 技术的中化云计算中心和采用 Cisco IJCS 技术的 Tutor Perini 云计算中心。

3．混合云

混合云的应用没有公有云和私有云广泛。顾名思义，混合云是把公有云和私有云结合到一起的方式，即它是让用户在私有云的私密性和公有云的灵活低廉之间做一定权衡的模式。比如，企业可以将非关键的应用部署到公有云上来降低成本，而将安全性要求很高、非常关键的核心应用部署到完全私密的私有云上。

现在混合云的例子非常少，最相关的就是 Amazon VPC（Virtual Private Cloud，虚拟私有云）和 VMware vCloud。

4．行业云

行业云主要指专门为某个行业的业务设计的云，并且开放给多个同行业的企业。

行业云的概念虽然较少被提及，也没有较为成熟的例子，但仍有一定的潜力。比如，盛大公司的开放平台就颇具行业云的潜质，它将其整个云平台与多个小型游戏开发团队共享，这些小型团队只需负责游戏的创意和开发，其他相关的烦琐运维工作则交由盛大开放平台负责。

4.2.6 云计算的应用：云制造

云计算是智能制造的重要领域。制造企业所管理的大量数据与云计算平台相结合，衍生出了另一个概念 —— 云制造。

云制造是先进的信息技术、制造技术及物联网技术等交叉融合的产品，是制造即服务理念的体现。云制造依据包括云计算在内的当代信息技术前沿理念，支持制造业利用当下环境中广泛的网络资源，为产品提供高附加值、低成本和全球化制造的服务。云制造将实现对产品开发、生产、销售、使用等全生命周期的相关资源的整合，提供标准、规范、可共享的制造服务模式。

云制造为制造业信息化提供了一种崭新的理念与模式，其应用是一个长期的阶段性渐进的过程。云制造的未来发展面临着众多关键技术的挑战，除了云计算、物联网、高性能计算、嵌入式系统等技术的综合集成以外，基于知识的制造资源云端化、制造云管理引擎、云制造的应用协同、云制造可视化技术与用户界面等技术均是未来需要攻克的重要技术。

4.3 工业大数据

4.3.1 数据爆炸的时代

2008 年 9 月，国际顶级学术期刊 *Nature* 所发表了文章 *Big Data：Science in the Petabyte Era*，此后，人们开始关注大数据。2011 年 6 月，美国著名咨询公司麦肯锡发布的一份关于“大数据”的研究报告定义了大数据的内涵，即无法用现有的软件工具提取、存储、搜索、共享、分析和处理的、海量的、复杂的数据集合，其特点是：数据量大、输入和处理速度快、数据多样性、价值密度低等，这份报告引起了各行各业对大数据的重视。特别是近年来，针对大数据的处理与分析技术，各行业都进行了深入的研究和创新，从之前的高性能计算、并行计算和网格计算，发展到现在的分布式云计算，其中以谷歌公司最具有代表性。

工业大数据是一个全新的概念，以字面层次进行理解，就是指在工业领域信息化应用中所产生的大数据。随着信息化与工业化的不断深度融合，信息技术逐渐被应用到了工业企业产业过程中的的各个环节。CAD/CAM/CAE/CAI、RFID、ERP、条形码、二维码、传感器、工业企业中的自控系统和工业物联网等相关技术在工业企业中得到广泛应用，特别是互联网、移动互联网、物联网等新一代信息技术逐步应用于工业领域，使得工业企业也进入了互联网工业的发展阶段，制造业企业的运营越来越依赖信息技术。制造业整个价值链及制造业产品的整个生命周期都涉及诸多的数据。据国际著名咨询公司麦肯锡统计，制造行业数据存储量远远超过其他行业的数据量总和。

如图 4-3 所示，制造业企业需要管理的数据种类繁多，涉及大量结构化数据和非结构化数据。

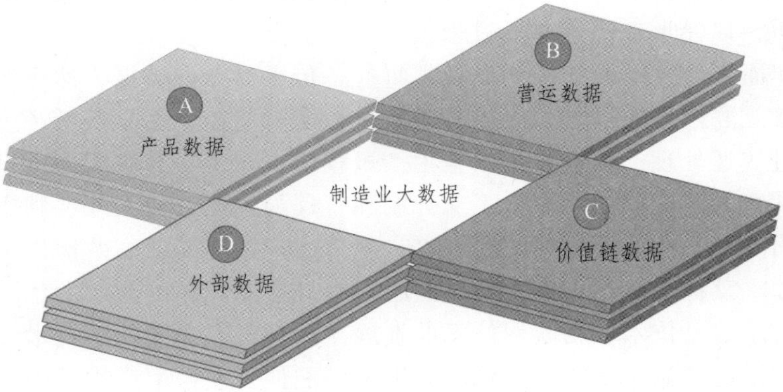

图 4-3 工业大数据

（1）产品数据：设计、建模、工艺、加工、测试、维护数据、产品结构、零部件配置关系、变更记录等。

（2）运营数据：组织结构、业务管理、生产设备、市场营销、质量控制、生产、采购、库存、目标计划、电子商务等。

（3）价值链数据：客户、供应商、合作伙伴等。

（4）外部数据：经济运行数据、行业数据、市场数据、竞争对手数据等。

随着大规模定制和网络协同的发展，制造业企业还需要实时从网上接收众多消费者的个性化定制数据，并通过网络协同，配置各方资源、组织生产并管理更多各类有关数据。

4.3.2 大数据的价值

大数据在提高全球工业效率方面具有巨大的经济价值："在未来 20 年，工业互联网将为全球 GDP 创造 10 万亿～15 万亿美元价值"。并且所采集的数据大都是时间序列数据，实时性要求高，类型也多是非结构化。工业企业所面临的数据采集、管理和分析等问题将比互联网行业更为复杂。海量的工业数据背后隐藏了很多有价值的信息。大数据可能带来的巨大价值正在被传统产业认可，它通过技术创新与发展，以及数据的全面感知、收集、分析和共享，为企业管理者和参与者呈现出看待制造业价值链的全新视角。工业大数据的价值具体体现在以下两个方面：

1．实现智能生产

在智能制造体系中，通过物联网技术，使工厂/车间的设备传感层与控制层的数据和企业信息系统融合，将生产大数据传送至云计算数据中心进行存储、分析，以便形成决策并反过来指导生产。

具体而言，生产线、生产设备都将配备传感器抓取数据，然后经过无线通信连接互联网传输数据，对生产本身进行实时监控，而生产所产生的数据同样经过快速处理、传递，反馈至生产过程中，将工厂升级成为可以管理和自适应调整的智能网络，使得工业控制和管理最优化，最大限度利用有限资源，从而降低工业和资源的配置成本，使得生产过程能够高效地进行。

过去，设备运行过程中，其自然磨损本身会使产品的品质发生一定的变化。而由于信息技术、物联网技术的发展，现在可以通过传感技术，实时感知数据，知道产品出了什么故障，哪里需要配件，使得生产过程中的这些因素能够被精确控制，真正实现生产智能化。因此，在一定程度上，工厂/车间的传感器所产生的大数据直接决定了智能制造所要求的智能化设备的智能水平。

此外，从生产能耗角度看，设备生产过程中利用传感器集中监控所有的生产流程，能够发现能耗的异常或峰值情况，由此能够在生产过程中不断实时优化能源消耗。同时，对所有流程的大数据进行分析，也将会整体上大幅降低生产能耗。

2．实现大规模定制

实现消费者个性化需求，一方面需要制造企业能够生产符合消费者个性偏好的产品或服务，另一方面需要互联网提供消费者的个性化定制需求。由于消费者人数众多，每个人需求不同，导致需求的具体信息也不同，加上需求不断变化，就构成了产品需求的大数据。

消费者与制造企业之间的交互和交易行为也将产生大量数据，挖掘和分析这些消费者动态数据，能够帮助消费者参与到产品的需求分析和产品设计等创新活动中，为产品创新作出贡献。制造企业对这些数据进行处理，进而传递给智能设备，进行数据挖掘、设备调整、原材料准备等步骤，才能生产出符合个性化需求的定制产品。

大数据是制造智能化的基础，其在制造业大规模定制中的应用包括数据采集、数据管理、订单管理、智能化制造、定制平台等。其中定制平台是核心，定制数据达到一定的数量级，方能实现大数据应用。通过对大数据的挖掘，可将其应用于流行预测、精准匹配、时尚管理、社交应用、营销推送等领域，如图 4-4 所示。同时，大数据能够帮助制造业企业提升营销的针对性，降低物流和库存的成本，减少生产资源投入的风险。

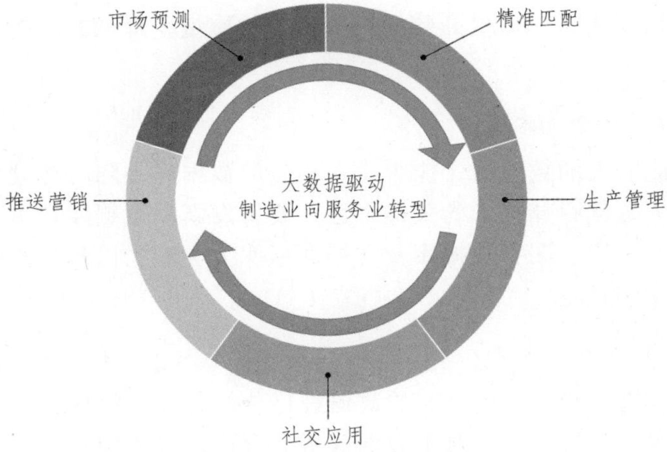

图 4-4 大数据应用

进行大数据分析，将带来仓储、配送、销售效率的大幅提升与成本的大幅下降，并将极大地减少库存，优化供应链。同时，利用销售数据、产品的传感器数据和供应商数据库的数据等方面的大数据，制造企业可以准确预测全球不同市场区域的商品需求，跟踪库存和销售价格，从而节约大量成本。

4.3.3 大数据处理关键技术

为了获取大数据中的有价值信息，必须选择一种有效的方式来处理它。大数据技术一般包括数据采集、数据预处理、数据存储和数据分析四个部分。

1. 大数据采集技术

数据可以是从传感器、网络社交、论坛等渠道获得的信息，数据类型包括结构化、半结构化以及非结构化数据。大数据采集即是通过传感体系、网络通信体系、智能识别体系及软硬件资源接入系统，实现对结构化、半结构化、非结构化的海量数据的智能化识别、跟踪、接入、传输、信号转换、监控、初步处理和管理等。

2．大数据预处理技术

大量数据接收完毕后，需要对多种结构的数据进行分类，将一些复杂的数据转化为单一的数据类型，并过滤掉错误及无用的信息。这种在主要的数据处理以前对数据进行的一些处理叫作大数据预处理。大数据预处理有多种方法：数据清理、数据集成、数据变换和数据归约。这些大数据处理技术在数据挖掘之前使用，可以提高数据挖掘模式的质量，降低实际挖掘所需要的时间。

3．大数据存储技术

面对如此巨大的数据量，能否建立相应的数据库并随时管理和调用其中数据，成为大数据存储技术的关键。这需要开发新型数据库技术，如键值数据库、列存数据库、图存数据库及文档数据库等类型，以解决海量图文数据的存储及应用问题。

4．大数据分析

大数据分析是指对规模巨大的数据进行分析。其中包括：

（1）可视化分析：不管对于数据分析专家还是普通用户，数据可视化都是数据分析工具最基本的功能。

（2）数据挖掘：从大量的、不完全的、有噪声的、模糊的、随机的实际应用数据中，提取隐含在其中的、人们事先不知道的、但又是潜在有用的信息和知识的过程。

（3）预测性分析：根据可视化分析和数据挖掘的结果作出一些预测性判断。

（4）语义引擎：分析语义中隐含的消息，并主动地提取信息。

4.3.4 大数据与新一代智能工厂

消费需求的个性化，要求传统制造业突破现有的生产方式与制造模式，处理和挖掘消费需求所产生的海量数据与信息，同时，非标准化产品的生产过程中也会产生大量的生产信息与数据，需要及时收集、处理和分析，用来指导生产。这两方面的大数据信息流最终会通过互联网在智能设备之间传递，由智能设备来分析、判断、决策、调整、控制并继续开展智能生产，生产出高品质的个性化产品。可以说，大数据是构成新一代智能工厂的重要技术支撑。

智能工厂中的大数据，是“信息”与“物理”世界彼此交互与融合的产物。大数据应用将带来制造企业创新和变革的新时代，在传统的制造业生产管理信息数据的基础上，结合物联网等感知的物理数据，形成智能制造时代的生产数据私有云，创新制造企业的研发、生产、运营、营销和管理方式，带给企业更快的速度、更高的效率和更敏锐的洞察力。

4.4 工业机器人技术

工业机器人是面向工业领域的多关节机械手或多自由度的现代制造业智能化装备，它集机械、电子、控制、计算机、传感器和人工智能等多学科先进技术于一体，能自动执行工作，靠自身动力和控制能力来实现各种功能。它既可以接受人类的指挥，也可以按照预先编排的程序运行。

4.4.1 工业机器人的概念及其发展

1．工业机器人的概念

国际机器人联合会（International Federation of Robotics，IFR）将机器人定义如下：机器人是一种半自主或全自主工作的机器，它能完成有益于人类的工作，应用于生产过程称为工业机器人，应用于特殊环境称为专用机器人（特种机器人），应用于家庭或直接服务人称为（家政）服务机器人。这种内涵广义的理解是机器人自动化机器,而不应该理解为如翻译的像人一样机器。

国际标准化组织（International Organization for Standardization，ISO）对机器人的定义为“机器人是一种自动的、位置可控的、具有编程能力的多功能机械手，这种机械手具有几个轴，能够借助于可编程序操作处理各种材料、零件、工具和专用装置，以执行种种任务”。按照 ISO 定义，工业机器人是面向工业领域的多关节机械手或多自由度的机器人，是自动执行工作的机器装置，是靠自身动力和控制能力来实现各种功能的一种机器；它接受人类的指令后，将按照设定的程序执行运动路径和作业。工业机器人的典型应用包括焊接、喷涂、组装、采集和放置（如包装和码垛等）、产品检测和测试等。

2．工业机器人的发展

根据美国 2013 年 3 月发布机器人发展路线图，具有一定智能的可移动、可作业的设备与装备称为机器人，如智能吸尘器（家电）、空中机器人（无人机）、智能割草机（农机）、智能家家居（智能建筑与家具）、谷歌移动车辆（无人车）等都被认为是机器人。

现代工业机器人的发展开始于20世纪中期，依托计算机、自动化及原子能的快速发展。为了满足大批量产品制造的迫切需求，并伴随着相关自动化技术的发展，数控机床于1952年诞生，数控机床的控制系统、伺服电动机、减速器等关键零部件为工业机器人的开发打下了坚实的基础；同时，在原子能等核辐射环境下的作业，迫切需要特殊环境作业机械臂代替人进行放射性物质的操作与处理，基于此种需求，1947年美国阿尔贡研究所研发了遥操作机械手，1948年接着研制了机械式的主从机械手。1954年美国的戴沃尔对工业机器人的概念进行了定义，并进行了专利申请。1962年，美国的AMF公司推出的“UNIMATE”，是工业机器人较早的实用机型，其控制方式与数控机床类似，但在外形上由类似于人的手和臂组成。1965年，一种具有视觉传感器并能对简单积木进行识别、定位的机器人系统在美国麻省理工大学研制完成。1967年机械手研究协会在日本成立，并召开了首届日本机器人学术会议。1970年第一届国际工业机器人学术会议在美国举行，促进了机器人相关研究的发展。1970年以后，工而机器人的研究得到广泛、较快的发展。

1967年，日本川崎重工业公司首先从美国引进机器人及技术，建立生产厂房，并于1968年试制出第一台日本产通用机械手机器人。经过短暂的摇篮阶段，日本的工业机器人很快进入实用阶段，并由汽车业逐步扩大到制造业其他领域。1980年被称为日本的“机器人普及元年”，日本开始在各个领域推广使用机器人，这大大缓解了市场劳动力严重短缺的社会矛盾。1980—1990年日本的工业机器人处于鼎盛时期。20世纪90年代，装配与物流搬运的工业机器人开始应用。

自从20世纪60年代以来，工业机器人在工业发达国家越来越多的领域得到了应用，尤其是在汽车生产线上得到了广泛应用，并在制造业中，如毛坯制造（冲压、压铸、锻造等）、机械加工、焊接、热处理、表面涂覆、打磨抛光、上下料、装配、检测及仓库堆垛等作业中得到应用，提高了加工效率与产品的一致性。作为先进制造业中典型的机电一体化数字化装备，工业机器人已经成为衡量一个国家制造业水平和科技水平的重要标志。

从1960年开始，经过50多年发展，工业机器人产业化整机的世界规模100亿~120亿美元，年销售台套16万台套，累计装机量120万~150万台套，考虑相关软件、零部件及系统集成应用整体规模在300亿~500亿美元市场，近5年市场增长率10%。

我国工业机器人整机规模为 30 亿 ~ 50 亿人民币市场，考虑相关软件、零部件及系统集成应用市场，整体规模 100 亿 ~ 300 亿人民币，服务机器人刚刚开始，龙头企业 3 ~ 5 家，规模在 5 亿 ~ 10 亿，相关小企业 30 ~ 50 家，近 3 年市场增长率为 20% ~ 30%。

工业机器人作为高端制造装备的重要组成部分，技术附加值高，应用范围广，是我国先进制造业的重要支撑技术和信息化社会的重要生产装备，将对未来生产和社会发展及增强军事国防实力都具有十分重要的意义，有望成为继汽车、飞机、计算机之后出现的又一战略性新兴产业。

3．世界各国工业机器人发展计划

世界各国纷纷将突破机器人技术、发展机器人产业摆在本国科技发展的重要战略地位。美国、日本、欧洲、韩国等国家和地区都非常重视机器人技术与产业的发展，将机器人产业作为战略产业，纷纷制定其机器人国家发展战略规划。

（1）美国相关机器人发展计划。美国机器人发展起步早，其发展思路是立足于相关机器人核心技术实现产业化，并提出了相关的工业机器人发展计划。2011 年 6 月美国总统奥巴马在卡耐基梅隆大学讲话中，提出“NRI 国家机器人发展计划（NASA，NSF，NIH）”，希望振兴美国制造业。接着，美国在 2013 年 3 月提出了“美国机器人发展发展路线图”，将围绕制造业攻克工业机器人的强适应性和可重构的装配、仿人灵巧操作、基于模型的集成和供应链的设计、自主导航、非结构化环境的感知、教育训练、机器人与人共事的本质安全性等关键技术。

（2）日本相关工业机器人发展计划。日本一贯将工业机器人技术列入国家的发展计划和重大项目，不论在技术方面，还是在市场规模方面，日本称得上是“机器人大国”。日本提出了机器人路线图，包含 3 个领域，即“新世纪工业机器人”“服务机器人”和“特种机器人”，并从技术图中的重要技术明确其性能和技术指标，并提到创建和扩大机器人的早期市场，缩短满足多种需求的机器人的开发时间、降低成本、扩大加入的企业。智能机器人技术软件计划（2007—2011 年）资助 9 700 万人民币，基本机器人技术开放式创新改进传统技术（2008—2010 年）资助约 1 000 万人民币，先进机器人单元技术战略开发计划（2006—2010 年）预算 5 447 万人民币。

（3）欧洲相关工业机器人发展计划。欧盟第七研发框架计划（2007—2013 年）投入机器人研究经费达 6 亿欧元，研究计划（2013—2020 年）对机器人研究的经费投入将达到 140 亿欧元，另外还提出了 2002—2022 年欧洲机器人研究与应用的路线图。

（4）韩国相关工业机器人发展计划。韩国工业机器人产业起步较晚，但发展速度较快。韩国于20世纪80年代末开始大力发展工业机器人技术，在政府的资助和引导下，由现代重工集团牵头，用了10年的时间形成其工业机器人体系，目前韩国的汽车工业大量应用其本国的机器人。韩国将机器人与互联网相结合，提出了“839”战略计划，其中智能机器人是其提出的九项核心技术之一。韩国在2003年提出了“十大未来发展动力产业”计划，2004年韩国信息通信部提出“IT839”计划及“无所不在的机器人伙伴”项目，2008年后每年4 000亿韩元（约合22亿人民币）；2009年韩国政府提出了“第一次智能型机器人基本计划”,2013年之前投入1万亿韩元（约合55亿人民币）。

4．世界工业机器人的发展模式

世界各国的工业机器人产业发展过程，分为3种不同的发展模式，即日本模式、欧洲模式和美国模式。日本模式为基于完善的工业机器人产业链分工进行发展，

（1）日本机器人制造厂商以面向开发新型工业机器人和批量化生产的机器人产品为发展目标，并由应用工程集成公司针对不同行业的具体工艺与需求，开展工业机器人生产线成套系统的集成应用。

（2）欧洲模式为用户单位提供一揽子的系统集成解决方案，工业机器人的生产、应用工艺的系统设计与集成调试，均有工业机器人的制造商承担和完成。

（3）美国模式为集成应用，在全球范围内采购工业机器人主机及成套设计的配套设备，由工程公司进口，在进行集成生产线的设计、外围设备的研发与集成调试应用。

5．大力发展工业机器人的意义及未来空间

新一轮工业革命呼唤着工业机器人产业的发展，市场激烈竞争、小批量多品种客户定制、劳动力成本不断上升、新技术突破进步对工业机器人存在着迫切的需求。信息化、智能化、绿色化将是未来制造业的重要发展方向，以工业机器人等为主体的技术与装备将成为未来制造强国的重要标志，在促进我国智能制造的发展，推动工业机器人产业化突破方面具有重要的意义。

随着我国劳动力成本的逐年增加，老龄化社会的到来，可进行传统加工制造业的一线工人将保持逐年减少的趋势，同时社会服务的成本将增加，我国对工业机器人及自动化加工装备的需求将逐步增加。国际制造环境竞争的日益激烈，客户可定制、柔性加工制造、成本投入与效率提高、整合全球资

源逐渐成为制造业竞争力的核心要素。

因而，我国工业机器人的市场需求是刚性与持续的，期望一个新时代到来，厂厂都有机器人。工业机器人发展的临界点已经到来，工业机器人发展将是中国制造业历史上一次机遇与革命。

4.4.2 工业机器人的组成

一台完整的工业机器人由以下几部分组成：操作机、驱动系统、控制系统及可更换的末端执行器，如图 4-5 所示。

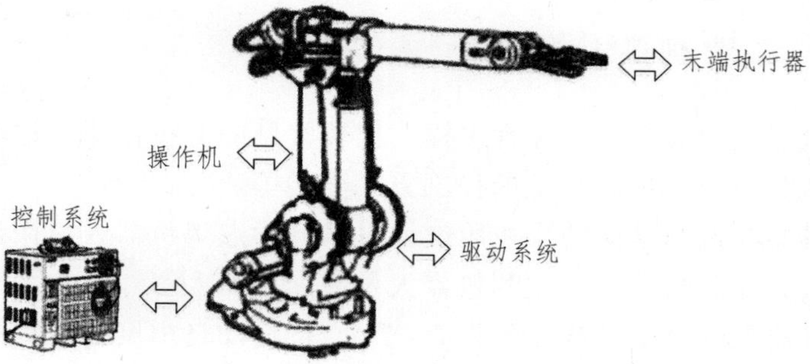

图 4-5 工业机器人组成

1. 操作机

操作机是工业机器人的机械主体，是用来完成各种作业的执行机械。工业机器人的“柔性”除体现在其控制装置可重复编程外，还和机器人操作机的结构形式有很大关系。机器人中普遍采用的关节型结构，具有类似人体腰、肩和腕等仿生结构。

2. 驱动系统

驱动系统是指驱动操作机运动部件动作的装置，也就是机器人的动力装置。机器人使用的动力源有：压缩空气、压力油和电能。因此，相应的动力驱动装置就是气缸、油缸和电动机。

3. 控制系统

控制系统是工业机器人的核心部件，它通过各种控制电路硬件和软件的结合来操控机器人，并协调机器人与生产系统中其他设备的关系。一个完整的机器人控制系统除了作业控制器和运动控制器外，还包括控制驱动系统的伺服控制器及检测机器人自身状态的传感器反馈。现代机器人的电子控制装置由可编程控制器、数控控制器或计算机构成。控制系统是决定机器人功能和水平的关键部分，也是机器人系统中更新和发展最快的部分。

4．末端执行器

工业机器人的末端执行器是指连接着操作机腕部的直接用于作业的机构，它可能是用于抓取搬运的手部（爪），也可能是用于喷漆的喷枪，或检查用的测量工具等。工业机器人操作臂的手腕，有用于连接各种末端执行器的机械接口，按作业内容的不同所选择的手爪或工具就装在其上，这进一步扩大了机器人作业的柔性。

4.4.3 工业机器人的分类

工业机器人的分类方式多种多样，比较常见的有按作业用途分类、按运动自由度数分类及按控制系统的控制方式分类等。

工业机器人按照具体的作业用途，可以分为点焊机器人、搬运机器人、喷漆机器人、涂胶机器人、检测机器人及装配机器人等。

工业机器人的自由度数一般为 2～7 个，按运动自由度数分类可分为简易型和复杂型。简易型的为 2～4 个自由度，复杂型的为 5～7 个自由度。机器人的自由度数是机器人的一个重要技术指标，指的是操作机各运动部件独立运动的数目之和。这种运动只有直线运动和旋转运动两种形态。机器人腕部的任何复杂运动都可由这两种运动来合成。按照机器人具有的运动自由度数分类的方式也适用于非工业机器人，自由度数越多，机器人的柔性越大，结构和控制也就越复杂。

按照控制系统的控制方式，工业机器人可分为如下几类：

（1）点位控制机器人：只能控制从一个特定点移动到另一个特定点，而无法控制其移动路径的机器人。

（2）连续轨迹控制机器人：能够在运动轨迹的任意特定数量的点处停留，但不能在这些特定点之间沿某一确定的路线运动。机器人要经过的任何一点都必须储存在机器人的存储器中。

（3）可控轨迹机器人：又称作计算轨迹机器人，其控制系统能够根据要求，精确地计算出直线、圆弧、内插曲线和其他轨迹。在轨迹中的任何一点，机器人都可以达到较高的运动精度。因此，只要输入符合要求的起点坐标、终点坐标及指定轨迹的名称，机器人就可以按指定的轨迹运行。

（4）伺服型与非伺服型机器人：伺服型机器人可以通过某些方式（如智

能传感器）感知自己的运动位置，并把所感知的位置信息反馈回来控制机器人的运动；非伺服型机器人则无法确定自己是否已经到达指定位置。

4.4.4 工业机器人的特点

1. 可编程

生产自动化的进一步发展是柔性自动化。工业机器人可随其工作环境变化的需要而再编程，因此，它在小批量、多品种且具有均衡高效率的柔性制造过程中能发挥很好的功用，是柔性制造系统（FMS）中的一个重要组成部分。

2. 拟人化

工业机器人在机械结构上有类似人的腿部、足部、腰部、大臂、小臂、手腕、手爪等部分。此外，智能化工业机器人还有许多类似人的"生物传感器"，如皮肤型接触传感器、力传感器、负载传感器、视觉传感器、声觉传感器、语言功能等。传感器提高了工业机器人对周围环境的自适应能力。

3. 通用性

除了专门设计的专用工业机器人外，一般工业机器人在执行不同的作业任务时具有较好的通用性。比如，更换工业机器人手部末端操作器（手爪、工具等）便可执行不同的作业任务。

4.4.5 工业机器人的应用

工业机器人主要被应用在以下 3 种场合：

（1）环境恶劣或有危险的场合。某些领域的作业因有害健康或有生命危险等因素而不适于人工操作，必须用工业机器人完成，如核污染、有辐射、高温高热等环境。

（2）特殊作业场合。某些场合因为空间狭小、环境真空等原因，只能采用工业机器人进行作业，如卫星的回收、地底环境监测等。

（3）自动化生产领域。某些高复杂性、高强度、高精度操作的作业，使用全年无休的工业机器人，可以有效降低人工成本，降低故障率，提升工作效率。

随着工业机器人向更深更广方向的发展，以及机器人智能化水平的提高，工业机器人的应用范围在不断扩大，在国防军事、医疗卫生等领域的应用也越来越多，如无人侦察机、警备机器人、医疗机器人等。

工业机器人技术涉及的学科相当广泛，但是归纳起来是机械学和微电子学的结合，也就是机电一体化技术。新型的智能机器人不仅具有获取外部环境信息的各种传感器，而且还具有记忆能力、语言理解能力、图像识别能力和推理判断能力，这些都和微电子技术的应用，特别是计算机技术的应用密切相关。因此，机器人技术的发展必将带动其他技术的发展，机器人技术的发展和应用水平也可以验证一个国家科学技术和工业技术的发展水平。

随着微电子技术的发展，各种视觉、力学、位置、速度和加速度等传感器技术与工业机器人控制系统的结合，工业机器人的性能、适应性和安全性得到了前所未有的提升，而单机价格却不断下降。工业机器人以其稳定、高效、低故障率等众多优势越来越多地取代人工劳动，成为现在和未来加工制造业的支撑技术和信息化社会的新兴产业。

在 2015 年举办的北京国际工业智能及自动化展会上，来自各国的近 200 家自动化企业，向参观者展示了各种自动化生产线及工业机器人的成功案例；同年 10 月，在深圳国际自动化及机器人展览会上，来自工业 4.0 产业联盟的十几家企业，集中展示了智慧工厂整体解决方案和真正的无人工厂实例。在这些应用实例中，自动生产线上的机器人不仅具备娴熟的装配技艺，相互之间还可以“沟通”——如果前一台机器人的装配速度提高，它会通知后一台机器人提前做好准备。不仅如此，这些机器人之间的相互沟通和配合，使它们可以脱离人工控制而完成生产任务。

由此可见，在智能制造体系中，工业机器人是支撑整个系统有序运作必不可少的关键硬件。工业机器人作为智能装备智能化的代表，是智能制造的基石，也是智能制造的重点方向。

4.4.6 工业机器人核心关键技术

我国工业机器人尽管在某些关键技术上有所突破，但还缺乏整体核心技术的突破，特别是在制造工艺与整套装备方面，缺乏高精密、高速与高效的减速机、伺服电动机、控制器等关键部件。建议对关键技术开展攻关，掌握以下核心技术：模块化、可重构的工业机器人新型机构设计，基于实时系统和高速通信总线的高性能开放式控制系统，在高速、负载工作环境下的工业机器人优化设计，高精度工业机器人的运动规划和伺服控制，基于三维虚拟仿真和工业机器人生产线集成技术，复杂环境下机器人动力学控制，工业机器人故障远程诊断与修复技术等。

1．工业机器人灵巧操作技术

工业机器人机械臂和机械手在制造业应用中模仿人手的灵巧操作，高精度高可靠性感知、规划和控制性方面开展关键技术研发，最终达到通过独立关节、创新机构及传感器，达到人手级别的触觉感知阵列，动力学性能超过人手的高复杂度机械手能够进行整只手的握取，并能做加工厂工人在加工制造环境中的灵活性操作工作。在工业机器人创新机构和高执行效力驱动器方面，通过改进机械装置和执行机构以提高工业机器人的精度、可重复性、分辨率等各项性能。因而，在与人类共存的环境中，工业机器人驱动器和执行机构的设计、材料的选择，需要考虑工业机器人的驱动安全性。创新机构包括外骨骼、智能假肢，需要高强度的自重/负载比、低排放执行器、人与机械之间自然的交互机构等。采用新材料提高工业机器人的负载与自重比。

2．工业机器人自主导航技术

在由静态障碍物、车辆、行人和动物组成的非结构化环境中实现安全的自主导航，对装配生产线上对原材料进行装卸处理的搬运机器人、原材料到成品的高效运输的 AGV 工业机器人，以及类似于入库存储和调配的后勤操作、采矿和建筑装备的工业机器人均为关键技术，需要进一步进行深入研发技术攻关。

一个典型的应用为无人驾驶汽车的自主导航，通过研发实现在有清晰照明和路标的任意现代化城镇上行驶，并能够展示出其在安全性方面可以与有人驾驶车辆相提并论。自主车辆在一些领域甚至能比人类驾驶做得更好，如自主导航通过矿区或者建筑区，倒车入库，并排停车及紧急情况下的减速和停车等。

3．工业机器人环境感知与传感技术

未来的工业机器人将大大提高工厂的感知系统，以检测机器人及周围设备的任务进展情况，能够及时检测部件和产品组件的生产情况、估算出生产人员的情绪和身体状态，需要攻克高精度的触觉、力觉传感器和图像解析算法，重大的技术挑战包括非侵入式的生物传感器及表达人类行为和情绪的模型。通过高精度传感器构建用于装配任务和跟踪任务进度的物理模型，以减少自动化生产环节中的不确定性。

多品种小批量生产的工业机器人将更加智能，更加灵活，而且将可在非结构化环境中运行，并且这种环境中包含有人类/生产者参与，从而增加了对非结构化环境感知与自主导航的难度，需要攻克的关键技术包括 3D 环境感知的自动化，是在非结构环境中也可实现产品批量生产，适应机器人在加工车间中的典型非结构化环境。

4．工业机器人的人机交互技术

未来工业机器人的研发中越来越强调新型人机合作的重要性，研究全浸入式图形化环境、三维全息环境建模、真实三维虚拟现实装置，以及力、温度、振动等多物理作用效应人机交互装置。为了达到机器人与人类生活行为环境及人类自身和谐共处的目标，需要解决的关键问题包括机器人本质安全问题，保障机器人与人、环境间的绝对安全共处；任务环境的自主适应问题，自主适应个体差异、任务及生产环境；多样化作业工具的操作问题，灵活使用各种执行器完成复杂操作；人-机高效协同问题，准确理解人的需求并主动协助。

在生产环境中，注重人类与机器人之间交互的安全性。根据终端用户的需求设计工业机器人系统及相关产品和任务，将保证人机交互的自然，不仅是安全的而且效益更高。人和机器人的交互操作设计包括自然语言、手势、视觉和触觉技术等，也是未来机器人发展需要考虑的问题。工业机器人必须容易示教，而且人类易于学习如何操作。机器人系统应设立学习辅助功能用以实现机器人的使用、维护、学习、和错误诊断/故障恢复等。

5．基于实时系统和高速通信总线的工业机器人开放式控制系统

基于实时操作系统和高速总线的工业机器人开放式控制系统，采用基于模块化结构的机器人的分布式软件结构设计，实现机器人系统不同功能之间无缝连接，通过合理划分机器人模块，降低机器人系统集成难度，提高机器人控制系统软件体系实时性；攻克现有机器人开源软件与机器人操作系统兼容性、工业机器人模块化软硬件设计与接口规范及集成平台的软件评估与测试方法、工业机器人控制系统硬件和软件开放性等关键技术；综合考虑总线实时性要求，攻克工业机器人伺服通信总线，针对不同应用和不同性能的工业机器人对总线的要求，攻克总线通信协议、支持总线通信的分布式控制系统体系结构，支持典型多轴工业机器人控制系统及与工厂自动化设备的快速集成。

4.5 3D打印技术

2012年4月，英国著名杂志《经济学人》发表专题报告指出，全球工业正在经历第三次工业革命，与以往不同，本次革命将对制造业的发展产生巨大影响，其中一项具有代表性的技术就是3D打印（3D printing）技术。美国《时代》周刊也将3D打印列为“美国十大增长最快的工业”。自2013年以来，国内媒体界、学术界、金融界也掀起了关注3D打印技术的热潮，各级政府部门开始关注并制订3D打印技术的发展规划。

4.5.1 3D打印技术的概念

3D打印技术，学术上又称“添加制造”（Additive Manufacturing,AM）技术，也称增材制造或增量制造。根据美国材料与试验协会（ASTM）于2009年成立的3D打印技术委员会（F42委员会）公布的定义，3D打印是一种与传统的材料加工方法截然相反，基于三维CAD模型数据，通过增加材料逐层制造的方式。其采用直接制造与相应数学模型完全一致的三维物理实体模型的制造方法。3D打印技术内容涵盖了PLM前端的“快速原型”（Rapid Prototyping,RP）和全生产周期的“快速制造”（Rapid Manufacturing,RM）相关的所有打印工艺、技术、设备类别和应用。3D打印涉及的技术包括CAD建模、测量、接口软件、数控、精密机械、激光、材料等多种学科的集成。

4.5.2 3D打印的特点和优势

（1）数字制造：借助CAD等软件将产品结构数字化，驱动机器设备加工制造成器件；数字化文件还可借助网络进行传递，实现异地分散化制造的生产模式。

（2）降维制造（分层制造）：即把三维结构的物体先分解成二维层状结构，逐层累加形成三维物品。因此，原理上3D打印技术可以制造出任何复杂的结构，而且制造过程更柔性化。

（3）堆积制造：“从下而上”的堆积方式对于实现非匀致材料、功能梯度的器件更有优势。

（4）直接制造：任何高性能难成型的部件均可通过“打印”方式一次性

直接制造出来，不需要通过组装拼接等复杂过程来实现。

（5）快速制造：3D 打印制造工艺流程短、全自动，可实现现场制造，因此，制造更快速、更高效。

4.5.3 3D 打印技术的发展

3D 打印技术的发展起源可追溯至 20 世纪 70 年代末到 80 年代初期，美国 3M 公司的 Alan Hebert（1978 年）、日本的小玉秀男（1980 年）、美国 UVP 公司的 Charles Hull（1982 年）和日本的丸谷洋二（1983 年）四人各自独立提出了这种概念。1986 年，Charles Hull 率先推出光固化方法（Stereo Lithography Apparatus，SLA），这是 3D 打印技术发展的一个里程碑。同年，他创立了世界上第一家 3D 打印设备的 3DSystems 公司。该公司于 1988 年生产出了世界上第一台 3D 打印机 SLA-250。1988 年，美国人 Scott Crump 发明了另外一种 3D 打印技术——熔融沉积制造（Fused Deposition Modeling，FDM），并成立了 Stratasys 公司。目前，这两家公司是仅有的两家在纳斯达克上市的 3D 打印设备制造企业。1989 年，C. R. Dechard 发明了选择性激光烧结法（Selective Laser Sintering，SLS），其原理是利用高强度激光将材料粉末烧结直至成型。1993 年，麻省理工大学教授 EmanualSachs 发明了一种全新的 3D 打印技术。这种技术类似于喷墨打印机，通过向金属、陶瓷等粉末喷射黏结剂的方式将材料逐片成型，然后进行烧结制成最终产品。这种技术的优点在于制作速度快，价格低廉。随后，Z Corporation 公司获得麻省理工大学的许可，利用该技术来生产 3D 打印机，“3D 打印机”的称谓由此而来。此后，以色列人 Hanan Gothait 于 1998 年创办了 Objet Geometries 公司，并于 2000 年在北美推出了可用于办公室环境的商品化 3D 打印机。

4.5.4 3D 的材料和设备

3D 打印设备制造商主要集中在美国、德国、以色列、日本和瑞典等，并以美国为主导。其中，美国的 Stratasys 和 3DSystems 两家公司整合了全球主流工艺 90%的产品线。2011 年，3DSystems 公司收购了 Z Corporation 公司。2012 年，Stratasys 公司并购了以色列 Objet 公司，完成了资源整合。3D 打印按材料可分为块体材料、液态材料和粉末材料等。按照美国材料与试验协会（ASTM）3D 打印技术委员会（F42 委员会）的标准，目前七类 3D 打印工艺与所用材料如表 4-3 所示。

表 4-3 3D 打印技术的类型和属性

工艺	代表性公司	材料	市场
光固化成形	3DSystems（美国） Envisiontec（德国）	光敏聚合材料	成型制造
材料喷射	Objet（以色列） 3DSystems（美国） Solidscape（美国）	聚合材料	蜡成型制造 铸造模型
黏结剂喷射	3DSystems（美国） ExOne（美国） Voxeljet（德国）	聚合材料、 金属、铸造砂	成型制造 压铸模具 直接零部件制造
熔融沉积制造	Stratasys（美国）	聚合材料	成型制造
选择性激光烧结	EOS（德国） 3DSystems（美国） Arcam（瑞典）	聚合材料、金属	成型制造 直接零部件制造
片层压	Fabrisonic（美国） Mcor（爱尔兰）	纸、金属	成型制造 直接零部件制造
定向能量沉积	Optomec（美国） POM（美国）	金属修复	直接零部件制造

目前，已实现商品化的 3D 打印机共涵盖了 7 类工艺，其中以 SLA、SLS、FDM 和 3D 打印等为主。光固化打印（SLA）是采用紫外光在液态光敏树脂表面进行扫描，每次生成一定厚度的薄层，从底部逐层生成物体。其优点是原材料的利用率将近 100%，尺寸精度高（±0.1 mm），表面质量优良，可以制作结构十分复杂的模型；缺点是价格昂贵，可用材料种类有限，制成品在光照下会逐渐解体。选择性激光烧结打印（SLS）是采用高功率的激光，把粉末加热烧结在一起形成零件。SLS 工艺的优点是可打印金属材料和多种热塑性塑料，如尼龙、聚碳酸酯、聚丙烯酸酯类、聚苯乙烯、聚氯乙烯、高密度聚乙烯等，打印时无需支撑，打印的零件机械性能好、强度高；缺点是材料粉末比较松散，烧结后成型精度不高，且高功率的激光器价格昂贵。熔融沉积打印（FDM）是采用热融喷头，使塑性纤维材料经熔化后从喷头内挤压而出，并沉积在指定位置后固化成型。这种工艺类似于挤牙膏的方式，其优点是价格低廉，体积小，生成操作难度相对较小；缺点是成型件的表面有较明显的条纹，产品层间的结合强度低，打印速度慢。

3D 打印是采用类似喷墨打印机喷头的工作方式，这种工艺与选择性激光烧结十分类似，只是将激光烧结过程改为喷头黏结，光栅扫描器改为黏结剂喷射头。其优点是打印速度快，价格低；缺点是打印出来的产品机械强度不高。

4.5.5 目前 3D 打印技术存在的主要问题

3D 打印技术已经取得了显著的进展，但仍存在以下几方面问题。

1．3D 打印的耗材

耗材是目前制约 3D 打印技术广泛应用的关键因素。目前已研发的材料主要有塑料、树脂和金属等，然而 3D 打印技术要实现更多领域的应用，就需要开发出更多的可打印材料，根据材料特点深入研究加工、结构与材料之间的关系，开发质量测试程序和方法，建立材料性能数据的规范性标准等。此外，在一些关键产业领域，寻找合适的材料也是一大挑战，例如，空客概念飞机的仿真结构，要求机身必须透明且有很高的硬度。为符合这些要求就需要研发新型的复合材料。Xerox PARC 研究中心的研究人员正在致力于可打印电子产品的新工艺研究，但是目前的可用原料还不多。

在打印材料方面，以色列 Objet 公司处于领先地位。最近，该公司宣布为 Connex 系列多材料 3D 打印机新开发了 39 种新的"数字材料"，可供客户选择的基本材料已多达 107 种。这些材料的质地、韧性、刚度、强度都各不相同。该公司目前可提供 90 种"数字材料"，这些材料都是由公司提供的基本材料复合而成，这样可使设计师、工程师和制造商能够非常精确地模拟其最终产品的材料性能。用户使用 Connex 多材料 3D 打印机，可以在一个模型中同时使用多达 14 种不同硬度和透明度的材料。

此外，目前对金属材料进行 3D 打印的需求尤为迫切，如工具钢、不锈钢、钛合金、镍基合金、银和金等，但目前这些打印技术尚未完全突破。

2．3D 打印机本身

据报道，世界上目前只有一种 3D 打印机能够同时打印出多种材料的产品。由于 3D 打印工艺发展还不完善，快速成型零件的精度和表面质量大多不能满足工程直接使用要求，只能做原型使用。3D 打印产品由于采用叠加制造工艺，层与层之间连接得再紧密，目前也很难与传统锻件相媲美。

3．3D 打印的价格

目前，3D 打印不具备规模经济的优势，价格方面的优势尚不明显。目前，1 kg 打印材料少则几百元，多则要 4 万元左右。因此，3D 打印技术在一段时间里还无法全面取代传统制造技术。但是在单件小批量、个性化订制和网络社区化生产方面，对于大多数产品来说，不管打印 1 件还是 100 件，价格都相差无几，因而 3D 打印具有无可比拟的优势。

4. 知识产权的保护

3D 打印技术的意义不仅在于改变资本和工作的分配模式，而且也在于它能改变知识产权的规则。该技术的出现使制造业的成功不再取决于生产规模，而取决于创意。然而，单靠创意也是很危险的，模仿者和创新者都能轻而易举地在市场上快速推出新产品，极有可能就像当初的音乐领域一样面临盗版的威胁。

5. 3D 打印机的操作技能

3D 打印技术需要依靠数字模型来进行生产，但是对普通用户来说学会使用计算机辅助设计工具（CAD）还是有一定难度。但随着社会发展，未来会有越来越多的学生学习并掌握这方面的技能，而且企业也会提供一些简单的产品数据库，用户不必学会 3D 设计技能就能制作模型，就像傻瓜相机的发展一样。

6. 政策方面

3D 技术的研发需要大量的政府投入或产业界的资金支撑。如在医疗领域，可能会因缺少食品和药品监管部门的许可，造成许多临床医疗产品应用的滞缓等。

4.5.6 3D 打印技术应用领域与趋势

1. 全球商业化状况

根据美国技术咨询服务协会（Wohlers Associates）发布的 2012 年度报告，全球 3D 打印行业在 2011 年销售额为 17.14 亿美元，当前该技术的市场渗透度为 8%，因此，报告保守估计 3D 打印市场机会为 214 亿美元。乐观者则认为当前市场渗透度仅为 1%，从而 3D 打印市场机会为 1700 亿美元。目前，3D 打印技术市场的年增长率为 29.4%。该行业的市场规模到 2015 年达 37 亿美元，据预测，到 2019 年将增长到 65 亿美元。

从行业分布看，目前消费电子领域仍然占主导地位，约 20.3%；其他主要应用在汽车、医疗/牙科、工业/商业机器和航空航天领域。当前，欧洲、美洲和亚洲是 3D 打印设备的主要需求市场。从 2011 年设备市场份额分布来看，北美地区占 40.2%，位居第一，欧洲地区和亚洲地区紧随其后。3D 打印设备数量区域分布美国是 3D 打印设备安装的第一大国，日本处于第二。全球3D打印技术的产品和服务的收入设备及材料和服务的经济规模是相当的。2010 年，销售额为 13.25 亿美元；到 2011 年，销售额为 17.14 亿美元，增长率达到 24.1%。在产品收入中，3D 打印设备和材料占主要部分，2011 年为 8.34 亿美元。

由于 3D 打印产品种类丰富，带动了打印材料的快速发展。2001—2011 年,全球打印材料的销售情况除了 2009 年由于全球经济危机的影响稍有下降外，基本上每年都保持 10%～20%的增长速度。

2．应用领域

3D 打印机的应用对象可以是任何行业，只要这些行业需要模型和原型。目前，3D 打印技术已在工业设计、文化艺术、机械制造（汽车、摩托车）、航空航天、军事、建筑、影视、家电、轻工、医学、考古、雕刻、首饰等领域都得到了应用。随着技术自身的发展，其应用领域将不断拓展。这些应用主要体现在以下 10 个方面。

（1）设计方案评审。借助于 3D 打印的实体模型，不同专业领域（设计、制造、市场、客户）的人员可以对产品实现方案、外观、人机功效等进行实物评价。

（2）制造工艺与装配检验。3D 打印可以较精确地制造出产品零件中的任意结构细节，借助 3D 打印的实体模型结合设计文件，就可有效指导零件和模具的工艺设计，或进行产品装配检验，避免结构和工艺设计错误。

（3）功能样件制造与性能测试。3D 打印的实体原型本身具有一定的结构性能，同时利用 3D 打印技术可直接制造金属零件，或制造出熔（蜡）模；再通过熔模铸造金属零件，甚至可以打印制造出特殊要求的功能零件和样件等。

（4）快速模具小批量制造。以 3D 打印制造的原型作为模板，制作硅胶、树脂、低熔点合金等快速模具，可便捷地实现几十件到数百件数量零件的小批量制造。

（5）建筑总体与装修展示评价。利用 3D 打印技术可实现模型真彩及纹理打印的特点，可快速制造出建筑的设计模型，进行建筑总体布局、结构方案的展示和评价。

（6）科学计算数据实体可视化。计算机辅助工程、地理地形信息等科学计算数据可通过 3D 彩色打印，实现几何结构与分析数据的实体可视化。

（7）医学与医疗工程。通过医学 CT 数据的三维重建技术，利用 3D 打印技术制造器官、骨骼等实体模型，可指导手术方案设计，也可打印制作组织工程和定向药物输送骨架等。

（8）首饰及日用品快速开发与个性化定制。利用 3D 打印制作蜡模，通过精密铸造实现首饰和工艺品的快速开发和个性化定制。

（9）动漫造型评价。借助于动漫造型评价可实现动漫等模型的快速制造，指导和评价动漫造型设计。

（10）电子器件的设计与制作。利用 3D 打印可在玻璃、柔性透明树脂等基板上，设计制作电子器件和光学器件，如 RFID、太阳能光伏器件、OLED 等。

3．对人类生产生活方式的影响

3D 打印技术的应用将从以下 3 个方面深刻改变传统制造业形态。

一是使制造工艺发生深刻变革。3D 打印改变了通过对原材料进行切削、组装进行生产的加工模式，节省了材料和加工时间。例如，在航空航天工业领域中应用的金属部件通常是由高成本的固体钛加工而成的，90%的材料被切除掉，这些切削材料对于飞行器的制作是毫无利用价值的。空客的母公司欧洲宇航防务集团（EADS）研究人员指出，这些用钛粉末打印出的部件与一个传统用固体钛加工出来的部件一样经久耐用，但节省了 90%的原材料。

二是带动制造技术的重大飞跃。3D 打印技术是一门综合应用 CAD/CAM 技术、激光技术、光化学、控制、网络及材料科学等诸多方面技术和知识的高新技术。3D 打印技术的不断成熟将推动新材料技术和智能制造技术实现大的飞跃，从而带动相关产业的发展。

三是使制造模式发生革命性变化。3D 打印将可能改变第二次工业革命产生的、以装配生产线为代表的大规模生产方式，使产品生产向个性化、定制化转变。3D 打印机的推广应用将缩短产品推向市场的时间，消费者只要简单下载设计图，在数小时内通过 3D 打印机就可将产品“打印”出来，从而不需要大规模生产线，不需要大量的生产工人，不需要库存大量的零部件，即所谓的“社会化制造”。“社会化制造”的另一优势是通过制造资源网和互联网，快速建立高效的供应链、市场销售和用户服务网，这是实现敏捷制造、精益制造和可持续发展的一种生产模式。

总之，随着 3D 打印技术和商业应用的发展，“大批量的个性化定制”将成为重要的生产模式。3D 打印与现代服务业的紧密结合，将衍生出新的细分产业和新的商业模式，创造出新的经济增长点。3D 打印技术发展带来的产品技术、制造技术与管理技术的进步使企业具备快速响应市场需求的能力，特别是形成适应全球市场上丰富多样的客户群，实现远程定制、异地设计、就地生产和销售的协调化新型生产模式，使生产模式、商业模式等多个方面发生根本性的变化。

4.6 射频识别技术

RFID 技术，是一种利用射频通信实现的非接触式自动识别技术。在 RFID 系统中，识别信息存放在电子数据载体中，电子数据载体称为应答器，应答器中存放的识别信息由阅读器读写。目前，RFID 技术最广泛的应用是各类 RFID 标签和卡的读写和管理。

4.6.1 射频识别技术发展历程

RFID 技术应用较早，20 世纪 60 年代 RFID 技术的理论已经有了一些尝试性的实践。自 20 世纪 90 年代，这项技术进入商业实践阶段。经过多年的发展，13.56 MHz 以下的 RFID 技术已相对成熟，目前大家最关注的是位于中高频段的 RFID 技术，特别是 860 ~ 960 MHz（UHF 超高频段）的远距离 RFID 技术发展最快。RFID 技术发展历程为：

1961—1970 年，RFID 技术的理论得到了发展，开始了一些应用尝试；

1971—1980 年，RFID 技术与产品研发处于一个大发展时期，各种 RFID 技术测试得到加速，出现了一些最早的 RFID 应用；

1981—1990 年，RFID 技术及产品进入商业应用阶段，各种封闭系统应用开始出现；

1991—2000 年，RFID 技术标准化问题日趋得到重视，RFID 产品得到广泛采用；

2001—现在，标准化问题日趋为人们所重视，RFID 产品种类更加丰富，有源电子标签、无源电子标签及半无源电子标签均得到发展，电子标签成本不断降低。

未来，它很可能和 IPV6、移动通讯网络、无线传感器网络、生物识别技术、GPS 技术等融合起来，发挥更加显著的作用。

4.6.2 射频识别技术的标准

RFID 标准有很多，分层次来看，主要有国际标准、国家标准和行业标准。

（1）国际标准，是由国际标准化组织（ISO）和国际电工委员会（IEC）制定的。

（2）国家标准，是各国根据自身国情制定的有关标准。我国国家标准制定的主管部门是工业和信息化部与国家标准化管理委员会，RFID 的国家标准正在制定中。

（3）行业标准，典型一例是由国际物品编码协会（EAN）和美国统一代码委员会 ISO/IEC 制定的 RFID 标准可以分为技术标准、数据内容标准、性能标准和应用标准 4 类，如表 4-4 所示。

表 4-4 RFID 标准

分类	标准号	说明
技术标准	ISO/IEC 10536	密耦合非接触式 IC 卡标准
	ISO/IEC 14443	近耦合非接触式 IC 卡标准
	ISO/IEC 15693	疏耦合非接触式 IC 卡标准
	ISO/IEC 18000	基于货物管理的 RFID 空中接口参数
	ISO/IEC 18000-1	空中接口一般参数
	ISO/IEC 18000-2	低于 135 kHz 频率的空中接口参数
	ISO/IEC 18000-3	13.56 MHz 频率下的空中接口参数
	ISO/IEC 18000-4	2.45 GHz 频率下的空中接口参数
	ISO/IEC 18000-6	860～930 MHz 的空中接口参数
	ISO/IEC 18000-7	433MHz 频率下的空中接口参数
数据内容标准	ISO/IEC 15424	数据载体/特征识别符
	ISO/IEC 15418	EAN、UCC 应用标识符及 ASC MH10 数据标识符
	ISO/IEC 15434	大容量 ADC 媒体用的传送语法
	ISO/IEC 15459	物品管理的唯一识别号（UID）
	ISO/IEC 15961	数据协议：应用接口
	ISO/IEC 15962	数据编码规则和逻辑存储功能的协议
	ISO/IEC 15963	射频标签（应答器）的唯一标识

续表

分类	标准号	说 明
性能标准	ISO/IEC 18046	RFID 设备性能测试方法
	ISO/IEC 18047	有源和无源的 RFID 设备一致性测试方法
	ISO/IEC 10373-6	按 ISO/IEC 14443 标准对非接触式 IC 卡进行测试的方法
应用标准	ISO/IEC 10374	货运集装箱标识标准
	ISO/IEC 18185	货运集装箱密封标准
	ISO/IEC 11784	动物 RFID 的代码结构
	ISO/IEC 11785	动物 RFID 的技术准则
	ISO/IEC 14223	动物追踪的直接识别数据获取标准
	ISO/IEC 17363 和 17364	一系列物流容量（如货盘、货箱、纸盒等）识别的规范

4.6.3 射频识别技术的特征

RFID 作为一种特殊的识别技术，区别于传统的条码、插入式 IC 卡和生物（如指纹）识别技术，具有下述特征：

（1）通过电磁耦合方式实现的非接触自动识别技术。

（2）需要利用无线电频率资源，并且须遵守无线电频率使用的众多规范。

（3）存放的识别信息是数字化的，因此通过编码技术可以方便实现多种应用。

（4）可以方便地进行组合建网，以完成多种规模的系统应用。

（5）涉及计算机、无线数字通信、集成电路、电磁场等众多学科。

4.6.4 射频识别技术的基本原理

在 RFID 系统中，射频识别部分主要由阅读器和应答器两部分组成，阅读器与应答器之间的通信采用无线的射频方式进行耦合。在实践中，由于对距离、速率及应用的要求不同，需要的射频性能也不尽相同，所以射频识别涉及的无线电频率范围也很广。

射频识别过程在阅读器和应答器之间以无线射频的方式进行，其识别过程基本原理如图 4-6 所示。

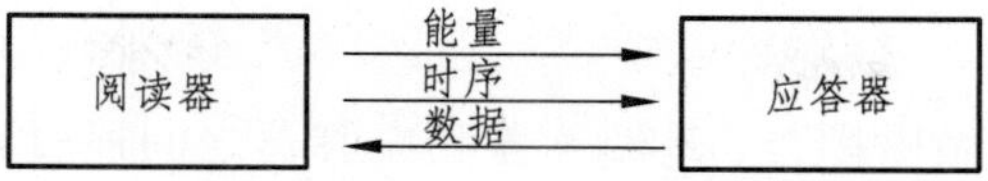

图 4-6 RFID 基本原理框图

阅读器和应答器之间的交互主要靠能量、时序和数据 3 个方面来完成：

（1）阅读器产生射频载波为应答器提供工作所需能量。

（2）阅读器与应答器之间的信息交互通常采用询问—应答的方式进行，所以必须有严格的时序关系，该时序也由阅读器提供。

（3）阅读器与应答器之间可以实现双向数据交换，阅读器给应答器的命令和数据通常采用载波间隙、脉冲位置调制、编码解调等方法实现传送；应答器存储的数据信息采用对载波的负载调制方式向阅读器传送。

4.6.5 射频识别技术的工作频率

在无线电技术中，不同的频段有不同的特点和技术。实践中不同频段的 RFID 实现技术差异很大。从这一角度而言，RFID 技术的空中接口几乎覆盖了无线电技术的全频段，具体如表 4-5 所示。

表 4-5 RFID 主要频段标准及特性

	低 频	高 频	超高频	微 波
工作频率	125 ~ 134 kHz	13.56 MHz	433 MHz 869 ~ 915 MHz	2.45 GHz 5.8 GHz
读取距离	<60 cm	0 ~ 60 cm	1 ~ 100 m	1 ~ 100 m
速 度	慢	快	快	很快
方向性	无	无	部分有	有
现有的 ISO 标准	11784/85，14223	14443/15693	EPC C0,C1,C2,G2	18000-4
主要应用范围	进出管理、固定设备管理	图书馆、产品跟踪、公交消费	货架、卡车、拖车跟踪	收费站、集装箱

4.6.6 耦合方式

根据射频耦合方式的不同，RFID 可以分为电感耦合（磁耦合）和反向散射耦合（电磁场耦合）两大类。

1．电感耦合

电感耦合也叫做磁耦合，是阅读器和应答器之间通过磁场（类似变压器）的耦合方式进行射频耦合，能量（电源）由阅读器通过载波提供。阅读器产生的磁场强度受到电磁兼容性能的有关限制，因此，一般工作距离都比较近。

高频和低频 RFID 主要采用电感耦合的方式，即频率为 13.56 MHz 和小于 135 kHz。工作距离一般在 1 m 以内，其耦合方式结构框图如图 4-7 所示。

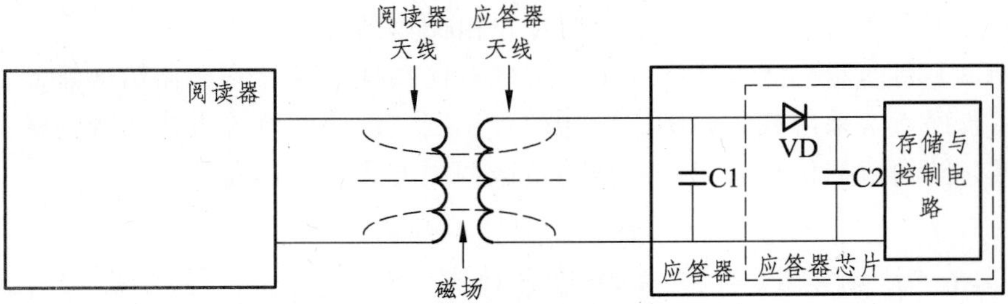

图 4-7 电感耦合的电路结构

电感耦合的 RFID 系统中，阅读器与应答器之间耦合工作原理如下所述：

（1）阅读器通过谐振在阅读器天线上产生一个磁场，当在一定距离内，部分磁力线会穿过应答器天线，产生一个磁场耦合。

（2）由于在电感耦合的 RFID 系统中所用的电磁波长（低频 135 kHz 波长为 2 400 m，高频 13.56 MHz 为 22.1 m）比两个天线之间的距离大很多，所以两线圈间的电磁场可以当作简单的交变磁场。

（3）穿过应答器天线的磁场通过感应会在应答器天线上产生一个电压，经过 VD 的整流和对 C_2 充电、稳压后，电量保存在 C_2 中，同时 C_2 上产生应答器工作所需要的电压。

阅读器天线和应答器天线也可以看作一个变压器的初、次级线圈，只不过它们之间的耦合很弱。因为电感耦合系统的效率不高，所以这种方式主要适用于小电流电路，应答器的功耗大小对工作距离有很大影响。

在电感耦合方式下，应答器向阅读器的数据传输采用负载调制的方法，其原理如图 4-8 所示。

图 4-8 中所示为电阻负载调制，本质是一种振幅调制（也称为调幅 AM），以调节接入电阻 R 的大小可改变调制度的大小。实践中，常通过接通或断开接入电阻 R 来实现二进制的振幅调制。其工作步骤如下：

（1）如果在应答器中以二进制数据编码信号控制开关 S，则应答器线圈上的负载电阻 R 按二进制数据编码信号的高低电平变化而接通和断开。

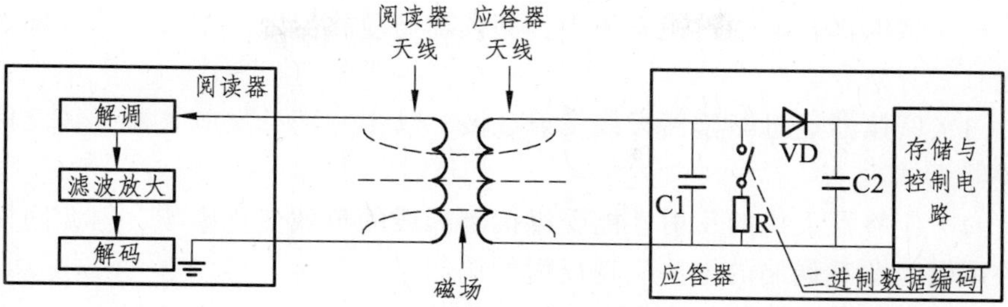

图 4-8 负载调制

（2）负载的变化通过应答器天线到阅读器天线，进而产生相同规律变化的信号，即变压器的次级线圈的电流变化，会影响到初级的电流变化。

（3）在该变化反馈到阅读器天线（相当于变压器初级）后，通过解调、滤波放大电路，恢复为应答器端控制开关的二进制数据编码信号。

（4）经过解码后就可以获得存储在应答器中的数据信息，进而可以进行下一步处理。这样，二进制数据信息就从应答器传到了阅读器。

2. 反向散射耦合

反向散射耦合也称电磁场耦合，其理论和应用基础来自雷达技术。当电磁波遇到空间目标（物体）时，其能量的一部分被目标吸收，另一部分以不同的强度被散射到各个方向。在散射的能量中，一小部分反射回了发射天线，并被该天线接收（发射天线也是接收天线），对接收信号进行放大和处理，即可获取目标的有关信息。

一个目标反射电磁波的效率由反射横截面来衡量。反射横截面的大小与一系列参数有关，如目标大小、形状和材料、电磁波的波长和极化方向等。由于目标的反射性能通常随频率的升高而增强，所以反向散射耦合方式通常采用在超高频（包括 UHF 和 SHF）RFID 系统中，应答器和阅读器的距离大于 1 m。反向散射耦合的原理框图如图 4-9 所示。

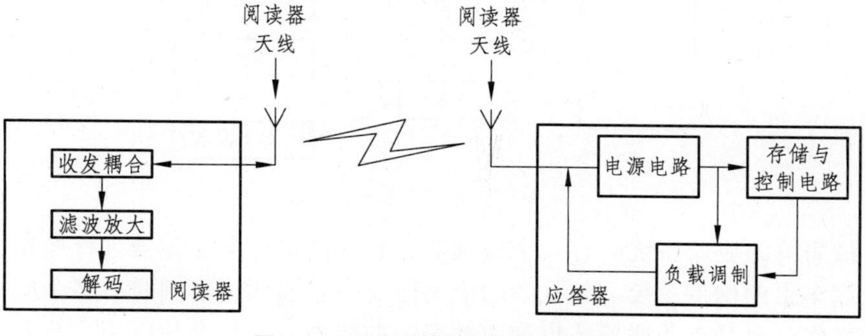

图 4-9 反向散射耦合原理框图

反向散射耦合的 RFID 系统中，阅读器与应答器之间耦合工作原理如下所述：

（1）阅读器通过阅读器天线发射载波，其中一部分被应答器天线反射回阅读器天线。

（2）应答器天线的反射性能受连接到天线的负载变化影响，因此同样可以采用电阻负载调制的方法实现反射的调制。

（3）阅读器天线收到携带有调制信号的反射波后，经收发耦合、滤波放大后经解码电路获得应答器发回的信息。

（4）采用反向散射耦合方式的应答器按能量的供给方式分为无源和有源两种。

（5）无源应答器的能量由阅读器通过天线提供。但是在 UHF 和 SHF 频率范围，有关电磁兼容的国际标准对阅读器所能发射的最大功率有严格的限制，因此在有些应用中，应答器采用完全无源方式会有一定困难。

（6）应答器上安装附加电池成为有源应答器。当应答器进入阅读器的作用范围时，应答器由获得的射频功率激活，进入工作状态。为防止电池不必要的消耗，应答器平时处于低功耗模式。

4.6.7 射频识别系统的组成

RFID 系统由阅读器、应答器和高层等部分组成，其结构如图 4-10 所示。

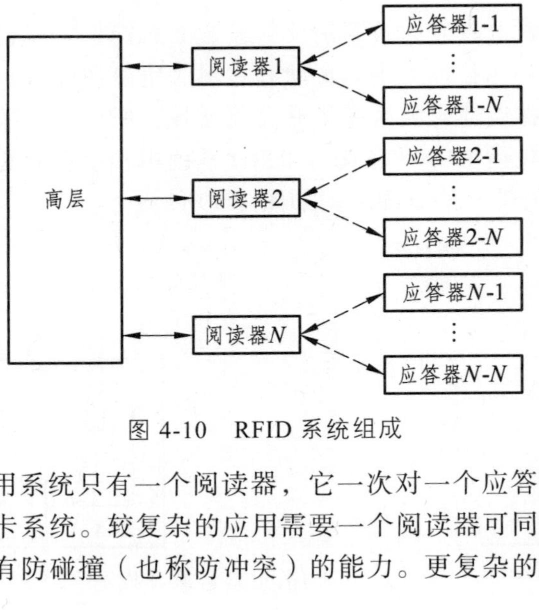

图 4-10　RFID 系统组成

最简单的应用系统只有一个阅读器，它一次对一个应答器进行操作，如公交汽车上的刷卡系统。较复杂的应用需要一个阅读器可同时对多个应答器进行操作，要具有防碰撞（也称防冲突）的能力。更复杂的应用系统要解决阅读器的高层处理问题，包括多阅读器的网络连接等。

1．高层

对于由多阅读器构成网络架构的信息系统，高层是必不可少的。例如，采用 RFID 门票的世博会票务系统，需要在高层将多个阅读器获取的数据有效地整合起来，提供查询、历史档案等相关管理和服务。更进一步，通过对数据的加工、分析和挖掘，为正确决策提供依据，这就是常说的信息管理系统和决策系统。

2．阅读器

阅读器在具体应用中常称为读写器（这两种名称本书将不加区别），是对应答器提供能量、进行读写操作的设备。虽然因频率范围、通信协议和数据传输方法的不同，各种阅读器在某些方面会有很大的差异，但阅读器通常具有一些相同的功能，如下所述：

（1）以射频方式向应答器传输能量。

（2）读写应答器的相关数据。

（3）完成对读取数据的信息处理并实现应用操作。

（4）若有需要，应能和高层处理交互信息。

阅读器的频率决定了 RFID 系统工作的频段，其功率决定了射频识别的有效距离。阅读器根据使用的技术不同可以是读或者读/写装置，它是 RFID 系统信息控制和处理的中心。

3．应答器

从技术角度来说，RFID 的核心在应答器，阅读器是根据应答器的性能而设计的。但是由于封装工艺等问题，应答器的设计和生产通常由专业的设计厂商和封装厂商完成，普通用户没有能力也无法接触到这一领域。

目前应答器趋向微型化和高集成度，关键技术在于材料、封装和生产工艺，重点突出应用而非设计。应答器按照电源形式可以分为如下两种类型：

（1）有源应答器：使用电池或其他电源供电，不需要阅读器提供能量。通常靠阅读器唤醒，然后切换至自身提供能量。

（2）无源应答器：没有电池供电，完全靠阅读器提供能量。

应答器按照工作频率范围可分为如下三种类型：

（1）低频应答器：低于 135 kHz。

（2）高频应答器：13.56 MHz ± 7 kHz。

（3）超高频应答器：工作频率为 433 MHz，866 ~ 960 MHz、2.45 GHz

和 5.8 GHz（虽然属于 SHF，但由于性能的相似性，通常将其归为超高频应答器范围）。

应答器在某些应用场合也叫做射频卡、标签等，但从本质而言都可统称为应答器。

4.6.8 射频识别技术在智能制造中的应用

将 RFID 技术与制造技术相结合，可有效提升制造效率、制造品质和企业管理水平。在制造过程中，应用 RFID 技术具有以下优势：

（1）实现各种生产数据采集的自动化和实时化，弥补企业计划层与控制层之间的“信息断层”，及时掌握生产计划和生产线生产状态。

（2）有效跟踪、管理和控制生产所需资源和在制品，实现生产过程的透明化和可视化管理。

（3）加强生产现场物料配送的及时性和准确性，降低装配差错率；加强生产过程质量监控和跟踪能力，提高产品质量和生产线整体生产效率。

借助 RFID 技术在识别、感知、联网、定位等方面的强大功能，将其应用于复杂零件制造过程管理，可有效提升其制造效率和品质。RFID 技术在智能制造中的应用主要有以下几个方面：

1．RFID 技术的数字化车间

RFID 在数字化车间中的应用主要包括产品管理、设备智能维护、车间混流制造。采用 RFID 技术可实现产品与主机之间的信息交互、产品的可视化跟踪管理、元器件寿命定量监控与预测。此外，可通过集成 RFID 技术的智能传感器在线监测设备关键部位运转情况，并通过网络与后台服务器通信，实现加工设备性能特征的在线监测、运行状态评估与风险预警、设备早期故障诊断与专家支持；可通过工业现场总线网络与 MES 等系统集成，实现工艺路线、加工装备、加工程序等的智能选择、加工/装配状态可视化跟踪及生产过程的实时监控。

2．基于 RFID 技术的智能 PLM

智能化是机电产品未来发展的重要方向和趋势，产品智能化的关键之一，在于如何实现其全生命周期信息的快速获取和共享。RFID 技术与传感器技术的有效集成能实时、高效地获取产品在加工、装配、服役等阶段的状态信息，同时通过网络传输使生产商及时掌握所生产的产品全生命周期的工况信息，为制造企业后台服务支撑、远程指令下达及用户的个性化设计改进提供有力的数据支持。目前，这一技术已经在工程机械、智能家电等领域得到成功应用，展现出良好的应用前景。

3. 基于 RFID 技术的制造物流智能化

将 RFID 系统与制造企业自动出入库系统集成，可实现在制品和货品出入库自动化与货品批量识别。另外，RFID 技术和 GPS 技术的集成，可以实现制造企业在制品精确定位，同时通过网络传输，实现物流信息共享与产品全程监控，从而优化企业采购过程。将智能物流系统与企业 ERP（企业管理软件）、MES（生产执行系统）系统无缝对接，可以实现快速响应订单并减低产品库存，提升制造企业在制品物流管理的智能化水平。目前，RFID 技术已经在车间物流管理、SCM 及物流园管理中得到成功应用，可进一步推广应用到制造企业全物流管理系统中。

将 RFID 技术应用于智能制造领域，将促进智能制造技术的发展，拓展智能制造的研究领域，加快智能制造领域的技术创新，逐步减少高品质产品制造对专家的依赖性，彻底改变现有生产方式和制造业竞争格局。

4.7 实时定位和机器视觉技术

4.7.1 实时定位技术及其应用

在实际生产制造现场，需要对多种材料、零件、工具、设备等资产进行实时跟踪管理；在制造的某个阶段，材料、零件、工具等需要及时到位和撤离；生产过程中，需要监视对制品的位置行踪，以及材料、零件、工具的存放位置等。这样，在生产系统中需要建立一个实时定位网络系统，以完成生产全程中角色的实时位置跟踪。这就是实时定位系统（Real Time Location System，RTLS）。

RTLS 由无线信号接收传感器和标签无线信号发射器等组成。一般地，被跟踪目标贴上有源 RFID 标签，在室内布置 3 个以上阅读器天线，使用有源 RFID 标签来发现目标位置；3 个阅读器天线接收到标签的广播信号，每个信号将接收时间传递到一个软件系统，使用三角测量来计算目标位置。

RTLS 通常建在一个建筑物内或室外识别和实时跟踪对象的位置。RTLS 通常不包括 GPS、手机跟踪或只使用被动 RFID 跟踪的系统。RTLS 的物理层技术通常是某种形式的射频（RF）通信，但一些系统使用了光学（通常是红外）或声（通常是超声波）技术代替了无线射频。标签和固定参考点可以布置发射器和接收器，或两者兼而有之。

目前，室内实时定位系统通常采用超声、红外、超宽带（UWB）、窄频带等技术，在带宽、精度、墙体穿透性、抗干扰能力等方面存在各自的特点，其技术性能见表 4-6。从表中可以看出超宽带的综合性能最优，所以在许多生产制造现场广泛采用了基于超宽带的实时定位系统。

表 4-6 几种室内实时定位技术性能比较

<table>
<tr><th colspan="5">分类</th><th>频率</th><th>带宽</th><th>精度</th><th>增体穿透性</th><th>贴标签</th><th>抗回波干扰</th></tr>
<tr><td colspan="5">超声</td><td>非常高</td><td>非常高</td><td>非常高</td><td>不能</td><td>非常高</td><td>非常好</td></tr>
<tr><td rowspan="5">电磁</td><td colspan="4">红外</td><td>非常高</td><td>非常高</td><td>非常高</td><td>不能</td><td>非常高</td><td>非常好</td></tr>
<tr><td rowspan="4">射频</td><td colspan="3">超宽带</td><td>高</td><td>非常高</td><td>非常高</td><td>好</td><td>非常高</td><td>非常好</td></tr>
<tr><td rowspan="3">常规</td><td colspan="2">窄频带</td><td>中</td><td>低</td><td>差</td><td>优异</td><td>低</td><td>差</td></tr>
<tr><td rowspan="2">扩展频谱</td><td>信号强度</td><td>中</td><td>中</td><td>差</td><td>优异</td><td>低</td><td>差</td></tr>
<tr><td>达到时间</td><td>中</td><td>中</td><td>中</td><td>非常好</td><td>中</td><td>中</td></tr>
</table>

4.7.2 机器视觉系统的组成

机器视觉系统主要由三个部分组成：图像的获取、图像的处理和分析、图像的输出或显示。图像的获取实际上是将被测物体的可视化图像和内在特征转换成能被计算机处理的一系列数据，它主要由三个部分组成：照明、图像聚焦形成、图像确定和形成摄像机输出信号。视觉信息的处理主要依赖于图像处理技术，它包括图像增强、数据编码和传输、平滑、边缘锐化、分割、特征抽取、图像识别与理解等内容。经过这些处理后，输出图像的质量得到相当程度的提升，既改善了图像的视觉效果，又便于计算机对图像进行分析、处理和识别。

机器视觉系统主要是利用颜色、形状等信息来识别环境目标。以机器人对颜色的识别为例：当摄像头获得彩色图像以后，机器人上的嵌入计算机系统将模拟视频信号数字化，将像素根据颜色分成两部分——感兴趣的像素（搜索的目标颜色）和不感兴趣的像素（背景颜色）。然后，对这些感兴趣的像素进行 RGB 颜色分量的匹配。

4.7.3 机器视觉系统的应用

机器视觉技术伴随计算机技术与现场总线技术的发展已日臻成熟，成为现代加工制造业不可或缺的部分，广泛应用于食品和饮料、化妆品、制药、建材和化工、金属加工、电子制造、包装、汽车制造等行业的各个方面。

在流水化作业生产、产品质量检测方面，有时需要由工作人员观察、识别、发现生产环节中的错误和疏漏。若引入机器视觉取代传统的人工检测方法，能极大地提高生产效率和产品的良品率。

同时，机器视觉技术还能在检测超标准烟尘及污水排放等方面发挥作用。利用机器视觉，能够及时发现机房及生产车间的火灾、烟雾等异常情况。利用机器视觉中的面相检测和人脸识别技术，可以帮助企业加强出入口的控制和管理，提高管理水平，降低管理成本。

近年来新兴行业的发展，也为机器视觉拓展了新的市场空间。

（1）太阳能领域：太阳能电池和模块的生产者可以使用机器视觉，装配、检测、识别和跟踪产品。

（2）交通监控领域：可以利用车牌识别技术，发现违章停车、逆行、交通肇事车辆等。

（3）自然灾害领域：在对地震、山体滑坡、泥石流、火山喷发的发现、识别、防范，以及对河流水文状况的监测等领域，机器视觉技术都有巨大应用空间等待发掘。

（4）工业领域：根据检测性质和应用范围，机器视觉技术的工业应用分为定量和定性检测两大类，每类又分为不同的子类。在工业在线检测的各个领域，机器视觉技术都十分活跃，如印刷电路板的视觉检查、钢板表面的自动探伤、大型工件平行度和垂直度测量、容器容积或杂质检测、机械零件的自动识别分类和几何尺寸测量等。此外，许多场合使用其他方法难以完成检测任务，机器视觉系统则可出色胜任。机器视觉正越来越多地在工业领域代替人类视觉，这无疑很大程度上提高了生产的自动化水平和检测系统的智能水平。

4.7.4 机器视觉系统的工作过程

一个完整的机器视觉系统的主要工作过程如下：

（1）工件定位检测器探测到物体已经运动至接近摄像系统的视野中心，向图像采集部分发送触发脉冲。

（2）图像采集部分按照事先设定的程序和延时，分别向摄像机和照明系统发出启动脉冲。

（3）摄像机停止目前的扫描，重新开始新的一帧扫描，或者摄像机在启动脉冲来到之前处于等待状态，启动脉冲到来后启动一帧扫描。

（4）摄像机开始新的一帧扫描之前打开曝光机构，曝光时间可以事先设定。

（5）另一个启动脉冲打开灯光照明，灯光的开启时间应该与摄像机的曝光时间匹配。

（6）摄像机曝光后，正式开始一帧图像的扫描和输出。

（7）图像采集部分接收模拟视频信号通过 A/D 将其数字化，或者是直接接收摄像机数字化后的数字视频数据。

（8）图像采集部分将数字图像存放在处理器或计算机的内存中。

（9）处理器对图像进行处理、分析、识别，获得测量结果或逻辑控制值。

（10）处理结果控制流水线的动作、进行定位、纠正运动的误差等。

从上述的工作流程可以看出，机器视觉是一种比较复杂的系统。因为大多数系统监控对象都是运动物体，系统与运动物体的匹配和协调动作尤为重要，所以给系统各部分的动作时间和处理速度带来了严格的要求。在某些应用领域，如机器人、飞行物体导制等，对整个系统或者系统的一部分的重量、体积和功耗都会有严格的要求。

4.7.5 智能工厂对机器视觉的需求

机器视觉在智能工厂中扮演着重要的角色，可以有效增加产能、提高产品合格率。在选择小型机器视觉系统时，传统工业智能相机的优势是体积小，集成度高，便于开发使用。而嵌入式机器视觉系统的优势则在于配置相当有弹性，可配备较高等级的 CPU 处理器，支持多通道相机，并具备高扩展性。

在选用机器视觉系统时，需要考虑以下因素：

1. 处理器计算性能

在机器视觉图像采集与分析的过程中，处理器的计算能力至关重要。图像数据采集到系统后，必须通过系统处理器进行计算与图像质量优化，因为受限于 CPU 计算资源，能够处理的图像数据量也会受到限制。然而，若能通过 FPGA 的支持，将图像的矩阵计算在交给 CPU 计算之前做好过滤及优化处理，则可大幅加速图像处理的性能，降低 CPU 负担，一方面，可以把系统资源留给机器视觉系统的核心——图像算法，另一方面，还可更实时地处理大数据量的图像，让高速及复杂的图像处理与分析得以实现。

2. 图像传感器的优劣

图像传感器是机器视觉系统的灵魂，直接影响着图像的质量。如果要将机器视觉应用在高端高速的检测应用上，那么传感器的质量和尺寸就会成为选用系统时必须考虑的要点。

3. 生产线环境

工厂的环境通常是较为恶劣的，例如，在饮料生产的包装线上，系统可能会直接接触到液体，而在工具机加工的环境中，则是充满切削工件的恶劣环境。如果机器视觉系统需要就近配置在严苛的生产线环境中，则应根据需求，确定是否选用具备防水、防尘能力的产品。

4. 软件开发环境

软件解决方案开发的难易度与整合度的高低，是所有导入智能化系统的工程人员心中的一大担忧，也往往是决定项目成败的最重要因素。如何缩短开发时间，降低开发成本是关键。

由于机器视觉系统可以快速获取大量信息，易于自动处理也便于集成设计信息和加工控制信息，因此，在现代自动化生产过程中，机器视觉系统广泛应用于工况监视、成品检验和质量控制等领域。机器视觉系统的特点是能够提高生产的柔性和自动化程度。在大批量工业生产过程中，用人工视觉检查产品质量效率低且精度不高，用机器视觉检测方法则可大大提高生产效率和生产的自动化程度，而在一些不适合人工作业的危险环境，或者人工视觉难以满足要求的场合，也常用机器视觉替代人工视觉。

传统制造业的颠覆性转型升级，将给中国自动化行业带来巨大的市场机遇，而机器视觉作为自动化领域的高智能产品，未来将具有巨大的发展潜力。

4.8 虚拟制造技术

4.8.1 虚拟制造技术的概念和特点

虚拟制造技术（virtual manufacturing technology，VMT）是以虚拟现实

和仿真技术为基础，对产品的设计、生产过程统一建模，在计算机上实现产品从设计、加工和装配、检验到使用整个生命周期的模拟和仿真，以增强制造过程各级的决策与控制能力的制造技术。

虚拟制造的研究也是一个不断深入、细化的过程,国际上不同的研究人员从不同角度出发，给出了各具特点的描述，同时也将继续发展，其中有代表性的包括以下几种：

Kimura 认为，虚拟制造是指通过对制造知识进行系统化组织与分析，对整个制造过程建模，在计算机上进行设计评估和制造活动仿真。他强调通过用虚拟制造模型对制造全过程进行描述，在实际的物理制造之前就具有了对产品性能及可制造性的预测能力。

Lawrence Associates 则认为，虚拟制造是一个集成的、综合的可运行制造环境，其目的是提高各个层次的决策与控制。

美国 Wright 空军实验室则对虚拟制造作出了如下定义：虚拟制造建立在计算机建模、分析和仿真技术的基础之上，它是对这些技术的综合应用。这种综合应用增强了各个层次的设计制造、生产决策与控制能力。

从这些定义可以看出，虚拟制造涉及多个学科领域，是对这些领域知识的综合集成与应用。计算机仿真、建模和优化技术是虚拟制造的核心与关键技术。可以认为，虚拟制造是对制造过程中的各个环节，包括产品的设计、加工、装配，乃至企业的生产组织管理与调度进行统一建模，形成一个可运行的虚拟制造环境，以软件技术为支撑，借助于高性能的硬件，在计算机局域/广域网络上，生成数字化产品,实现产品设计、性能分析、工艺决策、制造装配和质量检验。它是数字化形式的广义制造系统，是对实际制造过程的动态模拟。所谓“虚拟”，是相对于实物产品的实际制造系统而言的，强调的是制造系统运行过程的计算机化。

由于计算机软硬件技术和网络技术的广泛应用，虚拟制造具有以下 4 个特点：

（1）无须制造实物样机就可以预测产品性能，节约制造成本，缩短产品开发周期。

（2）产品开发中可以及早发现问题，实现及时的反馈和更正。

（3）以软件模拟形式进行产品开发。

（4）企业管理模式基于 Intranet 或 Internet，整个制造活动具有高度的并行性。

4.8.2 虚拟制造的种类

广义的制造过程不仅包括了产品的设计、加工和装配，还包含了对企业生产活动的组织与控制。从这个观点出发，可以把虚拟制造划分为 3 类：以设计为中心的虚拟制造、以生产为中心的虚拟制造和以控制为中心的虚拟制造。

1．以设计为中心的虚拟制造

以设计为中心的虚拟制造强调以统一制造信息模型为基础，对数字化产品模型进行仿真与分析、优化，进行产品的结构性能、运动学、动力学、热力学方面的分析和可装配性分析，以获得对产品的设计评估与性能预测结果。

2．以生产为中心的虚拟制造

以生产为中心的虚拟制造是在企业资源的约束条件下，对企业的生产过程进行仿真，对不同的加工过程及其组合进行优化。它对产品的“可生产性”进行分析与评价，对制造资源和环境进行优化组合，通过提供精确的生产成本信息对生产计划与调度进行合理化决策。

3．以控制为中心的虚拟制造

以控制为中心的虚拟制造是将仿真技术引入控制模型，提供模拟实际生产过程的虚拟环境，使企业在考虑车间控制行为的基础上对制造过程进行优化控制。

以上 3 种虚拟制造分别侧重于制造过程的不同方面，但它们都以计算机建模、仿真技术为一个重要的实现手段，通过对制造过程进行统一建模，用仿真支持设计过程、模拟制造过程，从而进行成本估算和生产调度。

4.8.3 虚拟制造关键技术

VMT 的涉及面很广，如可制造性自动分析、分布式制造技术、决策支持工具、接口技术、智能设计技术、建模技术、仿真技术及虚拟现实技术等。其中，后 4 项是虚拟制造的核心技术。

1．智能设计技术

智能设计技术是对传统计算机设计技术（computer Aided Design，CAD）的研究和加强，既具有传统 CAD 系统的数值计算和图形处理能力，又能满足设计过程自动化的要求，对设计的全过程提供智能化的计算机支持，因此又被称为智能 CAD 系统，简称 ICAD。虚拟设计与虚拟制造流程如图 4-11 所示。

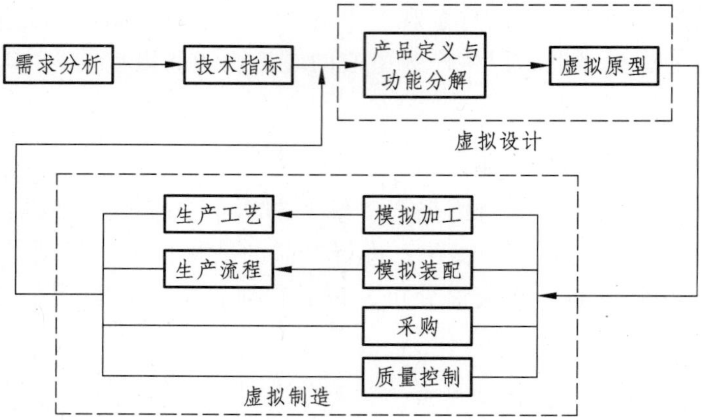

图 4-11　虚拟设计与虚拟制造流程图

智能设计技术具有如下特点：

（1）以设计方法学为指导。设计方法学对设计本质、过程设计思维特征及其方法学的深入研究，是智能设计模拟人工设计的基本依据。

（2）以人工智能技术为实现手段。借助专家系统技术的强大知识处理功能，结合人工神经网络和机器学习技术，较好支持设计过程自动化。

（3）将传统 CAD 技术作为数值计算和图形处理工具，提供对设计方案优化和图形显示输出的支持。

（4）面向集成智能化。不仅支持设计的全过程，而且能为集成其他系统提供统一的数据模型及数据交换接口。

（5）提供强大的人机交互功能。使设计师对智能设计过程的干预，即人和人工智能的融合成为可能。

随着对市场及用户数据的采集、分析和挖掘，以及参与式设计支撑技术的发展，传统的设计流程已从设计师为主导的为用户设计，向着基于用户需求的智能化设计转变。

2．建模技术

虚拟制造系统（Virtual Manufactudng System，VMS）是现实制造系统（Real Manufacturing System，RMS）在虚拟环境下的映射，是 RMS 的模型化、形式化和计算机化的抽象描述和表示。VMS 的建模包括生产模型、产品模型和工艺模型 3 种类型，如表 4-7 所示。

表 4-7 VMS 的建模

模 型	说 明
生产模型	可归纳为静态描述和动态描述两个方面。静态描述是指系统生产和生产特性的描述；动态描述是指在已知系统状态和需求特性的基础上，预测产品生产的全过程
产品模型	产品模型是制造过程中各类实体对象模型的集合。目前，产品模型描述的信息包括产品结构、产品形状特征等静态信息。而对 VMS 来说，要集成产品制造过程中的全部活动，就必须有完备的产品模型，所以虚拟制造下的产品模型不再是单一的静态特征模型，而是能通过映射、抽象等方法，提取产品制造中的各活动所需信息的模型，包括三维动态模型、干涉检查、应力分析等
工艺模型	将工艺参数与影响制造功能的产品设计属性联系起来，以反映生产模型与产品模型之间的交互作用。工艺模型必须具备以下功能：计算机工艺仿真、制造数据表、制造规划、统计模型及物理和数学模型

3．仿真技术

仿真，就是应用计算机将复杂的现实系统抽象并简化为系统模型，然后在分析的基础上运行此模型，从而获知原系统一系列的统计性能。仿真是以系统模型为对象的研究方法，不会干扰实际生产系统。而且，利用计算机的快速运算能力，仿真可以用很短时间模拟实际生产中需要很长时间的生产周期，因此可以缩短决策时间，避免资金、人力和时间的浪费，并可重复仿真，优化实施方案。

计算机仿真技术作为一门新兴的高技术，其方法学建立在计算机能力的基础之上。随着计算机技术的发展，仿真技术也得到迅速发展，其应用领域及作用也越来越大。尤其在航空、航天、国防及其他大规模复杂系统的研制开发过程中，计算机仿真一直是不可缺少的工具，它在减少损失、节约经费、缩短开发周期、提高产品质量等方面发挥了巨大的作用。

在从产品的设计到制造以至测试维护的整个生命周期中，计算机仿真技术应用贯穿始终。概念设计阶段，计算机仿真技术进行产品动力学分析（如应力分析、强度分析）、产品运动学仿真（如机构之间的连接与碰撞）；详细设计阶段，计算机仿真技术进行刀位轨迹仿真、加工过程的仿真（检查 NC 代码）、装配仿真；加工制造阶段，计算机仿真技术进行制造车间设计（布局、设备选择）、生产计划及作业调度、制定各级控制器设计、故障处理；测试阶段，用测试仿真器；培训/维护阶段，用训练仿真器；销售阶段，用供应链仿真器等。总的来说，先进制造技术的发展，为计算机仿真的应用提供了新的舞台，也提出了更高的要求。

（1）仿真技术的应用具有以下特点和趋势：

① 仿真技术的应用范围空前地扩大了。在仿真的对象及目的方面，已由研究制造对象（产品）的动力学特性、运动学特性，研究产品的加工、装配过程，扩大到研究制造系统的设计和运行，并进一步扩大到后勤供应、库存管理、产品开发过程的组织、产品测试等，涉及制造企业的各个方面。

② 与网络技术结合所带来的仿真的分布性。仿真的分布性是由制造的分布性决定的。敏捷制造、虚拟企业等概念本身就有基于网络实现异地协作的含义。

③ 与图形和传感器技术相结合，使仿真的交互性大大增强，并由此形成了虚拟制造（Virtual Manufacturing，VM）、虚拟产品开发（Virtual Product Development，VPD）、虚拟测试（Virtual Test，VT）等新概念。

④ 仿真技术应用的集成化。即综合运用仿真技术，形成可运行的产品开发和制造环境。

就仿真技术应用的对象来看，可将制造业中应用的仿真分为 4 类：面向产品的仿真、面向制造工艺和装备的仿真、面向生产管理的仿真和面向企业其他环节的仿真。

（2）计算机仿真在制造业中的具体应用。

① 面向产品的仿真。

面向产品的仿真主要包括以下方面：

- 产品的静态、动态性能的分析。产品的静态特性主要指应力、强度等力学特性；产品的动态特性主要指产品运动时，机构之间的连接与碰撞。
- 产品的可制造性分析（DFM）。DFM 包括技术分析和经济分析。技术分析根据产品技术要求及实际的生产环境对可制造性进行全面分析；经济分析进行费用分析，根据反馈时间、成本等因素，对零件加工的经济性进行评价。
- 产品的可装配性分析（DFA）。DFA 分析装拆可能性，进行碰撞干涉检验，拟定出合理的装配工艺路线，并直观显示装配过程和装配到位后的干涉、碰撞问题。

② 面向制造工艺和装备的仿真。

面向制造工艺和装备的仿真主要指对加工中心加工过程的仿真和机器人的仿真。

加工过程仿真（MPS）：由 NC 代码驱动，主要用于检验 NC 代码，并检验装夹等因素引起的碰撞干涉现象。其具体功能包括：

- 仿真加工设备及加工对象在加工过程中的运动及状态。
- 加工过程仿真的每一步均由 NC 代码驱动。
- 零件加工过程具有三维实时动画功能，当发现碰撞时，会发出报警。

机器人的仿真：随着机器人技术的迅速发展，机器人在制造系统中也得到了广泛的应用。然而由于机器人是一种综合了机、电、液的复杂动态系统，使得只有通过计算机仿真来模拟系统的动态特性，才能揭示机构的合理运动方案及有效的控制算法，从而解决在机器人设计、制造以及运行过程中的问题。

- 针对制造系统中机器人的应用开展的研究，如柔性制造系统或计算机集成制造系统中机器人的仿真问题。
- 针对机器人操作手本身的特性进行的仿真研究，如运动学仿真、动力学仿真、轨迹规划和碰撞检验等问题。
- 机器人离线编程系统的研究，如利用仿真生成满意的运动方案自动转换成机器人控制程序去驱动控制器动作。

③ 面向生产管理的仿真。

生产管理的基本功能是计划、调度和控制。就仿真技术在生产管理中的应用来说，大致有以下 3 个方面：生产管理控制策略、车间层的设计和调度、库存管理。

a. 计算机仿真在生产管理控制策略中的应用

用于生产管理控制策略的仿真包括确定有关参数及用于不同控制策略之间的比较。比较常见的控制策略有：

MRP：这是一种“推”式的控制策略，通过需求预测，综合考虑生产设备能力、原材料可用量和库存量来制订生产计划。

KANBAN（看板）：这是一种“拉”式的控制策略，根据订单来制订生产计划，即通常所说的准时生产。

LOC：面向负载能力的控制策略。根据库存水平来控制生产过程。

DBR：面向瓶颈的控制策略。根据生产过程中的瓶颈环节来控制整个流程。

比较的衡量指标一般包括产量、生产率等。每种控制策略中需要确定的参数包括批量大小、看板数量、库存水平等。

b. 计算机仿真在制造车间设计中的应用。

一般可以把车间的设计过程分为两个主要阶段：初步设计阶段和详细设计阶段。初步设计阶段的任务是研究用户的需求，然后由此确定初步设计方案。详细设计阶段的主要任务是在初步设计的基础上，提出对车间各个组成单元的详尽而完整的描述,使设计结果能够达到进行实验和投产决策的程度,具体来说，即确定设备、刀具、夹具、托盘、物料处理系统、车间布局等。而仿真技术则主要用于方案的评价和选择。

具体来说，在初步设计阶段，可以在仿真程序中包含经济效益分析算法，运行根据初步设计方案所建立的仿真模型，给出以下评价信息：

• 在新车间中生产的产品类型和数量能否满足用户要求？

• 产品的质量和精度是否能够满足要求？

• 新车间的效率和投资回收率是否合理？

在详细设计阶段，使用仿真技术可以对候选方案的以下方面做出评价：

• 在制造主要零件时，车间中主要加工设备是否能够得到充分的利用？负载是否比较平衡？

• 物料处理系统是否能够和车间的柔性程度相适应？

• 新车间的整体布局是否能够满足生产调度的要求？ 是否具有一定的可重构能力？

• 在发生故障时，车间生产系统是否能够维持一定程度的生产能力？

目前，国内外都已经开发出了一些成熟的软件可用于辅助车间生产系统的设计，如 PURDUE 大学开发的 GCMS System Modeling 公司开发的 SIM AN/CINEM A、Auto Simulation 公司开发的 AU TOMOD/AUTOGRAM、清华大学开发的 IM MS 等。

c. 计算机仿真在制造车间运行中的应用。

FMS 中的调度问题可以定义为分配和协调可获得的生产资源，如加工机器、自动引导运输工具（AGV）、机器人及加班的时间等，以满足指定的目标。这些目标可以是满足交货日期、产量达到最大，机器的利用率达到最高，或上述目标的组合。

FMS 中的调度过程包括选择进入 FMS 的工件，为工件加工选择加工路线，选择在机器上进行加工的工作，为 AGV 选择派遣规则等。

目前已经有一些成熟的软件可用来解决调度问题，如：Autosched，Job TimePlus，FACTOR，FACTOR/AIM，SIMNETD 等。我国也已研制开发了用于车间调度层的仿真软件，如南开大学研制的 Job Shop 调度仿真软件、清华大学与航天部 204 所等单位开发的工厂仿真调度环境 FASE 及在此基础上开发的智能规则调度系统等。

d. 计算机仿真在库存管理中的应用。

在整个生产系统中，库存子系统起着重要的作用。按照库存材料在生产线中作用分，可分为在线仓库和中央仓库。按库存材料性质分，可分为原材料及外购件库、在制品库、成品库和维修备件及工具库。库存控制的目的在于，使库存投资最少，且要满足生产和销售的要求。

对于库存管理的仿真包括确定订货策略，确定订货点和订货批量，确定仓库的分布，确定安全库存水平等。

4. 虚拟现实技术

虚拟现实技术（Virtual Reality，VR）是采用以计算机技术为核心的现代先进技术，生成逼真的视觉、听觉、触觉一体化的虚拟环境，用户可以通过必要的输入/输出设备与虚拟环境中的物体进行交互，相互影响，进而获得身临其境的感受与体验。这种由计算机生成的虚拟环境可以是某一特定客观世界的再现，也可以是纯粹虚构的世界。

虚拟现实技术作为一种高新技术，集计算机仿真技术、计算机辅助设计与图形学、多媒体技术、人工智能、网络技术、传感技术、实时计算技术及心理行为学研究等多种先进技术为一体，为人们探索宏观世界、微观世界及由于种种原因不能直接观察的事物变化规律提供了极大的便利。在虚拟现实环境中，参与者借助数据手套、三维鼠标、方位跟踪器、操纵杆、头盔式显示器、耳机及数据服等虚拟现实交互设备，同虚拟环境中的对象相互作用，虚拟现实中的物体能做出实时的反馈，产生身临其境的交互式视景仿真和信息交流。

（1）虚拟现实技术最重要的特点。

① 沉浸感。

虚拟环境中，设计者通过具有深度感知的立体显示、精细的三维声音及触觉反馈等多种感知途径，观察和体验设计过程与设计结果。一方面，虚拟环境中可视化的能力进一步增强，借助于新的图形显示技术，设计者可以得到实时、高质量、具有深度感知的立体视觉反馈；另一方面，虚拟环境中的三维声音使设计者能更为准确地感受物体所在的方位，触觉反馈支持设计者在虚拟环境中抓取、移动物体时直接感受到物体的反作用力。在多感知形式的综合作用下，用户能够完全“沉浸”在虚拟环境中，多途径、多角度、真实地体验与感知虚拟世界。

② 交互性。

虚拟现实系统中的人机交互是一种近乎自然的交互，使用者通过自身的语言、身体运动或动作等自然技能，就可以对虚拟环境中的对象进行操作。而计算机根据使用者的肢体动作及语言信息，实时调整系统呈现的图像及声音。用户可以采用不同的交互手段完成同一交互任务。例如，进行零件定位操作时，设计者可以通过语音命令给出零件的定位坐标点，或通过手势将零件拖到定位点来表达零件的定位信息。各种交互手段在信息输入方面各有优势，语音的优势在于不受空间的限制，设计者无须“触及”设计对象，就可对其进行操纵，而手势等直接三维操作的优势在于运动控制的直接性。通过多种交互手段的结合，提高了信息输入带宽，有助于交互意图的有效传达。

③ 实时性。

有两种重要指标来衡量虚拟现实系统的实时性：其一是动态特性，视觉上，要求每秒生成和显示 30 帧图形画面，否则将会产生不连续和跳动感，触觉上，要实现虚拟现实的力的感觉，必须以每秒 1 000 帧的速度计算和更新接触力；其二是交互延迟特性，对于人产生的交互动作，系统应立即做出反应并生成相应的环境和场景，其间的时间延迟不应大于 0.1 s。

（2）数字化虚拟制造在制造业中的应用。

数字化 VMT 首先成功应用于飞机、汽车等工业领域，未来应用前景主要集中在以下几个方面：

① 虚拟产品制造。

应用计算机仿真技术，对零件的加工方法、工序顺序、工装选用、工艺参数选用，加工工艺性、装配工艺性、配合件之间的配合性、连接件之间的连接性、运动构件的运动性等均可建模仿真。建立数字化虚拟样机是一种崭新的设计模式和管理体系。

虚拟样机是基于三维计算机辅助设计（Computer Aided Design，CAD）的产物。三维 CAD 系统是造型工具，能支持“自顶向下”和“自底向上”等设计方法，完成结构分析、装配仿真及运动仿真等复杂设计过程，使设计更加符合实际设计过程。三维造型系统能方便地与计算机辅助工程（Computer Aided Engineering，CAE）系统集成，进行仿真分析；能提供数控加工所需的信息，如 NC（Computer Number Control）代码，实现 CAD/CAE/CAPP/CAM 的集成。一个完整的虚拟样机应包含如下的内容：

- 零部件的三维 CAD 模型及各级装配体，三维模型应参数化、适合于变形设计和部件模块化。
- 与三维 CAD 模型相关联的二维工程图。
- 三维装配体适合运动结构分析、有限元分析、优化设计分析。
- 形成基于三维 CAD 的产品数据管理（Product Data Managment，PDM）结构体系。
- 从虚拟样机制作过程中，摸索出定制产品的开发模式及所遵循的规律。

- 三维整机的检测与试验。

以 CAD/CAM 软件为设计平台，建立全参数化三维实体模型。在此基础上，对关键零件进行有限元分析及对整机或部件的运动模拟。通过数字化虚拟样机的建立与使用，帮助企业建立起一套基于三维 CAD 的产品开发体系，实现设计模式的转变，加快产品推向市场的周期。

② 虚拟企业。

虚拟企业是目前国际上一种先进的产品制造方式，采用的是“两头在内，中间在外”的哑铃型生产经营模式，即“产品开发”和“销售”两头在公司内部进行，而中间的机械加工部分则通过外协、外购方式进行。

虚拟企业的特征是：企业地域分散化。虚拟企业从用户订货、产品设计、零部件制造，以及装配、销售、经营管理都可以分别由处在不同地域的企业联作，进行异地设计、异地制造、异地经营管理。虚拟企业是动态联盟形式，突破了企业的有形界限，能最大限度地利用外部资源加速实现企业的市场目标。企业信息共享化是构成虚拟企业的基本条件之一，企业伙伴之间通过互联网及时沟通信息，包括产品设计、制造、销售、管理等信息，这些信息是以数据形式表示，能够分布到不同的计算机环境中，以实现信息资源共享，保证虚拟企业各部门步调高度协调，在市场波动条件下，确保企业最大整体利益。

虚拟企业的主要基础是建立在先进制造技术基础上的企业柔性化、在计算机上完成产品从概念设计到最终实现的全过程模拟的数字化虚拟制造和计算机网络技术。这 3 项内容是构成虚拟企业不可缺少的必要条件。

VMT 的主要目标，是能够根据实际生产线及生产车间情况进行规模布局，以建模与仿真为核心内容，进行产品的全寿命设计，有巨大的应用潜力。基于产品的数字化模型，实现了从产品的设计、加工、制造到检验全过程的动态模拟，而生产环境、制造设备、定位工装、加工工具和工作人员等虚拟模型的建模，为虚拟环境的搭建奠定了坚实的基础。虚拟制造的关键技术是对产品与制造过程的虚拟仿真，通过仿真，可以及时发现生产问题，及时进行生产优化，从而实现提高效率、节约成本的最终目的。

4.9 人工智能技术

人工智能（Artificial Intelligence，AI）技术自 20 世纪 50 年代提出以来，

人类一直致力于让计算机技术朝着越来越智能的方向发展。这是一门涉及计算机、控制学、语言学、神经学、心理学及哲学的综合性学科。同时，人工智能也是一门有强大生命力的学科，它试图改变人类的思维和生活习惯，延伸和解放人类智能，也必将带领人类走向科技发展新的纪元。

4.9.1 人工智能技术的产生及发展

人工智能技术是一门研究和开发用于模拟和拓展人类智能的理论方法和技术手段的新兴科学技术。智能（intelligence）是人类所特有的区别于一般生物的主要特征。可以解释为人类感知、学习、理解和思维的能力，通常被解释为“人认识客观事物并运用来解决实际问题的能力……往往通过观察、记忆、想象、思维、判断等表现出来”。人工智能正是一门研究、理解、模拟人类智能，并发现其规律的学科。

人工智能是计算机科学的一个分支，它企图了解智能的实质，并生产出一种新的能以人类智能相似的方式做出反应的智能机器，该领域的研究包括机器人、语言识别、图像识别、自然语言处理和专家系统等。人工智能从诞生以来，理论和技术日益成熟，应用领域也不断扩大，可以设想，未来人工智能带来的科技产品，将会是人类智慧的“容器”，势必承载着人类科技的发展进步。

人工智能是对人的意识、思维的信息过程的模拟。人工智能不是人类智能，但能像人那样思考，更有可能超过人类智能。人工智能是一门极富挑战性的科学，从事这项工作的人必须懂得计算机知识、心理学和哲学。总的说来，人工智能研究的一个主要目标是使机器能够胜任一些通常需要人类智能才能完成的复杂工作。

1. 人工智能技术的产生

自人类诞生以来，就力图根据当时的认识水平和技术条件，企图用机器来代替人的部分脑力劳动，以提高人类智能的能力。经过科技漫长的发展，一直到进入 20 世纪后，人工智能才相继地出现一些开创性的工作。1936 年，年仅 24 岁的英国数学家 A.M.Turing 就在他的一篇名为《理想计算机》的论文中提出了著名的图灵机模型，1950 年他又在《计算机能思维吗？》一文中提出了机器能够思维的论述，可以说正是他的大胆设想和研究为人工智能技术的发展方向和模式奠定了深厚的思想基础。

1956 年，在美国达特蒙斯（Dartmouth）大学一次历史性的聚会被认为是人工智能科学正式诞生的标志，从此在美国开始了以人工智能为研究目标的几个研究组。这其中最著名的当属被称为“人工智能之父”的斯坦福大学麦卡锡（John McCartney），人工智能的概念正是由他和几位来自不同学科的专家提出来的，这门技术当时涉及数学、计算机、神经生理学、心理学等多门学科。至此人工智能技术开始作为一门成型的新兴学科开始茁壮成长。

2．人工智能技术的发展

20 世纪 60 年代以来，人工智能的研究活动越来越受到重视。为了解释智能的相关原理，研究者们相继对问题求解、博弈、定理证明、程学设计等领域的可能性进行了深入的研究。几十年来，不仅使研究课题有所扩张和深入，而且还逐渐搞清楚了这些课题共同的基本核心问题及它们和其他学科间的相互关系。

而正如社会发展的规律一样，一件新鲜事物的出现也必将经历它的低潮期，在接下来的十多年里，人工智能也不可避免地进入了自己的低谷期，直到 20 世纪 80 年代中期开始，有关人工神经元网络的研究取得了突破性的进展，才带领人工智能走进全新的发展领域里。1986 年，Rumel hart 提出了反向传播（Back Propagation，BP）学习算法，解决了多层人工神经元网络的学习问题，掀起了新的人工神经元网络的研究热潮，人工智能广泛应用于模式识别、故障诊断、预测和智能控制等多个领域。

1997 年 5 月，IBM 公司研制的“深蓝”计算机，以 3.5∶2.5 的比分，首次在正式比赛中战胜了国际象棋世界冠军卡斯帕罗夫，在世界范围内引起了轰动。这标志着在某些领域，人工智能系统可以达到人类的最高水平。这也对人工智能的研究起到了相当大的推动作用，世界各国开始大力发展人工智能技术，相继成立人工智能研究小组和研究委员会，并兴建人工智能重点实验室，在全世界范围内征集相关人才，这些举动无疑将促进人工智能的全面发展，使人工智能走上新的高度。

而就在 2016 年的 3 月，谷歌的“阿尔法围棋”又以 4∶1 的比分战胜国际围棋大师李世石。2017 年 5 月，在中国乌镇围棋峰会上，它与排名世界第一的世界围棋冠军柯洁对战，以 3∶0 的总比分获胜。人工智能再次用精湛的棋艺和惊艳的表现征服了世人，让身处大数据时代背景下的人类对人工智能的发展寄予了无限的希望，同时也陷入了无尽的反思。

3．人工智能技术的分类

目前情况来看，人工智能可以分为两大类：强人工智能和弱人工智能。我们目前所处的还是属于弱人工智能阶段，之所以称之为“弱”，是因为这样的人工智能不具备自我思考、自我推理和解决问题的能力，统筹地讲就是没有自主意识，所以并不能称之为真正意义上的智能。而强人工智能则恰好相反，若能配合合适的程序设计语言，理论上它们便可以有自主感知能力、自主思维能力和自主行动能力。目前关于强人工智能的类型又分为两种：一种是类人的人工智能，机器完全模仿人的思维方式和行为习惯；另一种是非类人的人工智能，机器有自我的推理方式，不按照人类的思维行动模式生产生活。强人工智能技术具有很大的自主意识，它们既可以按照人预先设定的指令具体去做什么，也可以根据具体环境需求自身决定怎么做，做什么，它们具有主动处理事务的能力，也就是说可以不根据人类事先做好的设定而机械地去行动。就当下的技术手段程序语言设计发展阶段而言，我们离实现强人工智能还具有不小的距离，但是我们不排除在编程技术实现智能化后，人工智能会带来天翻地覆的变化，到那个时候它们所带来的伦理问题才会是困扰我们的难题。

4．人工智能的研究现状

国外关于人工智能发展问题的研究及著述有很多，如果简单地从研究的结论来分类，大致有 3 类观点。第一，认为人工智能是人脑的模拟和扩展，其本身就是一个信息处理系统。斯坦福大学的费根鲍姆教授从知识工程的角度出发，他认为“知识就是力量，电子计算机则是这种力量的放大器，而能把人类知识予以放大的机器，也会把一切方面的力量予以放大”。麻省理工学院的温斯顿教授认为“人工智能就是研究如何使计算机去做过去只有人才能做的富有智能的工作”。类似的观点在哈里亨德森的《人工智能大脑的镜子》和休伯特德雷福斯的《计算机不能做什么》中也都有所体现。第二，认为人工智能等同于甚至超过人类智能。人工智能虽然是有限的，但是其向人类智能的接近却是无限度的，随着其自身的不断突破与发展，最终将无限逼近于人类智能。人工智能之父西蒙就持这样的观点，他认为人工智能能够达到人类智能的水平。神经生物学家亨利马克莱姆希望通过“蓝脑计划”建立人类大脑的模型，从而揭开人脑秘密。经过大量的研究分析，他认为计算机完成人脑的复制只是时间的问题。发明家雷库兹韦尔的预言听上去则有些疯狂，他认为“本世纪结束之前，人类将不再是地球上最有智慧或最有能力的生命实体”。具有人工智能的计算机将具有与人类智能并驾齐驱的各种能力，甚至是意志和感情。美国科学家艾什比认为，要制造一个综合能力的机器脑在原则上没有什么问题，所需要的只是时间和技术进步。他强调，这种脑一旦制造出来，绝不只是简单的机械执行和模仿，它还能够自己学习发展自己的智慧。库兹韦尔的“奇点理论”宣称：在一个所谓的“奇点”来临之时，机器将可通过人工智能进行自我完善，甚至超过人类本身，从而开启一个新的时代。“人工大脑之父”雨果德加里斯在《智能简史》一书中就指出，人工智能已经在神经和智能上产生了指数级的初级进化，并在将来某一天达到“奇点”状态，最终“失去控制”，以人类无法想象的速度自我进化，最终超越人类智能。在清华大学演讲中，加里斯教授更是预言：“人工智能机器就可以和人做朋友，但人工智能将成为人类最大的威胁。世界最终会因人工智能超过人类而爆发一场战争，这场智能战争也许会夺去数十亿人的生命。”但是这样的观点并不为大多数专家所接受，就连计算机之父冯诺依曼和图灵都表示计算机不会超过人类的智能。美国著名语言哲学家约翰塞尔提出了“中文房间”的模型，指明了计算机能够模拟但无法超越人类智能。在这个模型中，人类可以通过建立一种动态的标准，通过不断修改充实这个标准来使机器拥有更多的智能。但由于标准的制定者为人类，它并不会比人类更聪明，只会随着人类对自我认识的提高而提高，因而最终可以想象机器模拟人类智能是一个向人类智能无限接近的过程。随着以互联网诞生为标志的第三次工业革命的到来，数据挖掘和知识发现开始崭露头角。以数据库为基础，通过运用多种学习手段，从大量数据中提炼出抽象的知识来揭示数据背后的客观世界蕴含的内在本质和联系，实现自动获取知识的知识发现系统是一个极富应用前景的研究方向。目前，对数据挖掘技术研究的热点主要集中在提高算法效率、数据的时序性和互联网知识发现几个方面。此外，智能接口也是人工智能发展的热点之一。智能接口包括有语音识别、自然语言理解和图像识别等。目前，这方面的研究成果已经大量的投入使用，并且正在迅速提升性能。

中国拥有一套古老的数学体系，其中《九章算术》以计算为中心，密切联系实际，主要解决人们生产、生活中的数学问题，确定了中国古代数学的框架，但是我国一直缺乏完善的数学理论体系，直到五四运动以后才真正开始了近代数学研究。上世纪年代后期，在计算机技术大发展的背景下，数学家吴文俊继承和发展了中国古代数学的传统的算法化思想，转而研究几何定理的机器证明，提出的数学机械化设想，对人工智能的许多领域都有着深远影响。随着国家人工智能相关产业的政策扶植，人工智能的研究取得了长足的进步，在理论研究方面已经达到了世界水平。相继成立了中国人工智能学会、中国软件行业协会、人工智能协会、中国智能机器人专业委员会及中国智能自动化专业委员会等学术团体，召开了中国人工智能联合会议，中国科学家在人工智能领域取得一些在国际上有影响的创造性成果。我国科学院院士、清华大学李衍达教授首创知识表达的情感适应模型，通过人机合作，由计算机提供候选模型，人进行情感选择，从而建立有效的信息模型。李德毅教授提出了定性和定量转换“云模型”，能够用语言值表示和处理随机不定性和模糊不定性，并成功将其应用于数据挖掘和智能控制等领域。王守觉教授则在人工神经网络的硬件化实现及高维仿生信息学方面的进行了大量研究，研制成功了半导体神经网络硬件系列，并提出了“仿生模式识别”理论，为解决机器形象思维问题提供了一条新途径。另一方面，大量的著述与论文开始着力于进行人工智能发展中出现的一些具体问题的研究，如蔡曙山在《哲学家如何理解人工智能一塞尔的“中文房间争论”及其意义》一文中从语言哲学家约翰赛尔的“中文房间”模型入手，经分析得出“机器智能能够不断接近人类智能但永远不可能超过人类智能”结论；蔡自兴在《人工智能对人类的深远影响》一文中从经济、社会、文化等多个方面对人工智能进行了剖析，分析了人工智能对人类和人类社会方方面面的改造；童天湘的《从“人机大战”到人机共生》计算机与人对弈出发，分析人工智能的发展，他认为通过生物技术和人工智能技术的结合，人类会创造出“人机共生”的智能机器人；戴汝为的《从基于逻辑的人工智能到社会智能的发展》从人工智能发展的历史进程角度切入研究，他认为采用信息网络、多媒体现代技术的“信息空间综合集成研讨体系”将会成为涌现社会智能的可操作的技术系统；王雨田在《归纳逻辑与人工智能相结合的研究问题》中以归纳的研究为例，指出当前人工智能的发展中亟须引入有关归纳的哲学、科学哲学、逻辑学、心理学、认知科学引入知识工程、机器学习、不确定性推理等前沿科学技术的研究基础理论的研究；郑祥福在《人工智能的四大哲学问题》中认为当代西方哲学的认知转向是和人工智能的研究协调发展的，人工智能的哲学问题已不再是人工智能的本质问题，而是关于人的意向性问题、概念框架问题、语境问题和日常化认识问题，并就这些问题给出了基本的解决思路；盛晓明、项后军在《从人工智能看科学哲学的创新》从人工智能的历史发展出发，在对科学哲学中几个主要学派分析比较后认为科学哲学不仅应该经常回到“活的”科学史中去并不断地进行理论上的大胆创新与整合，才能够迎接新兴科学的挑战，能有伟大的将来；刘普寅、李洪兴在《软计算及其哲学内涵》一文中通过论述基于模糊逻辑系统、神经网络、遗传算法等软计算技术对于研究非线性复杂系统及处理智能信息的有效性，认为软计算在智能信息处理技术中将发挥十分重要的作用。

4.9.2 人工智能技术的主要应用领域及其影响

相当程度上，2014 年可谓“机器人”的元年，而 2015 年可称“人工智能”的元年。一虚一实的智能热潮，加上时下风起云涌的智能无人车，2016 年可算是“新 IT”的元年。人类在经历了生机勃勃的“老 IT”工业技术（Industrial Technology，IT）和万物通连的“旧 IT”信息技术（Information Technology，IT）之后，终于迎来了以机器人和人工智能为核心的“新 IT”智能技术（Intelligent Technology,IT）和智能产业的新时代。

从人类社会的发展进程来看，新 IT 时代是历史的必然。按照科学哲学家波普尔的观点，世界由三部分组成：物理世界、心理世界和人工世界。农业技术开发了物理世界的地面资源,使人类从追逐食物四处漂泊到安居乐业，确保了我们的生存与发展。科学的兴起，首先解放了我们的心理世界，工业技术随之涌现，极大地扩展了人类的体力和感知能力，使我们能够上天入地开发空间和矿藏资源，大大提高了人类的生活水平。今天，随着智能技术的逐渐成熟，人类面临着开发人工的“第三世界”之伟大任务，也就是说要解放智力，让数据资源、知识体系和社会智慧成为建设新 IT 时代的动力，进而把我们带入一个崭新的“智业”社会。

1. 人工智能技术的主要应用领域

人工智能技术是在计算机科学、控制论、信息论、心理学、语言学及哲学等多种学科相互渗透的基础上发展起来的一门新型边缘学科，主要用于研究用机器（主要是计算机）来规范和实现人类的智能行为，经过几十年的发展，人工智能在不少领域得到发展，在我们的日常生活和学习当中也有许多应用。

（1）智能感知。智能感知包括模式识别和自然言语理解。人工智能所研究的模式识别是指用计算机代替人类或帮助人类感知的模式，是对人类感知外界功能的模拟，研究的是计算机模式识别系统，也就是使一个计算机系统具有模拟人类通过感官接受外界信息、识别和理解周围环境的感知能力。而自然言语理解，就是让计算机通过阅读文本资料建立内部数据库，可以将句子从一种语言转换为另一种语言，实现对给定的指令获取知识等。此类系统的目的就是建立一个可以生成和理解语言的软件环境。

（2）智能推理。智能推理包括问题求解、逻辑推理与定理证明、专家系统、自动程序设计。人工智能的第一个主要成果是一个可以解决问题的国际象棋程序的发展。在象棋应用中的某些技术，如果再往前看几步，可以将很难的问题分为一些比较容易的问题，开发问题搜索和问题还原等人工智能技术。而基于此的逻辑推理也是人工智能研究中最持久的子领域之一。这就需要人工智能不仅需要解决问题的能力，更要有一些假设推理和直觉技巧。在此两者的基础上出现的专家系统就是一个相对完整的智能计算机程序系统，应用大量的专家知识，解决相关领域的难题，经常要在不完全、不精确或不确定的信息基础上作出结论。而所有这三个功能的实现都是最终实现自动程序的基础，让计算机学会人类的编程理论并自行进行程序设计，而这一功能目前最大的贡献之一就是作为问题求解策略的调整概念。

（3）智能学习。学习能力无疑是人工智能研究中最突出和最重要的方面之一。学习更是人类智力的主要标志，是获取知识的基本手段。近年来，人工智能技术在这方面的研究取得了一定的进展，包括机器学习、神经网络、计算智能和进化计算。而智能学习正是计算机获得智能的根本途径。此外，机器学习将有助于发现人类学习的机制，揭示人类大脑皮层的奥秘。所以这是一个一直受到关注的理论领域，思维和行动是创新的，方法也是近乎完美的，但目前的水平还距离理想状态有一定的距离。

（4）智能行动。智能行动是人工智能应用最广泛的领域，也是最贴近生活的领域，包括机器人学、智能控制、智能检索、智能调度与指挥、分布式人工智能与 Agent、数据挖掘与知识发现、人工生命、机器视觉等。智能行动就是对机器人操作程序的研究。从研究机器人手臂相关问题开始，进而达到最佳的规划方法，以获得完美的机器人移动序列为目标，最终成功产生人工生命。而将来智能人工生命的成功研制也必将会作为人工智能技术突破的标志。

2. 人工智能技术对人类社会的主要影响

（1）取代重复简单劳动力。

人工智能技术的崛起将导致“失业潮”的发生已基本成为行业的共识。“世界经济论坛”2016 年年会，基于对全球企业战略高管和个人的调查发布报告称：未来五年，随着机器人和人工智能等技术的崛起，将导致全球 15 个主要国家的就业岗位减少 710 万个，2/3 将属于办公和行政人员。德克萨斯州莱斯大学（Rice University）计算机科学教授摩西·瓦迪（Moshe Vardi）近日同样表示，今后 30 年，电脑可以从事人类的所有工作，他预计，2045 年的人类失业率将超过 50%。

（2）新成员进入社会。

一方面，人们迫切希望人工智能能代替人类在各种各样的劳动中，另一方面，他们担心人工智能的发展会带来新的社会问题。事实上，近年来，社会结构正在悄然地发生变化。社会结构正在由“人-机器”到“人-智能机器-机器”悄然的转变。因此，人们必须开始学习如何与智能机器和睦相处。

（3）人类容易滋生惰性思维方式。

人工智能对知识的掌握将会是动态的，是会不断增加和更新的，而且知识更新的速度远超人类的极限，这势必会影响到人类的思维方式，使得越来越多的人过度的依赖人工智能的计算，从而自身的主动思维能力日渐下降。这会造成人们对于事物和是非的判断能力减弱，到最后只是一味地听取计算机给予的建议，认知能力越来越弱，并逐渐开始对社会产生错觉。并且在日常生活中失去对问题的求知责任感，这或许才是人工智能真正的威胁吧。

（4）像核武器般技术失控。

任何新技术最大危险莫过于人类对它失去了控制，或者是它落入那些企图利用新技术反对人类的人手中。就像我们现实生活中存在的核武器，在相当长的一段时间内有核国家确实对一些世界邪恶力量起到了震慑作用，可在这个和平年代，我们不得不随时担心核武器所带来的不可控的后果。人类发明了核武器，可越来越发现根本无法控制它所将带来的恐怖影响。如果人工智能技术发展继续遵循武器的发展规律，也必将出现技术失控的现象，而这门技术将带来的负面影响要远大于武器，至于结果，从我们近些年创造的科幻电影就能看得出。

今天，人类正在发明越来越多的机器人与人工智能，智能手机已经成为人类的忠实助手，曾经的许多工作将会被智能机器人所取代。但这种交替的过程也会产生许多新的工作需求，人类可以更加舒适、轻松、智慧的生活。人类始终善于利用机器人的优势并弥补机器人的不足，或者用新的机器人来淘汰旧的机器人；反过来人类也可以靠着机器人的力量来实现自身能力与智慧的增长。人工智能的存在一定会是人类自身变得更加智能。

4.10 本章小结

智能制造是通过智能化的感知、人机交互等技术，实现制造装备的智能化，是信息技术、智能技术与装备制造技术的深度融合与集成。传统的制造装备通过应用智能硬件技术而具有了信息采集、分析和执行能力，从而在智能制造的全生命周期中占据了重要的地位。

本章分析了未来智能制造领域最值得关注的核心技术，即赛博物理系统、工业物联网、云计算技术、工业大数据、工业机器人技术、3D 打印技术、RFID 技术、实时定位技术、机器视觉技术、虚拟制造和人工智能技术等的概念、分类，以及其在智能制造体系中的重要作用和发展趋势。研究了 RFID 技术和工业物联网技术的原理和组成，智能制造系统所管理的数据的来源、种类，云计算的概念、架构和重要作用以及 VMT、人工智能技术的定义和关键技术等。

5

智能制造的产业模式

5.1 商业思维的颠覆

智能制造的出现，将彻底颠覆传统制造业的生产方式与商业模式。智能制造不仅仅意味着技术与生产过程的转变，同时也意味着管理模式与组织结构的全面调整。对此，制造企业必须为变革做好准备。

5.1.1 营销方式的转变

在互联网当道的今天，我国有一部分企业家在大谈营销模式，而对产品本身的关注却越来越少。但在智能制造时代，一切都要回归到产品的制造上来。

1. 智造新模式——客厂模式

在互联网时代，有企业成功地领导了一种互联网营销模式，即通过让用户直接参与产品研发来打造出让用户满意的产品，以此打败了无数实力雄厚的竞争对手。但其自身并不制造产品，它的产品都是由第三方工厂代工，包括产品设计和产品生产。而这也是这类企业存在的最大的问题：过分注重营销方式，而非产品品质。而在未来的智能制造体系中，一种产品从研发到生产、再到营销服务都将实现智能化。

智能制造时代客户定制产品的流程如下：客户通过智能终端或网络平台给企业下订单，平台会自动把客户的个性化定制需求数据传输给智能工厂的云平台；而智能工厂根据收到的数据，自动组织产品设计、原材料加工、组装生产的环节，再根据智能CRM系统生成的方案，将定制产品交付给消费者。

在上述整个过程中，用户和制造工厂可以通过互联网直接沟通。这种体现了制造业与互联网的深度融合，实现了客户和工厂无障碍交互的模式，就是 Customer-to-Manufactory（C2M），也就是客厂模式。

在客厂模式中，客户本身已被纳入成为智能制造网络的一环，完全可以直接与智能工厂沟通协商。因此，客户能更轻松地得到最合个人口味的专属产品，并享受更低的交易成本。

笔者认为，如此一来，有些企业引以为傲的用户参与研发模式将被动摇，因为其成长模式并不符合智能制造的内涵。从根本上说，不是源自卓越的技术创新能力，而是革新了互联网营销模式，这样带来的增长并不持久。

然而，在未来的智能制造时代中，客户需求将变得更加多样化、复杂化、个性化。智能制造企业可以利用智能化的网络资源和大数据平台，大规模满足客户的个性化需求。若一些企业一直依赖代工厂，却无法达到同等级的协同制造能力，可能难以挽留消费者，进而错过此次制造业的革命浪潮。而另外一些重视自主知识产权研发的企业，则更有可能搭上智能制造的东风。

2．智造新渠道——互联网

在过去，有部分轻制造重营销的企业，在第三次工业革命中发展成称霸互联网经济的巨头，让一些以制造见长的企业望洋兴叹。但随着智能制造时代的到来，这种情况或将发生根本性的变革。

互联网与传统行业的大整合，是我国互联网经济发展的主要方式。目前，我国正处于互联网颠覆传统行业的初级阶段。许多传统行业被迫接受互联网改造，而互联网公司也将技术优势的触角延伸到各个产业链的上下游。

在互联网普及的今天，在线购物的电子商务模式比实体店的交易更加方便快捷，再配合发达的物流交通体系，网上商城的营销方式可以有效降低成本，加大品牌推广力度，让广大消费者获得更优惠的产品。电子商务的低成本与交易灵活便捷等优势，是传统实体店、制造企业难以与之抗衡的根本原因。

但在智能制造时代，这种通过削减流通环节来压缩成本的方式将逐渐失去原有的优势。因为智能工厂直接省略了销售及流通环节，消费者可以通过智能手机、平板、个人计算机等智能终端，直接在互联网上向智能工厂的数据平台或信息系统订购个性化的产品，跳过中转平台。

当消费者与智能工厂能方便地直接互动时，平台交易优势与折扣优势都将不复存在。而有自主品牌、注重技术创新的制造工厂，则能更快地在智能制造时代的全新商业模式中找到自己的位置。

3．大数据平台

当前，互联网企业还掌握着一种有力武器——大数据平台。通过大数据技术对海量客户信息的垄断，互联网企业能够针对目标消费群体实时做出个性化精准营销，而这仅仅是大数据平台一个极小的应用。

如第 1 章所述，在智能制造体系中，“工业云和大数据”位于智能工厂和智能装备之上，是一个至关重要的领域。无论是大规模的个性化定制、智能工厂的管理经营，还是制造企业组织结构的变革，都离不开大数据的支持。特别是智能工厂的自主运作，以及产品与智能机器人之间的相互交流，尤其需要大数据技术进行支撑。当下的互联网企业拥有大数据技术优势，而制造企业拥有强大的技术创新能力，双方合作，或许可以实现共赢。

大数据平台可以将生产制造各环节的传感器、智能终端和装备接入平台，通过对所收集的数据进行汇总、分析，从而提高智能工厂的智能化程度。

大数据平台具有如下几方面的好处：

（1）连接管理层、车间和供应链，实现更高级别的生产控制，提升效率。

（2）共享车间设备中的传感器和致动器（如摄像头、机器人设备和运动控制设备）的数据，以提供实时诊断和主动维护服务，进而提升流程的可视化水平，增加工厂的正常运行时间和灵活性。

（3）在车间内部及车间与企业 IT 系统之间实现通信，以更加高效地在工厂资源、员工和供应商间进行协调。

（4）实现更出色的环境感知、车间的无缝多区域保护、本机监控控制与数据采集 （SCADA）支持及远程设备管理功能。

将大数据平台融于智能工厂，会给智能工厂带来以下提升：

（1）提高数据共享的及时性和准确性。

（2）优化企业库存，减少资金占用，提高企业的工作效率和生产能力。

（3）提高作业的计划性、准确性及调控能力。

（4）提高财务预算的精确性和管理的科学性，从而压缩成本，实现信息流、物流、资金流、业务流和价值流的有机统一和集成。

5.1.2 个性化需求和生产

在智能制造时代，个性化定制将成为市场的主流消费方式，受此影响，产品的生产方式也将发生巨大的变化。

1. 传统生产方式——企业决定产品

在没有互联网的时代，消费者需要到多个百货商场、超市“货比三家”，然后才能买到满意的物品。而在互联网时代，消费者可以从网上商城搜索出自己感兴趣的商品信息，在家中就能完成购买，移动互联网的普及使得消费者可以在智能手机上轻松完成在线下单与在线支付的流程，只需等着快递小哥上门送货。

但是，这仍然不是真正意义上的个性化消费。因为消费者只能在各个品牌厂家推出的成品中进行对比取舍。而无论哪个品牌的产品，都是按照某一类消费群体的整体偏好来设计的，也就是说是由企业决定，而不是完全围绕消费者的个性化需求“量身定做”的。所以，尽管交易方式十分便利，可供选择的产品种类也十分丰富，但并没有从根本上改变传统的产品生产和销售模式。因为真正意义上的个性化消费，应该是产品完全围绕消费者个人的喜好设计制造。

互联网经济的发展，催生了“以用户为中心”的互联网思维。但就目前而言，互联网行业的“用户思维”更多还是强调精准营销，虽然其中包含了个性化消费的因子，但若没有大规模个性化生产技术的支持，产品的“私人定制”只能是业界的美好愿望，真正的个性化消费时代也就没法真正降临。

2. 个性化定制方式——消费者决定产品

智能制造将为产品生产模式带来脱胎换骨的变化。“企业决定产品”的传统生产方式，将逐渐被“消费者决定产品”的智能生产模式取代。这对企业与消费者而言，都是一场革命性的改变。

未来智能工厂生产的产品，一切由消费者来决定。无论是尺寸、颜色，还是性能参数与零件类型，都可以按照消费者的选择进行搭配。智能制造将虚拟世界与现实世界融为一体，消费者将与智能工厂实现全程无障碍沟通。

从企业的角度说，智能制造将消除企业与消费者之间的各种无形障碍。在互联网技术普及之前，企业最头痛的是无法准确地把握市场动态。一方面，消费者总是抱怨产品的功能与品种不能满足需求；另一方面，企业对消费者的偏好了解有限，难以及时跟进需求变化，广大消费者的需求难以被便捷高效地转化为准确的用户数据。

大数据等互联网技术则突破了这个瓶颈，为企业转型个性化生产与个性化营销打下了良好的基础。未来，企业可以通过大数据实时跟踪采集消费者的消费记录，并借助智能软件分析出每个消费者的需求曲线与消费偏好，在掌握准确的情报后，就可以执行个性化定制模式了。

3. 个性化生产

个性化生产是实现个性化定制消费模式的基础。

在企业决定产品的时代，产品附加价值的高低往往比消费者的需求更能影响生产者的决策。虽然个性化定制能最大限度地契合消费者的真实需求，但居高不下的生产成本与较弱的大众普遍消费能力，使得企业不敢轻易将个性化定制作为主要生产方式。

个性化生产的最大阻碍是：无法利用流水生产线实现规模效益。因为在传统工业生产模式中，“柔性”（多样性生产）和生产效率是相互矛盾的。传统工业生产线主要用于标准化的单一型号产品。通过专用设备与工艺程序化，实现高效率的大批量生产，形成规模经济效益。但这种生产方式对设备专用性要求高，难以生产多品种的小批量产品。

自动化的柔性生产线则可以解决这一问题，它使用计算机来调控多种专业机床，能够按照事先设定好的程序自动调整生产方式，从而使得多品种的中小批量生产能与大批量标准化生产抗衡。

而随着智能制造技术的成熟，工业生产的“柔性”将进一步提高。多品种的个性化定制产品将能在智能生产线上实现大批量生产，彻底解决柔性与生产效率的矛盾。大规模个性化生产技术的出现，攻克了束缚个性化消费的最后一个技术瓶颈。

4．个性化消费

唯有大幅度提升个性化产品的生产效率，有效降低其成本，才能让更多消费者满足个性化消费这种更高级的消费欲望。因此，从消费者的角度说，只有到了智能制造时代，才能实现彻底的个性化消费。

智能制造时代的个性化消费，可能出现以下 3 种变化：

（1）多样的个性化需求成为主流。

尽管共同消费依然存在，但消费者的个性化需求将日益细化，并逐渐占据主导地位，这就要求企业把发展个性化生产提上日程。例如，德国的汽车制造业正在研制智能汽车生产线，以便在同一条流水线上同时制造不同类型的汽车。

（2）个性化产品的功能走向集成化。

消费者越来越喜欢一次性解决所有的问题，个性化定制产品因此不再局限于单一产品，而是一连串相关产品集合而成的个性化套装。例如，互联网时代的房地产商不仅出售房子，还提供全套的个性化装修服务。

（3）商品交易方式的便利化。

互联网经济改变了传统的交易方式，让消费者拥有了更多的选择空间，能随时随地进行在线下单及支付。而在智能制造时代，个性化消费的交易方式将变得更加方便。消费者不仅可以直接参与到最初的定制中，还能随时关注产品生产的进展。

由于虚拟世界与现实世界被信息物理系统（CPS）融为一体，智能制造时代的智能工厂成了一个消费者可以参与深度定制的“透明工厂”。在虚拟可视化技术与智能网络的帮助下，企业的数据中心会把整个定制化生产流程呈现在消费者眼前。例如，家电的原材料是否采购到位，颜色涂装是否完成，零部件组装进展如何，什么时候能发货上门，系统都会及时反馈给参与定制的消费者。总之，消费者可以借助产业物联网与企业直接沟通，跟踪个性化生产的全过程。

智能制造的个性化消费模式，对企业的个性化生产提出了极高的要求。从消费者提交订单开始，企业内部的智能化生产体系就要随着消费者订单贯穿始终。在用智能生产线提升制造效率的同时，企业对上游供应商的管控能力及与消费者的互动沟通能力都需要全面升级。此外，智能工厂的决策方式也不同于网上零售业，企业的组织管理方式也必须围绕着个性化生产与个性化消费做出大幅度的变革。

5.1.3 预测型制造

智能制造模式具备预测性特征，体现在对工业制造过程的预测和对市场消费的预测两个方面。

1. 预测型制造的定义

以智能化生产为特征的预测型制造，可以用“6C”模式来定义。“6C”是 Connection（连接）、Cloud（云储存）、Cyber（虚拟网络）、Content（内容）、Community（社群）、Customization（定制化）6 个英文单词的首字母缩写。在“6C”模式中，工厂与机器设备都高度智能化，不仅可以实时共享数据信息，还可以进行自我管理，并通过智能联网来配合其他工厂或机器设备的行动。

预测型制造要求生产制造系统具备对产品制造的全过程及各个制造设备的运行状况进行智能分析的能力。通过对各个生产环节、制造设备甚至零部件生产的数据进行全程收集、传输、分析，将生产制造过程中的不确定因素变得“透明化”，提前预测出产品制造存在的问题。

智能传感器技术的不断成熟，使得数据收集工作变得更为简单。无论是生产线上的机器设备还是待加工产品，都可以被智能传感器有效监测，并形成可供分析的各种参数。例如，在待加工产品的标签上安装智能芯片，即可经由智能传感器，将每个产品的个性化定制需求信息上传到智能生产线的云平台上。

2．预测工业制造过程的意义

传统的工业制造流程存在许多未知因素导致的问题，有些是不可预知也无法防范的，如零部件突然发生故障，工人的粗心大意等；有些是有规律可循的，如元器件的损耗，气候对性能的影响等。而在工厂之外，用户需求的波动、下游营销部门的失误等也同样会干扰制造过程。这些工厂内部和外部的不确定因素，一般可以通过事后分析而得到解决，这也是传统的制造企业和工厂所采用的方式。

传统的制造模式可以理解为反应型制造。这种制造模式主要是根据设备老化、加工失灵等可见的故障来做事后维护，但对于那些不确定的因素则往往反应迟滞。而预测型制造模式则是通过对数据的分析，对所有设备进行有效的检测和评估。通过智能传感网络，预测型制造将生产流程变得“透明化”，可以及时发现初次故障并运用人工智能预测下一次设备故障的时间点，从而进行主动维护，最大限度地减少生产中的不确定因素。

反应型制造时代，工程师更多是凭经验来推断机器性能的衰退时间。这使得生产故障与意外的发生概率无法降低至零。而在预测型制造时代，加入智能制造网络的智能零部件一旦进入工作状态，就会自动向企业的控制中心反馈机械运行数据。如此一来，工程师就能更准确地实时了解零部件的健康情况，预知什么时候应该更换新器件，复杂烦琐的零部件保养工作将变得更加便捷高效。

预测型制造的概念，体现了制造业追求的最高境界，即在整个制造过程中，坚持以零故障、零忧患、零意外、零污染为目标。工厂里所有的机器都连成一个协作区，传统生产制造过程中的种种不确定因素都变得可见，智能分析系统能够尽早预测出其中可能影响生产的因素，并采取主动维护措施。

3．如何实现工业制造过程预测

预测型制造是一种智能化制造模式。按照智能制造的要求，未来的预测型制造需要完成 3 个转变。

（1）制造流程价值化。

工业制造过程将作为整个产品的生命周期当中的重要一环，与产品设计、技术研发充分结合，把设计师的设计和用户的需求制造成一个合格的产品。

（2）制造流程智能化。

在预测型制造过程中，智能生产线可以根据产品设计参数的差异与加工状况的变化作出针对性调整，在设计、研发、制造的全过程中，灵活调整产品加工方式。

（3）制造流程透明化。

实现预测型制造的关键在于获取将生产流程“透明化”的工具及技术，让那些不确定因素可以被及时检测和量化分析。反应型制造之所以依赖工程师的经验判断，正是由于无法将不可见的不确定因素转化为可解读的数据。而要解决这个问题，就离不开工业大数据技术的支持。

未来，制造企业的智能化升级将以大数据分析技术为基础。工业大数据系统的构建，不仅将有效提升制造企业的技术创新能力，也是企业在第四次工业革命中的一大重要任务。

4．市场消费的预测

传统的制造工厂多是按照贸易经销商的要求和计划进行生产，并不了解销售环节，也不直接倾听客户需求，也就是只关心订单的批量和规模，不关心产品的市场需求，因为传统制造业是靠批量规模取胜的。

在智能制造时代，制造行业必须从原本的产品导向转型为客户导向，充分利用商业大数据，分析预测客户需求，完成企业结构调整。个性化生产模式正是源于客户的个性化消费需求，是智能制造时代预测型制造的一种表现形式。

商业领域的大数据以客户为本，通过对客户的身高、年龄、住址、体重等个人数据的了解（在获得用户许可的情况下），可以对不同区域客户的需求差异、不同年龄段客户的消费流行趋势等进行分析，并将这些信息融入到产品设计和销售环节中，给用户提供更好的购物体验。

智能制造时代的大数据分析驱动型企业，会将价值链上的所有公司、部门、车间、生产线、机器设备的数据全部集中于云平台之上。通过工业大数据的强大计算能力，整合来自研发、工程、生产等环节的数据，并在此基础上创建 PLM 平台。同时，战略性的运用云计算、移动、社交和大数据分析工具，掌握并预测以客户为中心的市场状况和变化趋势，并根据对数据的洞察，生成最佳的行动建议。数据将贯穿企业研发、生产、营销、服务等管理运作的全过程。

未来的制造企业将采取分散式组织形式，这要求企业必须具备更强的数据处理能力，否则，就无法及时处理分散在各个部门的大量数据，也无法实现人、机器、信息的一体化。

总之，智能制造时代的预测型制造模式离不开大数据这个平台。智能制造时代是以预测型制造模式为主导的时代,也是工业大数据普遍运用的时代。

5.2 新型价值体系

智能制造深刻地改变了产品的生产方式、组织方式、流通方式和销售方式，重塑了制造产业的价值链和生态链。

5.2.1 新型价值体系的特征

智能制造时代下的制造业新型价值体系有如下几个特征：

1. 生产方式模块化

一个工艺复杂的产品，可能有几百或上千个元器件，但若根据元器件的特点，将其整合为通用模块，则可能只包含几十个种类，仅需根据用途配置这些模块，即可满足用户的个性化需求，大大简化了产品的制造工艺和难度。因此，模块化生产是实现用户定制的基础。

在智能制造模式中，模块化生产有其不可取代的独特优势，但模块化生产的关键不仅是将复杂的系统分割成若干独立的子模块系统进行加工生产，还有随后进行的系统集成。近年来信息技术的发展，为企业实施产品模块化生产带来很大便利，特别是对促进不同企业间产品的模块通用化具有重要作用，将极大地推动模块化生产方式向更深更广的领域拓展。智能制造生态时代，模块化生产将成为产品制造的主要方式。

模块化组装生产流程如图 5-1 所示。

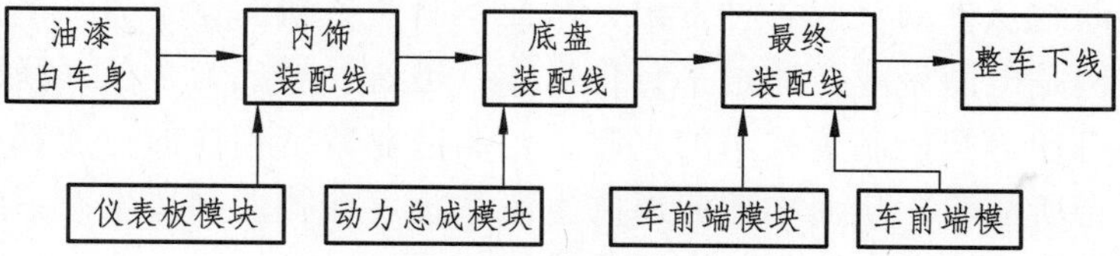

图 5-1 模块化组装生产流程图

2. 组织方式标准化

随着模块化生产和信息技术的发展，行业内部分工将越来越细，而外包模式也将变得更为普及。这种变化将会逐步瓦解传统的企业组织模式，各个企业之间不再是封闭的，而是组成一个模块化的生产网络，每个企业都是其中的一个节点，甚至企业内部的业务部门也会参与到这种网络化分工中来。处于生产网络中的众多生产模块化零部件的企业或组织，必须按照标准化要求分工合作，从而形成特定的、具有一定层级结构的组织形式。

在此过程中，标准化是企业分工和系统集成的基础和前提，它在生产网络组织管理的过程中扮演关键角色，随着生产过程以及产品的智能化水平不断提升，标准的作用将得到进一步强化。在智能制造生态系统中，标准化管理将会在企业组织运行过程中发挥越来越重要的作用。

3．产品服务化

随着科学技术的不断进步，生产能力得到大幅度提升，产品从稀缺资源逐渐演变为全球范围内的过剩品。产品制造不再是价值链的核心，相反，由于消费者成为稀缺资源，以用户为中心的经营理念已经成为全球企业的核心理念，创新和服务逐步成为价值链的核心。随着智能制造时代的到来，这一趋势将会更为明显。

同时，随着生产过程智能化程度的不断提高，劳动效率提高的速率将会逐步下降,依靠提升劳动效率的方式来增加产品价值的潜力正变得越来越小，而需要在产品上附加更多的服务价值，才能实现高额利润。实践也反复证明，价值回报最丰厚的区域集中在价值链的两端——研发和市场。在智能制造生态系统中，产品服务化将会成为未来价值创造的重要方向。

4．商业平台化

智能制造时代的一个重要特征，就是消费者将会参与到产品制造的全过程，这就迫使我们必须改变工业时代养成的线性思维模式，通过构建平台打开直接沟通的大门。互联网与制造业的不断融合，让我们有条件构建各种各样的在线平台，这些在线平台将会打通企业与外部的联系通道，使得企业可以源源不断地从外部获取各种资源，从而不断产生新的竞争力。平台化运作的典型案例是电商企业，通过平台化运作，迅速发展成为全球互联网巨头。随着 3D 打印等智能制造技术的兴起，与制造业紧密相连的行业都有可能会被各种平台所颠覆，从而构建起新的生态系统。在智能制造生态系统中，平台化运作无疑将会重塑我们的商业模式。

5．营销网络化

随着“互联网+”步伐加快，智能化产品快速发展，各种渠道正不断被整合，进入互联网化的营销系统中。“互联网+”正在让传统销售渠道遭遇类似传统媒体遇到的挑战，一方面，电商销售平台的低成本运营正在不断压榨传统线下销售渠道的盈利空间；另一方面，电子商务将消费者及其背后的银行卡、水电煤缴费卡等加以绑定，使得网络消费更加便捷。另外，网络产品的丰富性也是线下渠道所无法比拟的，这些特征使得网络销售渠道对传统销售渠道的冲击越来越大。随着智能化程度越来越高，网络消费的安全性和信用等级不断提升，未来线下销售的空间将会变得非常有限。在智能制造生态系统中，网络化营销将成为主流方式。

5.2.2 价值网络的整合

一个产品的生产过程，包括需求确定、产品设计、产品规划、产品工程、生产销售服务等多个价值链环节，每个环节可能由不同的企业完成。所谓的价值链集成，就是要把这种在一个企业之中或者多个企业之间生产的产品，从需求分析开始直到销售服务的全价值链集成起来，确保个性化的产品需求能够被实现。价值链集成的意义在于它可以确保即使是唯一定制的个性化产品，也能在整个价值链上被准确、高效地生产出来，从而最大化满足客户的需求。

价值链集成是客户价值的实现途径，而价值网络的整合则保障了这种客户价值的最大化实现。他们共同组成了智能制造体系。

在智能制造时代，为了满足日益多样化的市场需求，必须细化社会分工，这将导致价值网络中的增值环节越聚越多，结构也日趋复杂。而价值网络的不断整合，使市场上的增值环节相对独立，并且逐渐集中。这些原本独属于某个价值链的环节分离出来之后，就不会仅仅受限于某个特定的价值网络，而是有了加入其他价值网络的可能。从而引出新的市场机会——价值网络的整合。

通过设计新价值链，使市场上各个环节的产品保持优质，然后将它们有效联合起来，创造出高效益的价值网络。在生产智能化和自动化程度越来越高的当下，市场竞争也变得越来越激烈，为价值网络的整合创造了更多可利用的机遇。

1. 制造行业的整合

在制造行业，价值网络的整合是指将各种不同制造阶段的智能系统集成在一起，既包括一个公司内部的材料、能源和信息的配置（如原材料、生产过程、产品外出物料、市场营销等），也包括不同公司之间的价值网络的配置。

没有价值网络的整合，也就无法保障产品的个性化。通过互联网、物联网、云计算、大数据、移动通信等全新技术手段，对分布式的智能生产资源进行高度整合，构建起基于智能网络的智能工厂间的集成，是智能制造时代实现客户个性化需求的基础。

2. 物理世界的整合

价值网络的整合不仅仅只限于制造行业，通过互联网这个平台，客户、企业、工厂、服务、能源、物流、交通等资源得以全部连接在一起，实现了物理世界资源的连接和互通。互联网消除了距离感，不论是全球的哪一个角落，都可以获得实时沟通和信息分享。因此，任何通过信息不对称来获利的行业都将面临巨大的挑战，很多中间的批发和销售环节会被互联网化的电商和渠道所取代，价格也将变得越来越透明。

但是，在这个去除中间渠道的互联网化进程中，智能制造又带来了一种新的信息不对称，就是从原来企业掌握更多信息，变成用户掌握更多的信息，因而用户的主导权变得更加的显著。用户可以轻易地通过网络，对产品和制造工厂进行评价，其他的用户也可以通过网络共享这种评价。这样的改变，显然会促使制造企业或工厂重新思考和定位整个商业模式和供应链制造模式，同时也是智能制造时代背景下，制造业新兴价值体系的意义所在——用户驱动产品，数据驱动制造，一切以用户价值为核心。

价值网络的整合绝不仅仅是一家制造工厂内部的事情，借助互联网进行的物理世界的资源整合将会带来完全不同的全新商业模式，而如何重新构建一套不同的研发、制造和供应流程来对这一新模式进行支撑，是智能制造时代大背景下，智能工厂需要思考的重要问题。

5.2.3 智能生产

1. 智能生产的定义

所谓智能生产，即指生产过程的智能化。

在智能制造体系中，智能工厂或企业必须完成生产方式由从厂商制造到用户个性化制造的转变。根据用户需求进行制造的智能生产方式将成为一种标准化制造方式，这种方式既可以节省制造成本，又可以减少制造时间，同时还能减少甚至抛弃库存，为制造商和用户带来更多方便。而传统的制造工厂必须完成向智能工厂的升级改造，才能达到这一生产方式的要求。

智能生产模式可以借助 PLM 软件来优化产品生产流程，这也将促使企业改变原有的生产管理方式，并调整自己的组织结构。

2．智能生产的实现——智能工厂

互联网经济的发展，让全世界兴起了一股虚拟经济与实体经济跨界整合的潮流，这对制造企业提出了更高的要求。

首先，企业必须缩短产品上市的时间。互联网技术的发展，让社会发展节奏不断提速。在这种大环境下，产品迭代速度成为各种企业克敌制胜的法宝，假如研发与生产周期还停留在原有水平，企业就会被产品更快上市的竞争对手甩在身后。

其次，企业必须改变提高生产效率的方式。传统工厂提高生产效率的办法主要是：让工人严格按照经过反复研究的标准化操作规范来作业，并且时不时地加班加点。这种高投入、高能耗的工作方式，已经越来越难以提高工厂的生产效率了。

最后，变幻莫测的个性化市场需求促使生产制造流程必须具有更高的灵活性。随着个性化消费日益成为市场主流，生产大批量、多种类的个性化定制产品将成为制造企业的主要任务。这就要求生产制造流程必须采用智能生产的模式，以适应个性化生产的要求。融合虚拟生产与现实生产的智能工厂，就是被市场需求新形势催生出来的。

智能制造时代的制造工厂将会变得高度智能化，产品、零部件等都将具有智能。智能生产线会根据产品和零部件中事先输入的需求信息，自动调节生产系统的配置，指挥各个机器设备，把千变万化的个性化定制产品制造出来。这就是未来的智能生产与智能工厂的概貌。简单地说，通过底层设备互联互通、大数据决策支持、可视化展现等技术手段，进行生产过程的智能化管理与控制，最终实现全面智能生产的工厂，可以称为智能工厂。从狭义上来看，智能工厂是移动通信网络、数据传感监测、信息交互集成、高级人工智能等智能制造相关技术、产品及系统在工厂层面的具体应用，以期实现生产系统的智能化、网络化、柔性化、绿色化。从广义上来看，智能工厂是以制造为基础、向产业链上下游同步延伸的组织载体，涵盖了产品整个生命周期的智能化作业。

智能工厂的本质是通过人机交互，实现人与机器的协调合作，从而优化生产制造流程的各个环节，具体体现在如下几个方面：

（1）制造现场：使制造过程透明化，敏捷响应制造过程中的各类异常，保证生产有序进行。

（2）生产计划：合理安排生产，减少瓶颈问题，提高整体生产效率。

（3）生产物流：减少物流瓶颈，提高物流配送精确率，减少停工待料问题。

（4）生产质量：更准确地预测质量趋势，更有效地控制质量缺陷。

（5）制造决策：使决策依据更翔实，决策过程更直观，决策结果更合理。

（6）协同管理：解决各环节信息不对称问题，减少沟通成本，支撑协同制造。

建设智能工厂已成为传统制造企业转型升级的主要突破方向，但智能工厂没有统一的概念，也没有统一的衡量标准，因此，如何建设适合我国工业企业的智能工厂，仍是需要在实践中思索和探讨的问题。显而易见，智能工厂的建设，既关系到设备、生产线的智能化，还要打通企业运作的各个环节，是对传统流程、传统管理模式的重大变革。

在智能工厂的生产过程中，传统上“先设计后制造”的生产模式将被完全改变。因为在智能生产线中，产品的设计研发、零部件制作、生产组装等过程，都是在同一个大数据平台上完成的。在制造信息系统或制造平台的流程管理下，这些过程几乎是同步进行，而需要的所有数据和信息都来源于大数据平台。因此，工程师的绘图、设计和经验在智能工厂中将变得不那么重要。

将一切信息数字化的智能生产模式，极大地压缩了产品的研制周期与上市时间，也为之后的产品生产提供了模板和数据。除此以外，这种智能生产模式让工人的工作方式也产生了很大的变化，原本由工人负责完成的工作，如产品零部件装配、产品零器件检测等，都将由智能机器人配合智能生产线来完成。

经过智能生产线的多次装配及质量检测后，加工完毕的成品会被传送到包装工位，再由智能机器人接手，把装好的产品用升降梯与传送带发往企业的物流中心。按照传统的生产流程，完成这一系列任务需要几十甚至上百名工人。而智能生产线上的工人不需要亲自完成上述工序，他们只需监督智能生产线的运行状况。于是，一个人就能实现过去上百人的生产效率，并且保持更优良的产品质量，将操作失误降至最低。这便是智能生产模式与智能工厂的魅力。

智能工厂的运转，离不开创新的软件与强大的硬件，其中最重要的就是PLM 软件。PLM 包含了最初的方案设计、技术调试、生产规划，以及流水线上的加工组装、外形包装、装箱等环节。产品经过物流配送到最终用户手上时，才算完成了一个周期。随着智能制造体系的进一步完善，PLM 甚至会延续到产品报废回收阶段。

3．智能生产的目标

从根本上说，智能制造之所以把智能生产与智能工厂视为核心发展内容，是为了在生产者与最终用户之间建立直接联系。若想实现这个目标，制造业应努力实现如下 3 个方面的目标。

（1）建立灵活的生产网络。

所谓灵活的生产网络，指的是与先进互联网技术融合的个性化生产体系。美国的“工业互联网”就以此为重点研究对象。传统的 C2B（客户到企业）商业模式是先下订单再生产，而物联网发展成熟时，消费者则可以与工厂的智能生产线通过同一个大数据平台直接对接。

例如，在智能制造时代的智能工厂里，消费者可以对汽车、服饰、首饰等产品进行个性化预定。从提出需求开始，智能网络就能随时把生产商的信息交换给最终用户，最终用户也可以借助虚拟可视化等技术，参观智能工厂的“模拟生产”，见证灵活高效的智能生产流程。智能工厂能够自主生产，省略了工厂管理层、研发部门、生产部门开会协调工作的环节。如此一来，消费者就能更快、更廉价地获得自己想要的个性化产品。

（2）实现工业大数据的价值。

工业大数据的运用将为制造业带来巨大的商机。工业大数据的价值主要体现在 3 个方面：首先，大数据技术能提高工厂的能源利用率；其次，大数据技术让工业设备的维护效率实现了质的突破；最后，大数据可以优化生产流程并简化运营管理方式。

（3）智能机器人与智能生产线得到广泛应用。

智能机器人不仅有精准快捷的装配技艺，还可以实现 M2M 模式的“机器对话”。智能生产线将人、机器、信息融为一体，其中最主要的是让机器与机器之间能够“沟通”。假如前一台智能机器人加快速度，后一台智能机器人就会自动收到前者发送过来的信息。如此一来，两台机器人就可以灵活而默契地改变工作节奏。这种立足于“机器对话”的智能生产，是对自动化生产的一次跨越式升级。

由此可见，智能制造时代的智能生产模式，将为人类的生产与生活带来前所未有的巨大变化。生产流水线上的工人将越来越少，可以相互“沟通”的智能工业机器人却越来越多。机器人不再是完全受制于按钮操控的自动化设备，而是能与工人进行人机合作，并且具备对环境与任务的灵巧感知。

随着人口红利的逐渐消失，我国对智能机器人与智能化无人工厂的需求将会越来越大。但是，智能工厂并不是完全淘汰工人，而是把工人从体力劳动与简单脑力劳动中完全解放出来，扮演更有创造性与挑战性的角色如技术创新、战略规划、生产监督与协调维护智能机器的正常运转等。可见，以智能生产与智能工厂为标志的智能制造，将会对未来工人的素质提出更高的要求。

5.2.4 服务型制造

在智能制造体系中，客户也是一个智能元素，可以通过网络被集成到智能制造环境中来。对于客户的集成有两种情形：第一种情形是大量的差异化需求，虽然每个需求都不相同，但是需求总量很大，这就是范围经济，通过多样化创造价值；第二种情形是个性化需求里的共性集中，这种情形是范围经济基础上的规模经济，价值更大。

智能制造体系集成客户的过程是多样的，既可以通过 O2O 工具（如地铁、商场等随处可见的二维码）、智能终端（如智能手机、平板计算机等），也可以通过商业云平台。只有当用户通过这些工具接入到智能制造的网络中后，智能工厂才能根据用户的需求来生产产品。所以，客户首先是智能制造的开端。

然而，智能工厂或企业不仅要销售给客户他们所需的产品，还要向客户交付完美的服务。例如，汽车制造企业不仅仅卖车，还能向客户提供租车、客户融资、汽车保险、汽车修理、汽车替换及以旧换新服务，把服务集成为一个平台，从而将客户与智能工厂更紧密地联系在一起。由此来看，客户更是智能制造的中心。

服务业分为生产型服务和生活型服务两大类，科技服务、金融服务、商贸服务、智能物流、电子商务、售后服务等统称为生产服务业。智能制造时代，生产型服务完全由智能工厂完成。

传统的制造业，客户购买产品是一次性的行为，购买之后客户和工厂或企业的联系就结束了。但在智能制造时代，客户购买产品，只是消费关系的开始。客户购买产品之后，必然产生更多的延伸服务需求。因此，智能工厂不仅要达到生产方式的智能化，还要发展生产型服务业，通过智能工厂的大数据平台，将客户与智能工厂联系起来，为客户提供更加智能的后续服务，提高客户服务能力和水平。

智能制造体系对智能制造的生产型服务标准提出了要求，其中包括智能物流服务、检验检测认证服务、售后服务等标准。智能工厂必须根据智能制造标准，打造产品使用时间段内的全方位立体化服务体系，充分满足客户的各种需求，才能保障产品或品牌的自主竞争力，在激烈的市场竞争中占据一席之地。

5.3 智能制造的产业前景

自工业革命以来，任何一次产业的进步，背后的主要动力都是技术的发展。智能制造体系包含了“智能”和“制造”两个部分，而智能技术作为其核心，推动着制造业从自动化向智能化发展。

5.3.1 人机协作

智能制造的发展离不开机器人。发展智能机器人是打造智能制造装备平台，提升制造过程自动化和智能化水平的必经之路。

1959 年，美国人制造出世界上第一台工业机器人，此后，机器人在工业领域逐渐普及开来。随着科技的不断进步，特别是工业 3.0 的到来，广泛采用工业机器人的自动化生产线已成为制造业的核心装备。

但是，在智能制造时代，为了应对消费者日益增长的定制化产品的需求，智能工厂需要在有限空间内，充分利用现有资源，建设灵活、安全、可快速变化的智能生产线。为适应新产品的生产，更换生产线，缩短产品制造时间，需要灵活快速的生产单元来满足这些需求，并提高制造企业产能和效率，降低成本。因此，智能机器人会成为智能制造系统中最重要的硬件设备。某种意义上说，智能机器人的全面升级，是新一轮工业革命的重要内容。但在某些产品领域与生产线上，人力操作仍不可或缺，如装配高精度的零部件、对灵活性要求较高的密集劳动等。在这些场合人机协作机器人将发挥越来越大的作用。

所谓的人机协作，即是由机器人从事精度与重复性高的作业流程，而工人在其辅助下进行创意性工作。人机协作机器人的使用，使企业的生产布线和配置获得了更大的弹性空间，也提高了产品良品率。人机协作的方式可以是人与机器分工，如图 5-2 所示，也可以是人与机器一起工作，如图 5-3 所示。

图 5-2 人机协作场景

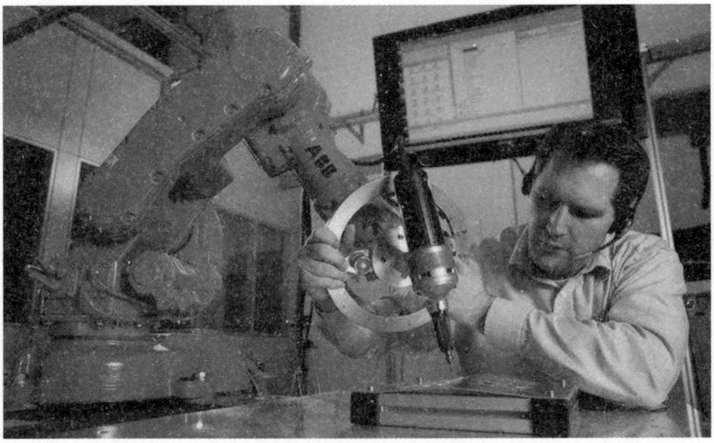

图 5-3 人机协作场景

不仅如此，智能制造的发展要求人和机器的关系发生更大的改变。人和机器必须能相互理解、相互感知、相互帮助，才能够在一个空间里紧密地协调，自然地交互并保障彼此安全。

在制造业转型升级的时代洪流中，智能机器人将越来越深入我们的工作与生活。如果忽视了智能机器人的研发与推广，整个《中国制造 2025》发展战略可能会从根基上动摇。而人和设备、机器在一起工作的人机协作模式，可以提高企业效率、加强质量控制、增强生产的灵活性，可以减少物流线的成本，让制造企业更靠近市场。机器人是智能制造的支撑设备，而人机协作将成为下一代机器人的本质特征。

5.3.2 高端装备

高端装备制造业是指生产高技术、高附加值的先进工业设施设备行业，具有技术密集、附加值高、带动作用强的特点。如图 5-4 所示，高端装备制造业是我国的七大新兴产业之一。高端装备制造产业的发展将带动整个装备制造业，包括智能制造装备的产业升级，推动装备制造业的振兴。

我国制造业的产能主要集中在低附加值部分，多以劳动密集型和资源密集型的低端制造业为典型代表，处于产品价值链的底端；在产品价值链研发和市场等高附加值的两端，中国缺乏国际上有影响力的跨国品牌企业，更是饱受“质量问题”的诟病。同时，我国智能制造关键核心技术，如高端芯片、高档数控系统、关键运动部件、高精度控制器和传感器等严重依赖进口，缺乏核心价值和技术创新，而基于这些技术的智能终端、高档数控机床、工业机器人等高端智能制造装备是智能制造的基本载体，是除了信息技术等“软体”之外，智能制造的关键“实体”所在，也是制约着我国制造业发展的关键环节。综上所述，目前我国在高端装备制造业领域，不管是品牌还是技术，与国际先进水平都还有一定差距。

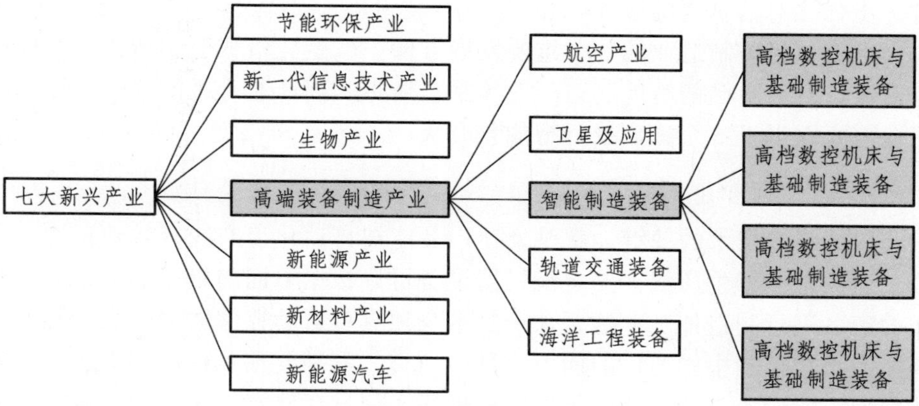

图 5-4 高端装备制造业

针对这一状况，我国智能制造的重点发展领域包括高档数控机床与基础制造装备，自动化成套生产线，智能控制系统，精密和智能仪器仪表与试验设备，关键基础零部件、元器件及通用部件，智能专用装备等。旨在实现生产过程自动化、智能化、精密化、绿色化，带动工业整体技术水平的提升。

高端装备制造业以高新技术为引领，处于价值链高端和产业链核心环节，是决定着整个产业链综合竞争力的战略性新兴产业，是现代产业体系的脊梁，是推动工业转型升级的引擎。大力培育和发展高端装备制造业，是提升我国产业核心竞争力的必然要求，是抢占未来经济和科技发展高点的战略选择，对于加快转变经济发展方式、实现由制造业大国向强国的转变具有重要的战略意义。

5.3.3 产业升级

传统制造业由自动化到智能化的升级，包含了四大因素：能实现智能生产的智能机器人，高度智能化的智能生产线，融合虚拟生产与现实生产的物联网系统，贯穿产品全生命周期的制造信息系统平台。通过技术创新，推动制造业建立全新生产模式，实现高度灵活的个性化、数字化产品和服务的生产，是智能制造的核心目标。

智能制造时代，制造业的产业模式将发生两个根本性变化：

（1）以标准化为基础的大规模流水线生产模式，将转变为以个性化为宗旨的定制化生产规模。

（2）制造业的产业形态将从“生产型制造”升级为“生产服务型制造”，进一步强化对消费者的服务职能。

当前，我国制造业的一个重要发展方向，就是凭借智能制造技术实现产业升级，打造自己的智能制造产业体系。若想实现产业升级的战略目标，制造业需要在以下 5 个方面推行智能化升级。

1．产品的智能化

智能制造技术的关键，就是要让产品能被自动化生产线有效地识别、定位、追溯，使得生产线上的智能机器设备可以根据不同的定制要求，对个性化的产品进行制造加工。这要求产品本身须具备自动存储数据能力、感知指令能力及与控制中心通信的能力。具体而言，就是要在各种待加工产品上安装微型智能设备，如智能传感器、处理器、信息存储器、无线通信器等。未来的世界将是一个网络化、智能化的世界，其最主要的标志就是智能产品的广泛使用，这将为消费者的生活带来空前的便利，通过制造智能产品打造智慧城市也是未来的一个重要发展方向。

2．制造装备的智能化

智能制造的主体是智能化的工业设备。从单个的智能机械手、智能传感器、智能机床到智能生产线、智能工厂，智能制造的工业生产设备都将具备高水平的人工智能。制造装备的智能化可以说是狭义的“智能制造”，其他领域的智能化都离不开制造装备的智能化。唯有这样，制造业才能够完成智能工厂的建设，实现工业产业链的重组。

3．生产方式的智能化

所谓智能化的生产方式，主要指的是个性化生产与服务型制造。在智能制造时代，智能工厂完全按照消费者的个性化需求进行自动生产，企业内部组织、产品最终用户、业务合作伙伴三者将形成一个新的产业价值链，信息流、产品流、资金流在生产制造流程中的运行方式也将有所改变。

4．管理的智能化

企业借助工业大数据，得以实现了纵向、横向、端对端的集成，可以及时、完整、精确地获得海量的用户数据。基于此，企业将与产业价值链上的所有利益相关方共同打造产业物联网，从而更加科学、高效、灵活、便捷地管理企业。

5．服务的智能化

智能制造模式可以让最终用户全程参与整个产品的生命周期，与智能工厂携手完成研发设计、制造加工、组装包装、物流配送等环节。由于实现了与消费者的全程无障碍沟通，智能工厂可以在整个 PLM 中为消费者提供更加人性化的服务。

由此可见，智能制造背景下的产业升级，不单是工业设备的升级，也不局限于局部的智能机器人研究，而是在信息技术与物联网、服务网的基础上，对整个制造行业进行深度的整合与彻底的智能化改造。智能制造革命不仅仅是换上一条更先进的生产线，而是一项覆盖整个产业价值链的系统工程。谁先完成工业体系的智能化升级，谁就能在智能制造时代抢得主动权。

5.3.4 跨界融合

在智能制造时代，工厂的集中式生产将向网络协同生产转变。信息技术使不同环节的企业间得以实现信息共享，能够在全球范围内迅速开展合作，动态调整合作对象，整合优势资源，在研发、制造、物流等各产业链环节实现全球分散化生产。这也使得传统的信息技术企业有更多的机会参与到制造业中，而传统的制造企业则向跨界融合企业转变。企业生产从传统的以产品制造为核心，转向重点提供具有丰富内涵的产品和服务，直至为客户提供整体解决方案，互联网企业与制造企业、生产企业与服务企业之间的边界日益模糊。

以一家智能手表的生产厂商为例，这种手表可以实时采集消费者身体的各项数据，监控消费者的身体状况。这些数据对手表厂商是无用的，但对保险公司而言则不然，此时，该手表厂商摇身一变，就可能成为最好的保险公司（注意，须征得用户授权获取或使用数据）。

在智能制造时代，跨界融合将成为一种常态，所有的商业模式都将被重塑。每一个行业都在整合，都在交叉，都在相互渗透。未来的竞争，不再是产品的竞争、渠道的竞争，而是资源整合的竞争、终端消费者的竞争。在未来，很多行业和职位可能会消失，如司机、装配工、中间商等；很多行业会受到冲击，如传统的广告业、零售业、运输业、服务业等。取而代之的，更便利、更关联、更全面的商业系统正在形成。

这是一个时代的变革，也是一次重大的机遇。只有充分了解智能制造时代的这一特征，才能在新一轮的革命浪潮中把握住企业前进的方向，从而提高核心竞争力，获得消费者和市场的回报。

5.4 本章小结

本章重点分析了智能制造体系下营销方式的转变；智能制造时代消费者需求的个性化转向与智能工厂生产方式的智能化转变；智能制造体系的预测性所依赖的技术；智能制造价值体系的特点；智能制造价值链集成的意义；智能制造时代产业升级的方向和我国智能制造高端装备产业的优势和弱点。

6
智能制造的应用

6.1 我国企业智能制造的现状

基于实地调研和大量二手资料的研究，我们对我国企业智能制造的现状进行总体判断，集中在智能制造的发展阶段及需求、动力和能力等几个重点方面。

6.1.1 调研情况

基于调研搜集到的资料，我们对中国智能制造的发展阶段和动力、需求、能力等进行了判断，总结提炼了我国企业智能制造的主要模式，归纳了影响我国企业智能制造的内部和外部影响因素。同时，基于搜集的资料，我们还整理写作了国内企业典型案例研究报告。

企业调研和资料获取情况见表 6-1 ~ 表 6-3。其中，我们重点选择了国内 12 家企业展开深入调研（见表 6-1），并通过网络搜索、研究报告借阅等方式搜集了国外 10 家企业智能制造的案例资料（见表 6-2），还从工信部 2015 年公布的第一批智能制造试点示范的企业名录中选取了多家企业，归纳其主要做法和模式（见表 6-3）。

表 6-1 实地调研的国内企业

序 号	企业名称	调研方式	序 号	企业名称	调研方式
1	江苏亨通光电股份有限公司	座谈 + 借阅企业资料	4	泰山玻璃纤维有限公司	座谈 + 资料借阅
2	江苏省电力公司	座谈 + 现场调研 + 资料借阅	5	蚌埠玻璃工业设计研究院	座谈 + 现场调研 + 资料借阅
3	重庆长安汽车股份有限公司	座谈 + 资料借阅	6	中车株洲电力机车有限公司	座谈 + 现场调研 + 资料借阅

续表

序号	企业名称	调研方式	序号	企业名称	调研方式
7	新风鸣集团股份有限公司	座谈＋资料借阅	10	重庆青山工业有限责任公司	座谈＋现场调研＋资料借阅
8	吉林省通用机械有限责任公司	座谈＋现场调研＋资料借阅	11	东莞劲胜精密组件股份有限公司	座谈＋现场调研＋资料借阅
9	三一集团有限公司	座谈＋现场调研＋资料借阅	12	青岛红领集团有限公司	座谈＋资料借阅

表 6-2　国外典型企业调研情况

序号	企业名称	所属国家	序号	企业名称	所属国家
1	ABB	瑞典	6	本田	日本
2	GE	德国	7	IBM	美国
3	西门子	德国	8	Intel	美国
4	宝马	德国	9	丰田	日本
5	施耐德电器	德国	10	思科	美国

表 6-3　工信部 2015 年智能制造试点示范项目部分名单

序号	项目名称	申报单位	项目所在地
1	航天产品智慧云制造试点示范	北京航天智造科技发展有限公司	北京
2	智能控制系统试点示范	北京和利时系统工程有限公司	北京
3	微电子组装智能装备试点示范	中国电子科技集团公司第二研究所	山西
4	冶金数字矿山试点示范	鞍钢集团矿业公司	辽宁
5	智能机床试点示范	沈阳机床（集团）有限责任公司	辽宁
6	钢铁热轧智能车间试点示范	宝山钢铁股份有限公司	上海
7	智能网联汽车试点示范	上海国际汽车城（集团）有限公司	上海
8	船舶制造智能车间试点示范	南通中远川崎船舶工程有限公司	江苏
9	中药生产智能工厂试点示范	江苏康缘药业股份有限公司	江苏
10	食品饮料生产智能工厂试点示范	杭州娃哈哈集团有限公司	浙江
11	通信设备智能制造试点示范	东方通信股份有限公司	浙江
12	电子玻璃智能制造综合试点示范	彩虹（合肥）液晶玻璃有限公司	安徽
13	轮胎智能工厂试点示范	赛轮金宇集团股份有限公司	山东

续表

序号	项目名称	申报单位	项目所在地
14	水泥智能工厂试点示范	中国联合水泥集团有限公司	山东
15	玻璃纤维智能工厂试点示范	泰山玻璃纤维有限公司	山东
16	柴油机智能制造综合试点示范	潍柴动力股份有限公司	山东
17	家电智能制造综合试点示范	海尔集团公司	山东
18	服装个性化定制试点示范	青岛红领集团有限公司	山东
19	工业云创新服务平台试点示范	山东云科技应用有限公司	山东
20	工程机械智能制造综合试点示范	三一集团有限公司	湖南
21	工业级 3D 打印系统试点示范	湖南华曙高科技有限责任公司	湖南
22	注塑成型智能装备与服务试点示范	博创机械股份有限公司	广东
23	彩电智能制造试点示范	深圳创维-RGB 电子有限公司	广东
24	移动终端配件智能制造试点示范	东莞劲胜精密组件股份有限公司	广东
25	键盘一体化智能制造试点示范	深圳雷柏科技股份有限公司	广东
26	稀土冶炼智能工厂试点示范	中铝广西国盛稀土开发有限公司	广西
27	汽车智能制造综合试点示范	重庆长安汽车股份有限公司	重庆
28	彩电智能制造试点示范	四川长虹电器股份有限公司	四川
29	液压泵零件制造智能车间试点示范	中航力源液压股份有限公司	贵州
30	动力装备智能服务云平台试点示范	西安陕鼓动力股份有限公司	陕西

6.1.2 国有企业智能制造发展阶段判断

基于企业调研，我们认为我国企业智能制造当前总体上处于“广义智能制造的初级阶段”，具体表现在 3 个方面。

1. 从信息化和自动化逐步向智能化过渡

从企业调研发现，由于我国制造业整体仍处于工业 2.0，3.0 和 4.0 并行发展期，信息化、自动化和智能化“三化”并存，正处于从信息化、自动化逐步向智能化过渡的阶段，距离狭义智能制造还有较大差距。调研中，几乎所有企业的受访者都提到，信息化和工业化的深度融合是他们工作的起点，也一直是工作重点，而自动化是工业化水平最为重要的表征指标，也是当前企业工业化改造的重点。因此，有不少企业直接将深度信息化和自动化认为是智能化的一部分。其中，企业信息化的主要标志是采用各种信息化硬件设备，在企业管理中采用办公自动化系统（Office Automation System，OA），CRM，ERP 等信息化软件，采集的数据主要是生产制造的常规数据。企业的自动化实施则分为 3 种情况：一是部分辅助环节实现自动化（如内部物料运送），核心环节还没有自动化；二是核心环节基本实现自动化（如自生产线）；三是全流程实现自动化。

实践中，企业的"三化并举"有两种表现方式：一是按顺序逐步推进，即完成了前一步再推进下一步，如太原钢铁就遵循这样的模式。他们提出了五层架构（5L），核心做法是完成 ERP，OA，CRM 等基础信息化，实现生产数据、试验数据的全自动化（以 MES 为主要标志），再实现上下游工序的物流、信息流的关联自动化，最后达到生产过程的智能化。另一种是信息化、自动化和智能化同步推进，在有条件的一个或几个工序，工厂中采用自动化或智能化，如株机公司就采用这种模式。他们认为，信息化、自动化、数字化和互联网的结合就是现阶段智能制造的内涵，它在设计环节就包含进用户需求实现了数字化设计，在物流环节、运营环节、质量管理环节和中央控制平台仍然采用信息化和网络化手段。新凤鸣公司也采取了这种同步推进的模式。

2．以智能化的"干中学"为主

由于我国制造业企业从工业 2.0 向 3.0 的过渡尚未完成，又遇到了德国工业 4.0 的新概念，因此学习是当前我国企业开展智能制造的一个显著特征。调研中，几乎所有的企业都提及正在通过不同方式学习，如网上查找资料、购买工业 4.0 和智能制造书籍、参加培训学习班，甚至远赴德国、美国、日本等实地考察，如株机所生产部负责人就数次前往国外工厂现场参观学习。总体来看，我国企业正处于智能化学习和实践摸索并举阶段，包括概念体系、具体做法、软硬件等的学习，而且这种学习以"干中学"模式为主。大量企业在特定工序、车间或整个工厂中都在探索智能制造的理念和相关模式。

一是概念体系的学习和实践。调研发现，我国已有不少企业对智能制造概念认识有了比较全面的飞跃，如对流程型制造业和离散型制造业的智能化差异有着一致的认识，对信息化、数字化、自动化和智能化之间的关联和区别也有了较深入的思考。因此，我国企业对这一轮智能制造概念的出现保持了相对理性的态度，并没有简单盲从，而是从企业实际角度出发规划智能化的路途。我们在访谈中经常听到企业家讲的最多的一句话就是“我们一直在思考企业是否需要智能制造,如何结合企业实际推进智能制造”,像徐工机械、太原钢铁、镇海炼化、株机公司等企业都有过类似的表述。

二是具体做法的学习和实践。当前，不同国家在智能制造的大框架下有着不同的路径：美国强调发挥互联网在工业 4.0 中的作用；德国则强调全系统智能化，是“高大上”的代表；日本则强调人与机器智能的协同发展。我国的智能化道路应该怎样走，企业家们正在学习过程中探索。例如，株机所通过学习认识到智能制造的核心是不同流程间的协同，因此专门针对协同问题变革了各环节的衔接，强化人员协同技能的培训提升。我国企业针对智能制造的“干中学”体现在不同层面。大多数企业选择的是特定工序或工厂车间的智能化，只有少数几个企业从全系统的智能化角度进行尝试。

三是对软硬件的学习和实践。不少企业通过对标学习发现，智能制造的重要基础是装备设备的智能化，因此纷纷通过改造现有设备或引入新设备来适应智能制造的需要。例如，蚌埠玻璃院的 0.2 mm 玻璃生产线装备就是完全由自己研发的，外人难以模仿；株机所也强调高端装备制造的智能化；亨通光电的光纤光缆抽拉丝核心设备也是自主研发的、智能化程度很高的专业设备。还有不少企业将软件系统作为实施智能化的重要手段，这其中包括两类学习，第一类是对购买国外软件系统进行本土化改造，这是一种适应性学习；第二类是对封锁工业软件的自主化设计，这是一种彻底的自力更生和自主创新。例如，株机所在智能化改造过程中，针对设计、工艺、制造的协同需要基于数据库的协同软件支撑，但国外软件很贵并且对方封锁核心代码，逼得株机所开始反向研发，破解软件代码，最终开发出了加强机器间通信协作、提高生产线协同水平的自主工业软件。

3．以增量智能化改造为主

我国制造正处于一种存量智能化和增量智能化并举的阶段，其中存量智能化改造由于转换成本高，而且改造量大，目前还没有大规模开展，增量智能化由于转换成本低，转换风险相对较小，是当前大多数企业推进智能化的重点。我们调研的每家企业几乎都面临制造存量和增量的智能化问题。例如，新凤鸣公司、太原钢铁、株机公司都有老工厂的智能化改造升级问题，究其原因，有些企业是因为老工厂无法快速响应外部顾客要求和生产复杂度的提升（如株机公司），有些是因为老工厂的生产效率相对低下、产品品质不稳定（如太原钢铁），有些是因为人工成本高、生产环境恶劣（如新凤鸣公司）等问题。调研发现，当前中国企业的重点普遍放在增量的智能化方面，因为老企业的智能化改造转换成本过高，新企业则相对简单，买新设备、上马新系统和新软件相对容易实现，即便某些设备和软件并不一定完全适用，仍然可以通过后期的本土化适应性改进来完成。

还需要指出，当前大多数企业对传统存量工厂的改造更多是信息化改造，基于传感器采集自动化数据，按照固定程序操作，机器和设备还不具有自我优化和自主决策的能力，决策仍然主要依靠人工。

6.1.3 我国企业智能制造需求、动力和能力判断

基于企业调研，我们认为我国企业智能制造的需求已经出现，但大规模、全方位的智能化需求还要较长时间才能形成，而在企业智能化转型的动机中，仍以降低企业内部成本、提高效率和质量驱动为主，满足个性化需求尚未成为主要动力。

1. 企业对智能制造的需求已经出现，但大规模、全方位的智能化需求还未形成

调研发现，虽然智能制造是一个新生事物，但它代表着未来产业的发展方向和主流趋势，制造业和服务业转型都需要升级到智能化来提供高品质、个性化、小批量的产品和服务。因此，无论是制造业企业还是服务业企业，对智能化的潜在需求都很大，企业在总体上对智能化表现出欢迎和期待的态度，几乎所有调研的企业都将智能制造写入了企业的战略规划当中。当然，我们还发现，虽然潜在需求很大，但当前企业对智能化的认识仍然处在一个初级阶段，而且很多企业还持谨慎观望态度。

调研还发现，虽然潜在需求大，但由于企业自身能力有限，以及传统制造业的存量大、智能化改造成本高，导致潜在需求短时间无法转化为有效需求。从生产化纤制品的新凤鸣公司到制造光缆光纤的亨通光电，从太原钢铁到株机公司，越是资本密集、设备密集的企业，面临的智能化转换成本越高。另外，单个工序或车间的智能化易在短期内实现，整个工厂或整个系统的智能化却短时间内难以实现。相反，像电力服务、公路运输服务等服务业企业，智能化的转换成本相对较低，使得潜在需求转化为有效需求相对较快。例如，江苏电力用了不到两年时间，就通过研发安装智能插座、家庭用电智能终端等设备，以及开发推广手机 APP 终端“智电生活”，实现了家庭用电遥测和遥控，向居民提供家庭分时段用电结构分析等服务，指导居民合理调整用电负荷，提高了家庭用电智能化水平，避免电能浪费。因此，从这个角度看，

如何去存量、促增量，真正将制造业企业智能制造的潜在需求转化为有效需求，需要一个长期过程。

总的来说，真正能够全面接受智能制造的理念并付诸实践的企业仍是少数，大规模、全方位的智能化需求还要较长时间才能形成。

2. 当前企业智能化改造的动机

调研发现，我国企业的智能化改造动机各不相同，呈现多元化趋势，但已相对理性，不会盲目追求智能化转型。

一是通过智能化降低成本，解决综合成本快速升高的问题。例如，新凤鸣公司作为一家传统化纤企业，在产品落筒、搬运、包装等劳动强度大的岗位均是人工操作，占企业员工总数的比例高达70%以上。近几年，江浙一带的传统化纤企业员工工资支出一般都超过4.9万元/年，与东南亚一带相比工资成本已经处于明显劣势。加之自动化程度低、用工多，与韩国、印度尼西亚、中国台湾等地相比，产品的人工成本已经没有任何优势。近5年，新凤鸣公司年均人工支出增长率超过8%，人均支出已经高到5万元/年以上，2014年员工6 589人，人工支出超3.5亿元。因此，通过智能化改造减少用工、降低单位产品人工成本成为新凤鸣公司重塑竞争优势的迫切需求。

二是提供高品质产品和高附加值服务的要求。例如，株机所采用智能制造的主要动力就是生产出高规格的轨道交通电气控制系统部件，通过“智能化+关键人工”的方式有效改进了核心产品的品质。再如，运城高速在高速公路由收费向服务转型的过程中，发现公众对高速公路企业提供高附加值服务的期望迫切，因此提出基于高速公路大数据采集的第三方智能服务模式。

三是形成差异化品牌的动机。例如，株机公司在二期上马智能化工厂项目的初衷就是通过智能制造在国际上树立品牌，因为智能制造代表了核心技术和新管理，对于已经将机车产品成功输出到亚欧等国际市场的株机公司来说，必须走到全行业的前列，这既是企业的战略，也是企业的社会责任。

需要指出的是，虽然智能制造的初衷是通过小批量、定制化生产满足消费者个性化需求，因此，满足个性化需求应该是企业采取智能化制造最重要的驱动力，但调研发现降低成本、提升生产效率和提高产品品质仍然是当前我国企业智能制造最主要的驱动力。目前，只有少数有能力的行业领先企业能较为全面地响应消费者个性化需求，当然也只能满足有限的个性化需求，如红领的个性化制衣、海尔的智能家电等。有些企业只能在一定程度上响应客户个性化需求，例如，太原钢铁在全行业不景气的情况下，从需求端入手进行智能化建设，根据客户要求实现从设计和配方开始，只要达到半炉的量就可以生产，再连接到后端定制的产销一体化，提升了定制化的生产效率。

总体来看，大多数企业的智能化动机是基于一种复合动机，尤其从降低成本、提升效率和改善品质等角度的考虑最多，个性化需求尚未成为大多数企业采用智能制造的主要动因。

3. 智能制造核心技术仍然缺失，管理能力和产业配套能力还有较大差距

我们通过调研发现，企业智能制造的核心技术仍然缺失，不仅产品核心技术和关键基础部件仍然主要依赖进口，如高档和特种传感器、智能仪器仪表、自动控制系统、高档数控系统、机器人等，智能制造的控制和管理软件更是受制于国外。应该说我国企业开展智能制造从硬件技术到软件技术都还有很大差距。

值得注意的是，除了智能制造技术能力的欠缺外，企业的管理能力和产业配套能力还有很大差距。首先，在战略管理层面，企业高层管理者对智能制造的内涵、趋势、作用和定位仍有认识不清楚、不到位的地方，导致企业在中长期布局和投入上出现一定偏差。而我们的调研表明，企业智能化投入的大小与企业一把手的战略眼光、战略决策和实施决心等密不可分。其次，在运营管理层面，企业的瓶颈是不同生产环节和车间的协同管理，以及将个性化需求转化为小批量定制化生产的管理能力。这一方面是由于对智能制造软硬件的不熟悉，另一方面是由于原来工业范式的传统管理惯性较强，尚未形成适应智能化环境下的管理新范式。最后，智能制造不是某个企业的问题，更是一个产业的系统化问题。当前我国制造业的产业链配套能力明显不足，例如，株机所就提到不仅装备制造行业、材料行业的智能化程度不够，即便控制软件都要受制于国外公司，国内配套软件公司能力严重不足。

6.2 中国企业智能制造的主要模式

总结我国企业智能制造的模式是我们研究的重点。我们认为，对我国企业智能制造模式的提炼，至少应该从 3 个维度加以考虑：一是智能化广度模式；二是智能化深度模式；三是动力模式。

6.2.1 基于智能广度的三类模式

智能化的广度是指智能化的应用范围是局部还是系统，局部的智能化是

指某个环节、工序或车间的智能化，系统智能化是指企业从需求到生产再到物流和销售整个产业链条的智能化,具体表现就是整个企业或工厂的智能化。根据智能化广度可以将我国企业智能制造划分为单点模式、车间模式和工厂模式3类模式。这3类模式的广度依次递进，表征了企业智能制造的不同发展阶段。

1. 单点模式

智能制造中的单点模式主要指以单一智能设备为基础的模式，这种模式通过机器人、智能机床等方式，企业最方便地获得柔性生产及节约成本的目的。在我国，新松机器人、沈阳机床的很多客户都是采用这类方式开始对其生产系统进行智能化改造的，通过购置以台为单位的智能制造设备，企业可以大大提高某些生产环节的效率，同时对客户的需求进行更加快速的反应。而在国外，以德国为例，其与智能制造相关的厂商主要分为两类，其中一类便是提供基础设施的，如库卡集团的主要工作是为智能制造提供基础工具和解决方案的支持。库卡集团是由焊接设备起家的全球领先机器人及自动化生产设备和解决方案的供应商之一，客户主要分布于汽车工业领域。库卡为纯工业机器人公司，业务包括工业机器人和系统集成。其独一无二的6D鼠标编程操作机构，使得机器人的操作和示教犹如打游戏一样轻松方便。库卡工业机器人的用户包括通用汽车、克莱斯勒、福特汽车、保时捷、宝马、奥迪、奔驰、大众、哈雷戴维森、波音、西门子、宜家、沃尔玛、雀巢、百威啤酒及可口可乐等众多知名跨国企业。

2013年11月5日,库卡推出了低碳环保型绿机器人KRQUANTEC系列，高效高性能搬运、去毛刺应用机器人等产品和先进解决方案，展示了库卡机器人在工业自动化中广泛的应用和机器人领域中的领导地位。通过大量先进的智能制造装备的开发，库卡作为工业机器人世界四大家族之一，创造了机器人行业的众多第一，第一台取消并连杆，摆脱平行四边形局限的单连接机器人，第一台采用PC控制Windows界面的机器人，第一台工作半径达3.5 m的机器人等。库卡最知名的产品是汽车行业的自动流水线，其在奔驰、大众、宝马、福特等大型汽车生产线上的机器人占有率高达95%~98%，推动了这些客户在生产某些环节的智能化改造，提升了客户的智能化水平。

2. 车间模式

相对于单点模式来说，车间模式是对多个单点进行整合，形成类似于一条完整的智能制造生产线的形式，并以此为企业带来智能化的生产模式。国内外有很多企业在进行这方面的尝试，这其中既包括那些为生产制造企业提供解决方案的服务商，也包括一些所谓的智能工厂。

以吉林通用为例，该企业为了适应自动化、数字化和信息化发展趋势，下大气力对企业进行“三化”改造，依托“八大工艺”基础，建立无人化、柔性生产线和数控中心。2006 年以来，累计投入约 5.2 亿元资金，建设世界一流的机械加工、冲压、铝铸和铝锻生产线，新购各种数控装备 687 台，建立数控中心，以提升产品质量和生产效率，为企业进行自动化、数字化和信息化改造奠定基础。从 2006 年开始，吉林通用着手打造柔性生产线，淘汰了 132 台老式专用设备，新上了 102 台新式通用设备。通用设备采用后，只需切换设备工装，就可以实现生产不同规格型号的产品，既降低了设备总投资，又提高了设备利用效率，更提高了柔性制造能力。2009 年以来，又先后建立了 4 条“无人式”自动冲压生产线，靠机器解放了人力，极大降低了员工劳动强度，提升了内制式生产的智能化水平，有效满足了差异化、个性化的市场需求。

从表面上看吉林通用的改造已经实现了智能工厂的雏形，但由于其改造的范畴并没有涉及从前端的物流管理到后端的客户服务的全过程，在组织和管理层面的改变也相对较少。而在国外，在车间模式下进行的智能化改造也有大量可供参考的案例。Intel 公司近年来开始对其生产工厂进行智能化改造，希望形成适应时代发展的“智慧工厂”，其核心是在已经成熟的“Level 8”自动化系统基础上，部署下一代 MES，使其从设备和材料处理到生产全过程实现自动化预测和最佳化处理。

可以看到，以上模式中，企业的智能化改造更多的是集中在自动化的范畴之内，通过对整条生产线或车间的更新换代，来提高生产效率，实现传统无法完成的一些工作。

3．工厂模式

广度最大的一种智能制造模式就是工厂模式，这类模式将智能制造融入到了从研发、采购、物流、生产、销售、售后的全价值链之中，从前端和后端共同实现智能制造对于需求的快速反应，以信息为核心建立起企业全新的运行模式。在我们的调研中，安庆石化和青山工业公司进行了有益探索。

安庆石化公司改变传统的先工程项目建设再开展信息化建设的传统方式，在开展 500 万吨/年常减压蒸馏装置等 10 套炼油装置、3 套化工装置，以及 9 万标立/时 PSA 装置等系统工程改造和建设中，将信息化建设作为一个独立单元与工程建设有机结合，推进工程项目和信息平台同步设计、同步实施、同步投用。在炼油化工工艺、自动检测、运营管理和数据挖掘等方面，实现信息化和工业化的深度融合，探索建设智慧型石化企业。

青山工业公司则是将智能制造融入了库存管理之中，在这一价值链环节上形成了智能制造的基础。为了达到精益生产要求，青山公司推行生产车间零库存的管理方式。在前述分拣配送精准的基础上，生产车间实行“批清批结”的管理制度。具体做法是每一批配送到生产线上的零部件物料是准时准量的，生产车间必须保证整个工单都合格后才能操作系统做下线完工，不允许出现待返修产品在现场长时间停留，以此来保证生产的平顺化和现场的零库存。同时，青山公司推行零部件直送方式。依靠 ERP 系统下达直送订单，并且对物料交付数量、状态等的准确率要求达到 100%，到货时间点的误差在半小时以内，同时直送零部件不允许出现剩余库存，即订单数量和消耗需求是一一匹配对应的，保证物料的准时、准地、准量交付。

而国外领先企业则致力于智能制造解决方案的探索。如 ABB 拥有全面的智能技术，为智能制造提供了产品和解决方案。在造纸行业、智能电网与城市、智能制造与生产、智能家居与楼宇等领域的智能化改造和智能设备研发中均处于领导地位。而西门子致力于成为面向整个产品开发与生产实施及后续服务的整个过程的整合型供应商，覆盖从产品设计和生产规划直至生产工程及后续服务的整个过程，即提供智能制造与数字化企业平台。西门子的转型战略专注于数字化，通过“数字化企业平台”将虚拟和现实世界进行融合，实现从车间到公司管理层的双向信息流和数据协同优化，它为制造业的未来提供了卓越的范例。而 IBM 创造性地将工厂智能化建设分为 4 个层次：从 IT 基础设施（Network，Servets）建设到现场仪表和过程控制（Field Contro1，Sensors）建设，从 MES 建设到企业应用 ERP，CRM 系统的建设。

以上 3 家国外企业的案例中，都可以看到数据在智能制造的工厂模式中起着重要作用，这也将成为未来智能制造领域的必争之地。

6.2.2 基于智能深度的 3 类模式

智能化的深度是指智能制造中基于智能化进行决策的程度，主要有辅助决策、简单决策和复杂决策 3 类。其中，辅助决策是指智能系统本身参与决策的程度有限，仍以人工决策为主；简单决策是指智能系统本身参与决策（即机器替代人脑）的程度有所提高，但主要是针对整个过程中简单问题的自决策、自适应，人工决策和智能决策并举；复杂决策是指智能系统本身参与决策的程度很高，主要以智能系统的自决策、自适应为主。从辅助决策到复杂决策代表了智能化程度的逐级提升，企业的智能化水平也越来越高。需要指出，由于离散型制造和连续型制造的区别，智能化并非在所有环节的应用越深越好，有些环节机器的智能化无法替代人工。

1．辅助决策模式

在企业实现智能制造的早期,其对于数据的运用和处理能力还相对较低，此时智能制造系统对于企业来说，更多的是充当辅助决策的角色。在我国，吉林通用、安庆石化和青山公司都在这方面有了一定的进展。如吉林通用在2011年从德国ABAS公司引入世界一流的企业信息管理软件——ABAS ERP管理系统，把先进管理理念和方法引入到企业生产、技术、质量、安全管理各环节，实现了管理可视化和信息化，有效提高了企业管理效率和管理水平。而青山公司则基于拉式生产方式开展厂内生产物料精准管理。计划会提前一天在ERP系统发布（包括生产的产品类型、数量、顺序、时间等），ERP根据不同类型的产品BOM，对其所需要的零部件物料进行分拣需求展开，并根据生产时间安排，逐个将需求信息发布给立体库管理系统，立体库管理系统根据所接收到的分拣需求指令，将指定的物料（厂家、批次、数量保证）自动铺货到分拣区域，保证铺货物料在时间和数量上的精准。铺货完成后立体库系统将各种物料铺货的货位信息传递给物料交付系统（Master Demand Schedules，MDS），物料分拣人员根据MDS手持终端显示，进行物料的查找及对应数量的分拣，保证分拣出来的物料是与生产计划所安排的工单产品需求一一对应，实现了物料分拣过程位置和数量的精准。

安庆石化针对炼化一体化工程拟新建炼油装置9套，改造2套，新建化工装置1套，配套建设相关的热电、储运、公用工程及辅助生产系统进行数据采集和集成，同步实现分布式控制系统（Distributed Control System，DCS）与实时数据库系统的物理连接及用于过程控制（OLE for Process Control，OPC）的数据通信，实现了企业从公司管理层面、生产调度层面以及工艺管理层面同时获取实时生产信息的能力。当然，安庆石化在数据分析与应用方面已经获取了较多的生产和经营数据，但目前针对这些信息分析利用，主要应用于局部和传统的分析方法，还没有形成适用于企业生产有效全流程的知识模型库。

国内公司通过ERP系统和数据进行辅助决策的尝试已经取得了一定的成绩，而国外公司则在更多方面开展辅助决策的工作。如ABB旗下最新的第6代800xA系统，作为引领工业控制及集成领域的代表性技术平台，800xA应用了电气集成、总线及资产管理、一体化的安全操作及最新一代扩展的操作员工作界面EOW-x2等一系列解决方案，具备了强大的集成能力，允许工厂中的每个人共享工厂营运所有系统的视图，提高工厂可视化程度和快速访问相关的实时信息，在停机发生前解决操作的问题。而作为全球能效管理专家，施耐德电气推出了 PlantStruxure 协同自动化架构，将 DCS 过程控制系统解决方案、工厂自动化控制系统解决方案（PIC+SCADA）和遥测及远程数据采集与监视控制系统 （SupervisoryControl And Data Acquisition，SCADA）解决方案（TRSS）完美集成，为用户带来前所未有的开放性、灵活性和可扩展性，不仅满足工业和基础设施企业自动化需求，还为其不断增长的能效管理需求提供了业内领先的卓越平台，全面展示其在能效管理上的进一步创新和突破。

就算是业界一直极度关注的西门子的示范工厂，也并不是一座无人工厂。一方面，尽管安贝格工厂的生产过程实现了高度自动化，但最终的决策者依然是人；另一方面，安贝格工厂年生产率的提高有 40%归功于员工提议的改进措施，其余 60%则是基础设施投资的成效，如购置新的装配线和物流设备的创新改进。

综上可以看出，大量企业在利用智能制造设备和相关数据进行决策的道路上，才刚刚迈出了第一步。但通过这些实践，也可以看到智能制造为制造业转型带来的新的动力。

2. 简单决策模式

当然，有些企业已经在智能决策方面更进一步，其智能系统已经可以完成一些简单的决策工作。如在 GE 的圣拉蒙市中心，研究人员正在研发新的用户界面，可以利用地图、模拟和类似 Twitter 这样的设备社交网络帮助人们把工业数据可视化。实际上，GE 的工业互联网应用主要集中在 3 个方面。首先是智能设备，分布广泛的仪器是工业互联网兴起的一个必要条件。数据从智能设备和网络获取，使用大数据工具与分析工具存储、分析和可视化，得到“智能信息”用于决策。智能信息还可以在机床、网络、个人或集体之间共享，方便进行智能协同并作出更好的决策。大量的智能设备就会组合成整套的智能系统。智能系统包括许多传统的网络化系统，同时也包括在机队和网络间广泛部署且内置软件的机械装置的组合。智能系统包括网络优化、维修优化、系统恢复、系统学习等多种形式。通过智能设备和智能系统的建立，企业可以采集到生产过程中大量的数据，使得部分机器和网络级运行职能从操作人员那里转移到可靠的数字系统。英特尔则在工作流程里加入了“智慧缺陷采样”（smart defect sampling）技术，实现产品良率的自动化预测和最佳化，并具有分析引擎，可在 10 个晶圆厂和 5 ~ 6 个装配线处理过程中检测并处理不合格材料。而丰田为避免人为偶然错漏所造成的拧紧不良，引入“自动防错系统”，出错时设备自动停止，安东系统既有让员工直接手动报警的机制，也有通过监控设备自动报警的机制。随着前期智能设备对数据的积累，这种以实时数据为基础的机器自行进行简单决策的模式，正在被越来越多的企业所采用。

3. 复杂决策模式

通过智能设备直接进行复杂决策将是未来智能制造的发展方向，这将基于大量的数据采集及数据分析方法的形成才可以实现。目前，IBM 在建筑智能化管理系统（IBMS）中：将 CNS，OAS，BAS，FAS，SAS 及 HPM 通过高速网络进行统一集成，由一体化集成管理系统实现对整个工厂的综合智能管理。它可以完成包括对工厂原材料、设备、产品的物流管理，对财务、人事、设计等办公自动化的管理，对数据、会议系统等方面的管理。IBM 的该系统为最终形成的复杂决策模式进行了初步的尝试。

6.2.3 基于驱动力的 3 类智能制造模式

智能化的驱动力是指企业采取智能化的主要动因，主要分为成本驱动、需求驱动和复合驱动，相应地形成了 3 类基于驱动力的智能制造模式。其中，成本驱动力侧重企业内部的需求，需求驱动力侧重企业外部客户的个性化需求、差异化竞争需求、产品品质需求等，复合驱动力则综合了成本驱动和需求驱动两类因素。

1. 成本驱动模式

成本驱动是企业开展智能制造最基本的想法，因为控制成本是每一家企业永远追求的目标，而智能设备由于其高度的自动化、信息化水平，以及具有的柔性生产的能力，为企业进一步提高效率、降低成本带来了新的机会。调研发现，根据成本的不同类型，可以将智能制造的成本驱动模式大致细分为 3 类：一是人工成本驱动的智能制造模式；二是生产制造成本驱动的智能制造模式；三是管理成本驱动的智能制造模式。现实中，往往是几种成本驱动的共同作用导致企业开展智能制造。

第一种是人工成本驱动的模式。其核心是针对劳动力成本过快提升导致的竞争力下降，通过“机器替人”模式大幅减少人工数量。例如，新凤鸣公司就针对工人年均成本增长 8%、工人年均支出达 5 万元/人的情况，采用生产流程的全自动化来替代人工。再如雷柏科技也是考虑到人力成本上涨的压力及高离职率带来的品质风险（员工平均月流失率在 16%左右，熟练工人工资年均上涨 10%～20%，由工人双手组成的生产线虽然具备应对不同代工客户的灵活性但产品品质非常不稳定），因此不得不寻求智能制造出路。

第二种是生产制造成本驱动的模式。其核心是针对生产制造过程中设备、不同环节之间的协同衔接及流程不合理导致的生产成本过高问题，通过智能化的协同和全产业链管理降低生产制造成本。如吉林通用依托“八大工艺”优势，实现了模具、夹具、量具、刀具、工位器具、检具、非标设备等七大部类产品的全部内制，极大地降低了企业生产成本。通过引进数控设备，使小批量单件生产转型为大批量生产，提高了自动化、智能化水平，提升了产品质量和生产效率。据初步测算，内制式生产使企业生产效率提高了 30%以上，使项目开发时间缩短了 50%左右，较大程度提升了产品整体竞争力。

国内公司利用智能制造系统在成本控制方面尝到了甜头，国外公司在这方面也取得了大量的成果。如库卡在机器人开发过程中，不断为采用智能制造产品的客户提供成本更优的产品。如 KRQUANTEC 系列机器人，是一款兼顾库卡机器人高性能品质和拥有低碳环保特性的创新型机器人。其自身减重最高至 160 kg，最高减重达 12%，建立了能量供应与负载之间能效的新标准。此外，该机器人系列从制造到处理的每一个环节对节能环保意识的体现，使得该机器人系列减少对能源消耗多达 50%，建立了节能和生态的新标准。又比如在欧美发达国家，工业生产过程中装卸、搬运费用大约占总成本的 20%～30%，甚至更高。因此，众多企业一直在寻求机械化和智能化的搬运技术和装备。柔性化和智能化的物流搬运机器人就是其中的一种，目前它已经成为工厂自动化的宠儿，不仅在冲压、焊接等生产过程中大显身手，在物料搬运过程中也是一员干将。如上下料、拆码垛、分拣、检测、装配，或各种特殊处理。又如机器人行业的另一巨头 ABB，他们的工业机器人帮助客户实现生产效率的成倍提高。如码垛机器人主要用于生产线末端的高速码垛作业，其操作节拍最高可达每小时循环 2 190 次，运行速度比同类常规机器人提升了 15%；其占地面积也比一般码垛机器人节省 20%，适用于在狭小的空间内进行高速作业，为客户大大节省厂房空间。在智能制造解决方案中，ABB 为苏泊尔集团卫浴产品生产线提供了交钥匙工程的机器人解决方案，帮助客户将产品单件生产成本降低近 50%。而在国内计算机无线外设产品领域最大的提供商之一深圳雷柏科技股份有限公司的鼠标生产线上，70 台 ABB 机器人帮助客户实现生产效率的成倍提高，同时这些机器人的柔性特点还帮助客户将自动设备的开发时间缩短 15%。Intel 也希望借智能制造降低工厂成本和周期时间，同时也可让其晶片具有更佳的优势以与竞争对手抗衡，以抵御来自其竞争对手的压力，特别是针对 65 nm CPU 生产技术的应用。

除了中国和欧美，日本企业也极为重视智能制造为企业带来的成本优势。作为汽车行业的“幕后大佬”，著名零部件公司日本电装公司通过对铝压铸件的生产设备、工艺进行改革，使得铸造线生产成本降低了30%，设备面积减少80%，能源消费量降低50%，成本大幅降低。

第三种是管理成本驱动的模式。其核心是针对粗放管理导致的管理成本过高，通过基于智能化来降低管理成本。例如，陕西鼓风机集团针对设计、工艺、制造环节中的管理成本过高问题，持续开展精益化生产，通过技术研发、产品设计、工艺生成、制造资源的全程数字化、自动化、智能化，持续开展流程再造和工艺布局，降低管理成本、缩短交货时间。

2．需求驱动模式

智能制造除了能为企业带来更低的成本，还可以更好地满足客户的需求及企业自身的其他需求，因此很多在产品及服务中与客户关系更密切的企业在采用智能制造方法时，更多的关注其对于需求端的贡献。调研发现，根本需求的不同类型，可以将企业智能制造的需求驱动模式细分为3类：消费者个性化需求的驱动模式；企业提升小批量产品品质需求的驱动模式；企业打造领先品牌、塑造高端形象需求的驱动模式。

第一种是消费需求驱动模式。例如，青山公司采用“订单拉动式”生产的方式确保计划订单管理的精准。一是针对客户计划订单，稳定的客户采用常规化的订单输入和生产组织，针对连续性订单适当的设置安全库存以应对正常计划波动。二是针对计划订单不够稳定的客户采用提高沟通频率并建立快速反应机制的应对措施，以确保产品保供要求，并减少临时计划变动对内部生产组织的冲击。

可以发现，国内公司为了满足客户的需求，已经开始在设备及流程上进行更多努力，而国外公司对于以客户为中心的经营理念更是执着追求。比如，宝马公司的生产计划主要按照客户订单来制订，零部件供应商会按照生产订单按序供货，供应商与生产之间的 JIT，也因总装车间独特的梳状结构建筑设计得到更加充分的实施。运送不同零组件的货车可直接开至离装配线最近的区域，部件进厂后可直接送至相应工位完成组装，与先入库再二次配送上线的传统物流方式相比，节省了大量库存和不必要的作业时间。这种创新的物流模式，不仅缩短了生产和物流供应的距离，也为未来的生产线扩展、引入新技术打下了良好的基础，以最小的投资成本实现高效集成。宝马标准化、模块化和数字化的产品设计是实现工业 4.0 的基础，这一点在宝马莱比锡工厂能够得到充分印证。宝马 1 系和 2 系车型同属一个平台，为此可以共用同一生产线，且装配时的大部分组件也是通用的。通过选配不同模块（如汽车电子单元）、不同车体颜色，灵活生产出满足不同客户需求的差异化车型，让模组的数量大大简化。而实现小批量、多品种定制化混线生产的重要前提就是标准化，同样，模块化和数字化为此生产模式提供了更多可能。正因为如此，宝马莱比锡工厂目前不仅能做到多种车型按订单生产和混线生产，还能在不损失生产节拍和品质的前提下，实现每台下线车型都能满足大规模定制的市场需求，即每一台宝马汽车可以根据客户的意愿生产出来。

在日本，安川电机株式会社创立于 1915 年，作为技术创新的倡导者，安川不断把用户需求融合到技术及产品的开发当中。安川变频器拥有从通用到专用的丰富的系列产品，这些产品广泛地活跃在节能及机械自动化领域。并且能够针对客户从工业到民用的各种各样的需求，提供最佳解决方案。

第二种是提高小批量产品品质需求的驱动。许多企业意识到人工为主的生产模式无法保证高的、稳定的产品品质，因此想通过智能制造模式。例如，雷柏科技发现，由工人双手组成的生产线，具备应对不同代工客户的灵活性，但产品品质却“非常不稳定”。从 2007 年开始，雷柏成立了自动化小组，尝试减少对人工的依赖。2008 年，雷柏研发了一条生产线，花费 30 万元，解决了键盘生产线上工人一百零几个插键帽的动作，把线上的工人从 60 人减到了 24 人。相对汽车产业，电子产品生产线的作业精度要求更高，它们需要操作更为灵巧、传感更为灵敏的机器人。基于这样的认识，2011 年雷柏从 ABB 购买了一批小型的六轴工业机器人，价格约 20 万元一台，它拥有世界上最快的速度、最高的精度和灵活性，其重复定位精度为 0.01 mm，工作半径为 580 mm。在此范围内它可以精准地触及任何位置。工业机器人生产线的应用帮助雷柏稳定提升了生产效率和品质，在 USB 插口生产线上，雷柏机器人的节拍时间仅为 3 s，生产效率比人工提高了 60%。使用半自动生产线进行生产时，雷柏每天生产 4 000 个键盘需要 50 名员工。现在每天生产 7 000 个键盘，只需要 6 ~ 7 人搭配工业机器人生产线，良品率比手工操作模式高 2 ~ 3 个百分点。

第三是企业打造领先品牌、塑造高端形象的需要驱动的智能化。例如，株机公司有众多国际客户订单，为了战略、营销和宣传需要，正在大力建设智能化生产线和智能化工厂。再如，内蒙古伊利乳业为提升奶业安全而采用智能制造手段，使伊利的质量溯源体系更系统、更高效。从记录奶牛出生到第一次挤奶，通过原奶运输车辆的 GPS 跟踪，原奶入厂信息赋码、生产和检测过程的信息跟踪、关键环节的电子信息记录系统、质量管理信息的综合集成系统和覆盖全国的ERP网络系统，实现了产品信可追溯的全面化、及时化和信息化。在奶源环节，伊利牧场主要是通过阿波罗系统监测每头奶牛每天的产奶量及变化情况。该系统与奶牛的耳标识别系统相连，通过收集耳标系统的基础数据，能轻松划分出高、中、低产奶牛，既可以为饲料配方提供参考，又可以起到“报警”作用，由此极大地提升了牛奶单产和牧场精细化管理水平。

3．复合驱动模式

当然，企业采用智能制造方式往往不是出于一个单一的原因，而是同时对上述两种因素进行综合考虑的结果。在此次调研的企业中。绝大多数企业都是复合因素驱动其开展智能制造。

而国外企业在满足复合需求方面具备更强优势，比如思科公司。为了帮助制造商实现尽量缩短制造和周转时间，并改善客户服务的要求，思科推出了一套既能支持新应用，又能集成信息和流程的智能网络制造业解决方案。思科智能网络制造业基础设施基于一个符合标准的开放式智能平台，产品开发、SCM、生产管理、销售和服务管理的信息和流程系统。一是为产品开发建立协作环境，为设计人员实时提供重要产品数据，包括客户要求、服务记录、生命周期成本和工厂规格等。借助这种可视性，设计人员不但能加快新产品的设计，保证制造过程顺利进行，还能在不降低产品质量的前提下更加有效地实施成本控制。二是利用思科需求驱动型供应链解决方案，制造商建立的网络不但能收集、存储、分析信息，还能与供应商、工厂、分销中心和零售商共享信息。三是思科工业以太网能够将基于标准的工业级开放以太网延伸到车间，从而提高了效率，延长了正常运行时间。工厂经理能够方便地访问生产线信息，以便核实存货，降低维护成本。利用这个解决方案，思科能够调集全球资源，立即对客户需求作出反应。四是利用思科开发的客户交互网络解决方案，销售人员及渠道和分销合作伙伴能够实时访问产品信息和客户信息。从而提高销售效率，缩短销售周期，最终提高盈利水平。

6.2.4 对智能制造模式的讨论

首先，我们对企业智能制造3类模式的提炼，是基于我国实践的归纳和总结，并不代表智能制造的全部模式。随着智能制造在我国的进一步发展，这3类模式的内涵也会发生改变，但从广度、深度和动力上来解析智能制造模式，仍然是可行的。

其次，我们认为，企业不同的智能制造模式或类型并没有优劣高低之分，只是因为不同类型的企业（如离散型制造业企业和连续型制造业企业、制造业企业和服务业企业）、企业不同的发展阶段而有所差异（初创企业、成熟企业、转型企业等）。因此，我国企业应该坚持自己的理性判断，不要盲目追求单纯高大上的智能制造模式。另外，智能制造的几类模式不是孤立的，一个企业可能会采用几种类型的智能模式，这与我国制造业仍处于工业 2.0，3.0 和 4.0 并存的大背景相符，事实上，智能化与制造业是离散型还是连续型关系并没有必然联系，两类制造业都需要智能化。企业只是根据需要采取一体化智能制造还是间断式智能制造。例如，株机所在机车的核心电器控制部件的生产过程中发现，有 70%左右的生产线可以实现自动化和智能化，而 30%的关键技术环节必须由人工完成。另外，西门子成都工厂在一些工序环节也没有最求高度自动化。

在有些情况下，智能制造与离散型制造的结合能收到更好效果。例如，长虹以物联网信息系统为核心，研究并构建了一种新型的多阶段混联离散型生产模式。该模式以传感器、企业服务总线（ESB）、MES 等技术为支撑，实现对生产系统、产品、设备工作状态的动态实时监测，在充分满足大批量生产的同时，也可满足多品种小批量混线生产。目前，该模式已成功运用至长虹集团旗下的电视、冰箱、空调、注塑无人工厂等多个领域。其中，电视产品实现了场地利用率提升 30%以上、库存周转效率提升 25%以上、单品成本下降 10%、人均产值提升 20%以上。

最后，企业要准确、全面地分析智能化的深度和广度，认清楚智能化与自动化的关系。智能制造要有自动化，但不要求全面自动化，企业不应该在自动化上过度投资，符合实际的智能化最为重要。例如，红领没有追求高度自动化，相对于海尔互联工厂来说，整个红领生产现场的自动化程度并不高，但也基本实现了智能制造。红领的自动化主要体现在：（1）传动链是半自动化，有时根据需要人工可直接操作；（2）裁布环节的版型数据直接传给切割机，实现了自动切割；（3）基于体型大数据库指导的 CAD 打版自动化；（4）成衣分拣环节有自动分拣系统；（5）其他机台操作虽然基本上不是自动化，但是实现了每个机台 RFID 刷卡，做到每件衣服在每个工序的数据采集和显示。

所以企业要实现智能制造，现场的自动化改造是必须的，但是要根据行业和企业的特点适度自动化，过犹不及，也不能过度投资，否则会导致智能化投资成本过高，产品的综合竞争力下降。

6.3 我国企业智能制造的影响因素

从发展历程来看，智能制造革命与人类历史上的前三次工业革命一脉相承，有着一个共同的主题——提高生产效率。而智能制造与前三者的不同之处，则可用两个词来概括："互联"与"融合"。在智能制造所描绘的未来情景中，人、设备和产品将通过互联技术实现融合，在企业内部实现人与人、人与机、机与产品的无缝对接，在组织层面实现企业与企业、企业与消费者的对接。智能制造本质上是构建在移动互联、云计算、3D 打印等先进技术上的组织管理模式的重塑，CPS 带来的智能生产环境，及其背后更为关键的"人—机—物"的互联，意味着企业与用户正在以全新的方式实现价值的共创，面对"互联"与"融合"的新情境，管理者必须以新的管理思维思考资源组合的问题。在这样的背景下，企业内外部的很多因素都会成为影响其智能制造转型的关键。

6.3.1 内部关键影响因素

首先，从企业内部来看，在资源方面，无论是人力资源、资金资源还是技术资源都是转型的核心因素，而从制度层面，公司的流程、结构和文化又都会对转型的效果造成直接的影响。

1．企业战略决策

企业战略决策层是公司战略的制定者，是否要向智能制造转型在很大程度上取决于他们的决策。决策者在做出决定前需要综合考虑公司的资源禀赋和内外部的竞争环境，其做出转型的决定既可能由于行业竞争压力巨大、企业出现亏损等被动的原因，也可能来自行业目前发展势头良好，但决策者看到了未来的发展趋势这种主动的原因。以红领和沈阳机床两家智能制造转型领先企业来看，红领作为服装行业，其转型发生在整体服装行业进入恶性价格竞争的大背景下，开始了向个性化定制的转型，并最终形成了智能制造的雏形。而沈阳机床则是因为决策层看到了未来国内低端机床将被逐渐淘汰的大趋势，在其销售量成为全国首位的关键一年做出的主动转型决定。但无论出于哪种原因，在制定向智能制造转型的战略决定后，决策层往往都要承受着巨大的压力，尤其是在智能制造转型的初期，没有模板可供参考，在公司内部也很容易听到不同的声音，而智能制造转型的过程又往往是痛苦的，需要长时间的投入，决策层在这种内外部压力的条件下，如何坚持是一项艰巨的使命。当然，即使在转型发生后，决策层依然会成为影响智能制造的关键因素，因为智能制造转型中很重要的一点就是智能决策，决策层的决策方式会随着智能制造时代的到来而发生巨大的改变。一个面向消费者需求，与消费者保持积极互动，产品可以追踪，用户行为获得反馈，并通过广泛的物联网进行实时管理的智能工厂将产生大量的数据，而围绕着这些数据的产生、收集、分类和分析，将为智能工厂的管理者提供对于市场最新动向、消费者行为变化、PLM 衰竭、工厂运营提升方向、SCM 重点环节等一系列的预测和决策能力。决策层的决策将从以往的经验模式更多地向大数据模式转变，这会在一定程度上挑战决策层的作用和权威，同时也需要决策层在管理方面形成适应智能制造的新模式。一旦决策层没有做好这个准备，就会使智能制造的成效大打折扣。

2．员工素质

在智能制造转型中另外一个企业核心的因素就是员工。首先，智能制造意味着大量的机器换人，企业对于操作型工人的需求将大幅降低，未来可能出现的情况是一个人操作多台装备甚至整个车间。但与此同时，企业的用工需求并没有减少，而是在其他方面如数据分析、辅助决策等方面有了更大的人员需求。因此，员工素质将成为智能制造中制约企业发展的重要因素，企业能以什么样的工资水平雇佣其所需要的人才成为了重中之重。再以红领为例，其转型的一个重要变化就是企业主营业务的转型，现在红领已经开始逐步从服装制造企业转型成为软件开发企业和智能化转型服务提供商，其软件工程师在员工中所占比例在不断地攀升，这也将成为其他很多企业智能制造转型的必经之路。对于人力资源来说，开放式的产品设计研发、智能化的生产设备操作及维修养护，工厂信息的收集分析，复杂的 SCM 体系无一不对智能工厂的人才提出了更高的要求。智能工厂对于员工的要求有 3 个层次：首先也是最最重要的是有能够重新设计生产流程、SCM 流程、产品再设计、大数据分析等复杂工作的高级人才；其次是有能够维持智能工厂日常设备调试维修、供应链运营等工作的中级人才；最后是要具备整个工厂的人力资源升级以满足智能工厂更高的操作和运营要求的人力储备。

而另一方面，除了对于员工专业的需求外，未来的智能工厂还需要员工具有更强的学习能力以适应快速变化的柔性生产需求，以及更强的与顾客沟通的能力以了解顾客的真实需求，还需要员工之间的利用各种信息化手段进行高效的相互沟通，否则员工将无法应付碎片化消费市场为其带来的挑战。这种制约对于企业来说是可以通过更加具有针对性的培训得以实现的，因此如果企业内及职业技术学院校教育不在培训体系上进行调整，也将成为制约其转型的核心因素之一。

3．资金投入

投资回报则是制约智能工厂发展又一桎梏。虽然投资回报问题并不是我国制造业企业所独有，世界制造业的领先企业也在估算，如果将整个产品从开发到售后服务的全部关键环节都纳入数据收集和分析体系，那么这个极为复杂的信息系统所带来的收益是否可以弥补其巨大的成本开支。对于我国企业来说，对于投资回报的考虑可能还是集中在智能工厂所带来的生产效率的提高和人员数量的下降是否可以弥补设备和系统的投入支出。尽管我国制造业的劳动力成本在最近几年里快速上升，但是和西方发达国家制造业企业仍然差距明显。对于欧洲的制造业企业来说，如果一台设备 10 万欧元，可以用于代替生产线上一个人工工序，从而节省下来两班倒的两个工人年工资基本上就已经和设备投入持平。而对于我国企业来说，制造业熟练工人的年工资不过也就在 5 万元人民币左右，一台 10 万欧元的设备如果只代替了一个人工工序的话，其节省的人员开支只是其设备价格的 1/10。这使得劳动力成本对于智能工厂发展的影响在我国变得并不那么紧迫。

除了投入回报低外，投入回报周期长是另一个制约企业智能制造转型的核心。像红领用了 12 年的时间形成其智能制造的雏形，沈阳机床用 8 年的时间开发出其可以为智能制造提供基础的智能机床设备，华曙高科的 3D 打印设备也是经历了 7 年的充分准备才达到了可以广泛商业化的水平，并且在未来 10 年中都无法实现盈利。因此，这种长期无回报的研发和转型投入，将把一大批没有足够资金支持其转型的企业推到智能制造的领域之外。

推进智能制造转型另一个门槛便是一次性的设备更新换代的投入。在智能制造行业，虽然政府有一些激励和促销政策，但是想拿到这笔钱，门槛是非常高的，一般企业很难一次性投入几百万甚至上千万元进行智能制造或转型升级和机器人改造。因此，无论是从一次性投入还是产出回报来说，资金投入都将为企业进入智能制造设立极高的门槛。

4．技术准备

除了资金门槛外，技术门槛是另一个限制智能制造在不同行业广泛复制的重要因素。以自动化染色行业为例，筒子纱数字化自动化染色工厂一直是国内外努力追求的目标，因其工艺繁杂，德国、意大利等国经过多年努力，目前仅开发出局部自动化卧式染色生产系统。自动染色存在三大技术难题。其一，从原纱到成品生产工序复杂，设备种类繁多，全部为人工操作。生产工艺难以实现数字化、标准化，由人工经验到实现工艺智能化决策难度大。其二，要实现染色全流程自动化，染色装备需要由人工操作转为自动化运行，开发生产线用自动化染色成套装备难度大。其三，单机自动化控制到全流程系统控制。染色小批量多品种，单染程近300个步骤，工艺繁杂，管控排产、高温高湿，全流程多参数检测反馈、系统控制及可靠运行难。这种难题在很多行业中都将出现，尤其是我国各行业的自动化程度还相对较低，这一问题会更加突出。而即使这些技术难题经过一定的积累可以得到突破，在突破过程中也需要很长的技术积累和数据积累过程，在这个过程中会不断地受到技术层面的挑战，无论是生产技术还是数据处理分析技术，这些都是智能制造在发展中不得不面临的问题。

5. 流程管理

智能化既是一种设计理念，也是一种生产流程。它首先要求在产品设计阶段根据用户多样化的需求，设计或者再设计产品，并对产品生产的全过程（原材料从人厂到成品出厂的全流程）的重要节点进行监控，从而掌握产品相关的全部重要信息。同时在产品销售和售后服务中，针对不同的产品特点和用户反馈与用户进行交互，将用户的需求第一时间反映到产品设计和生产中来。一家真正的智能工厂远远超越了生产环节本身。从公司战略层面如何制定符合智能化工厂发展的战略规划，到如何改变公司组织以适应智能化的工厂生产，再到运营层面的设计研发、原材料采购、生产、销售。最后还需要包括企业共享功能层面的人力资源管理和IT系统等功能，从而在价值链各个环节都建立足以支持智能工厂实现的企业能力。

对于智能工厂来说，其核心要求之一是要实现信息流、物资流和管理流合一。而这样的雄心需要强大的数据收集和分析体系去支持。德国一家世界领先的制造业企业曾表示，在全面建设智能工厂之前必须回答两个问题：第一，产品从设计到生产到售后服务，哪些数据需要收集；第二，如何设计一套数据分析体系使得这些被收集上来的数据可以有效地支持工厂的经营和决策。对于我国企业来说，长期处于产业链的低端环节使得其在信息的收集和分析能力欠缺，很多企业连工厂的管理通报都并不完备，即使是行业的领军企业，也在前几年才消灭了企业内部的信息孤岛，建成了企业内部统一的信息管理体系。但是距离全面、有效地管理信息，综合使用信息还有相当的差距，更何况智能工厂对于信息的创造性使用提出了新的要求。因此，企业的一系列管理流程都需要进行相适应的调整，否则将会因此限制企业的智能化转型之路。

在研发流程方面，传统的研发方式已经不能适应智能制造的需求，在智能制造时代到来之后，以海尔为例，组织的研发将划分为3个类型：模块定制、众创定制和专属定制。众创定制与众筹模式相类似，由用户发起一项产品的设计，其他用户可以参与讨论和投票，达到一定支持数量时，海尔会将其接入智能生产系统，为其匹配相应的研发者、供应商、生产线，最终交付产品。2015年3月，海尔生产出了首台用户定制空调，空调的颜色、外观、性能、结构等全部由用户决定。在智能制造技术的支撑下，完全不懂技术的用户和苦于不了解需求的设计师、供应商，在海尔平台上开启了一个“人人自造”的时代。在这种环境下，组织的研发流程和制度必须调整与之相适应。

在生产流程方面，传统的前后串联式组织流程与大规模制造的生产方式密不可分。当产品设计完全是由企业“摸黑”进行时，整个生产流程的每一个环节都是为上一环节服务的，唯一目标就是将设计图纸转化成实际产品，再推送到顾客面前。定制化的生产方式，企业作为顾客满足自身需求的智能化工具，全流程都是为顾客提供服务的。传统的串联式组织流程无法满足顾客全面接触的需求，必须向并联式的组织流程转变，需要基于客户需求对产品设计流程进行重构，构建符合智能工厂稳定性、安全性和灵活性要求的SCM体系，设计和改良智能工厂的生产流程，创建全新的售后服务，以及就整个生产全流程中重要的节点采集数据进行分析的决策支持流程。如果企业没有进行上述相应改变，也将成为影响智能制造实施的重要因素之一。

6．组织结构

层级制的组织结构会成为智能制造的制约因素，传统的金字塔型组织结构下，企业为了高效安全运转，必须用层层下达的各种命令和规定来保证每一名员工处于正确的位置，做正确的事。在智能制造的情境下，企业的任务不再是“做正确的事”，而是“做顾客需要的事”。随着从串联到并联的转变，企业中的每个人都要直接面对用户，直接向用户负责。这就需要扁平化的组织结构来适应这一变化，企业在大规模制造时代积累下来的能力和知识，在定制化时代成为了平台上供用户选择的工具，企业以帮助用户满足需求的方式，实现与用户的价值共创。以安庆石化为例，其信息化转型在传统的层级制模式下难以实现，因此安庆石化根据企业实际采取了“IPMT+项目经理部+（E+P+C）或 EPC+工程监理+PMC”的工程建设管理模式，项目经理部负责工程项目的建设与管理，专职人员集中办公。为保证信息化建设顺利开展，安庆石化在生产与技术准备部下设立信息专业工作组，同时设置信息专业负责人，信息工作组成员由公司相关的管理人员和技术骨干构成，信息工作组派出了常驻联系人。信息中心作为公司职能管理部门对项目进行专业化管理，同时又为工作组提供人员和技术保障。信息专业工作组下按专业成立了新区通信网络、新建信息综合楼土建、机房集成、信息系统扩容提升、数据中心等5个小组，各专业协调互动，强化监督、指导和支撑功能。安庆石化的矩阵式管理结构，强化了对项目的监督、指导和支持功能，是安庆石化创新工程管理的成功实践。

7．企业文化

为了更多地让顾客融入企业生产活动中，从产品设计到用户获得产品的整个研发、生产和交付的流程，都可以通过“与用户零距离”提升用户的体验。在产品设计环节，模块商、研发小微和生产小微，围绕着用户及其特定需求组织起来，在多方、实时、零距离的交互中形成一套个性化的解决方案。当方案确定后，直接进入互联工厂的生产系统，此时用户还可以随时查询产品的生产状态、物流状态，直到产品交付到用户手中。将整个定制化生产的流程完全开放给用户，使个性化产品的生产处于用户的掌握之中，是对用户体验的一大提升。对用户个性化需求的同步共享和生产线的协同，依靠的是“一横一纵”两个方向的数字化整合。横向的整合，即通过互联技术的应用，将用户需求、产品设计、制造、物流、服务等全流程供应链体系整合起来。纵向的整合，指的是搭建物联网，实现企业、工厂、车间、设备和人的物物互联。这种全流程的顾客融入需要形成与之相匹配的组织文化，即在全公司形成以顾客为核心的文化，才能保证上述目标的实现。

除了向以客户为中心的企业文化的转变之外，企业文化是否能够保证企业员工的灵活性和活力是另外一个制约智能制造发展的核心因素。众所周知，智能制造将构建一个高度灵活、个性化、数字化的模式，在这种模式下，企业将面临海量的新知识和新需求的融入，这就需要利用企业文化调动每一个员工的创新能力，为企业的产品开发及制造流程优化贡献自己的力量，并适应这种全新的研发、生产节奏，否则必将拖慢企业智能制造的步伐。

6.3.2 外部关键影响因素

除了企业内部因素外，很多外部因素也将成为影响企业智能制造转型的关键点，整体的政策环境、行业环境及企业各相关方，都会在其中扮演重要的角色。

1．政策环境

对于智能制造的政策支持是各国推动智能制造的根本动力。默克尔对德国的制造业能否及时与现代的信息和通信技术实现对接，保障德国制造业在世界上的领先地位表示担忧。为此，德国产官学专家早已制定好了到 2020 年的工业 4.0 的发展蓝图，工业 4.0 将会开发出创造价值的新方法和新的商业模式。特别是将给初创公司和小企业的发展带来机会，下游服务也能从中受益，将正视和解决某些当今世界面临的挑战，如资源能源利用效率、城镇化、人口结构变化等，其发展特点为将现有的智能制造企业实践和产学研合作上升到国家战略层面，集中力量进行重点突破。为推进工业 4.0 计划，德国政府主要设定了一些关键性需求措施，主要包括融合相关的国际标准来统一服务和商业模式，确保德国在世界范围内的竞争力；旧系统升级为实时系统，对生产进行系统化管理；制造业中新商业模式的发展程度应同互联网本身的发展程度相适应；雇员应参与到工作组织、全球产品样本数据库（Global Product Database，GPD）和技术发展的创造性社会一技术系统早期阶段；建立一套众多参与企业都可接受的商业模式，使整个 ICT 产业能够与机器和设备制造商及机电一体化系统（mechatronic system）供应商工作联系更紧密。

美国政府“制造业复兴”战略的核心内容是依托其在 ICT、新材料等通用技术领域长期积累的技术优势，加快促进人工智能、数字制造、3D 打印、工业机器人等先进制造技术的突破和应用，推动全球工业生产体系向利于美国技术和资源禀赋优势的个性化制造、自动化制造、智能化制造方向转变。美国“再工业化”的政策体系和措施，具有十分明显的问题导向和目标导向，其焦点是那些由美国发明创造但缺乏本土制造能力的高技术产品。“美国制造业复兴计划”是到目前为止美国发展先进制造业最为重要的政策文件之一，共包括“三大类十六项”政策建议。围绕着这些政策建议，美国政府各部门及各地区已经部分实施了相关政策措施。第一，建立与先进制造技术和先进制造业发展要求相适应的政府组织和管理体系；第二，通过管制、税收和贸易政策的配合，提高本国发展制造业的吸引力；第三，完善发展先进制造的产业和技术基础设施。第四，大幅提升对先进制造技术的 R&D 支持。第五，稳固人才管道，形成与先进制造业相匹配的人才结构。由此可见，美国围绕“制造业复兴”展开的一系列经济战略部署可以概括为：巩固既有优势，构筑新的优势，消除不利因素，创造有利环境，核心是树立美国制造业新的竞争优势。美国政府在此过程中提出了《重振美国制造业框架》《先进制造伙伴计划》《先进制造业国家战略计划》等大量政策，其再工业化的进程侧重“软”服务，用互联网激活传统工业，保持制造业的长期竞争力，其发展轨迹为企业主导提供解决方案，政府战略辅助推动创新。

日本向智能制造的转型则是通过“产业价值链主导权”联盟来实现的。该联盟成员包括三菱电机、富士通、日产汽车和松下等日本电子、信息、机械和汽车行业的主要企业。联盟的发起者是研究将 IT 技术应用于制造业的日本法政大学教授西冈靖之。联盟的主要议题为工厂与工厂、设备与设备互联的通信技术和安全技术的标准化。日本经产省也在《2015 年版日本制造业白皮书》中用近 1/4 的页面对工业 4.0 进行了分析，日本的“产业价值链主导权”也将为此提供援助。在日本追赶德国工业 4.0 的过程中，人工智能是日本的主要突破口，其智能制造的发展将主要以机器人制造作为基础。其主要关注网络信息基础设施、信息通信技术（Information Communications Technology，ICT）在社会各行业的运用、信息技术安全和国际战略四大领域。

可以看到各国政府在政策支持方面，为智能制造的发展提供了包括资金、财税、基础设施、人才在内的多方面的保障，鼓励本国企业进行智能制造的转型，而我国政府在政策层面也给出了大量的指导和支持。《中国制造 2025》《互联网+行动计划》、国家“十三五”规划等一系列政策中，为智能制造提出了切实的目标，并将众多行业提升到了国家战略的高度，这将对地方配套支持政策形成鲜明的指导意义。工业和信息化部一系列试点企业的建立，也为我国未来智能制造的发展建立了试验田和标杆。自 2009 年《装备制造业调整和振兴规划》出台以来，国家对智能装备制造业尤其是高端智能装备制造业研发和生产的政策支持力度不断加大。未来国家仍将不断对智能制造装备行业加大研发及生产的力度，行业规模仍将持续扩大。随着相关财税融资政策的不断完善，智能装备制造业将有机会吸引更多的资金进入，包括航空航天、卫星、轨道交通等在内的智能装备制造行业，将会迎来新一轮的发展飞跃。当然，目前我国在政策层面对智能制造的支持更多的还是停留在资金和项目层面，在人才层面的政策还有待进一步推出，这些方面都将帮助企业解决在 6.3.1 节中提到的部分问题。因此，可以发现对于智能制造来说，政策导向将成为其发展的一个重要影响因素长期存在。

2．行业竞争对手

行业内竞争对手会成为影响一家企业是否采用智能制造的关键因素，当竞争对手开始采用智能制造的方法后，其成本的下降和客户导向的思维方式为其带来的更强的客户吸引力都将直接冲击本企业的经营情况。另一方面，由于智能制造中最关键的智能决策需要以大量的数据作为基础，而提前采用这套方法就意味着提前得到数据并可以对数据加以利用，一旦竞争对手利用这些数据完成了解决方案的开发，并以此对行业进行了重新定义，这就会为竞争对手带来不可复制的先发竞争优势。另外，由于智能制造会使很多大企业慢慢地从制造型企业转型成为平台型企业，一旦一个平台正式形成，它将把行业内的设计方、零配件供应方、消费方、生产方整合到一个网络之中，而这种网络的黏性将是很难被动摇的。因此，行业内竞争对手的行为将会对企业是否采用智能制造的方法，更新设备等基础设施的节奏及资源投入的力度造成巨大影响。

3．供应商

智能设备供应商的技术和所涉及的产品类型能够满足哪些行业需求，将会成为影响各行业智能制造发展的关键因素。因为智能设备是整个智能制造得以实现的基础，但这一点对我国来说尤其困难。以我国智能制造设备提供方之一的工业机器人行业发展为例，整个行业中利润最高的环节——核心零部件，我国企业受制于基础工业差距，在关键零部件上自主生产能力较弱，核心零部件需要进口导致成本优势不明显；控制器开发难度中等，伺服电机多为外购；减速机开发难度高。而在本体领域，关节型机器人功能最强大，用量多，大型机器人企业均把重点放在关节型机器人。成本比国际巨头高，而性能却没有更高，导致客户的认可度并不是很高，而这也就造成了目前外资品牌在我国机器人市场中占绝对主导地位的现状。而在行业应用中，我国企业的差距更加明显，在汽车制造等高新产业领域，机器人 90%是外资企业生产的。外资企业提供的设备成本高昂，我国供应商如果无法得到质的飞跃就会严重影响我国企业智能制造的发展。

除了设备本身之外，智能制造在各行业中应用的整体解决方案也会对企业采用智能制造的决策产生影响。智能制造方式建立在自动化、机器人、人工智能、云计算、物联网等一大批高新技术的综合运用上，找寻合适的技术源来改造企业生产模式成为智能制造能否成功的关键要素。现实中，大型技术供应商更多提供成套的智能制造技术解决方案，改造成本高；而中小型技术供应商则难以提供匹配度高的智能制造技术和管理模块，改造效果差。此外，部分中小型企业由于资源限制导致难以搜索到外部智能制造技术商，凭借企业自身技术存量难以实施有效的智能制造改造。面对不同行业复杂的特点和需求，如何对原有的制造体系进行改革达到智能制造的标准，将是一个重要的挑战。而后期在智能制造体系运行中遇到的新的问题该如何解决还会变得更加棘手。

4．消费者

消费者碎片化的需求是刺激智能制造的核心因素，随着消费者主权时代，以往的大批量制造的生产模式越来越难以满足消费者的需求，而面向客户也正是智能制造的核心目标之一。因此，企业不得不将消费者更多地纳入整个制造过程中，消费者在智能制造中的作用将得到彰显。以长虹为例，为了打破消费者与企业之间的围墙、建立大规模的个性化定制系统，长虹认为这几个维度要发生深刻的变化：其一是产品必须是客户可以个性化定义的。要想让客户能够个性化定义产品，必然要求产品具有越来越明显的“软件定义”“参数化”“模块化”的特征。在云端大数据分析的基础上，通过分析不同消费群体的使用习惯与喜好，开放定制参数，消费者可以通过定制参数的不同组合，挑选出适合自己的产品。这样的定制模式，既能够保证准确捕捉客户的个性化和差异化需求，又能够满足工厂规模化生产的需求，在生产制造规模化与用户个性化需求的矛盾之间取得平衡。其二是企业高速高效响应用户需求的资源组织和生产能力。在响应用户需求的维度，要以数字化和智能化技术为基础，通过营销业务系统 USO，ERP，MES 等信息化管理系统与客户进行交互，以及物联网、云计算等技术的强力支持，形成快速响应消费者个性化需求的能力。因此，消费者对于智能制造的影响将贯穿在研发、生产到销售的制造业全价值链当中，具有重要的意义。

5．其他合作伙伴

由于智能制造希望构建一个高度灵活、个性化、数字化的智能制造模式，这就要求企业渐渐从一体化发展向搭建平台与生态圈的模式转变。平台化和生态圈战略是面对碎片化市场的一个必然的趋势。苹果公司的成功让平台化和生态圈的战略越来越多地展现在了世人的面前。平台是快速配置资源的架构，其本质是一个生态系统，把产品做成平台，就是贯彻广义的产品经营理念，围绕产品核心功能进行体系化扩展，产品围绕用户需求不断进行升级，使产品成为更多功能的平台载体。利用平台对产业链上下游进行整合，最终在行业内形成资源集中利用的新场景，帮助平台内的任何企业实现价值的倍增。首先，在平台上，企业发展的模式更加多样化，企业基于核心产品之上进一步拓展更多的产品形态有助于获取更多的用户流量；其次，平台整合资源的能力更强，可以通过平台各个主体的发展，吸引产业内其他主体进入平台，在这种情况下平台就像一个聚宝盆，会形成很好的集聚效应；再次，平台的形式可以让企业利用外部人才来创造出的产品，相较于传统模式所能创造的产品来说，更为丰富和多样；同时，平台有高度的网络互动性，这些互动产生的数据会非常真实和丰富，可以观察到平台内每一个用户的行为，从而为智慧的决策提供了基础；最后，平台的搭建是一种去中心化的表现，使得平台内的各个主体有了一个低成本沟通的机会，能够实现各个垂直领域的有效整合。平台打破原有的产业链结构，将产业编织成一张利益共同体的网和生态圈，原材料供应商、设计提供者、销售代理商都将融入其中，各个利益相关方进行的不再是零和博弈，大家可以相互促进共同发展，每一个平台中的参与者都将是最终的受益方。在这样的发展趋势下，在现有产业链中的每一个环节其实都可以利用自身的优势实现上述平台或生态圈的搭建，而一旦生态圈初步建立，这将大大影响行业内其他参与主体的智能制造选择和发展路径。

6.4 智能制造的实践

6.4.1 泰山玻纤：玻璃纤维智能制造实践项目

1. 项目基本情况

（1）项目概述。

① 项目实施背景。

目前，我国在流程制造行业领域已比较广泛地采用了计算机管理网络+工业控制网络+人工操作形式，但是应用水平仍停留在计算机网络管理系统和过程控制网络系统局部运行阶段，物流在整个企业的运行过程中并不顺畅，各个环节相互脱离，严重阻碍了企业的发展。将信息流、物流进行有效利用和进一步整合，无疑是最为理想的选择。目前在国外，此种方式是现代化企业所关注的一个热点，在国内，此种方面的研究还处于刚刚起步阶段，市场潜力和应用前景十分广阔。

泰山玻璃纤维有限公司（简称“泰山玻纤”）作为玻纤行业领军企业，一直致力于玻璃纤维池窑拉丝生产线的研发设计，在智能制造方面，前期做了大量的工作，如财务、销售、人力资源、OA 内网站、MIS 管理系统和立体库管理系统，也存在以下问题：

- 信息孤岛问题严重；
- 系统框架落后；

- 特殊需求满足困难；
- 已无法满足扩展需求；
- 自动化物流线、能源管理系统落后。

② 项目实施意义。

泰山玻纤智能生产线示范工程建设将大大提高生产线的自动化程度，使公司原有分散的信息完美集成，提高泰山玻纤一体化业务，满足公司复杂的业务流程，一定程度上实现了未来管理变革与经营战略的达成，提高玻纤行业整体装备智能制造水平，将在玻璃纤维行业起到良好的示范带头作用。

③ 主要建设内容。

泰山玻纤根据多年玻璃纤维制造企业物流系统实施的经验，结合当前自动化、信息化的主要技术，通过利用新区建设的契机，采用国际先进物流自动化技术，配置 AGV 输送系统、能源综合监测系统、助力机械手等先进智能装备，配套建设基于 SAP 平台 ERP 系统，实现了信息化平台中物流仓储、生产、设备管理、质量控制、能源管理等业务流程的一体化集成。同时与立体仓库系统、条码系统、MIS 系统对接，实现数据实时传输，建成国际先进的年产 16 万吨池窑拉丝生产线，为建设智能化玻纤强企奠定了基础。

主要建设内容如下：

- 覆盖新区 16 万吨玻璃纤维生产线物流自动化系统；
- 新区能源统计、管控系统；
- 立体仓库建设；
- 基于 SAP 平台的 ERP 系统。

（2）项目实施效果分析。

① 玻纤自动化物流线建设。

玻璃纤维生产线自动化物流输送系统采用现代最新的物流、信息和计算机管理技术，将自动化物流输送设备同计算机调度、管理软件相结合，取代了传统的人工输送方式。主要创新点如下：

a. 拉丝车间产品自动输送、信息自动跟踪、识别。根据拉丝车间特殊的工况及恶劣的生产环境，设计采用积放链式输送机和其他辅助专用输送设备。工人只需要通过操作几个按钮，即可以实现空车自动分类、到达指定工位，并将满车自动送出拉丝车间；同时，保证纱团的产品信息与纱车的实际物流同步传送，一直到达烘干车间。

b. 烘干车间产品自动分类、输送。通过数据接口和自动信息跟踪，物流系统可以自动识别从拉丝车间出来的满车产品品种，并根据烘箱的烘制品种自动选择烘箱。通过根据烘箱系统研制的专用输送及接口设备，实现了纱车自动进出烘箱，避免了大量的人工操作和因人工操作造成的错误。

c. 烘干车间产品自动存储。在烘干车间采用纱车自动化立体仓库实现烘制完成后，由产品冷却工艺要求的大量的纱车存储，替代了传统的地面分区摆放方式。不仅极大节省了存储空间，提高了纱车进出存储区的效率，而且能够保证出库产品的工艺时间要求和产品信息准确性，避免了大量因为人工输送造成的识别错误。

d. 自动产品分拣和包装。在系统中，玻璃纤维行业第一次采用了机器人自动抓取纱车上的纱团，并为纱团包装研制了专用设备，配合射频和颜色识别技术，实现了对不同品种的纱团进行自动分拣和自动包装，完全取代了人工操作。

② AGV 输送系统。

AGV 集光、机、电、计算机为一体，导引能力强，定位精度高，自动驾驶作业性能好，具体特点如下：

a. 灵活性。能够快捷地与各类 RS/AS 入/出口、生产线、装配线、输送线、站台、货架、作业点等有机结合。能够根据不同的需求，以不同的组合，实现各种不同的功能。

b. 可靠性。在 AGV 系统的工作过程中，每一步都是一系列数据和信息的通信交换过程。后台有强大的数据库支持，消除了人为因素，充分地保证 AGV 作业过程的可靠性。

c. 独立性。AGV 能自成系统，在没有其他系统支持条件下，作为一个独立单元完成特定任务。

d. 兼容性。AGV 不仅能独立工作，而且更善于与其他生产系统、调度系统、控制管理系统等紧密结合。

e. 安全性。AGV 作为无人驾驶的自动车辆，具有较完善的安全防护能力，如智能化的交通管理、安全避碰、多级警示、紧急制动及故障报告等。

③ 能源管控系统。

通过对厂内各类分散能源数据的采集、实时动态的不间断监测、各工艺环节能耗特点进行分析，形成汇总图表，找到企业的最佳节能管理切入点，提高能源利用率和管理效率，达到降低生产成本的目的。

该系统可以实现数据采集、计划管理、实时监控、能耗计量分析、能效考核、分析预测管理等模块。通过能源计划、能源统计、能源消费分析、分析预测管理、能源计量设备管理等多种手段，使公司管理者对企业的能源成本比重、发展趋势有准确的掌握，并将企业的能源消费计划任务分解到各分厂、生产车间，使节能工作责任明确。并为不同级别人员提供决策级、管理级、操作级 3 个层次管理模式，符合现代企业能源管理模式。

④ 立体仓库及信息管理系统。

自动化立体仓库是现代物流系统中迅速发展的一个重要组成部分，它具有节约用地、减轻劳动强度、消除差错、提高仓储自动化水平及管理水平、提高管理和操作人员素质、降低储运损耗、有效地减少流动资金的积压、提高物流效率等诸多优点。与厂级计算机管理信息系统联网及与生产线紧密相连的自动化立体仓库更是当今 CIMS（计算机集成制造系统）及 FMS（柔性制造系统）必不可少的关键环节。

⑤ 窑炉主生产线 DCS 控制系统、配料自动系统、高低压供电无人值守自动化系统、网络监控系统等，各种自动化信息化系统覆盖了生产全程的主系统和辅助系统，大大提高生产的准确性，生产效率得以提高，产品质量稳定控制。正是这些单体的自动化系统，为整体玻纤智能工厂搭建奠定良好的基础。

2. 项目实施现状

（1）企业物流信息化系统及设施的建设。

泰山玻纤自动物流线是基于公司年产 16 万吨池窑拉丝生产线联合上海阳程科技有限公司进行开发设计的。自动化物流系统配有机械手和 AGV 输送系统完美结合，能够完成玻璃纤维原丝及成品的自动、半自动连续输送，并实现产品的分类储存。其物理信息化系统的整体构架如图 6-1 所示。

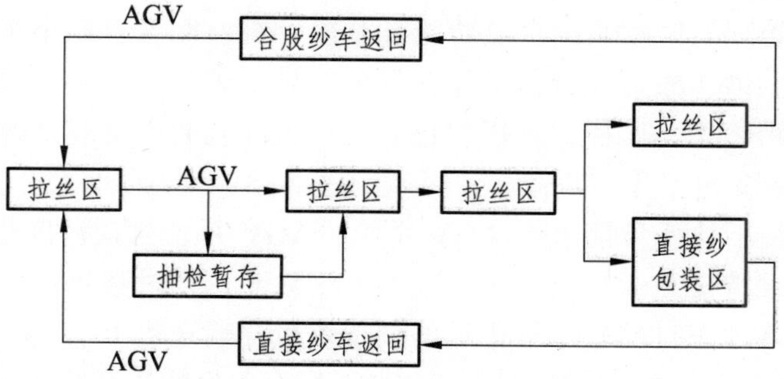

图 6-1 物理信息化系统的整体结构

（2）物流系统自动化、柔性化和网络化的特征。

① 网络通信诊断功能，当现场通信某一节点发生故障时，可以快速的判断故障的发生点；

② 库存信息查询表，即在线纱车的运行状态显示表，可以在上位机的监控画面显示在线纱车的运行状态和纱车的产品信息；

③ 实时动态工作表；

④ 产品信息查询表格；

⑤ 各工位生产情况统计表；

⑥ AGV 运行状态画面；

⑦ 关键点异常信息的记录和查询；

⑧ 其他。

- 应当能够和企业 ERP 系统完成数据交换:开放 SOL 数据库账号和结构。
- 本系统应当具有较好的开放性，能兼容 TCP/IP 协议，可以与以太网无缝链接。
- 本系统网络构架在各 PLC 之间及上位监控计算机之间均采用以太网并按照星型拓扑结构连接。系统尽量采用公开的开放协议进行通信。便于与其他设备供应商完成数据交互。

（3）物联网技术应用情况。

① 物流线系统技术应用情况。

泰山玻纤物流线管理与监控系统的硬件是由物流线管理与监控计算机、网络接口和 PLC 等组成。物流线管理与监控软件需在 Windows XP Professional SP3 操作系统中运行。

物流线管理与监控系统软件是通过 VB 程式与服务器数据库完成数据链接，该软件与物流线各区域连接采用的是以太网的通信方式进行通信，完成数据信息交换与设定。

物流线管理与监控系统主要功能有派遣 AGV 8 台自动小车对拉丝区满纱车搬运、空纱车搬运执行自动作业任务，烘干炉巷道品种管理与监控，冷却线巷道品种管理与监控，直接纱包装与合股纱包装产量统计等功能。

② AGV 输送流程。

物流系统下达任务请求给 AGV 系统，AGV 系统自动调度指定 AGV 小车空车从前端待命站运行至纱车位。取上满纱车，经过条码识别区进行条码识别之后，将纱车自动搬运至指定的烘干线暂存输送机上。

AGV 完成前一作业任务之后，AGV 系统会根据物流系统任务指令，调度 AGV 小车执行取空纱车任务，任务下发之后，AGV 小车运行至空纱车暂存位取下一个空纱车自动搬运至待命站临时等待或搬运至拉丝区的空纱车位置。

如果前端烘干线上的暂存位置没有空位，或者对应烘干线发生故障的时候，物流系统下发满纱车临时存放指令，并指定临时存放位置，AGV 管理系统自动调度指定 AGV 小车空车从前端待命站运行至纱车位。取上满纱车，经过条码识别区进行条码识别之后，将纱车自动搬运至临时存放区的指定位置上。设备恢复生产时，物流系统下发指令将临时存放的纱车搬运烘干线输送设备上。

③ AGV 输送系统。

泰山玻纤 AGV 自动调度系统硬件是由 AGV 管理计算机与网络接口等组成，采用 SQL Server 2008 数据库进行数据管理。AGV 管理计算机在 Windows XP Professional SP3 操作系统中运行。AGV 自动调度系统软件是通过 ADO 数据接口方式与服务器数据库 SQL Server 2008 完成数据链接，AGV 自动调度系统与 AGV 管理计算机的连接采用 Socket 通信方式进行连接。AGV 自动调度系统完成物流管理机下发的各种满纱车搬运、空纱车搬运等作业任务。

（4）物流信息链软硬件系统架构及信息集成。

① 物流线管理与监控系统。

物流线管理与监控系统如图 6-2 所示。选择“工程设定”按钮，进入拉丝区、AGV 叫车、烘干炉和冷却线等系统管理界面，如图 6-3 所示。

图 6-2 物流线管理与监控系统

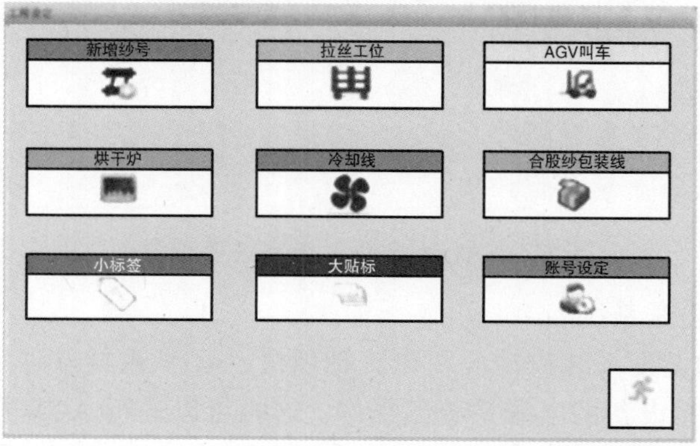

图 6-3 拉丝区、AGV 叫车、烘干炉和冷却线等系统管理界面

选择“监控模式”按钮，则进入拉丝区、AGV 派车、烘干炉和冷却线等系统监控界面，如图 6-4 所示。

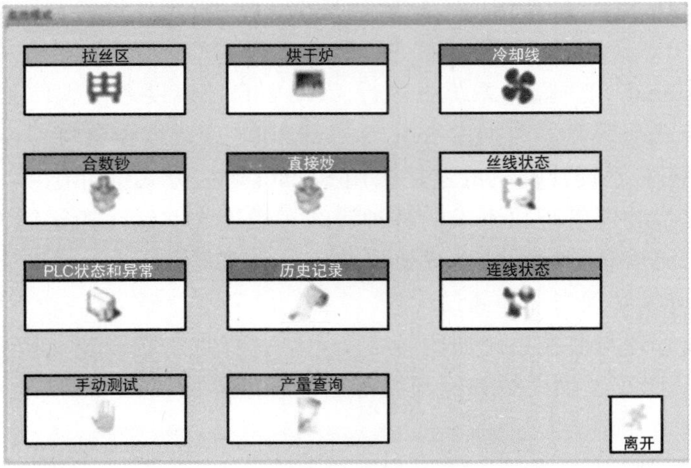

图 6-4　拉丝区、AGV 派车、烘干炉和冷却线等系统界面

AGV 自动叫车系统管理界面分为“手动命令”和“自动命令”两种模式，如图 6-5 所示。

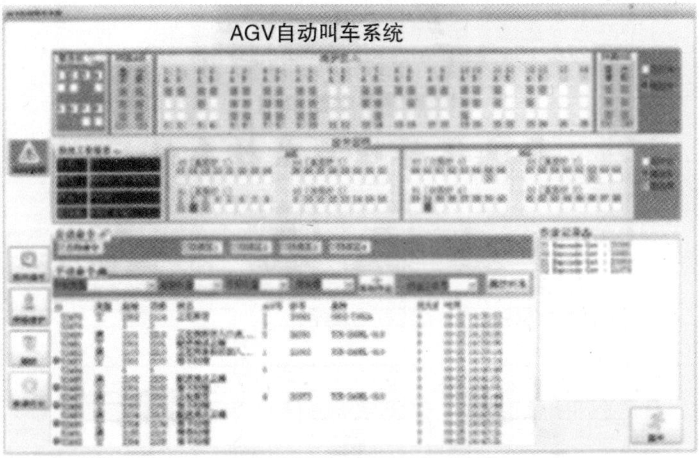

图 6-5　AGV 自动叫车系统管理界面

② AGV 输送系统。

AGV 自动调度系统启动应在物流管理机、AGV 系统软件启动完成之后，并确认网络连接设备的电源是否已插好。这时可以运行 AGV 调度系统软件。系统正常启动完成后，进入 AGV 自动调度系统的主界面。AGV 自动调度系

统与 AGV 管理机的连接是以 WinSock 通信方式进行连接，应保持 AGV 管理计算机网络畅通，TCP/IP 协议应能够互相 PING 通。可以随时进行运行信息查询，还可以对物流线所有系统连线状态进行监控，如图 6-6 所示。

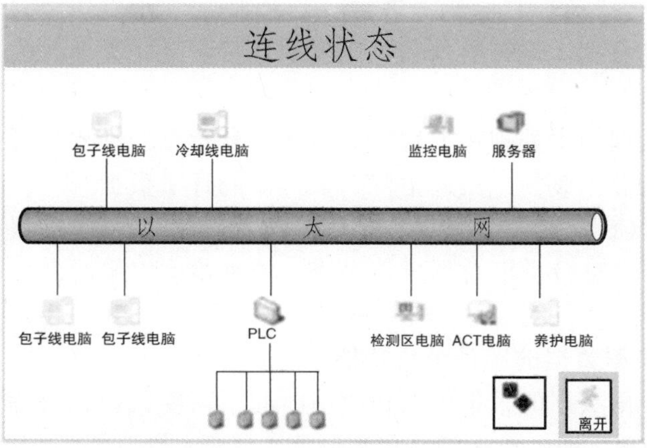

图 6-6　连线状态

（5）能源管理智慧化。

① 能源综合监测系统建设。

本项目联合上海今日能源工程有限公司开发玻璃纤维工业能源管理系统，建设一个能源数据采集、处理和分析、控制和调度、平衡预测等功能的能源管理中心，并以信息化技术提升新建 16 万吨生产线的信息化数据采集水平，实现对每条新建生产线及各工艺分段能源数据的监控和管理、各类产品能耗控制和考核，降低生产成本，促进企业可持续健康发展。

能源综合监测系统架构如图 6-7 所示。

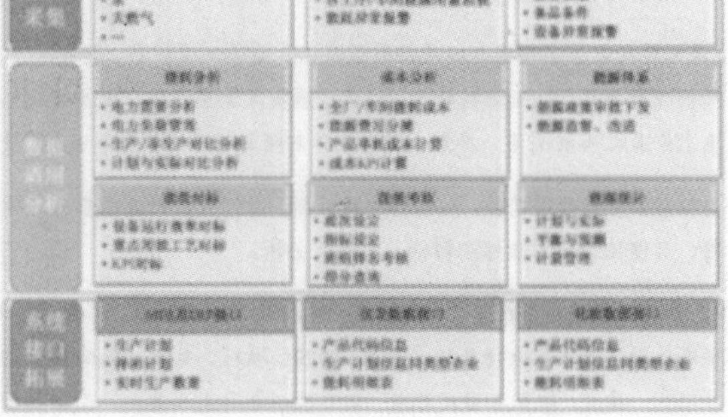

图 6-7　能源综合监测系统架构

② EMS 系统的主要功能。

a. 数据采集。EMS 系统主要采集内容如下：

- 用电数据：包括各生产线的高、低压主次干线的运行数据和电能计量点。
- 天然气数据：运行数据和天然气消耗量、液化天然气的库存量及消耗量等计量
- 用水数据：水处理运行数据及原水、软化水、纯水的计量数据等。
- 其他能源：氧气、压缩空气、蒸汽等的计量数据。
- 能和 DCS 及 PLC 系统通信，读取 DCS 及 PLC 系统的报警信息和参数数据，对报警信息分类汇总形成记录表，能够检索报警时间、解除报警情况等信息。

b. 新区能源数据的统计分析功能。

- 能源计量数据的采集（数据刷新时间不需要很快，大约 5 min 刷新一次，当数据量很大时，要求错开采集时间，降低网络带宽的消耗）、汇总、存储、分析、报警，以及根据计量数据、运算处理后形成各种能效管理报表。
- 实现单耗对标功能，分班次、产品的单耗目标值，每条生产线的单耗和国标比对，工段单耗和能源指标比对。原丝、制品产量可手工输入也可自动收集数据。存入一定的公式，有自动计算功能。
- 能源消耗同时以流程图和报表的形式展示，能够从流程图上清晰地看到各种能源消耗之间的逻辑关系，以及消耗能源的设备、地点或者生产线，在流程图上，能够同时显示总表、分表之和的误差；异常点能够以事先设定的不同报警等级的颜色闪烁。

c. 能源数据管控报警功能。对能源计量数据、单耗数据设置报警点，超出范围能够实现报警，并能实现报警数据的存储、汇总、分析。

- 新区动力设备运行监控报警。对生产中能源保障供应的电力、制冷、锅炉、空调、水处理等公用生产工艺运行参数（压力、温度、液位、电流、电压等）进行实时采集、统计、汇总、存储、报警和提交报表。设备监控数据刷新要快，刷新周期不超过 1 s。对每一个工艺参数，可以设定多个不同级别的报警点。
- 功能模块化。系统提供模块化封装的开发工具，使用户经过培训后能够自主开发功能逻辑程序及画面。
- 网络通信实时诊断。能够对各个数据采集点的物理连接和数据通信状态进行实时诊断，并在网络结构拓扑图画面上予以展示，当出现数据不通及可能的网络分支连接故障时，系统能够用不同颜色标记该链接并及时发出提

示和报警。

- 历史数据查询功能。系统提供历史数据查询功能，能够以图表及曲线的方式，按照单字段或者多条件方式完成查询和展示，当以图形形式展示时，要求能够实现历史曲线的放大或者缩小及局部放大；能够在同一幅画面中同时展示多条不同数据点的实时的或者历史的数据曲线。
- 数据存储。要求能够存储 3 年以上时间，系统设计时要考虑数据的安全性及对系统运行响应速度的影响。
- ERP 接口。对 ERP 系统的支持：提供标准化的、安全的、快速的接口，便于提交数据给买方的 ERP 系统。
- 数据挖掘。系统能够提供工具或者模型，从而能够通过所获得的数据发现问题，提出优化建议。例如，X-R 控制图及数理统计分析的判定异常的通用原则等。
- 异常数据处理。异常数据及异常状态的处理：报警、提示、要求人工填写原因和处理方案、有资格人员进行确认、系统完成存储，并支持对过往指定条件的异常情况的查询。
- 权限分级。支持权限控制，分级登录和操作。

③ 重点环节节能优化模型构建情况及应用效果。

a. 能源计划管理。能源生产计划是能源中心根据企业生产发展规划，结合企业能源消耗的规律来制定配套的能源发展规划，满足公司的生产需要；根据公司生产计划编制能源年度、季度、月度计划，根据生产计划自动生成能源消耗计划、能耗指标计划、月度煤气平衡计划；各用能单位根据公司能源计划合理组织生产，做好能耗的过程控制工作。

b. 能源实绩管理。企业的能源消耗实绩是判断能耗状况是否正常的重要依据。根据能源计划执行过程中的数据和实际数据基础之上经能源平衡计算得到的能效数据，系统根据生产计划下发数据与实际生产过程中的能源产耗进行比对，生成图表，寻找节约能源途径。

c. 能源对标管理。能效对标是指企业为提高能效水平，与国际、国内同行业先进企业能效指标进行对比分析，确定标杆，通过管理和技术措施，达到标杆或更高能效水平的实践活动。

通过开展能效对标活动，可以使企业重点耗能的用能设备单位能耗、重点工序能耗大幅度下降，能效水平达到同行业国际先进水平或国内领先水平，企业能效整体水平大幅提高。

- 指标信息管理。设置指标项信息；以树状结构展示指标项分类信息，主要包括标准对标指标项、同业对标指标项等；在各指标项分类下有指标信息，包括指标项名称、权重、统计频度，计算公式、标准值、得分公式等。注：如果指标属于标准指标，就需要设定标杆值；如果属于同业指标，就需要设定得分公式、计算公式和权重等。

• 标杆配置。设置需要进行对标分析的指标的标杆值，标杆指标包括国际指标值、国内标准指标值、行业先进指标值、厂内标杆值等。

• 对标计算。系统将根据设置的对标指标计算规则自动进行对标计算，并将对标计算结果保存到数据库中，业务人员可根据自身权限查看本单位中指定报表、指定时间的得分记录，得分情况提供导出和打印功能。

• 对标结果查看。由后台设置的指标得分计算规则，将各单位填报的报表进行抽取、分析、对比，并根据报表各个项目的权重和填报的数据进行得分计算，将对标结果按不同单位进行排名，并以列表和图形的方式展示出来。

通过对能源供给、调配、转换、使用等重点环节的监控、优化，整个生产线以能源监控为核心，对于企业能源使用计划、实际应用情况、数据分析预测、绩效比例等过程智能化管理，能源得以合理应用、调配，生产线吨产品能耗降低到 0.32 吨/标准煤以下。

3．下一步实施计划

针对泰山玻纤统一进行基于 SAP 的管理咨询和业务整合，在 SAP 系统平台实现信息化平台中财务与销售、物流仓储、生产、设备管理、质量控制等业务流程的一体化集成。同时与立体仓库系统、条码系统、MIS 系统对接，实时传输数据，并反馈传输结果。业务整合辐射到泰山玻纤集团下属其他公司，以本项目建设为契机，搭建泰山玻纤集团财务管理平台着重从会计核算、财务管控与分析决策等领域着力提升财务的综合管控能力。集成的业务财务一体化模式，优化构建未来跨系统的紧密集成 SAP 平台，打造智能化玻纤工厂。

（1）泰山玻纤信息化建设整体规划。

泰山玻纤信息化建设整体规划如图 6-8 所示。

（2）企业 SAP 运营管理详细解决方案。

① 建立灵活的组织架构。SAP 系统可以帮助企业根据业务发展的需要，很方便地在系统中增加对某个组织架构的定义，也可以很方便地修改各个组织架构之间的隶属关系，完全可以适应企业未来业务发展的需要，新设公司不需要重新进行信息化系统的再开发，仅需要调整部分系统配置即可。

② 全流程企业运营管理。系统覆盖从池窑生产、拉丝，到织布，再到深加工的整个生产过程。

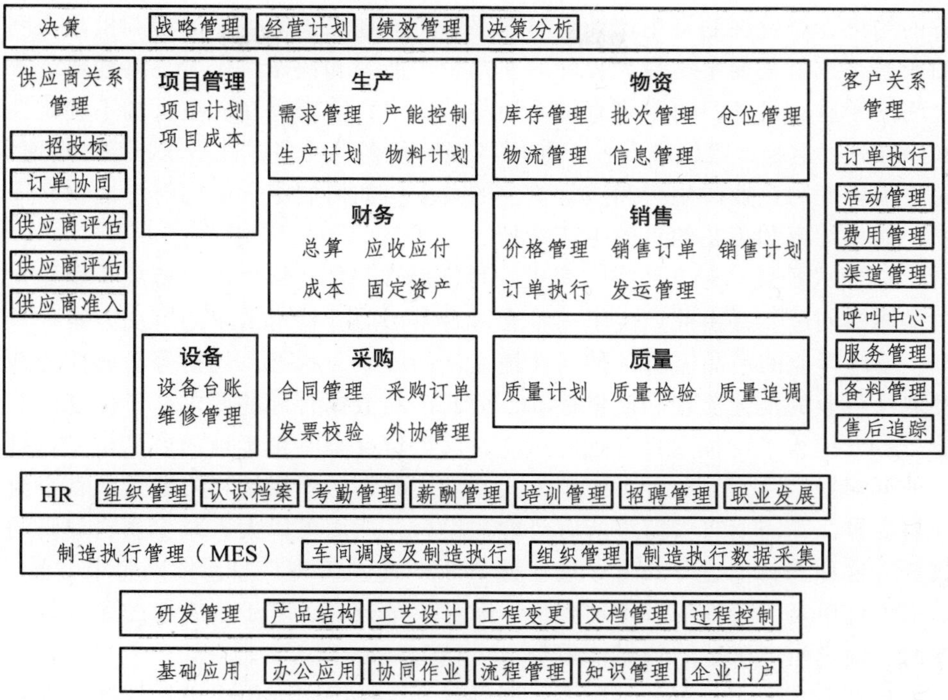

图 6-8 泰山玻纤信息化建设整体规划

a. 池窑生产是典型的流程生产，对应的是原丝的生产部分。此生产阶段的特点是生产品种少，批量大，生产连续稳定，产能基本上依赖于设备能力和状况。这个阶段对计划的要求并不高，企业运营管理的重点是要保证物流的连续性。

SAP 企业运营管理提供易用的表格计划工具帮助企业制定基于生产能力连续稳定的多级生产计划;系统提供适用于流程型生产企业的产品配方管理，通过对产品配方的定义可以准确地计算出各项半成品、原燃料的计划消耗，及对设备生产能力的占用：系统考虑原燃料的计划消耗，现有库存及已下达但未完成的采购订单，通过物料需求计划，生成建议的采购计划：而已经确定的生产、采购和销售计划可以用来指导物流配送；同时系统的高度集成性可以帮助企业及时根据设备预防性维修计划制定和调整生产计划，及时根据物流移动的情况收集生产成本。

b. 原丝加工部分。玻纤产品覆盖的产品线包括铝板、铝箔、型材、带材、棒材、管材及锻件等多种中形态的产品，产品种类多，规格更多，深加工却是为企业带来附加值最高的部分。这个生产过程基本属于离散型生产，它的生产特点是品种多，批量小，生产工序之间不一定要求连续。由于工艺和设备的约束，企业在制订生产计划时需要尽可能地去平衡生产品种和批量之间的矛盾，也就是要平衡最大程度的发挥生产能力和快速反应客户多样化需求之间的矛盾；另外，由于将直接面向终端用户，需求存在着更大的不确定性和多样性，企业运营的难点在于如何将市场和客户的多样性需求准确、迅速、完整地转变为企业的生产和质量检验的要求，如何制定一个同时考虑物料需求，能力约束和工艺约束的生产计划。

c. 变式配置。SAP 解决方案中的特征属性功能，从根本上解决了企业物料描述的问题，并由此产生了一整套适合泰山玻纤特定需求的解决方案。

玻纤行业的产品需要各种属性描述，如牌号、状态、规格等。属性还涉及玻纤行业的工艺流程和质量标准，因此产品数据管理的要求高于传统制造业。SAP 引入了特征属性管理的概念，属性定义是一种柔性的产品定义，是一种可配置产品，以一种可控制方式管理变异，一个主物料可覆盖数百个允许的变异，不需要再去穷举所有可能的组合，从而可以大人减少物料编码的数量，这种物料描述方式将渗透在整个 SAP 企业管理信息系统的各个方面，如销售订单基于属性的技术加减价、财务成本核算、基于于属性的库存数据查询、确定生产工艺、物料清单等。

d. 供应链计划。SAP 供应链计划可以基于系统中的历史销售数据实现对中长期需求的预测；可以对关键生产能力和物料进行需求和能力的检查和平衡，以保证预测的可执行性：供应链上任何一个环节的计划延误都可以自动随时更新与之相连的其他计划。

e. 浸润剂生产阶段。玻璃纤维生产过程中当熔融液态玻璃借助自重从漏板中流出，在迅速冷却的过程中，被拉丝机拉成直径很细的玻璃纤维单丝时，必须通过与浸润剂的作用，才能产生较好的韧性，以便玻纤布的纺织。对于玻纤企业来说，浸润剂的生产配方及原丝对浸润剂的耗用情况，通常都要作保密管控。在 SAP 系统中，提供内部订单、成本中心、CO 订单等多种工具支持对保密料的生产进行成本收集和管控。

f. 原丝生产阶段。原丝的生产过程中，因为存在多种矿料混合拉丝，且池窑中消耗无法通过 DCS 系统记录总体消耗和投入，无法得到每个规格型号的原丝实际消耗情况。SAP 标准生产模块中提供虚拟件的方案来解决此问题。将矿料熔融后的玻璃液创建为虚拟件。玻璃液不具有存货形态，不产生库存价值。但通过原丝生产消耗玻璃液，玻璃液生产消耗矿料从而可以得出规格型号原丝生产对应的矿料的实际消耗。

g. 制品生产阶段。泰山玻纤公司的制品具有规格型号多、批量小、客户定制生产多的特性。因此，制品生产环节中的记录跟踪制品生产耗用原丝的规格型号、生产设备运转情况、包装方式等信息成为重点。而相应的制品批号信息通常需要贯穿整个生产过程，并最终作为销售交货的产品信息载体，同时也可以为生产计划达成率提供考核依据。

h. 全过程的质量管理。SAP 企业运营管理中的质量管理解决方案和销售管理（SD），生产管理（PP），物资管理（MM），成本管理（CO），设备维护（PM）等各模块完全无缝集成。

SAP 质量管理解决方案横向支持覆盖从采购，到生产、库存管理，再到销售发货和客户退货的企业全流程质量管理。

i. 全过程的批次跟踪。SAP 系统可以在物料的采购、生产、销售等各个环节对批次进行记录和追溯。如果一个物料需要进行批次管理，那么在系统中这个物料每笔的出入库都需要指定具体的批号。在整个生产过程中，系统会自动记录整个批号的历史，从而支持批次的多层自底向上和自顶向下的追溯。

系统不仅支持批号的管理，还支持对批次属性的管理。批次属性是对一个批号的进一步说明，例如，可以将各种化学成分的含量作为批次属性。SAP 系统的集成性可以做到将一个批次的实际检验结果入到批次属性中，从而避免了数据的重复录入。批次属性的最大价值体现在系统可以按照这些属性来进行库存的复杂查询，从而可以帮助企业实现精细化管理，降低库存水平，提高客户服务的反应速度。

j. 全流程企业运营管理：与 MES 系统集成。

MES 系统在制造型企业信息化系统中起到承上启下的作用。例如，在生产制造方面，一方面它能够接收公司级管理系统的生产计划，进行分厂或车间级的作业调度并下达到过程控制系统 DCS 中，实现对整个生产过程生产工艺的监控；另一方面，MES 系统可以接收由过程控制系统或基础自动化系统上传的生产实际数据，进行分厂或车间级的作业计划的调整，并上传 ERP 系统中物流控制，财务成本管理所需要的实际信息。

通过 SAP NetWeaver 技术平台所提供的企业集成架构 XI，可以实现 SAP 系统和其他多个外挂异构的系统（包括制造执行系统 MES）的集成。SAP 提供绝大多数常用的接口数据格式的适配器，从而可以大大减少系统集成的开发工作量和实施风险。

SAP 行业整体解决方案能够满足企业对整个信息化架构包括企业资源计划 ERP，制造执行系统 MES，及过程控制系统 DCS 建设的需要。

SAP 系统与 MES 系统集成如图 6-9 所示。

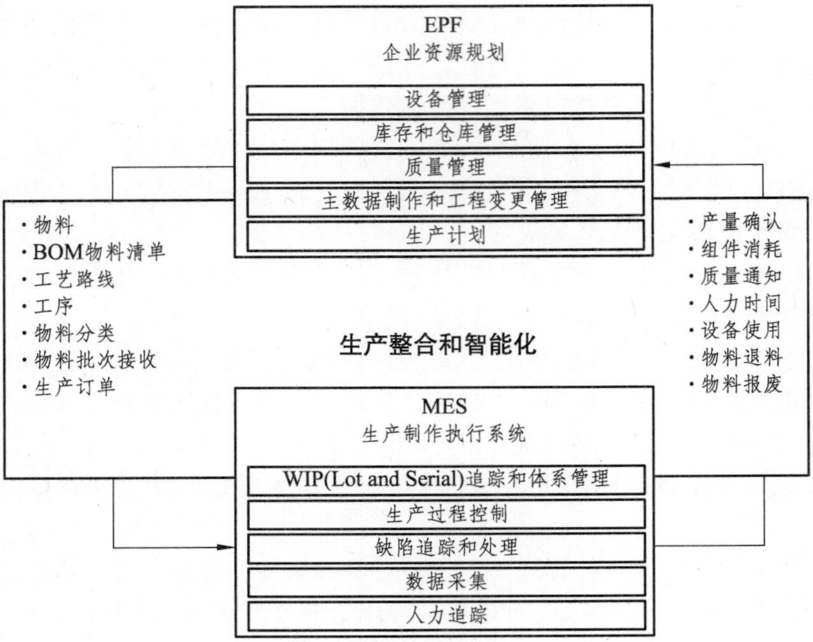

图 6-9 SAP 系统与 MES 系统集成

6.4.2 三一集团：数字驱动的工程机械智造与服务实践项目

作为工程机械行业唯一一家智能制造试点示范企业，三一集团正是依靠数字驱动的智能制造与服务，为自己铺设这条智造之路，构建了协同研发、数字制造的核心能力，输出智能产品，并为客户提供极致的智慧服务平台。

三一集团以《中国制造 2025》为纲领，流程标准化，构建新型能力体系，利用物联网的技术和设备监控技术加强信息管理和服务；构建高效节能的、绿色环保的、环境舒适的人性数字化工厂。通过对于智能化加工中心与生产线、数字化加工车间刀具管理系统、生产线智能化仓储与运输配送装置，以及公共制造资源定位与物料跟踪管理、数字化加工车间计划与执行管控、数字化加工车间物流执行管控、数字化加工车间质量管控和生产控制中心（PCC）中央控制等智能化生产装备与车间软硬件系统的研制应用，实现业内领先的集成数字化车间智能制造应用。

三一集团主业是以“工程机械”为主体的装备制造业企业，其中混凝土、挖掘机、桩工、履带起重机、移动港口、路面机械为中国领先品牌。三一集团成功研制的 66 m 泵车、72 m 泵车、86 m 泵车三次刷新长臂架泵车世界纪录，并成功研制出世界第一台全液压平地机、世界第一台三级配混凝土输送泵、世界第一台无泡沥青砂浆车、亚洲首台 1 000 吨级全路面起重机、全球最大 3 600 吨级履带起重机、我国首台混合动力挖掘机、全球首款移动成套设备 A8 砂浆大师等，不断推动“中国制造”走向世界一流。

1．数据驱动的智能制造与服务

三一集团持续推动信息技术与经营管理及产品相融合，坚持以数据驱动为源动力，创新业务模式、优化业务流程，从而以最高的经营效率适应外部环境与客户需求的快速变化，支撑全球化与一体化的战略发展之路，使数据驱动成为三一集团经营的核心竞争优势。三一集团在智能制造、智能产品、智能服务的产业创新和服务转型方面率先尝试的同时，也为行业和国家推动智能制造做出了尝试。

（1）智能制造。

智能制造是三一集团的三大核心竞争力之一。为了科学地解决评估制造系统的合理性，三一集团于 2009 年引进数字化工厂理念，通过虚拟现实和建模仿真手段，对生产线工艺布局、物流方案、生产计划等进行仿真验证，形成“先工艺仿真后厂房投建”“同步规划车间信息化”两大指导原则。在后续的几年中，全国所有新建产业园都应用了数字化工厂预验证，使用机器人、数控机床、AGV、立体库等先进制造和物流装备，上线 WMS，MES，DNC 等制造管理系统，相继建成了国内领先的长沙宁乡汽车起重机数字化工厂、亚洲最大厂房长沙 18 号数字化工厂、北京南口桩机数字化工厂、上海临港挖掘机数字化工厂等。经过 5 年多的发展，三一集团已形成系统的数字化工厂规划解决方案及产品，为三一精机和三一智能的机床和机器人客户提供机加、焊接数字化车间规划和信息化解决方案。三一集团也积极推进了车间物联网系统应用，通过自主知识产权的 DNC 系统和共同知识产权的 RFID 系统，研发适用于离散制造业的三维生产监控解决方案。通过结合物联网技术，开展智能码头规划解决方案研发。通过提供给客户的产品和附加的信息产品，带动下游企业的两化融合水平和产业升级。

三一集团借助智能制造建立了全球最先进的现代化数字工厂，实现了厂房内物流、装配、质检各环节自动化，一个订单可逐级快速精准地分解至每个工位。创造了 1 h 下线一台泵车，5 min 下线一台挖机的“三一速度”，同时还建立起贯穿全球流程的精细化管理体系，数字化工厂技术目前已在三一集团十多个业务单位得到应用，助推了公司生产模式的变革。

（2）智能产品。

三一集团通过自主研发，研制出了应用于工程机械装备中的传感、控制、显示、驱动全系列的核心部件，形成了具有完全自主知识产权的产业链。特别是 SYMC 控制器，作为行业内第一款具备自主知识产权的控制器，在三一集团的各类产品中得以广泛应用。同时，为了实现与被控对象的深度融合，三一集团研制了适用于工程机械的传感器，这种传感器深入执行部件的内部，从而实现了关键核心执行部件的在线调整和设备状态的在线感知。

以泵车为例，除了位置，通过 ECC 系统能查看到液压、转塔、排量、换向、发动机转速等信息，也可掌握设备实时施工动态。设备一旦出现异常，客户将第一时间得知。更重要的是，设备的数字化还能极大“反哺”研发工作。例如，我们发现主要用于钢材市场装卸货物的起重机，虽然每次吊起的重量不大，但是速度非常快，因此出现臂架疲劳。后来，通过专项研发，加入高强度设计，解决了这一问题，更好地满足了客户的个性化需求。由智能零部件构建的智能产品如图 6-10 所示。

图 6-10　由智能零部件构建的智能产品

（3）智慧服务。

依托智能服务平台，创新服务模式，实现从“保姆式”服务、“管家式”服务到“一生无忧”服务。从 800 绿色通道、4008 呼叫中心到 ECC 企业智能服务平台，三一集团不断创新服务模式与管理手段，一次次引领行业跨越式发展。ECC 企业控制中心如图 6-11 所示。

早在 2011 年，三一集团就领先行业标准提出了“一生无忧”服务承诺，开创了价值链服务模式，在业内真正践行了“一切为了客户、创造客户价值”的服务理念。正如三一集团在服务承诺宣言中所倡导的，让每一个客户都能切实感受到“选择三一 · 一生无忧”的庄严承诺。三一集团也因此成为“售后服务”国家标准主要发起单位之一。

三一集团通过先进的信息化技术，投资 3 000 余万元建成智能服务平台 ECC，成为国内工程机械行业最早启动 ECC 项目的企业。基于“天地人合一、一二三线协同”作战的运营理念，通过 ECC 系统，三一集团可以有效地监控售出的每一台工程机械，全面掌握这台机械的运行工况、运行路径等，通过及时发现机械运行中的问题，能立即为客户提供远程维修诊断。并利用互联网、物联网、大数据等信息技术，打造智慧服务运营体系，创新行业“人人服务”模式，拓展产品全生命周期服务，提升国际市场竞争力。

图 6-11 ECC 企业控制中心

2．技术创新，智能引领

三一集团针对离散制造行业多品种、小批量的特点，针对零部件多且加工过程复杂导致的生产过程管理难题和客户对产品个性化定制日益强烈的需求，以工程机械产品为样板，以自主与安全可控为原则，依托数字化车间实现“产品混装+流水模式”的数字化制造。并以物联网智能终端为基础的智能服务，实现产品全寿命周期及端到端流程打通，引领离散制造行业产品全生命周期的数字化制造与服务的发展方向。可以此为示范，向离散行业其他企业推广。贯穿整个数字化制造的业务架构体系如图 6-12 所示。

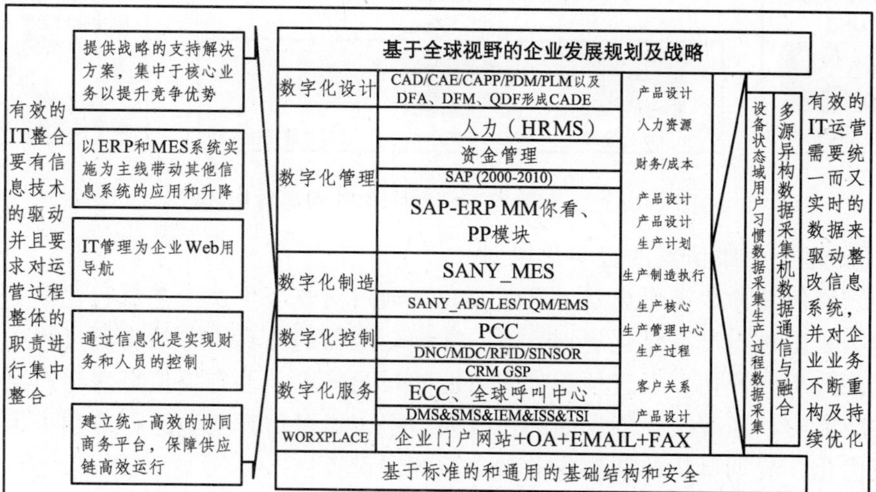

图 6-12 贯穿整个数字化制造的业务架构体系

（1）数字驱动的智能制造。

从产品设计—工艺—工厂规划—生产—交付，打通产品到交付的核心流程。通过全三维环境下的数字化工厂建模平台、工业设计软件，以及产品全寿命周期管理系统的应用，实现研发的数字化与协同。通过多车间协同制造环境下计划与执行一体化、物流配送敏捷化、质量管控协同化，实现混流生产与个性化产品制造，以及人、财、物、信息的集成管理；并基于物联网技术的多源异构数据采集和支持数字化车间全面集成的工业互联网络，驱动部门业务协同与各应用深度集成；通过自动化立库/AGV、自动上下料等智能装备的应用，以及设备的 M2M 智能化改造，实现物与物、人与物之间的互联互通与信息握手。三一智能工厂数字化车间总体架构如图 6-13 所示。

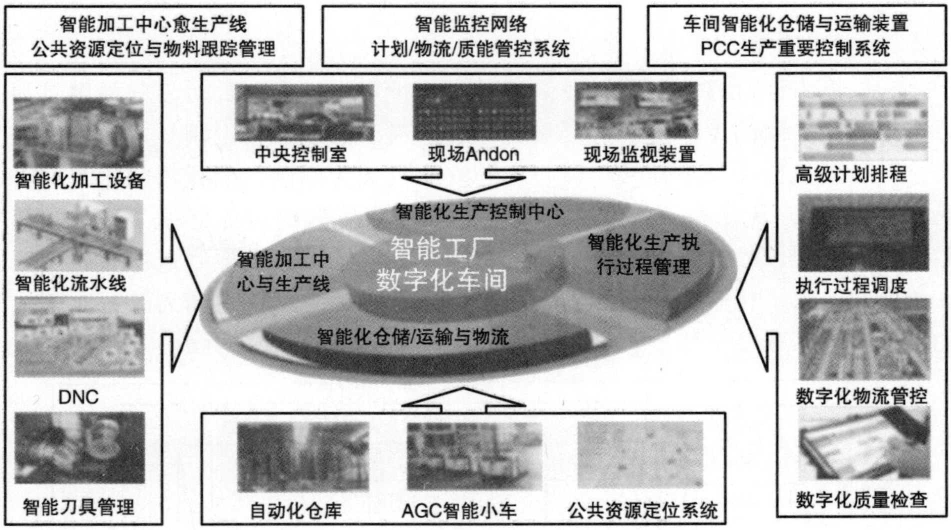

图 6-13　三一智能工厂数字化车间总体架构

① 基于三维仿真的数字化规划。

三维仿真的数字化规划（见图 6-14）通过对整个生产工艺流程建模，在虚拟场景中试生产，优化规划方案。在规划层面的仿真模型的实验过程中实现产能分析与评估，通过预测未来可能的市场需求，动态模拟厂房生产系统的响应能力；在装配计划层面的仿真模型中，通过仿真实验进行节拍平衡分析与优化，规划最优的装配任务和资源配置设置。

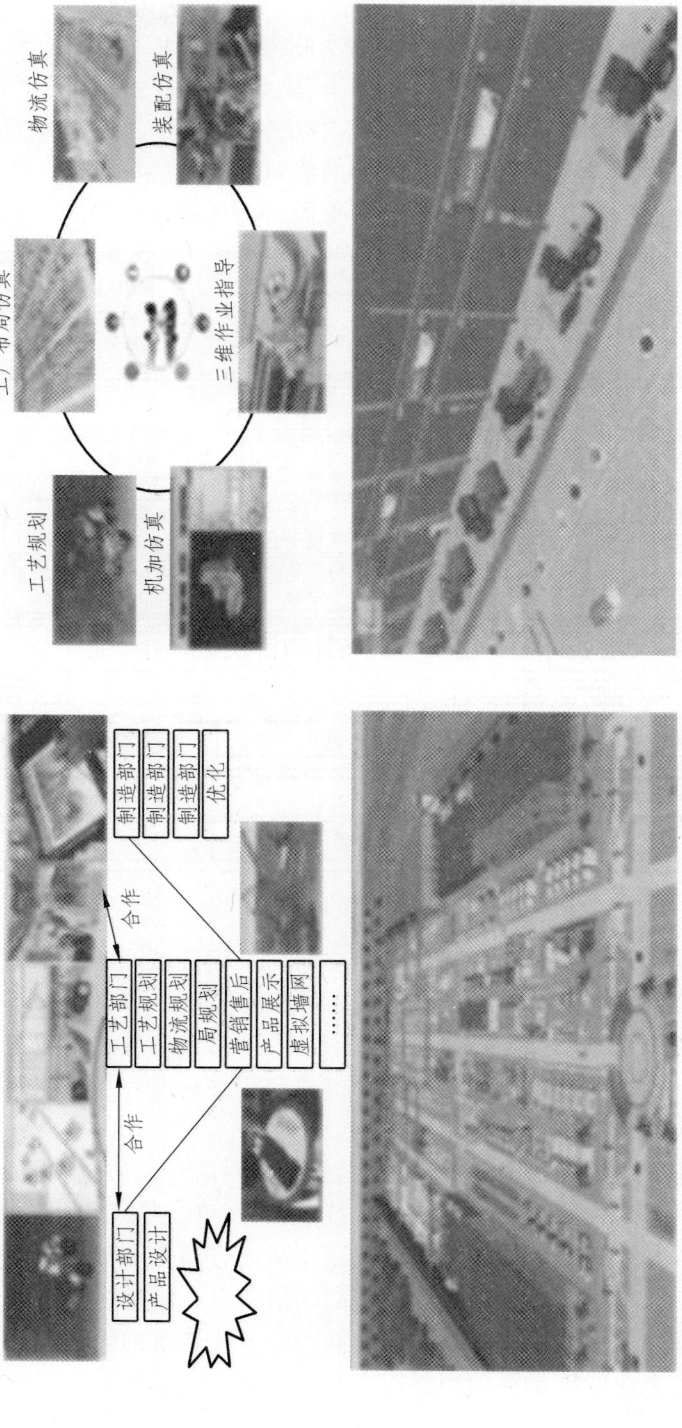

图 6-14 基于三维仿真的数字化规划应用

② 基于软硬件集成应用的数字化制造。

a. 数字化设计。根据工程机械行业的实际需求，应用面向工程机械行业深厚背景知识的成套工业软件系统，形成包括基于三维图形平台的CAD/CAE/CAPP/CAM/PDM等集成化的解决方案，具备有工程机械行业特点的知识库、模型库及单项工业软件产品间的接口规范和集成标准，为三一集团提供产品研制过程的信息化支撑。三一集团研发体系架构如图6-15所示。

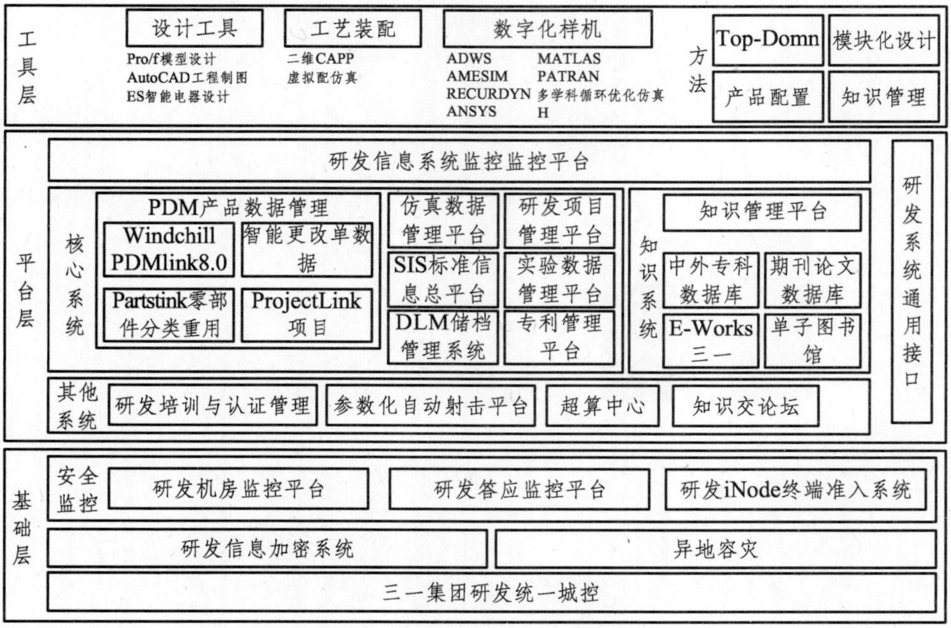

图6-15 三一集团研发体系架构

以三维模型管理软件技术为基础，建立面向工程机械产品研制的计算机辅助设计软件、辅助制造软件、制造过程管理信息系统、零部件加工质量检测软件，以及各个工具软件与产品研制的信息管理系统的数据集成与信息共享接口开发包，规范数据集成与信息共享接口和相关标准，通过应用实施，提高三一集团产品研制水平。

b. 数字化制造。为了快速、准确地响应需求，提高产品质量和服务水平，必须借助物联网等现代信息技术与数字化技术，对全制造过程中人、机、料、法、环等数据进行采集与处理、分析及应用，从而打通企业信息化与制造装备、生产物料、人力资源等各种资源之间的联络通道，实现企业从数字化设计→数字化管理→数字化制造→数字化控制→数字化装备的闭环控制，使企业能有效地掌控企业的技术资源和制造资源，从而实现对复杂工程机械装备产品制造过程的集成管理与精确控制。数字化车间闭环的企业信息流及数据层流模型如图 6-16 所示。

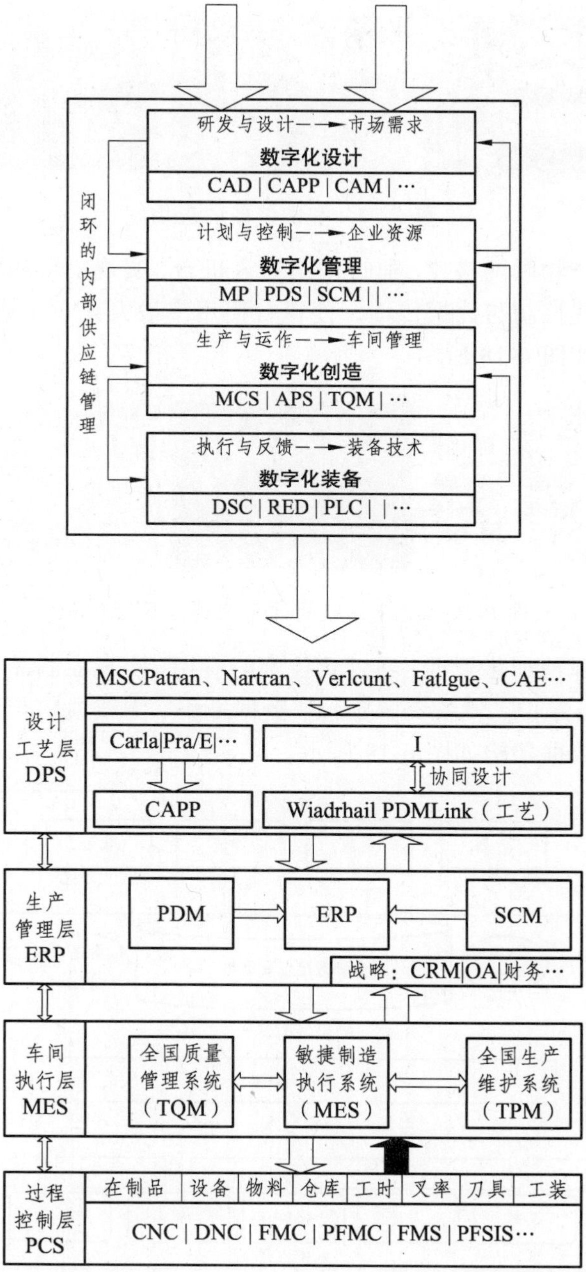

图 6-16　数字化车间闭环的企业信息流及数据层流模型

● 智能装备。利用智能装备实现生产过程自动化，机器换人，提升生产效率。智能装备的应用如图 6-17 所示。

图 6-17 智能装备的应用

● 工业生产物联网搭建。通过网络连入机台，实现机台的生产信息采集，机台互联，实现控制与数据传输，使机台使用率最大化。工业物联网体系搭建原理及应用如图 6-18 所示。

图 6-18 工业物联网体系搭建原理及应用

● 公共资源精细化管理。通过新技术的应用，实现在制品资源跟踪定位、叉车定位、人员定位、设备资源定位、数据采集、无线通信与数据传输平台。公共资源定位数据架构如图 6-19 所示。

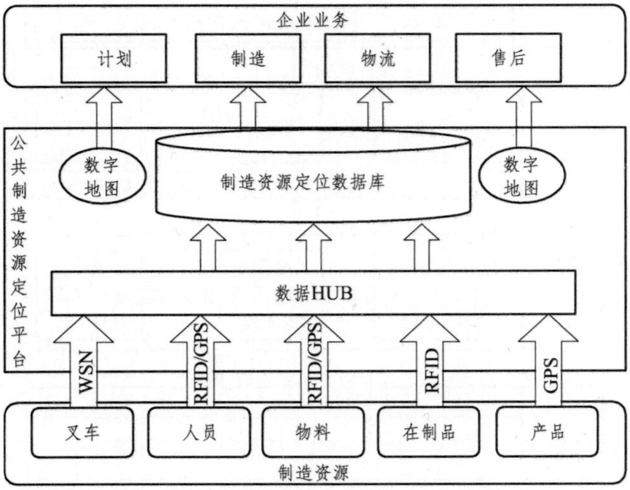

图 6-19 公共资源定位数据架构

制造资源定位通过 WSN，RFID 和 GPS 等定位技术对各类制造资源进行定位，并将制造资源的位置信息传至数据 HUB。数据 HUB 对这些制造资源的位置信息进行解析和转换等处理，再将处理后的信息输入制造资源定位数据库。例如，实现刀具从采购到报废的全流程管控，并实现了选刀、刀具领用及归还的管理，刀补数据通过 RFID 管控。

• 仓储物流。根据生产过程监控及排产计划，自动提前下库，波次下架；依据先进先出原则，防止呆滞料产生；智能化的分拣、盘整指引；智能引导线边准时配送；转运车辆智能跟踪定位、调度与线边疏导；智能供应链物料园区疏导，以及准时配送与直供上线。仓储物流应用架构如图 6-20 所示。

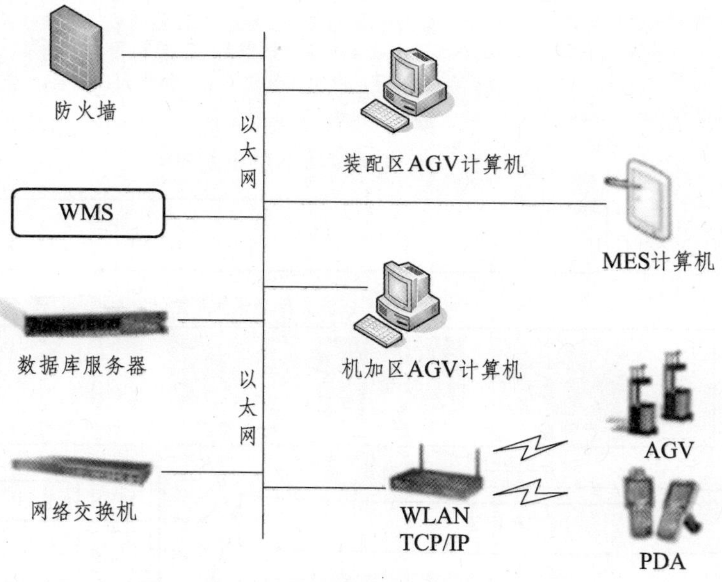

图 6-20 仓储物流应用架构

• 质量管控。利用信息系统，并借助与 PDA、平板电脑等移动设备，支撑质量体系的建设；利用 SPC 分析，提升过程质量的监控，同时检测数据的采集。质量管理体系应用范围如图 6-21 所示。

• 生产管控中心。借助企业 ECC 的硬件平台（大屏、监控设备）及现场 PCC 生产中心设备，对生产现场进行集中管理与调度。PCC 生产控制中心构建原理如图 6-22 所示。

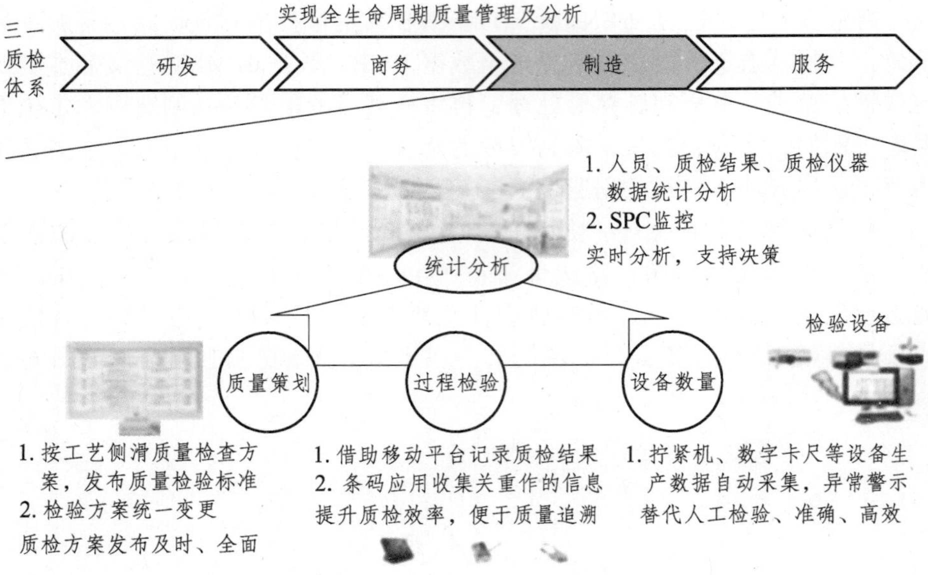

图 6-21　质量管理体系应用范围

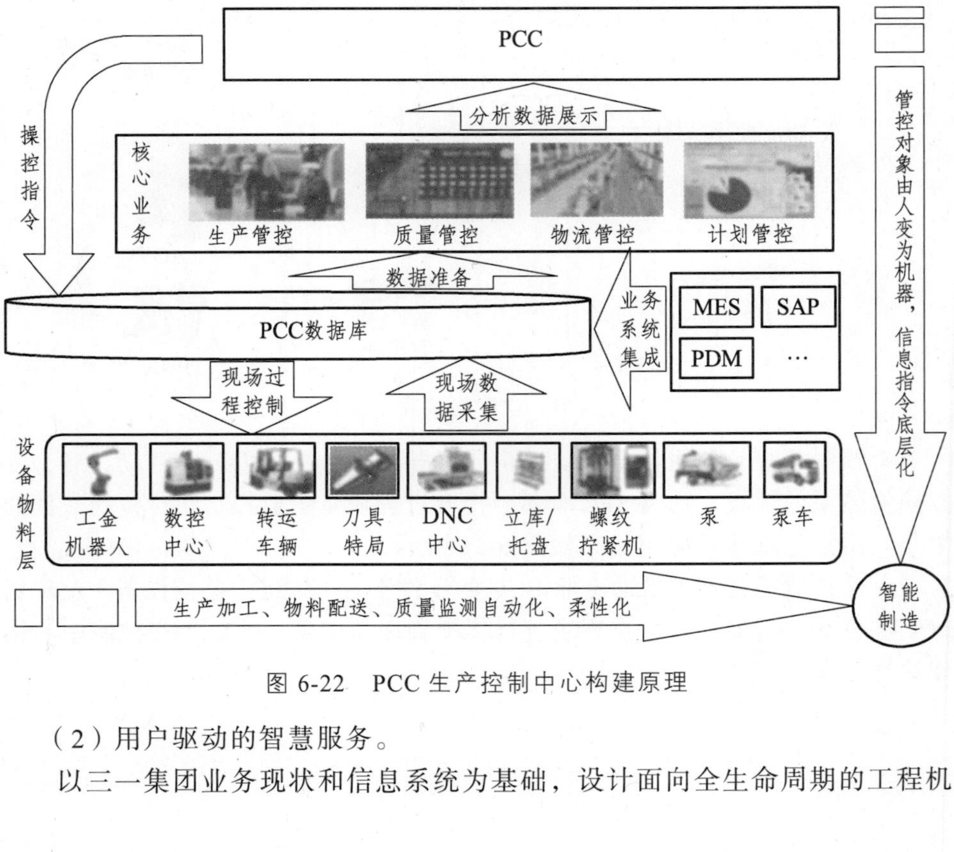

图 6-22　PCC 生产控制中心构建原理

（2）用户驱动的智慧服务。

以三一集团业务现状和信息系统为基础，设计面向全生命周期的工程机械运维服务支持系统——智能服务管理云平台，并借助3G/4G，GPS，GIS，RFID，SMS等技术，配合嵌入式智能终端、车载终端、智能手机等硬件设施，构造设备数据采集与分析机制、智能调度机制、服务订单管理机制、业绩可视化报表、关重件追溯等核心构件，构建客户服务管理系统（Customer Service Management，CSM）、产品资料管理系统（ProductInformation Management，PIM）、智能设备管理系统（Intelligent Equipment：Management，IEM）、全球客户门户（Global Customer Portal，GCP）四大基础平台。智慧服务平台系统关系如图6-23所示。

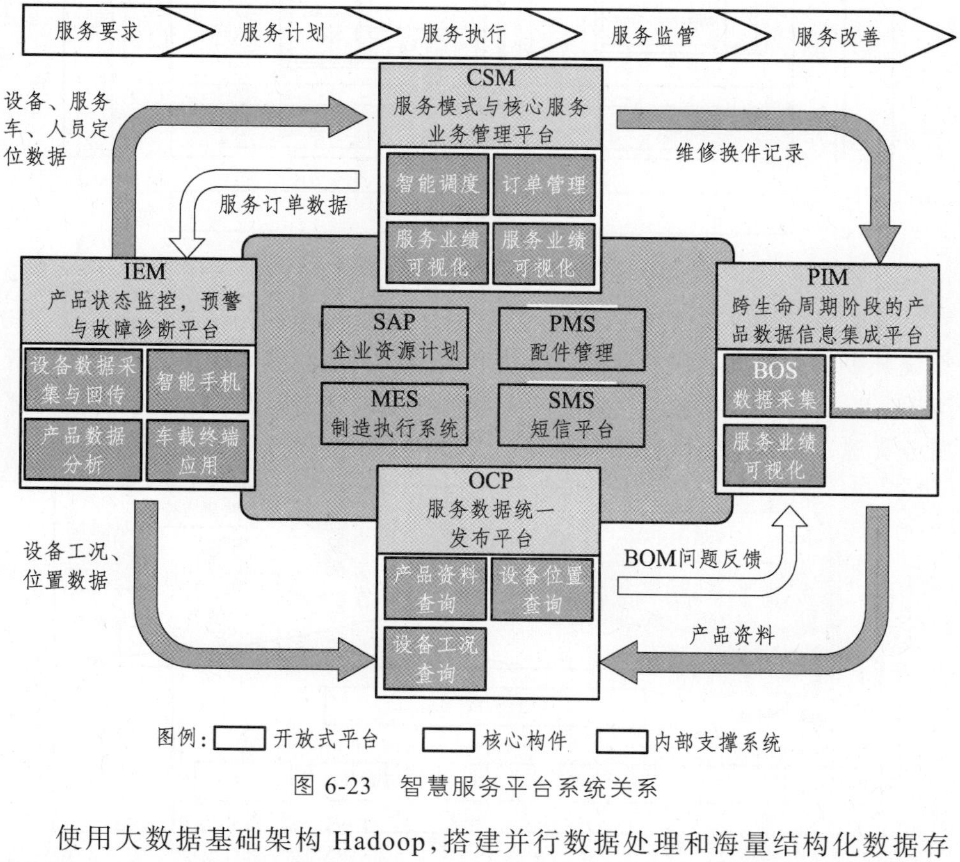

图6-23　智慧服务平台系统关系

使用大数据基础架构Hadoop，搭建并行数据处理和海量结构化数据存储技术平台，提供海量数据汇集、存储、监控和分析功能。基于大数据存储与分析平台，进行设备故障、服务、配件需求的预测，为主动服务提供技术支撑，延长设备使用寿命，降低故障率。大数据应用架构如图6-24所示。

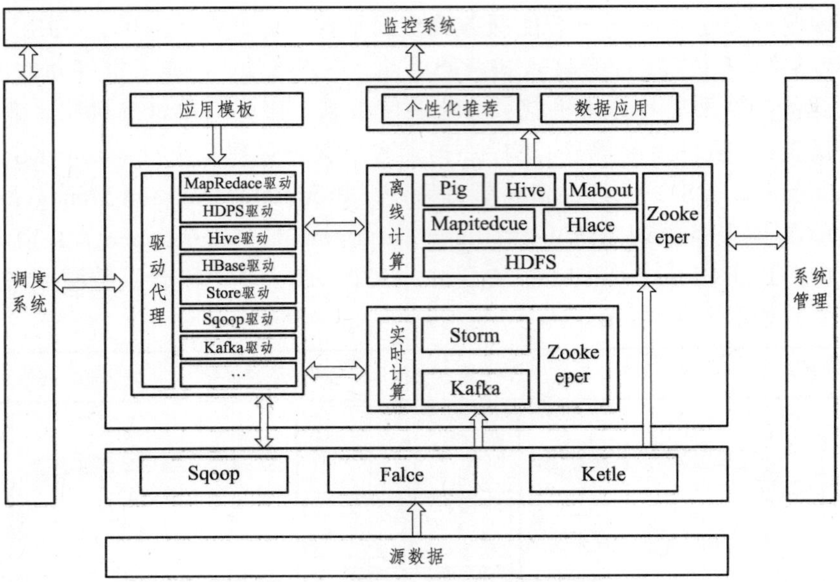

图 6-24 大数据应用架构

基于大数据研究成果，对企业控制中心（Enterprise Control Center，ECC）系统升级，实现大数据的存储、分析和应用，有效监控和优化工程机械运行工况、运行路径等参数与指标，提前预测预防故障与问题，智能调度内外部服务资源，为客户提供智慧型服务。大数据应用范围如图 6-25 所示。

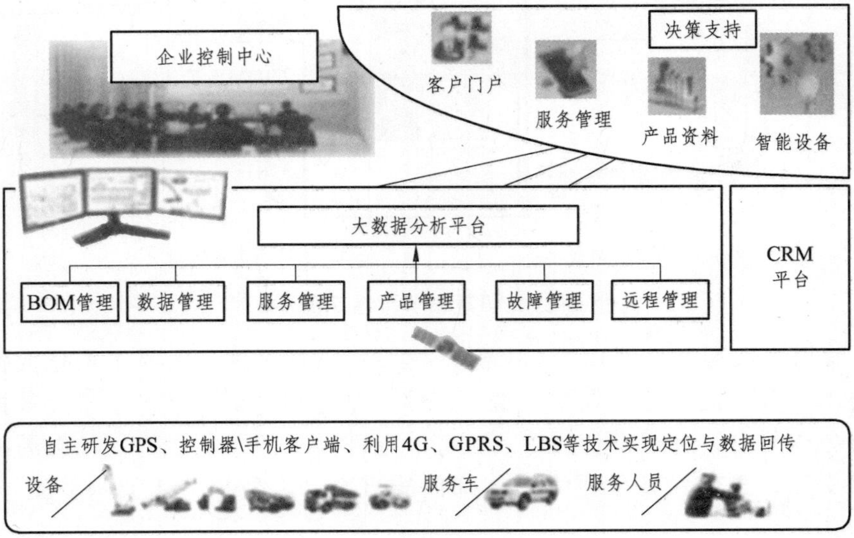

图 6-25 大数据应用范围

3．中国梦，三一梦，智造路

近年来，三一集团凭借智能制造与服务搭建的优良体系，先后通过‘质量管理体系”“环境管理体系”“职业健康安全管理体系”“信息安全管理体系”“两化融合管理体系贯标”的认证，除获得工程机械唯一智能制造试点示范的荣誉外，还多次获评“国家科技进步奖二等奖”“国家级两化深度融合示范企业”“中国最佳服务管理奖”“行业两化融合标杆企业”“湖南省智能制造示范企业”“长沙市智能制造示范企业”“全国质量奖”“中国质量奖提名奖”“湖南省省长质量奖”等。

本项目在数字化制造与智能服务的标杆性方面已产生较大社会效应。为配合国家“一带一路”战略，以数字化车间/智能工厂技术、装备智能化技术、服务智能化技术来提升制造业生产效率、品牌建设、管理和制造过程控制效率，对由生产型制造向服务型制造转型具有推动促进作用，对于制造业产业升级、产业结构调整，全面提升我国制造业的综合竞争力具有重要意义，而仅在工程机械领域实施智能制造，就可带动超过 180 亿元的产业价值。

本项目在数字化车间、智能装备、智能服务 3 个方面的总体规划、技术架构、业务模式、集成模型等方面进行有益的探索和应用示范，为工程机械行业开展类似应用提供了一个很好的范式；不仅有助于工程机械行业通过信息化手段和先进的物联网技术来加速产品的升级换代，而且促进行业通过开展数字化车间/智能工厂的应用实践来完成企业创新发展，更是为我国装备制造业由生产型制造向服务型制造转型提供了新思路。

在全球科技革命的大背景下，德国提出了“工业 4.0”，美国制订了“国家先进制造战略计划”，中国政府大力推进“中国制造 2025”。三一集团所在的装备制造业是国家的战略产业，越来越多的业内企业强调用信息技术对制造业进行升级，建立先进的制造和管理系统，通过智能化的设备参与高端市场竞争，做大做强我国制造业。

未来，三一集团将更多利用大数据、云计算、虚拟整合、3D 打印、机器人等技术，提升智能制造及运营能力。三一集团具有海量、高增长率和多样化的信息资产，掌握这些数据将带给公司更强的决策力、洞察力和流程优化能力；云计算将有助于提升企业运营的响应速度、灵活性和扩展能力，获得市场差异化优势；虚拟整合将有效降低制造过程成本；3D 打印技术已在部分研发产品的建模中得到使用。目前已驶入深水区的流程信息化变革将实现企业流程再造，通过卓越运营，支撑公司全球化发展的需要。三一重工高级副总裁、流程信息化总部总监贺东东曾表示：“三一希望通过自身的实践，带动整个行业的智能化升级，带动全球智能制造装备企业协同发展，缔造中国首个‘工业 4.0’示范区。”

6.4.3 东莞劲胜：“机器换人”用智能制造带动 3C 产业突围实践项目

2003 年 4 月，东莞劲胜塑胶制品有限公司（东莞劲胜精密组件股份有限公司前身，简称“劲胜精密”）正式成立。公司成立 10 多年来专注于领先的精密结构件研发、设计、制造与销售业务。劲胜精密于 2010 年 5 月在深交所创业板上市，成为东莞第一家创业板上市公司。目前公司有塑胶、金属 CNC、光学玻璃、天线、粉末冶金、镁铝压铸等制造业务，于 2015 年 8 月并购深圳创世纪设备有限公司，迈向智能设备及制造服务领域。

通过在 3C 领域多年积累的技术、工艺和市场规模，以及在自动化生产方面先期摸索的经验，劲胜精密对于行业有着深刻的理解和准确的把握能力。2015 年劲胜精密在全资子公司劲胜通信东莞东城厂区实施数控机床扩产项目，拟通过 2～3 年（2015—2017 年），在行业内率先实现智能工厂改造，将节省 70%以上的人力，最终实现少人化协同化生产。该项目是我国工业和信息化部第一批授予的国家智能制造试点示范——“移动终端配件智能制造”项目。

1.“智造红利”取代“人口红利”

我国是 3C 产品的制造大国。在手机方面，据广东（东莞）战略性新兴产业研究院调研数据，2014 年东莞地区智能手机出货量超过 2.3 亿台，总产值超过 1 800 亿元。这其中，具备金属外壳的智能手机在 2016 年将占比 50%以上。

这一趋势引发了 3C 产业对 CNC 需求爆发式增长，当前珠三角地区现役高速钻攻中心数量超过 10 万台，且需求量以年均近 200%的速度上升，3C 行业智能数控装备与系统市场容量和市场需求巨大，对发展智能制造系统有着迫切需求。

然而，在我国 3C 产品制造业雄冠全球的事实下，我国的制造过程却一直以低成本劳动密集型为主。智能制造装备与系统相对落后，制造系统智能化协同能力不足，高精度智能加工设备大部分依赖进口，上下料环节更是基本依靠人工完成。“特别是工业机器人。在珠三角 3C 行业中，万人员工中拥有 22 台工业机器人。而在 2012 年，日本是 339 台/万人，韩国是 347 台/万人，德国是 250 台/万人。”劲胜精密总裁办主任兼智能制造项目主导人曹豪杰称，长期来看，我国 3C 产业发展将受到制约。

劲胜精密是国内消费类电子精密结构件产品及服务的领先供应商，专注于消费类电子领域精密模具及精密结构件的研发、设计、生产及销售业务。公司在技术开发、生产规模、快捷服务方面行业领先，主要为手机、平板电脑、3G 数据网卡等消费电子产品提供 CNC 金属加工、高精密模具研发、强化光学玻璃等精密结构件产品及服务。

劲胜精密历来注重创新，目前已获得各类专利授权 237 项，另有 158 项专利正在受理中。在整个行业快速扩张的趋势下，一面是金属结构件市场空间巨大，一面是 CNC 机台产能有限。作为三星、华为、中兴、海尔、夏普、京瓷、英华达、联想等国际知名手机企业的供应商，劲胜精密把目光锁定智能改造，走上了由注塑加工设备逐步向高精度金属钻攻加工设备转型之路。

2．整体规划重点突破

劲胜精密针对“移动终端金属加工智能制造新模式”的示范项目，其项目实施背景、总体方案如下：

（1）项目实施背景。

①“中国制造 2025”战略的推动与各级政府的鼎力支持。

据波士顿咨询公司的研究报告估计，现在在美国制造商品的平均成本只比在中国高 5%，更令人震惊的是，到 2018 年，美国制造的成本将比中国便宜 2%～3%。到 2015 年下半年，就多数面向北美消费者的商品而言，在美国低成本本州生产将会变得和在中国生产一样经济划算，这表明我国的低成本竞争优势将大大削弱，数量体量庞大的中国制造业未来将可能面临极大的挑战和困境。当今世界，主要发达国家纷纷推出自己的工业 4.0 战略，再工业化也如火如荼地展开，该战略的核心都是围绕智能制造。形势逼人，如何改变和突破这个困境？以提质增效为中心的智能制造将是国家和企业目前不二的选择。2015 年 5 月，国务院正式发布“中国制造 2025”战略，其核心就是智能制造。

② 行业发展趋势。

4G 时代，因金属材质轻薄、坚固、散热好、易一体成形等特点，三星、OPPO、魅族、华为等手机厂商采用金属机壳的比例从 2015 年的 20%左右，至 2017 年将明显上升 60%～80%；未来金属机比例上升趋势将进一步拓展至中低端品种。目前，CNC 金属加工方式是业内最主要的金属结构件解决方案，金属机比例的上升带动 CNC 设备市场迅猛发展，且未来上升空间仍然很大。

③ 自动化市场机会。

CNC 有加工精度高、易于一体成形等优点，但也存在加工时间长（30～50 min）等缺点，相对注塑成形时间（20 s 左右），其所需设备、人员数量成百倍的增加，因而在金属 CNC 加工业务上实施自动化、信息化的改造，效率和品质提升效果非常明显。因此，仅 3C 市场，自动化市场既有极大的刚性需求和市场，而在其他众多还处于半自动乃至手工作业的领域，也有着极大的市场需求。据东方财富网预测，到 2020 年自动化市场规模将达 14 000 亿元，未来 5 年自动化市场增量近万亿，复合增长率达 21%，自动化改造未来的市场发展空间巨大。

（2）劲胜精密智能制造示范项目总体方案。

劲胜精密智能制造示范项目属于典型的离散型制造。针对 3C 制造业基本情况及移动终端产品对智能制造系统的需求，劲胜精密的项目目标是建立高度自动化的柔性生产模式，推动现有制造业向智能化方向转型。主要过程包括虚拟现实一体化、设计制造一体化、生产协同一体化、过程管控一体化（见图 6-26～6-30）。项目预期是实现 CNC、机器人及 AGV 的自动化装备，通过设计、管理、制造三方面系统的协同，实现少人化、无人化、智能化生产。

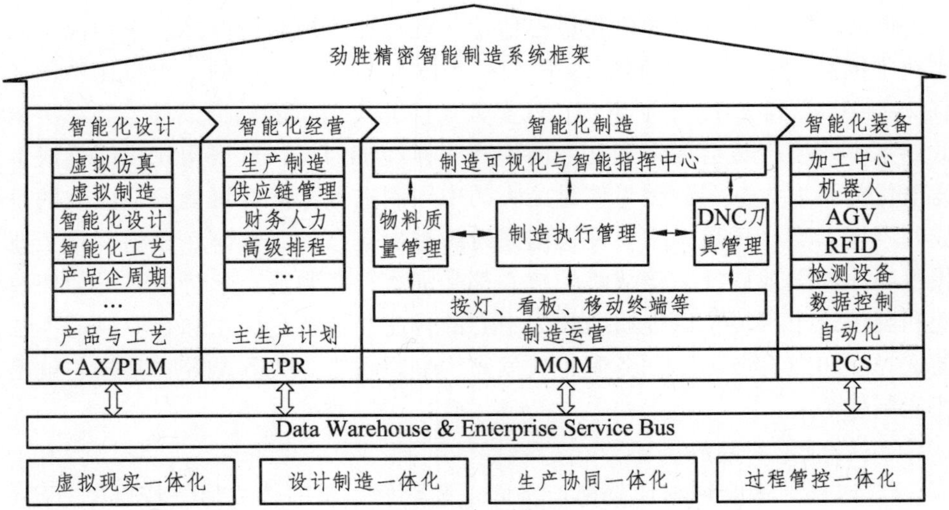

图 6-26　劲胜精密智能制造系统框架

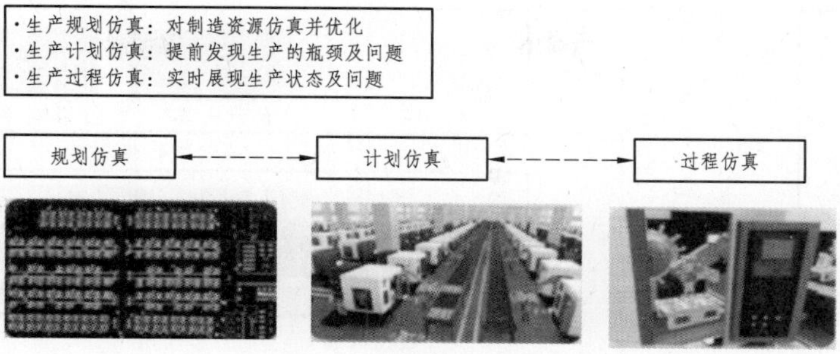

图 6-27 虚拟现实一体化

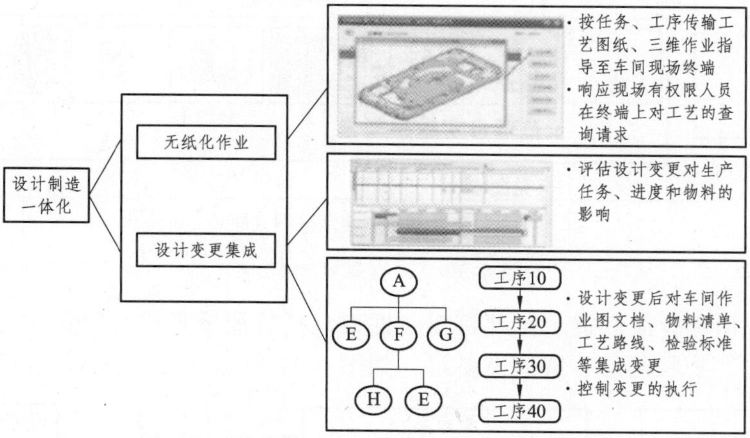

图 6-28 设计制造一体化

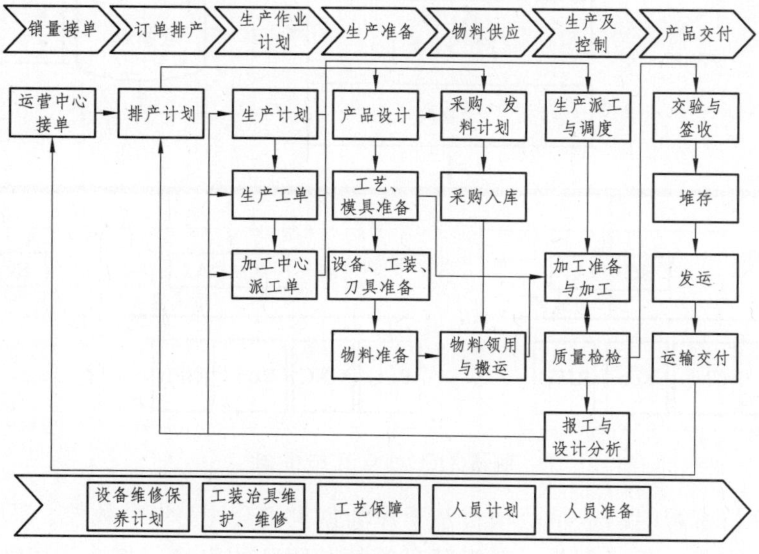

图 6-29 生产协同一体化

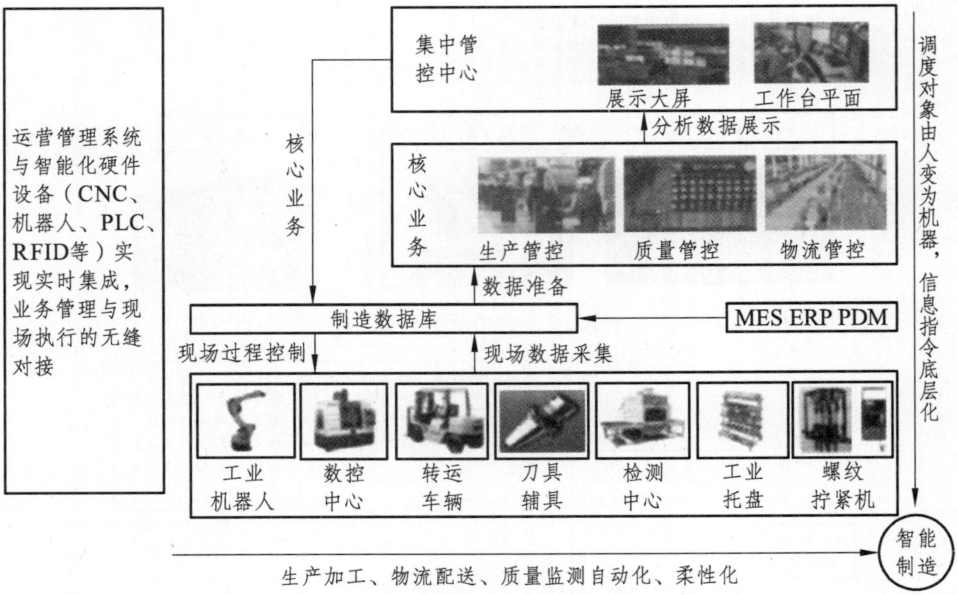

图 6-30　过程管控一体化

劲胜精密智能制造示范项目实施框架包括智能展现层、数据中心层、业务系统层、物联网层、智能设备层，如图 6-31 所示。

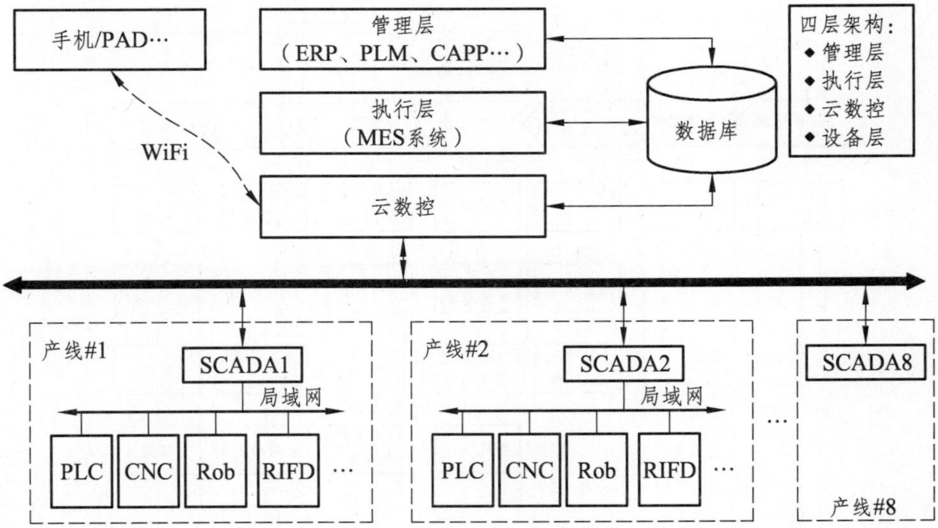

图 6-31　项目实施框架

劲胜精密智能制造示范项目基于深圳创世纪公司、华中数控、深圳嘉熠、武汉艾普工华、武汉创景、武汉开目等精英团队的支撑，打造了国产化高速高精钻攻中心、国产化机器人与控制系统、智能化柔性自动化生产线、数字化车间的智能感知技术、数字化设计制造一体化技术、虚拟与物理融合的生产指挥调度中心等新模式亮点。

3．不懈“劲取”方能致胜未来

从2013年就踏入智能制造规划的劲胜精密，已呈现出离散型制造特征。劲胜精密已通过自主开发和外部合作方式，先后建立了ERP，PDM，MES等系统，打造出适合自己需求的数字化制造解决方案；目前所用的10台国产数控系统的机床运行良好，加工质量、精度达到要求；已经采用机器人解决零部件上下料问题，刀具动态管理完整、合理；初步解决了之前各事业部MES信息孤岛问题，提高了全公司制造环节的整体协同化水平。同时引入移动应用技术，车间透明化拓展至互联网络；采用仿真技术对车间加工、物流规划进行了初步分析等。劲胜精密在申报智能制造实践项目前已经有着充分的前期积累，申报项目周期从2015—2017年，2015年项目实施及初期工作，2016年整个项目完成及运行，2017年验收和推广。目前项目第一期设备及相关人员已到位，首批设备试运行成功。

项目可以提高生产效率20%以上，降低运营成本20%以上，缩短产品研制周期30%以上，降低产品不良率30%以上，提高能源利用率5%以上。

（1）项目指标具体明确。

① 技术指标。

• 节省金属加工环节的人力70%以上（以每日两班生产基准，按照每人管理2.5台机器及每机器人1拖2计算）。

• 实现高速高精钻攻中心、国产数控系统、机器人与收取料系统的协同运动控制，实现多种车间智能装备之间的协同工作。

• 采用基于工艺知识库的三维智能工艺规划，提高研制效率；通过高级计划排程和实时生产响应技术，减少设备空转时间。

• 建立生产过程数据库，充分采集制造进度、现场操作、设备状态等生产现场信息；提高车间加工过程质量检测自动化程度，建立产品质量追溯系统，实现全制造过程品检数字化。

• 建立面向大批量快速响应生产的制造执行系统（MES），实现基于实时制造数据的可钻取仿真车间。

• 示范应用自主可控智能装备，包括工业机器人、高速高精加工中心、AGV小车、自动化生产线集中控制系统、视觉化品质检测设备、RFID标签及读写器及系统，以及自动化夹具。

② 经济指标。

项目完成后，可为企业每年新增 8 500 万元的营业收入，每年可为地方政府新增税收 300 万元。

③ 知识产权目标。

知识产权指标：申请 5 项以上发明专利，登记 6 项以上软件著作权（PLM 系统、CAPP 系统、高级计划排程系统、物流仿真系统、生产制造执行系统、在线质量管控系统、生产指挥调度中心系统、数据驱动的虚拟仿真系统），形成 5 项以上企业/行业/国家标准草案（3C 制造智能工厂体系建模标准、3C 制造智能车间数据集成标准、3C 制造自动化设备集成标准、3C 制造生产运营管理标准、3C 制造虚拟车间仿真建模标准、3C 制造大数据分析标准）。

（2）劲胜精密智能制造示范项目的先进性。

预期项目实施完成后，一方面，劲胜精密在信息化、自动化、智能化和协同化水平上将获得巨大提升，形成国内领先、与国际先进水平基本一致的产能水平、质量控制水平、生产成本控制能力；并借助于本项目实施培养的技术团队，形成行业领先的智能制造技术优势，为劲胜精密的未来发展提供强大的可持续发展驱动力。另一方面，东莞市作为“中国制造 2025”的试点城市，也正在进行“东莞制造 2025”规划。此项目是东莞市政府重点支持的项目，通过项目的实施，将有利于促进本地政府进一步完善引导和支持制造业企业进行转型升级的模式，成为“中国制造 2025”战略相关政策落实的先例和典范。本项目的先进性体现在以下 6 个方面。

① 国内全行业首家采用全国产数控系统配套核心关键装备的智能化车间。

两大技术创新点：一是通过对 3C 智能终端产品核心部件加工的运动特性分析，采用实用性的通道参数设置模式，实现高速金属边框铣、削、钻过程的大拐角的平稳过渡，减小机床振动，提高加工效率；二是针对 3C 产品加工的智能伺服动态制动技术，高速钻攻中心行程范围小且加工速度高，在机床遇故障需要快速停机时，通过伺服动态制动技术的实现，实现移动轴的快速制动。

基于完全自主知识产权的国产数控系统，配套于 3C 行业智能制造车间核心关键装备高速钻攻中心装备和工业机器人，不仅打破了国外技术与市场垄断，同时，其自主知识产权的总线通信技术保障了智能化车间装备的数据安全和使用信息安全，国产高速钻攻中心配套国产高档数控系统，技术完全自主可控，对企业信息的安全提供了强有力的保障，如图 6-32 所示。

图 6-32 劲胜精密智能设备生产车间

② 建立基于物联网技术的制造现场“智能感知”系统。

两大技术创新点：一是建立高速钻攻中心机床与工业机器人数字化、自动化产线集成控制系统，实现机床、机器人、车间数字化系统之间信息的互联互通；二是研究基于 RFID 的刀具实时监测与在线管理技术，实现刀具的时间、物理维度上的管理。

从而将制造生产过程中的关键重要部件、制造资源（如刀具、夹具、托盘、卡板等）结合物联网技术进行“智能感知”，使其在每个生产环节上能够实时主动告知其位置、生产状态、工艺参数等信息，并将数据传递至上层的决策系统，实现“物物相联”的制造现场“智能决策”。

③ 构建基于数据驱动的三维仿真模型。

三大技术创新点：一是研究三维虚拟建模，实现对车间规划进行仿真优化，指导产线设计/建设/改造；二是建设支持人机交互及后台数据驱动的实时模型，实现制造过程实时三维仿真监控与可视化；三是研究车间物流仿真算法，进行物流规划及验证。

采用轻量化及分块分层算法以保证工厂及设备大规模数据的快速显示，采用基于时间轴的动画插值技术实现离散位移数据的平滑运动显示，规划物流模型运动路径，实时检测三维模型之间的碰撞以检验模型运动的合理性，建立三维模型运动与数据变量的实时关联，最终实现三维模型的数据驱动。

④ 实现基于三维的工艺协同。

两大技术创新点：一是研究并构建面向企业和行业的可扩充工艺知识数据库，具有良好的开放性和扩展性；二是研究并构建基于知识的三维智能化工艺规划，实现智能化的工艺推理和决策。

实现工艺软件、知识库与三维 CAD 的集成，实现基于 MBD 的制造特征定义与信息提取，打通了几何特征模型和制造特征模型之间的联系；将工艺知识融入到后端的自动化设备（数控机床、焊接机器人、自动切割机）应用中，实现三维工艺从产品设计—工艺—智能制造的贯穿式应用，全面提升行业加工智能性和效率。

⑤ 建立全制造过程可视化集成控制中心。

三大技术创新点：一是建立数据集成标准化，对不同系统的接口统一了数据标准格式，并详细定义数据生成与解析过程；二是建立生产异常的统一指挥与协同调度，可以及时、全面、动态、可视化呈现生产过程出现的各种异常，并通过移动终端指导现场作业；三是基于实时的大数据分析方法，通过数据挖掘等方法，提取知识规则，辅助决策支持。从而将计划、执行、物流、质量等业务板块的实时决策数据与图表集中展示，打通各功能域的关联关系，建设可视化集成控制中心，打造实施过程数据驱动的制造车间决策支持平台，支持计划、物流、质量、采供等多功能组织的全局协同生产与调度。

⑥ 构建基于企业私有云的分布式协同制造服务体系。

四大技术创新点：一是针对多品种混流加工生产的车间制造特点，研究建立基于精益化约束管理的有限产能车间计划与动态生产控制体系；二是针对具有逆向流程和跳跃流程等异常情况状况，研究基于计划，并以实际执行数据为触发的物流配送跟踪同步管理技术；三是研究并建设在线质量检测与数据分析预警技术，并通过移动应用技术进行异常管控；四是研究基于车间智能数控装备的开放式数控系统，研究云数控模型。为后续公司推动大数据服务做基础。

4．智造之火可以燎原

（1）对于促进 3C 产业智能制造示范意义重大。

以智能手机为代表的我国 3C 产业巨大，2014 年 3C 行业产值规模超过 4 万亿，仅珠三角地区 3C 产业产值就超过 1.2 万亿元。其中 2014 年东莞地区智能手机出货量超过 2.3 亿台，约占全国总额 50%，约占全球总额 19.7%。由苹果手机引领的金属外壳化已成为智能手机的潮流，目前具备金属外壳的智能手机占比大概为 20%。这一趋势引发了 3C 产业对 CNC 需求爆发式增长，当前珠三角地区现役高速钻攻中心数量超过 10 万台，且需求量以年均近 20% 的速度上升，3C 行业智能数控装备与系统市场容量和市场需求巨大。目前，我国内地的原有金属机大部分产能被苹果占据，随着三星等品牌转金属化，使得金属结构件市场空间巨大，目前 CNC 机台产能有限，整个行业处在快速扩张阶段。同时，在智能穿戴、智能医疗、智能汽车等领域，类似的产能需求尚在萌芽状态，未来成长空间巨大。

劲胜精密在我国 3C 制造行业排名前五，其中手机精密结构件年产能排名全球前三名，在行业内有较大的影响力和代表性，推广前景很好（方圆 50 公里内的区域就集中了誉铭新、联懋等一大批同类型企业）。同时，CNC 金属加工工艺技术通用性强，当手机金属结构件产能出现过剩时，其智能制造模式可以拓展至智能穿戴、智能医疗、智能汽车和军工等领域。

（2）项目在东莞制造业名城实施，对于劳动力密集型的区域如何通过智能制造实现转型升级的示范意义重大。

东莞是全球知名的制造业基地，产业门类丰富，32 个工业门类中，东莞基本上实现全部覆盖。项目承担单位劲胜精密一直以来以低成本劳动密集型为主，这是该行业的特点，以劲胜、富士康、比亚迪等为例，其用工量在数万乃至几十万。仅以 3C 行业金属手机结构件加工单一工序用工人数为例：以每人操作 2 ~ 3 台 CNC 设备来推算，仅在珠三角地区此单一工艺用工量就超过 30 万人以上。就整个 3C 行业而言，其用工人数量可想而知。

实践项目在加工环节采用高速高精自动化设备、物流装夹环节采用智能机器人和 AGV，过程管理环节采用精细化协同制造运营管理系统，智能化提升潜力很大，提升后带来的价值明显。同时，由于采用机器代替员工，可以节省金属加工环节 70%以上的人力，行业示范意义明显，对于解放我国低端重复性劳动力具有重要的意义，对于劳动力密集型制造业城市如何通过智能制造实现产业转型升级意义重大。

（3）本项目采用国产系统、国产机床、国产机器人与国产软件实施智能制造，对提升国产智能制造产品的核心竞争力具有示范意义。

当前珠三角地区现役高速钻攻中心数量超过 10 万台，且需求量以年均近 20%的速度上升。近几年在全国机床产业严重下滑的情况下，珠三角地区（主要是深圳和东莞）机床产业却逆势增长。正是得益于 3C 行业金属零部件加工对高速钻攻中心机床的巨大需求，目前东莞已成为全国最大的智能手机生产基地，同时也是全国最大的高速钻攻中心机床装备制造基地。而目前国产高速钻攻中心机床配套的全部是进口数控系统（主要是日本 Fanuc、三菱、德国西门子、中国台湾新代 4 家品牌的数控系统）。我国国内 3C 产品制造大多数还是以人工作业为主，产业面临升级转型，对工业机器人的需求巨大。

实践项目利用自主知识产权的国产数控系统配套国产高速钻攻中心机床装备，并与国产工业机器人配套，同时采用先进的智能化制造执行系统等技术手段，应用于智能手机等 3C 产品的生产制造，实现“国产装备装备中国

3C 制造业”的格局，为“中国制造 2025”战略在我国 3C 制造业的推进形成典型示范，具有重大意义。而且，基于国产高速钻攻中心机床装备、工业机器人和国产智能制造系统软件建立的智能制造数字化示范车间，有较强的可复制性，有很好的市场推广应用前景。

（4）东莞市创新性的支持政策，对于区域发展智能制造的政策设计具有示范作用为支持智能制造示范点的建设和智能制造产业的发展，东莞市采取了一系列的创新政策，巧妙地把财政补贴和金融、保险等结合起来，有综合利用土地、教育等资源设计出完整的支持政策，有力地促进了东莞智能制造的发展，对于其他区域具有明确的示范作用。

东莞市政府基于以市场为导向、以用户需求为导向的基本原则，通过加强对企业的服务与支持，引导制造业企业进行产业升级转型，东莞市“机器换人”政策规划连续 3 年每年投入 2 亿元资金，用于引导、支持企业实施技改、进行转型升级，并重点支持国产智能数控装备、国产软件系统、国产机器人等的推广应用；其中 2 千万元作为风险池资金，用于撬动银行、融资租赁公司等机构的金融资本参与企业项目，拉动保险公司支持用户企业通过购买商业保险的方式来降低使用风险。东莞市颁布了《东莞市 3C 产业智能制造示范工程实施方案》，明确了在 3C 行业建立应用国产智能数控装备的智能制造示范车间的目标和任务，东莞市政府从资金、金融、土地、人才、子女入学以及用电保障等多方面出台综合性政策用于支持企业进行智能制造示范车间的建设，而项目的申报单位东莞劲胜精密组件股份有限公司已成为东莞市 3C 产业智能制造示范工程建设的首选示范单位。通过项目在东莞的实施，可以形成推进“中国制造 2025”的一种创新的地方政策模式，起到很好的示范作用。

6.4.4 长安汽车：以“智能”打造汽车产业价值链制造新形态实践项目

长安汽车坚持科技创新，打造强大且持续领先的研发能力。在重庆、上海、北京、意大利都灵、日本横滨、英国诺丁汉、美国底特律等地均设有研发中心，建立了起全球研发格局；同时还建有汽车开发流程体系和试验验证体系,以确保开发的每一款产品满足用户使用 10 年或 26 万千米的可靠品质。

长安汽车坚持“节能环保、科技智能”的理念，大力发展新能源汽车和智能汽车。已加入代表国际最高水准的美国智能汽车联盟（MTC）。当前已掌握全速自适应巡航、车道保持、全自动泊车等智能驾驶核心技术，特别是结构化道路无人驾驶技术已通过实质性技术验证。

汽车企业作为知识密集型、技术密集型、劳动密集型的企业，是信息化和工业化融合最具代表性和示范性的产业之一。多年来，长安汽车始终致力于用科技创新引领汽车文明，努力为用户提供令人惊喜、感动的产品和服务。在“两化融合”的推进过程中，全面应用新一代信息技术，长安汽车正顺势而为，实现由制造型企业向服务型企业转型，由产品为中心向用户为中心转型。

1.“两化融合”建设数字化长安

“两化融合”是指通过信息技术改造和优化制造业全流程，促进装备和产品的智能化，提高企业生产效率和效益。为实现长安汽车数字化、网络化、智能化，以建设两化深度融合的数字化长安为目标，长安汽车秉承“两化融合”的理念，以企业信息化为基础，打造 4 大数字化业务平台（产品研发、制造与供应链、营销服务、基础应用）和 1 个信息化能力平台的“4+1”平台，提升了价值链协同效率和集团化管控水平。此外，长安汽车还建成了信息化管理体系和信息化技术平台，连续 5 年被评为国资委登高计划 A 级企业，在自主品牌制造企业中名列前茅，有力地支撑了长安汽车跨越式发展。长安汽车是我国自主品牌引领企业，经过 20 多年持续的信息化建设，已初步成为数字化企业，成功通过首批工信部两化融合管理体系认证。

数字化长安（见图 6-33）以建设研发数字化、制造精益化、营销电子化、系统集成化、管理信息化为重点。在研发领域，建立了 PDM，HPC，Benchmark 系统支撑五国多地的在线协同研发；在工艺领域，建立了数字化虚拟制造、CAPP 系统支撑整车及发动机共七大专业的三维工艺设计和仿真；在制造领域，建立了 ERP，MES，QTM 系统支撑拉式生产模式；在营销领域，建立了 DMS，SES 系统集中管控 1 000 余家经销商；在客户服务与管理领域，建立了 CRM，PMS 系统为长安车主提供感动与及时的服务。

长安汽车建立了高度集成的产业链协同商务平台，实现了产业链上相关企业、客户之间的协同采购、协同生产、协同销售、协同服务等功能，构成了从采购、生产、销售到售后服务等业务协同的全程供应链，为汽车产业链的信息共享、资源优化配置和商务协同提供了有力支持。今天，长安汽车实现了零部件的储备面积由 10 万平方米降为趋近于零，汽车生产线全部实现零库存管理；储备资金的占用从平均 2 亿元降为平均 1 000 万元；流动资金周转天数由过去的平均 152 天缩短为平均 55 天；工厂每年减少库存资金 40%～60%；财务结算周期缩短了 73%；流动资金周转率提高了 64%。2014 年 OTD 总体时长较 2011 年共缩短 15 天，企业库存量累计下降了 27 736 辆，全价值链资金占用下降 16.6 亿元。

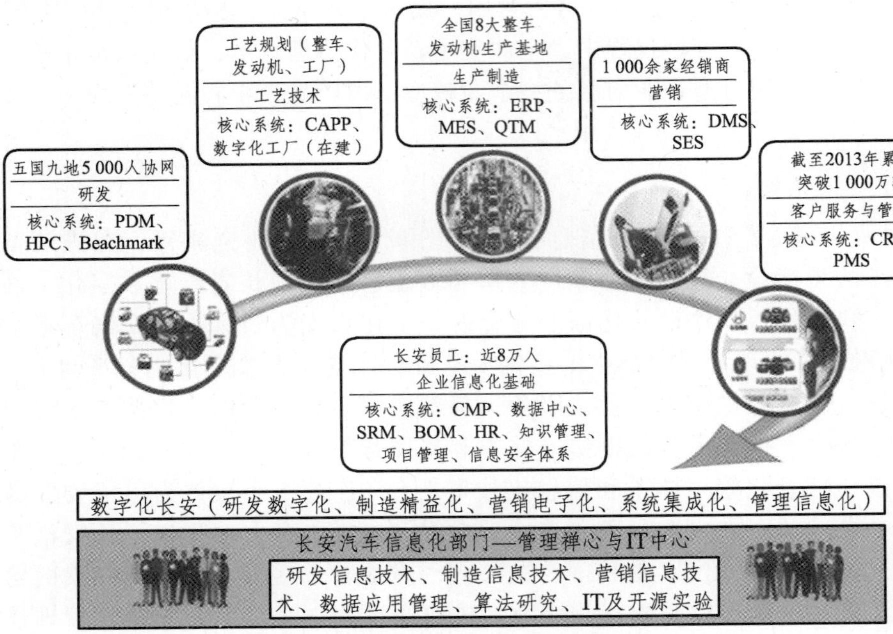

图 6-33　通过信息化与全产业链深度融合打造数字化长安

长安汽车积极响应党的十六大以来提出的“信息化与工业化融合”这一重要战略，从“数字化企业试点”“两化深度融合示范”到“集团首家信息化A 级企业”，长安汽车在全价值链深入开展信息化与产品、技术、管理等方面的融合，为开展智能制造工作打下了坚实的基础。两化融合工作取得了明显效益，得到了广泛认可。2015 年，长安汽车作为唯一的汽车企业入选工信部 2015 年智能制造试点示范项目；“长安汽车城节能与新能源汽车智能柔性焊接新模式应用”入围工信部智能制造专项试点；长安汽车“两化融合促进企业研发协同模式创新”被中国企业联合会和清华大学经管学院甄选为《2015 全国两化融合十大典型案例》。以自主品牌业务发展为牵引，长安汽车从数字化企业向智能制造企业发展，如图 6-34 所示。

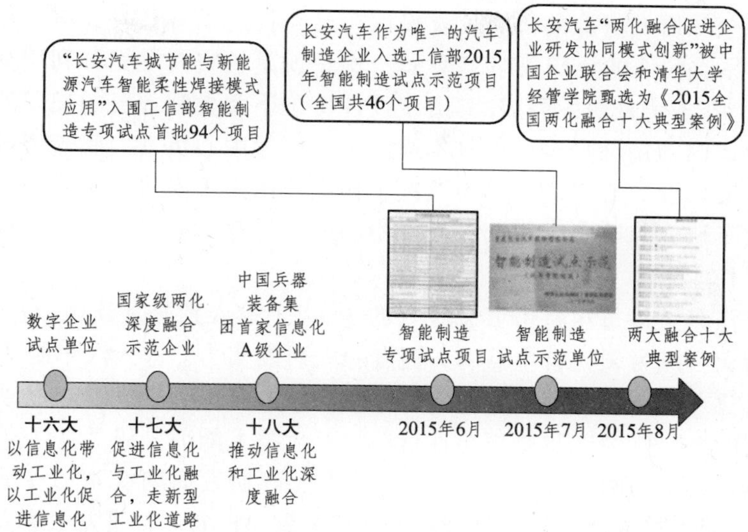

图 6-34 自主品牌业务发展为牵引，长安汽车从数字化企业向智能制造企业发展

2．数字化研发开创全球协同新模式

长安汽车坚持走“以我为主，自主创新”的正向开发道路。为了整合全球资源，在意大利都灵、英国诺丁汉、美国底特律、日本横滨，以及中国重庆、上海、北京，建立了研发中心，逐步形成了“五国七地、各有侧重”的全球研发格局。长安汽车协同开发模式高效支撑全球研发格局如图 6-35 所示。

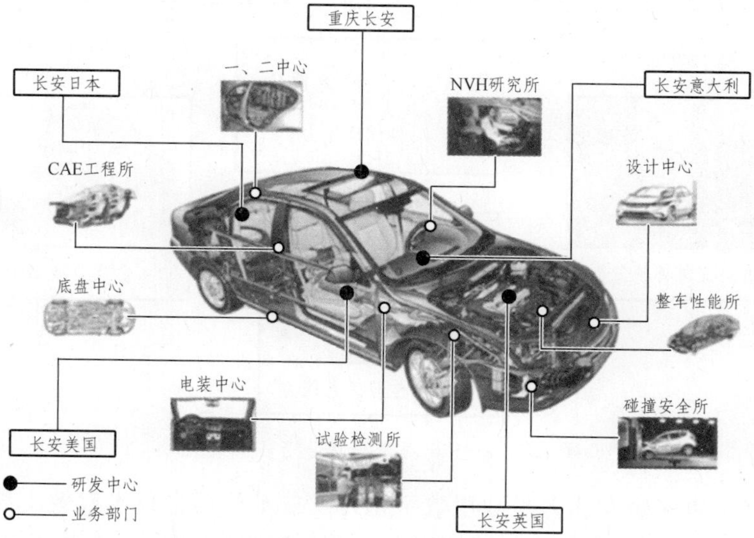

图 6-35 长安汽车协同开发模式高效支撑全球研发格局

凭借全球研发资源的优势，长安汽车已经打造了一系列经典产品，如时尚大气、品质精细的全球战略车型——逸动就是长安汽车充分利用全球研发资源历时 40 多个月研发而成。其造型设计由位于意大利都灵的长安欧洲设计中心主导，内饰精细化设计由日本横滨长安研发中心负责，底盘调校由美国底特律长安研发中心完成，动力匹配工作在英国诺丁汉研发中心进行，而重庆长安汽车研究总院负责协调各研发中心并主导整车开发、系统集成和试验验证等工作。

长安汽车坚持每年将销售总收入的 5%以上投入到研发领域，跻身中国汽车第一阵营、成为领先自主品牌，拥有领先研发实力。进入汽车制造行业 30 多年来，逐步形成了“造型与总布置”“结构设计与性能开发”“仿真分析”“样车制作与工艺”“试验验证与评价”的五大技术能力，和“项目管理”“数字化协同研发”的两大支撑能力。长安汽车整车研发周期从 42.5 个月降低到 34 个月，动力总成研发周期从 58 个月缩短到 41 个月，研发效率总体提升 30%。长安汽车研发“5+2”能力如图 6-36 所示。

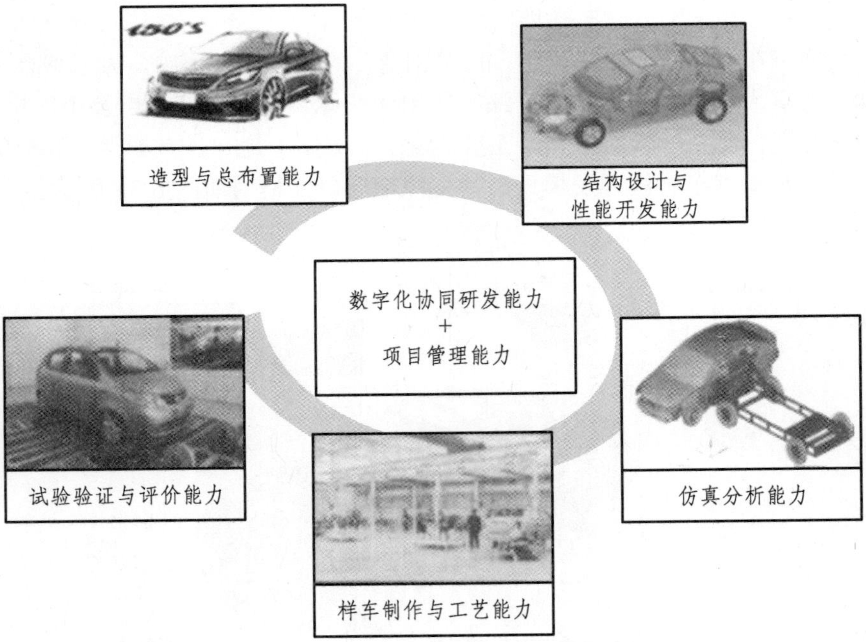

图 6-36　长安汽车研发“5+2”能力

数字化协同研发能力是利用数字化开发技术和信息技术有效支撑研发的重要能力。其中，长安汽车全球协同研发平台为“五国七地”开展设计、仿真、验证、工艺等协同研发提供了平台支撑，而基于在线研发的协同模式保障了

6 000 多人的研发团队共享实时、唯一、准确的数据源。该平台管理近 300 个车/机型，使用范围覆盖中国重庆、英国、美国等 7 个研发中心，以及合肥、南京、河北等 6 个生产基地，并已拓展到核心供应商与长安铃木等合资企业。数字化协同研发新模式成功应用到公司内部的设计、仿真、验证、工艺、制造、营销各阶段，在成本降低、效率提升和质量提高等方面取得了显著的成绩。成果及经验也在中国兵器装备集团和中国长安下属企业得到了推广应用。

3．虚实结合促进智能生产制造

长安汽车拥有 11 个生产基地、31 个整车及发动机工厂，其中乘用车制造基地，已在重庆、北京、合肥三大生产基地形成“金三角”布局，现有总体年产能 54 万辆。作为长安汽车规划战略格局的核心，重庆基地是长安汽车重要的乘用车生产基地，渝北工厂生产线，包括冲压、焊接、涂装、总装四大车间，最大生产能力可以达到 38 万辆/年。长安汽车北京生产基地总投资 115 亿元，整车规划产能 50 万辆，发动机规划产能 50 万台。

长安汽车信息化总投资达 3.2 亿元，于 2002 年开始实施 ERP 系统，目前，ERP，MES 等系统已经覆盖长安汽车旗下所有生产基地。为建立标准工厂，2010 年开始建设 ERP，MES 等应用系统标准，为长安汽车的集团化管控提供了强有力的支撑。

长安汽车数字化车间以渝北工厂为代表，通过 AVI，PMC，EPS 等数字化技术实现设备参数、工艺参数、质量信息、生产过程信息的全面收集。长安汽车渝北工厂 MES 系统以高效支撑长安“多车型、多品种、小批量”柔性制造模式为目标，以总装下线为基准，制订“总装拉式平准化顺序”生产计划，通过生产过程控制来对生产排序、主数据管理、可视化等进行控制，以及通过质量管理系统、停线管理系统等来实现生产全过程的精益管理。系统通过 PLC，AVI，ANDON，RFID 等物联网设备自动采集生产全过程数据，实时监控产线运作，建立过程控制评价标准，实时展示生产控制指标，以数据支撑生产决策。

长安汽车北京工厂具有数字化、网络化、智能化的高效生产模式。在整个生产过程中，生产系统运行着大量的生产数据及设备的实时数据，通过由“智能机器”+“智能标签”+“生产数据云”构成工业互联网的形式，实现车间产品、设备、物料全面互联（见图 6-37）。不仅对车体焊接、涂装、总装、检测等数字化设备基本状态进行采集与管理，还对各类工艺过程数据进行实时监测、动态预警、过程记录分析。通过对这些数据进行深入地挖掘与分析，系统自动生成各种直观的统计、分析报表，反映到北京长安控制中心，实现对加工过程实时的、动态的、严格的工艺控制，确保产品生产过程完全受控。

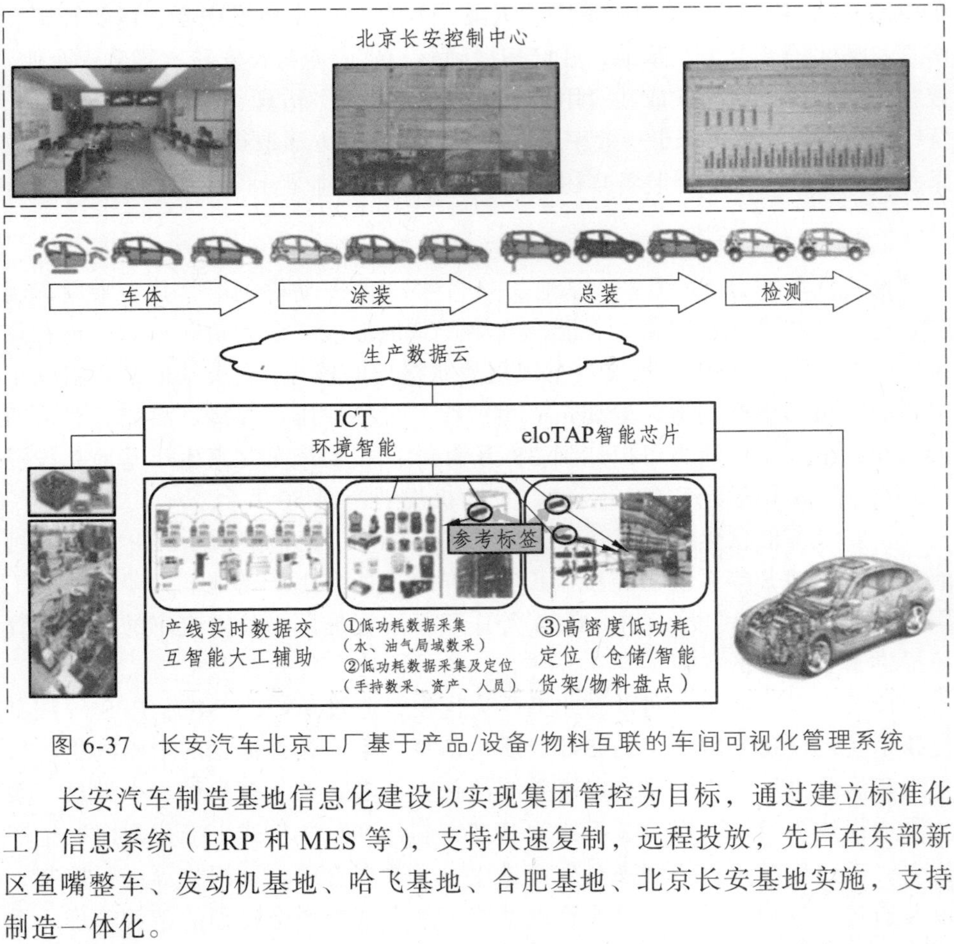

图 6-37 长安汽车北京工厂基于产品/设备/物料互联的车间可视化管理系统

长安汽车制造基地信息化建设以实现集团管控为目标，通过建立标准化工厂信息系统（ERP 和 MES 等），支持快速复制，远程投放，先后在东部新区鱼嘴整车、发动机基地、哈飞基地、合肥基地、北京长安基地实施，支持制造一体化。

基于三维“数字化工厂”技术的虚拟制造突破了传统的靠经验进行工艺规划和设计的局限，提供了先进的数字化解决方案，提升了对汽车生产制造过程和生产布局方案进行模拟、仿真、验证、优化的能力，目前在世界先进汽车企业已经得到广泛应用。长安汽车于 2014 年开始建设数字化工艺规划和仿真平台，并在长安汽车鱼嘴乘用车基地应用。以焊接、总装工艺流程为指导，进行三维工艺规划，建立焊接车间和总装车间的三维布局模型，开展生产线仿真和物流仿真，优化工艺方案。

正在建设中的长安汽车鱼嘴乘用车基地生产线按平台化、高自动化方案规划建设，全部采用自动化输送系统，配置 486 台机器人，规划实现 P3 平台 12 款车型的按订单生产。数字化工厂（见图 6-38）的应用将工艺数字化规划从 2D 扩展到 3D，功能涵盖“冲焊涂总”四大整车工艺，实现工厂 DMU、工厂三维建模、输送单体设备等三维规划，预计缩短周期 30%，节省生产线 3D 布局时间 40%，节省方案时间 30%，减少现场设备调试时间 20%，通过仿真技术对鱼嘴基地乘用车总装车间进行整体物流仿真，实现最佳 JPH 目标。

图 6-38 长安汽车鱼嘴乘用车基地基于“数字化工厂”的焊接车间设计

鱼嘴乘用车基地信息化建设以制造基地一体化标准化工厂的 ERP，MES 等“实”和三维数字化工厂虚拟制造的“虚”形成了虚实结合。

2014 年，长安汽车与华为技术有限公司签署战略合作协议，将在智能汽车、智能生产制造等领域展开跨界合作、协同创新。在生产制造方面，将基于华为 eIoT 智能芯片技术打造工业智能无线物联网的智能化工厂，利用新的通信方式，对原有车间自动化系统增强智能通信能力、感知能力。今后长安汽车的生产基地将基于信息化技术、数字化技术、智能物联的网络技术，成为生产线高柔性、生产高质量和高效率的智能工厂。

4．智能驾驶和智能互联打造智能汽车

长安汽车以打造科技领先的产品为目标，积极推进智能产品开发。通过深度应用嵌入式信息技术，已开发出一键泊车、车道偏离报警、怠速启停智能节油系统等前沿智能驾驶技术；通过开发与运用车载信息系统及车载智能终端，并结合云平台，实现智能互联，提供远程故障诊断和车联网应用服务。长安汽车智能化水平处于自主品牌领先地位。

长安汽车基于“端管云”的智能服务系统（见图 6-39）为用户提供行车辅助、娱乐、生活服务、车辆互联、安防等服务，打造车主良好体验，已应用于悦翔 V3、悦翔 V5、CX20、逸动、CS35、CS75、睿骋等车型。而基于智能终端 TBOX 的远程故障诊断服务将车辆实时状态数据与 TSP 云平台打通，实现对车辆的实时状态监测与服务，已于 2014 年应用于睿骋和 CS75 车型。

图 6-39　长安汽车基于“端管云”的智能服务系统

长安汽车 2014 年在北京车展上市的 CS75 车型，配备了长安自主研发的 InCall 智能行车系统，带来集安防警报、紧急救助、人工导航等专属服务，拥有通信、影音、资讯等六大项、二十余种功能，提供全时全方位无忧服务，荣获“2014 年度中国智能汽车大奖”，成为长安挺进互联网智能制造的代表，已累计销售搭载 InCall 的汽车 35 万辆，获得用户好评。

此外，长安汽车与华为、360 公司、高德导航、科大讯飞语音识别、中国联通、好帮手、远特 TSP 运营等建立了战略合作伙伴关系。同时加强与 ICT、互联网、通信、电子领域的企业跨界合作，将新技术嵌入产品与研制过程，打造智能汽车。长安汽车智能化“654”战略如图 6-40 所示。

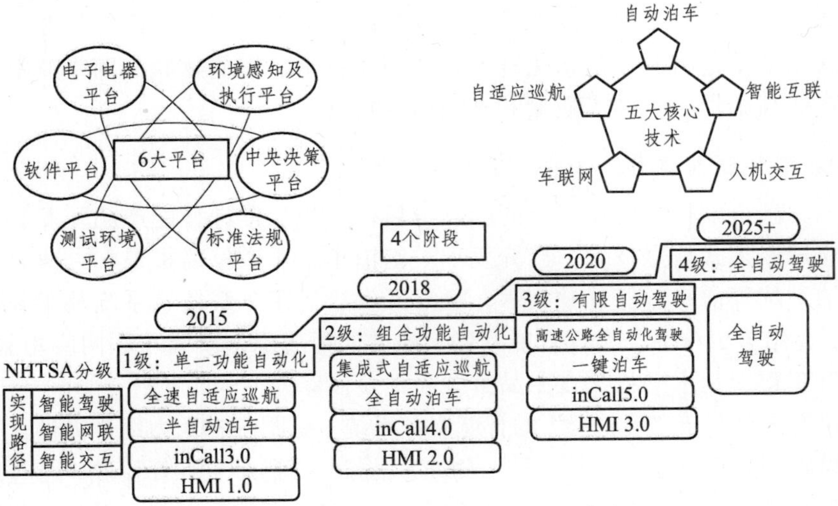

图 6-40　长安汽车智能化“654”战略

5．促进转型升级

顺势而为，以“智能”打造全价值链制造新形态，促进“以用户为中心”和“以服务为中心”的转型升级。一方面，中国汽车行业经历了10多年高速发展后进入了微增长时期，另一方面，用户也不再满足于大众化的产品，希望得到差异化的产品与服务，汽车行业正进入大批量个性化定制的时代。“工业 4.0”时代的到来成为突破传统发展方式的新契机。国家正加快推进两化深度融合和推行“中国制造2025”等战略，新一代信息技术将改变汽车企业发展模式，传统汽车企业基于“移动互联、大数据”主动拥抱“工业 4.0”的转型升级已经成为一种趋势。

长安汽车积极拥抱互联网，充分利用新一代信息技术在连接客户、电子商务、大数据分析取得明显成效。目前，新浪微博粉丝数已经超过230万，微信关注用户超过6万，APP下载量超过16万，在线客服平台每月1.2万个请求。长安汽车从2010年开始与汽车之家、易车网垂直网站合作，并于2013年9月开始在天猫上开设旗舰店，开展汽车电商，通过互联网收集潜在客户信息，累计收集线索超过260万条（乘用车超过190万，商用车超过70万），促进了销量的提升，并取得了较好的成绩。

长安汽车以新奔奔个性定制化开启了从“以产品为中心”向“以用户为中心”转型（见图6-41）。作为个性化定制模式的试水车型，新奔奔（PPO版）提供基于8种个性化配置的选配包。今后长安汽车每款车型都将有丰富的全方位定制方式，全系车型将会有上万种不同定制模式以满足用户个性化的需求。

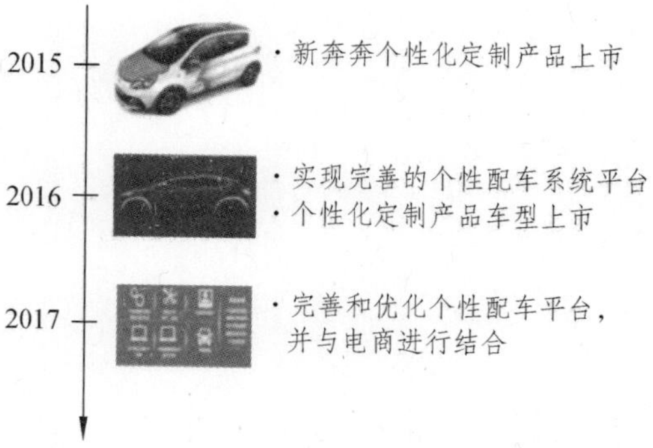

图6-41 长安汽车基于电商、端到端成为用户提供个性化定制

长安汽车将利用已有数字化长安的智能优势，以建设和落实工信部“智能制造试点示范项目”“长安汽车城节能与新能源汽车智能柔性焊接新模式”两个智能制造项目为契机，顺势而为打造全价值链智能制造新形态，进而推

动商业模式、决策模式、运营模式的创新转变。在商业模式方面，长安汽车电商将从借助第三方平台开展电子商务到逐步打造自主的电商平台转型。在决策模式方面，全面启动数据治理、数据分析平台建设，实现基于关键业务指标的各类分析模型，在质量、销售、采购、人力资源、OTD、制造、财务等领域挖掘数据价值，为公司全价值链精益提供数据依据，提高管理和决策的效率。在运营模式方面，通过电子商务、大数据分析、车联网等进一步实施，应用 IT 新技术提高产品智能化和互联化，增强用户体验，推进长安从“以产品为中心”向“以用户为中心”转型和“以制造为中心”向“以制造+服务为中心”升级。

6.5 本章小结

本章在实地调研和大量二手资料的研究的基础上，对我国企业智能制造的现状进行总体判断，指出我国企业智能制造当前总体上处于“广义智能制造的初级阶段”，并进行了具体表现分析。对智能制造的需求、动力和能力等方面进行了分析判断。从三个维度：一是智能化广度模式；二是智能化深度模式；三是动力模式，总结了我国企业智能制造的模式。同时分析了影响我国智能制造的内部、外部关键因素。列举了部分典型企业智能制造的做法，为其他企业提供参考。

参考文献

[1] 邹方. 智能制造中关键技术与实现[J]. 航空制造技术，2014，458(14)：32-37.

[2] 栾占威. 智能制造中的关键技术及实现途径探析[J]. 中国新技术新产品，2016(22)：8-8.

[3] 王宏颖，彭二宝. 复杂加工工件智能自适应加工及智能刀具系统研究[J]. 工具技术，2016，50(06)：27-30.

[4] 王文升. 智能制造系统关键技术分析[J]. 科技与创新，2016(02).

[5] 姚艳彬，邹方，刘华东. 飞机智能装配技术[J]航空制造技术，2014(22)：467（23）：57-59.

[6] 赵文龙，周建龙，张志豪，等. 综合标签识别技术与产品全生命周期管理[J]. 中国战略新兴产业，2017(24).

[7] 潘艺，张世良. 智能制造视角下生产过程信息化研究综述[J]. 钦州学院学报，2017，32(7).

[8] 杨叔子，丁洪. 智能制造技术与智能制造系统的发展与研究[J]. 中国机械工程，1992(2)：15-18.

[9] 段新燕. 智能制造装备的发展现状与趋势[J]. 中外企业家，2017(08).

[10] 袁根华. 个性化需求下的智能制造[J]. 机械工程师，2015(12)：240-242.

[11] 李莹. 智能制造对高职院校机械教学的启示[J]. 职业，2016(12).

[12] 彭训文. 工业 4.0：从自动生产到智能制造[J]. 大飞机，2014(7)：40-42.

[13] 杜宝瑞，王勃，赵璐，等. 智能制造系统及其层级模型[J]. 航空制造技术，2015，482(13)：46-50.

[14] 张曙. 中国制造企业如何迈向工业 4.0[J]. 机械设计与制造工程，2014(12)：1-5.

[15] 丁纯，李君扬. 德国“工业 4.0”：内容、动因与前景及其启示[J]. 德国研究，2014(04)：49-66.

[16] 谭建荣，刘振宇等. 智能制造关键技术与企业应用[M]. 北京：机械工业出版社，2017.

[17] 李金华. 德国“工业 4.0”与“中国制造 2025”的比较及启示[J]. 中国

地质大学学报：社会科学版，2015，15(05)：71-79.
[18] 杨帅. 工业 4.0 与工业互联网：比较、启示与应对策略[J]. 当代财经，2015(08)：99-107.
[19] 傅建中. 智能制造装备的发展现状与趋势[J]. 机电工程，2014，31(08)：959-962.
[20] 王喜文. 工业 4.0：智能工业[J]. 物联网技术，2013(12)：3-4.
[21] 朱剑英. 智能制造的意义、技术与实现[J]. 机械制造与自动化，2013，443(23-24)：30-35.
[22] 赵东标，朱剑英. 智能制造技术与系统的发展与研究[J]. 中国机械工程，1999，10(8)：927-931.
[23] 沈苏彬，杨震. 工业互联网概念和模型分析[J]. 南京邮电大学学报：自然科学版，2015，35(5)：1-10.
[24] 闫敏，张令奇，陈爱玉. 美国工业互联网发展启示[J]. 中国金融，2016(3)：80-81.
[25] 胡晶. 工业互联网、工业 4.0 和“两化”深度融合的比较研究[J]. 学术交流，2015(1)：151-158.
[26] 刘俊博. 全球制造业变革中的中国制造：工业互联网与产业转型[J]. 常州工学院学报，2015，28(21)：28-32.
[27] 王建伟. 工业互联网助推中国产业升级[J]. 互联网经济，2015(3)：32-39.
[28] 王喜文. 工业 4.0、互联网+、中国制造 2025 中国制造业转型升级的未来方向[J]. 国家治理，2015(23)：12-19.
[29] 延建林，孔德婧. 解析“工业互联网”与“工业 4.0”及其对中国制造业发展的启示[J]. 中国工程科学，2015，17(07)：141-144.
[30] 杨帅. 工业 4.0 与工业互联网:比较、启示与应对策略[J]. 当代财经，2015(8)：99-107.
[31] 许正. 工业互联网的九大核心技术[J]. 中国企业家，2015(18)：26-28.
[32] 李培楠，万劲波. 工业互联网发展与“两化”深度融合[J]. 中国科学院院刊，2014，29(02)：215-222.
[33] 肖俊芳，李俊，郭娴. 我国工业互联网发展浅析[J]. 保密科学技术，2014(4)：13-16.
[34] 陈晓红，王傅强. 我国企业射频识别技术采纳的影响因素研究[J]. 科研管理，2013，34(2)：1-9.
[35] 刘云浩. 物联网导论[M]. 北京：科学出版社，2010.

[36] 周晓晔，李晓庆，李小荣，等. 射频识别技术在物流仓储管理中的应用[J]. 经营与管理，2008(9)：72-73.
[37] 耿贵乾，李清县. 浅析 RFID 射频识别技术在发动机装配线的应用[J]. 科技视界，2017(8)：20-21.
[38] 徐亚峰，崔英花. 基于图论的射频识别阅读器防碰撞算法[J]. 计算机应用，2017(08).
[39] 马宗正，马海舒，马涛，等. 基于射频识别技术的工件定位系统设计与实现[J]. 现代制造工程，2017(07).
[40] 刘骏，李家俊，何轶，等. 基于射频识别技术的烟用物资管理研究文献综述[J]. 科教导刊：中旬刊，2014(5)：43-45.
[41] 耿力，冯敬. 自主创新务实推进我国射频识别标准化进程[J]. 信息技术与标准化，2013(6)：20-24.
[42] 宋继伟，高镜媚，王文峰. 射频识别领域标准化发展动态[J]. 信息技术与标准化，2012(8)：48-51.
[43] 中国企业联合会. 智能制造：中国视角与企业实践[M]. 北京:清华大学出版社，2016.
[44] 朱毅洪. 浅谈射频识别技术在医疗领域的应用[J]. 医疗装备，2012，25(10)：15-16.
[45] 崔惠媚，王小伟，王伟，等. 基于 WiFi 的室内定位系统[J]. 微型机与应用，2014(23)：58-61.
[46] 薛莹莹. RFID 在现代智能博物馆中的应用研究[J]河南科技，2014(10)：13-14.
[47] 朱中一. 基于 WiFi 的室内定位技术在博物馆的应用[J]. 软件产业与工程，2013(03)：38-41.
[48] 杜远坤，王磊. 基于物联网的无线实时定位系统的设计与实现[J]. 现代电子技术，2016，39(24)：79-82.
[49] 曹国顺. 实时定位系统技术应用与标准体系研究[J]. 信息技术与标准化，2012(6)：40-44.
[50] 辛国斌，张相木，刘九如，等. 智能制造探索与实践[M]. 北京:中国工信出版集团，2016.
[51] 程家珍. RTLS 技术及应用探究[J]. 现代工业经济和信息化，2015(12)：87-89.
[52] 严霄凤，张德馨. 大数据研究[J]. 计算机技术与发展，2013(04)：168-172.

[53] 于艳华，宋美娜. 大数据[J]. 中兴通讯技术，2013(1)：57-60.
[54] 孟小峰，慈祥. 大数据管理:概念、技术与挑战[J]计算机研究与发展，2013，50(01)：146-169.
[55] 黄哲学，曹付元，李俊杰，等. 面向大数据的海云数据系统关键技术研究[J]. 网络新媒体技术，2012，1(6)：20-26.
[56] 陈如明. 大数据时代的挑战、价值与应对策略[J]. 移动通信，2012，36(17)：14-15.
[57] 郎杨琴，孔丽华. 美国发布“大数据的研究和发展计划”[J]. 科研信息化技术与应用，2012，3（2）：89-93.
[58] 王宏宇. Hadoop 平台在云计算中的应用[J]. 软件，2011，32(04)：36-38.
[59] 罗军舟，金嘉晖，宋爱波，等. 云计算:体系架构与关键技术[J]. 通信学报，2011，32(07)：3-21.
[60] 熊忠阳. 面向商业智能的并行数据挖掘技术及应用研究[D]. 重庆：重庆大学，2004.
[61] 杨宸铸. 基于 HADOOP 的数据挖掘研究[D]. 重庆：重庆大学，2010.
[62] 黄晓云. 基于 HDFS 的云存储服务系统研究[D]. 大连：大连海事大学，2011.
[63] 涂子沛. 大数据[M]. 桂林：广西师范大学出版社，2012.
[64] 邓文宏. 浅析云计算技术在数据中心方面的成就[J]. 科技资讯，2017，15(12)：21-21.
[65] 陈俊辉，孟庆强. 云计算技术发展及其应用[J]. 电子技术与软件工程，2017(14)：159-159.
[66] 王多鹏. 浅谈计算机云计算原理及实现方式[J]. 网络安全技术与应用，2017(08).
[67] 周武阳. 云计算技术在高职院校信息化建设中的应用[J]. 电子技术与软件工程，2017(12)：229-229.
[68] 姜军，武兰芬. 全球云计算技术领域人才分布研究 ——基于技术创新的视角[J]. 情报杂志，2017，36(07).
[69] 袁荣健. 试析推动我国云计算技术与产业创新发展的战略[J]. 电脑迷，2017(12).
[70] 史玉红，王晓敏. 云计算技术在存储系统中的应用[J]. 电脑迷，2017(12).
[71] 王佳隽，吕智慧，吴杰，等. 云计算技术发展分析及其应用探讨[J]. 计算机工程与设计，2010，31(20)：4404-4409.

[72] 许晓冯. 浅谈云计算及其应用[J]. 信息化研究，2010，36(11)：4-7.
[73] 闫鹏，温晓瑶. “云计算”在数字媒体领域的应用研究与规划[J]. 广播与电视技术，2010，37(11)：34-34.
[74] 张建平，龙旭梅，刘鹏年，等. 云计算影响下的图书馆[J]. 科技信息，2010(31)：593-594.
[75] 李洪涛. 云计算主要服务形式探究[J]. 价值工程，2010，29(32)：199-199.
[76] 高枫，刘洋. 浅谈“云计算”[J]. 电脑知识与技术，2010，06(33)：9454-9456.
[77] 王伟，陈晓东. 浅谈云计算发展态势[J]. 中共济南市委党校学报，2010(4)：83-84.
[78] 尚福华. 人工智能及其应用[M]. 北京：石油工业出版社，2005.
[79] RobCallan. 人工智能[M]. 北京：电子工业出版社，2004.
[80] 李陶深. 人工智能[M]. 重庆：重庆大学出版社，2002.
[81] 王冲鶄. 人工智能技术与产业发展态势分析[J]. 电信网技术，2017(07).
[82] 田迎新，薛海霞. 基于人工智能技术分析电气自动化的发展前景[J]. 电子技术与软件工程，2017(15).
[83] 樊树森. 电气自动化控制中人工智能技术的应用探讨[J]. 电脑迷，2017(12).
[84] 徐衍生. 人工智能技术在计算机游戏软件中的应用[J]. 通讯世界，2017(16).
[85] 陈刚. 关于人工智能技术的发展探究[J]. 电脑迷，2017(12).
[86] 覃一海. 计算机人工智能技术的应用与发展研究[J]. 电脑迷，2017(12).
[87] 王家祺，王赛. 人工智能技术的发展趋势探讨[J]. 通讯世界，2017(16).
[88] 陈浩磊，邹湘军，等. 虚拟现实技术的最新发展与展望[J]. 中国科技论文在线，2011，6(01).
[89] 李伯虎，柴旭东，朱文海，等. 复杂产品虚拟样机支撑平台的初步研究与开发[J]. 计算机仿真，2003(01)：4-8.
[90] 赵沁平，怀进鹏，李波，等. 虚拟现实研究概况[J]. 计算机研究与发展，1996(07)：493-500.
[91] 李涤尘，贺健康，田小永，等. 增材制造：实现宏微结构一体化制造[J]. 机械工程学报，2013，49(06)：129-135.
[92] 杨继全，朱玉芳，李静波，施建平. 基于空间点云数据的异质材料零件动态建模方法[J]. 中国机械工程，2012，23(20)：2453-2458.

[93] 吴晓军，刘伟军，王天然. 基于三维体素模型的功能梯度材料信息建模[J]. 计算机集成制造系统，2004，10（3）：270-275.
[94] 韩霞. 快速成型技术与应用[M]. 北京：机械工业出版社，2012.
[95] 计时鸣，黄希欢. 工业机器人技术的发展与应用综述[J/OL]. 机电工程，2015，32（01）：1-13.
[96] 郭洪红. 工业机器人技术[M]. 西安：西安电子科技大学出版社，2012.
[97] 蔡自兴. 人工智能基础[M]. 北京：高等教育出版社，2005.
[98] 卢秉恒，李涤尘. 增材制造（3D 打印）技术发展[J]. 机械制造与自动化，2013，42(04)：1-4.

附录

附录A 智能制造相关名词术语和缩略语

4G：第四代移动通信技术（the 4th Generation Mobile Communication Technology）

5G：第五代移动通信技术（the 5th Generation Mobile Conmaunication Technology）

CAD：计算机辅助设计（Computer Aided Design）

CAM：计算机辅助制造（Computer Aided Manufacturing）

CRM：客户关系管理（Customer Relationship Management）

DCS：分布式控制系统（Distributed Control System）

EDDL：电子设备描述语言（Electronic Device Description Language）

EPA：工厂自动化用以太网（Ethemet in Plant Automation）

ERP：企业资源计划（Enterprise Resource Planning）

FCS：现场总线控制系统（Fieldbus Control System）

FDI：现场设备集成（Field Device Integration）

FDT：现场设备工具（Field Device T001）

IEC：国际电工技术委员会（International Electrotechnical Committee）

IP：互联网协议（Internet Protoc01）

IPv6：互联网协议第六版（Internet Protocol Version 6）

ISO：国际标准化组织（International Organization for Standardization）

LTE-M：长期演进技术——机器对机器（LTE-Machine to Machine）

MBD：基于模型定义（Model Based Definition）

MES：制造执行系统（Manufacturing Execution System）

OA 办公自动化系统（Office Automation System）

OPC UA：OPC 统一架构（oPt Unified Architecture）

PLC：可编程逻辑控制器（Programmable Logic Controller）

PLM：产品生命周期管理（Product Lifecycle Managemen0

SCADA：监控与数据采集系统（Supervisory Control And Data Acquisition）

SCM：供应链管理（Supply Chain Management）

WIA：工业自动化用无线网络（Wireless Networks for Industrial Automation）

SysLM：系统生命周期管理（system Lifecycle Management ）

ITU：国际电信联盟（International Telecommunication Union）

RHEA：逼真人机工程分析（Realistic Human Ergonomic Analysis）

IM：智能制造（Intelligent Manufacturing）

FMC：柔性制造单元（Flexible Manufacturing Cell）

FMS：柔性制造系统（Flexible Manufacturing System）

AI：人工智能（Artificial Intelligence）

BOM：物料清单（Bill of Material）

CPS：赛博物理系统（Cyber-Physical Systems）

RFID：射频识别（Radio Frequency Identification）

VMT：虚拟制造技术（Virtual Manufacturing Technology）

MDS：主需求计划（Master Demand Schedules）

DCS：分布式控制系统（Distributed Control System）

SCADA：数据采集与监视控制系统 （Supervisory Control And Data Acquisition）

GPD：全球产品样本数据库（Global Product Database）

JIT：准时制生产方式（Just In Time）

附录B 智能制造相关的国际标准化组织

1．IEC/SMB/SG8：智能制造/工业 4.0 战略工作组

2014 年 IEC/SMB（标准管理局）成立了 SG8 工业 4.0 战略工作组，开展智能制造标准体系研究。SG8 工作组的主要任务包括制定 IEC 在智能制造/工业 4.0 领域的战略，开展智能制造/工业 4.0 标准体系研究，推进和保护其在智能、安全和可持续工厂层和过程工厂制造企业方面的标准等内容。

2．ISO/IEC JTC1 SWG3 PLANNING 规划工作组——智能机器特别任务组

2014 年 4 月，ISO/IEC JTC1/SWG3 规划特别工作组成立了智能机器专题组，计划从虚拟个人助理、智能顾问和先进的全球工业系统等 3 个领域开展技术趋势及标准化研究。其中，先进的全球工业系统来源于“工业 4.0”战略，它将物联网和务联网引入制造业中，并且形成了价值网络的横向集成，横跨整个价值链的端到端数字集成，以及网络化生产系统的垂直集成。目前，智能机器专题组已经初步完成了《智能机器技术趋势报告》，其中包括我国的智能制造系统架构（参考模型）、标准体系框架，重点标准领域等内容；同时也囊括了德国工业 4.0 标准化路线图中关于 RAMI4.0 和重点标准领域等方面的介绍。

3．ISO/TMB/SAG：工业 4.0 战略咨询组

ISO 于 2015 年 7 月成立了 ISO/TMB/SAG 工业 4.0 战略咨询组，并初步确定了 4 项工作内容：总结工业 4.0 相关的现有标准及当前工作，确定有待制定的新标准项目；提出 ISO/TMB 的工作建议；跟踪和管理区域、国家和国际相关活动；建立与 IEC/SMB SG8 等其他组织的合作机制。

其他与智能制造/工业 4.0 相关的国际标准化工作组还包括 IEC/TC65/WG16 数字工厂工作组、IEC/MSB/“未来工厂”白皮书、ISO/TC39（机床）、ISO/TC 261（增材制造）等。

4．美国工业互联网联盟

2014 年 4 月 11 日，通用电气（GE）、IBM、英特尔（Intel）、AT&T 和思科（Cisco）联合发起并成立了工业互联网联盟（Industrial Internet

Consortium，IIC）。工业互联网联盟是一个由企业、研究人员和公共机构组成的生态系统，以推动工业互联网的应用，而这正是加快物联网发展的基本要素。目前工业互联网联盟拥有200家企业、大学和研究机构，其中我国企业和机构包括华为、海尔、中国电信、中国电子技术标准化研究院、中国科学院沈阳自动化研究所、中国信息通信研究院等。目前，工业互联网联盟已发布《工业互联网参考体系结构》。工业互联网联盟的三大主要活动领域包括构建IIC生态系统、技术与安全及测试床。

工业互联网联盟本身并不是一个标准化组织，联盟的主要工作是衡量和汇总现有的标准，从而推进开放标准技术的发展，同时影响全球工业互联网领域标准的研究。截止2015年1月，工业互联网联盟与全球通用商业语言组织（The Global Language of Business），结构信息标准化促进组织（Organization for the Advancement of Structured Information Standards，OASIS），智能电网互操作委员会（Smart Grid Interoperability Panel，SGIP），国际开放标准组织（THE OPEN GROUP），ECLIPSE开发平台，对象管理组织（Object Management Group，OMG），以及开放互联联盟（Open Interconnect Consortium）等建立了标准领域的联系。联盟下设的技术工作组目前正在进行现有标准评价的工作，同时识别出工业互联网领域的标准化需求。

5．信息物理系统公共工作组

2014年，美国国家标准技术研究院成立了CPS公共工作组（Public Working Group，PWG），旨在加速诸如智能制造、智能交通、智能能源和智能保健等一个或多个智能应用领域的发展和实施。CPS PWG的目标是研究CPS的通用模型、基础概念和CPS特有的框架。CPS PWG下设5个小组，包括参考架构、安全、时间设置、数据互操作性和使用案例。这些小组的研究成果将为综合标准的研究，以及CPS的商业应用和创新提供扎实的基础和支持。

6．其他与智能制造相关的国际标准化组织

IEC/TC65/WG16：数字工厂工作组。

IEC/MSB：“未来工厂”白皮书。

IEC/SC65E/WG10：智能设备管理工作组。